国家社会科学基金项目鉴定结项成果（项目批准号13BJL078）

关联特征演化、产业链网构建与流通业创新发展

司增绰　著

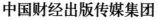
中国财经出版传媒集团

经济科学出版社
Economic Science Press
·北 京·

图书在版编目（CIP）数据

关联特征演化、产业链网构建与流通业创新发展／
司增绰著 . -- 北京：经济科学出版社，2023.10
ISBN 978 - 7 -5218 -3395 -9

Ⅰ.①关… Ⅱ.①司… Ⅲ.①交通设施 - 关系 - 流通
业 - 产业发展 - 研究 - 中国 Ⅳ.①F512.3 ②F723

中国版本图书馆 CIP 数据核字（2022）第 014276 号

责任编辑：刘 莎
责任校对：王苗苗
责任印制：邱 天

关联特征演化、产业链网构建与流通业创新发展
司增绰 著
经济科学出版社出版、发行 新华书店经销
社址：北京市海淀区阜成路甲 28 号 邮编：100142
总编部电话：010 - 88191217 发行部电话：010 - 88191522
网址：www. esp. com. cn
电子邮箱：houxiaoxia@ esp. com. cn
天猫网店：经济科学出版社旗舰店
网址：http：//jjkxcbs. tmall. com
北京时捷印刷有限公司印装
710×1000 16 开 26 印张 439000 字
2023 年 10 月第 1 版 2023 年 10 月第 1 次印刷
ISBN 978 - 7 -5218 -3395 -9 定价：105.00 元
（图书出现印装问题，本社负责调换。电话：010 - 88191545）
（版权所有 侵权必究 打击盗版 举报热线：010 - 88191661
QQ：2242791300 营销中心电话：010 - 88191537
电子邮箱：dbts@ esp. com. cn）

前　言

　　交通基础设施产业是国民经济的基础产业，是影响经济发展的主要因素之一。运用投入产出方法，以江苏省交通运输及仓储业为例，研究了交通基础设施业的产业关联效应演变。交通运输及仓储业的知识密集型特点和劳动密集型特点在减弱，营业盈余能力在增强，并且由中间产品型基础产业逐渐演变为中间产品型产业。制造业和服务业对交通运输及仓储业的投入较多，交通运输及仓储业对服务业的投入有不断增加的趋势。交通运输及仓储业对国民经济的拉动作用在增强，推动作用在减弱。

　　交通运输的"互联互通"是我国实施"一带一路"倡议的重要基础和内容。在向现代服务业转型过程中，应针对交通运输业发展特点和发展规律制定切实可行的战略和政策。江苏、浙江、山东、广东是我国东部较发达地区，交通基础设施较好，研究四省交通运输业的产业系统特征，认识其发展规律，对促进我国交通运输业健康协调发展具有重要价值。运用投入产出分析方法，通过计算四省交通运输业最初投入结构系数和增加值结构系数、中间需求率和中间投入率、直接消耗系数和前后向关联系数、影响力系数和感应度系数，对四省交通运输业的功能定位和发展特点进行实证分析，为我国交通运输业发展提供经验总结和理论支持。

　　在分析商贸流通业产业链理论的基础上，基于 2010 年中国投入产出延长表，利用投入产出基础模型和改进的投入产出模型，研究了商贸流通业的产业链。研究结果表明：对商贸流通业供给强度较大的重点产业有物流产业、信息智能制造业、能源动力制造业、建筑业、服务业等；对商贸流通业约束性较强的上游重点产业有服务业、交通设备制造业、智能设备制造业、动力制造业、建筑业等；工业是商贸流通业服务的传统产业，服务业是商贸流通业服务的新兴产业，服务业对其服务需求有增加趋势；初级产业和制造业对商贸流通业发展扩张性较强，是其发展最主要动力性产业，部分服务业对商贸流通业发展扩张性较强。商贸流通业成长需要在突破自身路径依赖的同时延长拓宽自身产业链。对商贸流通业产业链优化问题分析，可以考察商贸流通业发展应当较多依赖的上游产业，强调商贸流通业发展能够较多服务的下游产业。

在基本投入产出模型的基础上，构造了产业链析取模型，分析了批发和零售业的需求结构、供给结构及产业链构成，提出了传统流通业创新方向，得出了一些重要结论。批发和零售业是高附加值、低带动能力产业，其盈利能力、税收贡献和产出附加值都明显地高于服务业各产业相应指标的平均值，但是其物质投入显著过低和不足；批发和零售业对服务业直接依赖程度较高，对初级产业、制造业依赖程度较低。批发和零售业较多地表现出生产者服务业特性，推动了制造业快速成长；批发和零售业消费者服务业特性表现也较强，是提升消费率水平的关键产业。批发和零售业上游产业既有其传统供给部门，也有现代制造业和现代服务业供给部门，但是其对研发和教育需求较少，研发和教育投入不足；批发和零售业下游产业都是其传统需求部门，其对服务业供给较少，对服务业供给能力较差。根据实证研究，提出了传统流通业创新战略与智慧化创新。基于结论，研究给出了相关启示，这为我国制定传统流通业协同发展政策提供了理论支持。

在基本投入产出模型的基础上，构造了产业成长路径识别模型，分析了住宿和餐饮业产业关联演变和成长路径，结果显示住宿和餐饮业对服务业直接消耗有上升趋势，其服务功能正在深化与广化；对资源类和能源类产业消耗较多且较稳定，现阶段其资源与能源密集型产业特性一直较显著；交通运输及仓储业对住宿和餐饮业直接需求和完全需求都是上升的，商务服务业对住宿和餐饮业直接需求是显著上升的，高增长型服务业对住宿和餐饮业需求较旺盛；教育业对住宿和餐饮业直接需求是显著上升的，公共管理和社会组织对住宿和餐饮业的直接需求和间接需求规模都较大，这两类非营利性部门与住宿和餐饮业的关联机理有待专门深入研究；住宿和餐饮业成长既有传统的约束产业也有新型约束产业，住宿和餐饮业成长扩张产业主要包括制造业。在此基础上本研究提出了住宿和餐饮业产业链创新战略及其智慧化发展新方向。本研究为我国制定住宿餐饮业协同发展政策提供了理论支持，也有助于传统流通业健康成长政策的制定。

开放经济中流通业在产业链上位置的动态变迁表现出以下特征：在 2002～2010 年样本期内，交通运输及仓储业上游度呈上升态势，在产业链上的位置向上游移动，即越来越靠近产业链的中间投入端，对全球生产活动的服务能力表现为逐步提升。在 2002～2012 年样本期内，邮政业上游度呈现倒 "U" 形变化趋势，在 2010 年达到最高点，此后在产业链上的位置便向下游移动，越来越靠近产业链的最终使用端，对生产活动的服务功能逐步下降，对消费活动的服务功能逐步提升。在 2002～2012 年样本期内，批发和零售业上游度呈现 "U" 形变化趋势，只是 "U" 形的左边较短，在 2007 年即达到最低点，此后产业上游度上升，在产业链上的位置向上游移动，越来越靠近产业链的中间投入端，对生产活动的服务能力逐步提升。但是批发和零售业上游度的波动并不大，明显地要小于交通运输及仓储业和邮政业两个物流服务业。在 2002～2012 年样本期内，住宿和餐饮业上游度呈现倒 "U" 形变化态势，在 2010 年达到最高点，此后在产业链上的位置趋向下游，向产业链最终使用端靠近，对消费活动的服务功能逐步增强，对生产活动的服务功能逐步下降。通过研究可以发现，我国流通产业在产业链上的位置（上游度）变迁表现出较强的规律性，呈现出一定的理论高度，具有较有意义的理论价值，对于指导我国流通产业发展实践，促进我国流通产业健康、快速和可持续成长，具有较好的现实意义。对中国流通业在产业链上位置的地区比较与省际比较发现，一般来讲，东部地区和中部地区流通产业在产业链上的位置相对较高，而西部地区流通产业在产业链上的位置相对较低。

目　　录

第三部分　批发和零售业的产业链构建与创新发展

第四部分 住宿和餐饮业成长的产业关联演变 与关键路径识别

第五部分 中国流通业在产业链上位置的动态变迁 及区域比较

第六部分 流通产业效率测度与电子商务发展模式

第七部分　流通业创新发展的地方情景与地方实践

第八部分　全书总结与政策启示

第一部分

相关理论回顾

第一章

导　　论

一、问题的提出

改革开放 40 多年来，我国流通产业获得了较快发展，在国民经济中的地位逐步提升，在服务业中也处于非常显耀的位置，在全球产业链上的位置也较合理。然而，我国流通产业健康发展的产业系统还缺乏协调性，流通产业成长的空间被外资商业严重压缩。流通产业产业安全存在不少隐患、面临诸多风险、隐藏许多矛盾。

（一）流通产业在国民经济中的地位逐步提升

1. 生产推动型增长向流通主导型增长模式转变是经济演化的必然趋势

改革开放 40 多年来，中国经济从高速增长转变为中高速增长，增长模式从生产推动型增长向流通主导型增长演变是经济发展的客观规律。不同于生产推动型增长，流通主导型增长的增加值更多地来源于生产过程以外的上游环节，例如，采购、设计等生产过程的非物质投入，以及下游环节的营销、服务及销售等经济活动。在此人背景下，进一步深化流通体制改革更加需要"大流通生产力"思维，通过流通引导生产，促进生产按照产业关联规律，特别是要遵循产业链驱动原理，即按照"需求→订单→采购→生产→流通→消费"的运行方向；推动建立新流通体制、新流通模式和新流通方式，发展和发挥流通生产力，实现从生产推动型经济增长模式向流通主导型经济增长模式转变（裴长洪和彭磊，2008）。流通业在国民经济中地位逐步上升，劳动力会进一步向除生产以外的各个流通环节集聚，这一趋势必将伴随各类非物质产品和服务的流通进一步扩张。这一经济过程必将引起流通产业分工与细化，并引发流通市场结构进一步细分，这些都将给流通业成长带来巨大活力与潜力。

2. 生产主导产业链向流通主导产业链转变是产业系统演化的自然方向

随着现代产业体系演进，在由卖方经济转变为买方经济，在以需求为导向的时代大背景下，产业系统演化规律发生了相应改变。现代产业链运行动力源转向，已逐渐由生产者驱动转变为流通商驱动，现代产业链成长方向也逐渐由商品主导转向服务主导。社会生产力水平提高，产品市场由卖方市场变成买方市场，经济形态从卖方经济转变为买方经济；互联网技术推动电子商务"井喷式"发展，使流通产业企业经营载体平台化，经营空间网络化，流通效率极大提高，商品交易量极速提升，资本控制规模几何倍数放大；流通产业企业依托网络交易平台，借助网络大数据处理技术，实时精准掌握消费者需求信息，洞察市场产品需求，流通信息资源优势突出。在宏观和微观产业系统动力作用下，在以需求为导向的大背景下，流通产业企业作为终端销售平台，在产业链整合优化中的话语权和影响力不断增强。技术创新、分工深化、组织创新和顾客价值创新，是流通产业企业主导产业链的动因。从生产者驱动转向流通商驱动、从技术驱动转向组织驱动、从产业链单环节升级转向整链升级，是流通产业企业主导产业链的必经路径（盛朝迅和徐从才，2012）。

（二）流通产业的安全应受到政府和社会重视

1. 我国流通产业发展中存在的安全隐患

李东贤和李成强（2010）认为，较高外贸依存度、外商直接投资资本形成依存度以及内外资流通企业的不公平待遇，使中国流通产业面临着较大威胁。李陈华（2012）认为，中国流通业安全往往是指一种潜在威胁，而非实际状态。周晓娜（2013）认为，流通业安全涉及以下内容：①从状态上看，应当有流通企业有序运行和物流体系有效运转；②从能力上看，应当有重要商品国家储备体系，本国流通企业应当对完整的流通渠道有控制能力。张丽娜（2014）研究发现，外资进入对我国流通业带来以下负面影响：①外资进入对我国流通业带来潜在威胁；②外资进入提高了我国流通业对外依存度；③外资进入对我国就业产生挤出效应。申坤（2015）认为，中国流通业发展中存在的安全隐患表现为：①流通业受外资控制；②国内流通企业受外商冲击和打压；③流通业无序竞争；④地方保护主义，地区市场分割；⑤流通业成本冗余，效率低下。李曼（2015）研究认为，我国流通产业主要存在以下产业安全问题：①流通业外商企业在我国区域分布具有非均衡性和垄断性；②流通业外资企业比内资企业国际地位高，竞争优势明显；③外资企业享受"超国民待遇"会影响内资企业发展。郑江淮（2017）指出：①在中国加快引入外国资本的现实背景下，本土流通产业发展受到较大冲击，国内流通市场庞大的潜力被蚕食；②由于在中国市场中所占比重越来越高，而且外资企业的目的是盈利，因此，在非常时期，外资流通企业不但会抵制紧急调配政策，还有可能凭借市场势力乱中取利。晏维龙（2017）指出，中国在2004年底全面开放流通业后，外资商业进入对中国体制转型、经济增长、社会稳定和人民生活水平提高起着越来越大的积极作用。但是，外资商业企业进入加快了在华扩张和并购步伐，冲击了本土商业的生存和发展空间。徐楚（2018）认为，外商直接投资对中国流通产业安全的影响体现在三个效应：一是挤出效应；二是垄断效应；三是固化效应。如果外资商业发展长期对本国企业经营造成破坏性影响，导致内资生产企业和民族品牌发展受到限制，同时引起内资流通企业市场份额大幅缩减，则可能出现流通产业安全问题。正常环境下，虽然外资商业企业、进口商品和国外品牌产品也能够维持一国的商品流通状态，但一旦受到战争、危机等外部冲击，外资运营无法正常维系，这种平稳状态就将被打破。其本质在于，外资商业资本大规模进入破坏了一国对流通渠道运行控制能力，也就造成了对流通产业损害（周晓娜，2013）。

2. 要重视外资商业对我国流通业产业安全造成的不利影响

要认真反思地方政府的商业引资政策。从中央政府政策层面上看，中国从1992年开始试点开放流通业，直到2004年底全面开放流通业之前，外资商业受到了数量、地域、业态、股权和经营范围等各方面的限制，但在地方政府实际操作层面上，情况并非如此。这期间中央政府批准的外资商业项目只有40多家，但地方政府越权批准的外资商业项目截至2001年底就已经达

到 316 家，以至于国务院和各部委在 1997～2001 年不得不多次下发文件要求
地方政府清理整顿越权审批的外资商业项目。2004 年底，中国流通业全面开
放，更释放了地方政府压制已久的引进外资商业的热情（纪宝成和李陈华，
2012a）。2004 年底，我国流通业全面开放后，为吸引沃尔玛等外资商业巨
头，一些地方政府不仅拱手让出最好商业地段，而且还承诺基础设施配套、
开业初期免租金等极其优惠的条件。因为政府和开发商都深信国际流通巨头
进入能够带来经济繁荣，或者最少能够抬高周边地价和房价，形成新的主力
商圈。但是，从国家利益和产业安全角度看，地方政府引资竞争引起的"囚
徒"困境则抬高了外资商业的"超国民待遇"，抑制了民族商业发展，加剧
了我国流通产业安全（纪宝成和李陈华，2012b）。借助特殊待遇，本来就具
有竞争优势的外资流通企业更容易抢占流通市场（李曼，2015）。自 20 世纪
90 年代起，外资流通企业在中国市场掀起了大规模"跑马圈地"运动，试图
抢占中国高端市场并引领主流业态。在中国"跑马圈地"过程中，外资流通
企业大多将其商业网点集中建立在发达的大中城市，不少外资流通企业，尤
其是零售企业大多位于主城区各大商圈的繁荣地段。例如，在北京，外资流
通企业圈地扩张尤其严重，沃尔玛新店接连开业，家乐福亚洲旗舰店落户中
关村，沃尔玛、家乐福两大零售巨头基本垄断了北京繁华商业地区的零售市
场。在上海、广州、深圳等发达城市，外资流通企业更是抢占了战略发展先
机，不仅大规模开店，而且还建立起了全球采购中心、信息处理中心、物流
配送中心等系统设施。外资流通企业大量涌进和迅猛扩张，基本完成了在中
国高端市场的网络布局，以较快的发展速度形成了对中国流通领域的纵深渗
透和对传统流通产业的威胁（李东贤和李成强，2010）。当前，我国流通市
场存在被跨国流通企业垄断的风险，流通产业正在被外资控制，而地方保护
主义加剧了外资控制局面，阻碍了国内流通企业整合与发展（申珅，2015）。

二、选题的价值和意义

现代流通服务体系建设滞后已经制约了我国产业结构升级，本书考察流
通业关联特征演化、动态识别其产业链网结构及发展路径，探寻其健康快速
发展的政策和对策，具有重要的理论价值和现实意义。

（一）本研究是对我国流通业产业理论的丰富与发展

本书创新流通业发展研究角度，用最新的国内实践事实和经验数据对流通业发展问题进行研究，形成相对系统的研究体系，探索新的研究路径和方法，丰富流通业产业发展理论。本书基于产业关联新视角，系统地考察了流通产业的三个细分子产业（交通运输、仓储及邮政业、批发和零售业、住宿和餐饮业）的产业关联状态及产业关联演变情况。本书基于我国流通产业发展最新的实践现实，通过历史文献和实地调研了解我国流通产业发展的实际状况和现实阶段，概括了我国流通产业成长规律和趋势。

本书形成了相对稳定的研究体系，即，第一，对产业关联效应的相关理论进行了探讨与梳理，构成了本研究的相关理论部分；第二，基于产业关联效应的最初投入结构系数与增加值结构系数、中间使用率与中间投入率、直接消耗系数和完全消耗系数、前后向关联系数、影响力系数和感应度系数5类系数来测度和表达产业关联特征；第三，运用关键路径识别模型来识别流通产业的约束路径和扩张路径，借此识别流通产业的上下游产业，构建包括上下游产业的流通产业链；第四，运用产业链析取模型，析取流通产业的需求面产业和供给面产业，构建流通产业的产业链；第五，运用产业上游度模型，测度我国流通业三个子产业的产业上游度，考察我国流通产业的上游度演化、上游度地区差异和上游度省际差异；第六，运用随机前沿函数（SFA）研究了东部经济较发达省市流通产业的效率及其影响因素。总之，本书从产业关联视角，利用基础投入产出模型和拓展的投入产出模型较系统深入地研究了流通业产业成长的结构性问题。

本书基于理论研究、实证研究与政策建议研究这一研究路径，运用投入产出方法，系统地研究流通产业的产业系统内容及其结构特征，是在研究路径上的创新。本书探索新的研究方法，在相关文献的基础上构建了流通产业成长关键路径识别模型、流通产业链识别模型、产业上游度测度模型；并且对产业关联网络模型进行了研究。本书借鉴生态学上的食物网理论，运用生态学中的食物链概念和食物网概念以及食物网的生态学特性，来理解产业系统中的产业间的投入产出关系、产业关联内涵、产业链概念、产业网概念，以及产业链网的系统特征。产业系统像生态系统一样，保持产业系统中产业关联关系的多样性是维持产业系统稳定性的前提。本书对产业系统理论的研究丰富了流通产业发展理论。

(二) 本研究为我国流通业健康快速发展提供新思路

本书在关注流通业发展机制的传统理论的基础上，创新流通业发展机制理论研究。通过新机制的引入，拓展我国流通业发展路径，为流通业健康快速发展提供新思路，具有较强的现实意义。基于相关理论和文献，本书在理论部分具体地梳理和探讨了流通业创新发展的若干机理和机制。这些促进流通业创新发展的机理和机制，一方面来源于实践，是当前促进流通产业快速成长的动力源泉；另一方面又是基于相关理论对实践的概括和总结，是过去实践的理论提升和升华。对创新性机理和机制合理理解与应用则有助于流通产业发展的实践。

本书在理论部分和实证部分提出的促进流通产业创新发展的机制主要有以下几个：①技术创新对商贸流通业发展的影响机理。技术创新对流通产业的影响有直接影响和间接影响。②流通技术创新是流通产业自主创新的重要路径。流通技术创新是流通产业自主创新的"硬核"。③"互联网＋"对流通产业创新发展的影响机制。"互联网＋"是把互联网与传统产业深度地融合起来，创造新的产业生态。④电子商务对内外贸易发展影响的机制。电子商务创造了全新的商业平台。⑤产业跨界融合对流通产业创新发展影响的机制。产业跨界融合作为一种新的产业系统创新和变革路径，对流通产业创新和变革产生了深远影响。⑥产业链整合中嵌入式流通产业模式创新。基于流通产业成长而实现的产业链优化其实质就是通过优先增加流通产业环节的附加值，而实现产业链整体附加值的提升。⑦流通产业智慧化创新。物联网技术广泛地应用于我国流通领域，智慧流通促进着传统流通业向现代流通业转型与升级，拓展了流通产业服务内容，提高了流通产业效率。

本书的现实意义还在于，通过考察我国流通业的产业关联特征的演变规律，厘清流通产业未来发展方向；通过测度我国流通业的产业关联程度（深度与广度），构建流通产业的产业链网，熟悉流通业的产业系统结构内容和构成；通过测度流通业（三个细分子产业）的产业上游度数据，知道我国流通业在全球产业链上的相对位置和各省区市流通业在全球产业链上的相对位置；通过测度东部经济较发达省市流通产业的效率数据和考察影响效率的因素，了解流通业运行效率的现实情况和提升效率的可能部位和抓手。投入产出系列模型是比较好的测度产业间关联程度的工具之一，本书应用这些模型对我国流通产业发展状态和未来趋势进行系统性研究，对指导流通业发展实践具有重要的现实意义。

三、相关文献回顾

（一）流通产业创新发展文献述评

流通产业创新发展是近些年学术界和决策部门都十分关注的问题，因此，是拟订本书的现实基础，也是本书研究的中心问题。国外文献对流通业的研究，主要集中在美国和日本的流通业。巴克林（Bucklin，2012）系统地研究了流通渠道结构，成为流通渠道的经典理论。保田芳昭等（2009）系统地研究了日本的现代流通业。张岩（2007）对日本流通体制变革进行了研究。奥勒（2010）基于文献和调查方法研究了日本零售业的创新和动态。石原武政（2012）从理论视角分析了商业组织的内部构成。国内文献对流通业创新研究围绕话题较多。裴长洪和彭磊（2008）研究了流通产业流通内容创新。黄国雄等（2009）和黄国雄（2010）从流通产业理论创新角度分析了中国商贸流通业发展。张弘（2009）从技术创新的视角分析了流通业创新发展的机制。张宏和刘林清（2010）研究了产业链创新对产业效率的影响。杨海丽（2010）研究了流通产业经营模式创新。王建府（2010）研究了流通产业的业态创新。任博华和贾悦虹（2010）基于中美比较，研究了农产品流通中政府职能创新。张满林和王超（2011）、谢莉娟和张昊（2012）研究了流通产业的组织创新问题。盛朝迅（2012）研究了制造业升级中的流通价值创新问题。杜娟（2012）研究了物联网背景中农产品流通渠道创新问题。丁俊发（2013）提出流通业创新驱动发展10个对策：①理论创新驱动；②制度创新驱动；③信息化创新驱动；④供应链管理创新驱动；⑤结构调整创新驱动；⑥生活与商务服务创新驱动；⑦就业创新驱动；⑧消费创新驱动；⑨市场创新驱动；⑩商业文化创新驱动。李骏阳（2014）研究了电子商务对贸易发展影响的机制。司增绰（2015）研究了我国批发和零售业的创新发展问题，提出智慧化发展路径。李骏阳（2015）研究了我国农村消费品流通业创新问题。宋则（2016）认为商贸流通业与互联网（移动互联网）之间、实体店与网店之间现有的矛盾冲突只是表象，经过相互磨合、相互适应完全可以融合发展。肖大梅（2016）研究了"互联网＋"提升我国流通业发展创新路径。路红艳（2017）从跨界融合角度分析了流通业创新发展模式。钱明珠（2017）基于创新驱动视角探析了产业链整合与现代流通业升级路径。刘文纲和符学柳（2018）对电商企业与实体零售企业主导的 O2O 商业模式创新路径进行了比较分析。本书的任务是从理论和实践方面探寻我国流通业创新发展路径和促进流通业系统创新的政策措施。

（二）流通业产业关联文献述评

产业关联是研究本书的创新性角度。基于产业关联理论的流通业创新发展研究，首先，要解决流通业产业关联的测度问题。国外学者专门研究流通业较少，更多的是把它融在生产性服务业中来考虑的。生产性服务业对制造业的影响是人们首先思考的问题，是 20 世纪 80 年代以来关注的热点。制造业是生产性服务业产出的主要需求部门，许多生产性服务业的发展必须依赖制造业的发展（Cohen and Zymans，1987；Eswarran and Kotal，2001）。一些因素导致了制造业从外部购买生产性服务（Riddle，1986；Geo，1990）。随着信息技术发展和应用，生产性服务业和制造业边界逐渐模糊，出现了融合趋势（Park and Chan，1998；Bathla，2003）。国内流通业文献主要集中在定性研究上，定量研究较少。产业关联测度方法主要有：①灰色关联法。石明明和张小军（2009）应用灰色关联分析方法，研究了流通产业在国民经济中的角色转换。司增绰（2011）运用灰色关联分析方法研究了公路交通水平与商贸流通产业发展的关联。②典型相关分析法。曹静（2010）运用典型相关分析方法研究了流通产业与国民经济关联性。③投入产出法。司增绰和苗建军（2011）运用投入产出分析方法，基于苏浙鲁粤的比较，研究了商贸流通业的产业特性和产业地位。胡永仕和王健（2011）运用投入产出模型研究了福建省流通产业关联及波及效应。赵霞（2012）运用投入产出方法研究了我国流通服务业与制造业互动的产业关联。李晓慧（2015）应用投入产出模型分析了我国流通业与制造业的产业关联情况。李杨超和祝合良（2016）基于投入产出方法分析了我国流通业产业关联效应与波及效应。郭海红（2017）研究了广东省流通业产业关联与波及效应。刘天祥（2017）研究了中国流通业的产业关联效应，并做了国别比较。祝合良和王明雁（2018）利用投入产出表数据，研究了流通业产业关联效应与波及效应的演化状况。投入产出法是产业关联测度较科学的方法，本书中对流通业产业关联测度主要使用投入产出法。

（三）产业链网构建文献述评

流通产业的产业链网的构建问题是本书要解决的核心问题。综述国外文献，产业链网构建主要采用投入产出模型。扎曼斯基（Czamanski，1974）研究中采用传统投入产出模型，希尔和贝瑞曼（Hill and Breman，2000）对关联系数矩阵加以改进，采用关联比例法分析产业的上下游关系，卢克凯宁（Luukkainen，2001）将产业关联系数矩阵中对自身的关联系数设为零。综述国内文献，产业链网构建方法也主要是依据产业间的关联关系，利用产业间的产业关联关系设置一定的连接规则，把相关联产业连接起来。对产业间关联关系研究方法主要有：①耗散理论与协同学。张亚明等（2009）基于耗散理论与协同学视角研究了电子信息制造业产业链演化与创新。②系统动力学。王帮俊和杨东涛（2011）基于系统动力学理论研究了煤炭产业链自组织演化过程，并进行了仿真实验。③模糊理论。向中华等（2012）运用灰色—模糊理论对森林木质地板生态产业链的优化问题进行了评价。④灰色系统理论。严焰和徐超（2012）运用灰色系统理论构建和评价了海洋高技术产业海陆交汇产业链。⑤投入产出模型。胡晓鹏和李庆科（2009）基于苏浙沪投入产出表，运用投入产出模型，研究了生产性服务业与制造业共生关系研究。黄常峰等（2011）利用投入产出法构造投入产出模型，对中国旅游业产业链进行识别。吴利华等（2011）利用投入产出模型，研究了中国文化产业的产业特性及产业链。司增绰（2015）基于基础投入产出模型，通过构造一个包含需求面和供给面的产业链构建模型，构建了中国批发和零售业的产业链，研究了其产业链结构问题。李茂（2016）基于投入产出方法构建了一个产业关联网络模型，利用北京市12个年度投入产出表数据，计算并比较了产业关联网络特征的演变。这些产业链网构建方法中较科学的方法是投入产出法，其他方法都存在局限性，因此本书中流通业产业链网构建主要采用投入产出模型。利用投入产出模型测度产业间的联系，根据产业间的量化联系，设置产业间的连接规则，根据连接规则，构建产业链或产业网。

（四）产业发展关键路径识别文献述评

产业发展关键路径识别模型，要解决流通业发展的关键路径识别问题。利用产业发展关键路径识别模型，识别出制约产业发展的"约束路径"产业群和带动产业发展的"扩张路径"产业群（或称引擎产业群）。产业发展关键路径识别模型是把与某一产业有关联关系的产业根据与这一产业的投入产出关系分类到"上游产业群"和"下游产业群"。上游产业群中的那些发展不完全不充分的产业会制约这一产业的发展，因此，把上游产业群中的这些产业形成的"路径"，称为"约束路径"。下游产业群中的那些对这一产业需求强度较大的产业对这一产业发展的带动力较强，因此，把下游产业群中的这些产业形成的"路径"，称为"扩张路径"。由"约束路径"和"扩张路径"形成的"路径"称为关键路径。可以看出，关键路径识别模型实际上是一个产业链构建模型。一些学者（Sánchez-Chóliz and Duarte，2003；Romero and Tejada，2010）根据产业间的关联关系，使用投入产出引申模型来研究产业发展的路径问题。张哲（2011）利用投入产出基础模型构造了产业路径选择模型，研究了交通运输业发展路径。司增绰（2013）利用投入产出分析中的消耗系数和分配系数，构造了约束路径识别模型和扩张路径识别模型，研究了批发零售业发展的关键路径。司增绰（2014）以直接消耗系数、直接分配系数和关键路径识别模型，对我国商贸流通业关键路径进行了识别，并提出商贸流通业优化内容与方向。司增绰和王雪峰（2015）运用关键路径识别模型，识别了我国商贸流通业成长的关键路径，并对其产业关联演变进行了研究。本书也主要使用相关投入产出引申模型，实证研究流通业发展的关键路径。

四、本书的研究思路与研究方法

（一）本书的研究思路

1. 本书研究的主要内容

本书围绕"关联特征演化→产业链网构建→流通业创新发展"这一中心

命题展开，从产业关联角度研究我国流通业发展问题。主要内容包括以下内容。

第一部分：相关理论回顾

第一章 导论

第二章 本书相关理论的演进与回顾

第二部分：交通运输业的产业关联演变和地区差异

第三章 交通基础设施业产业关联效应的时间序列分析——以江苏省交通运输及仓储业为例

第四章 交通运输业产业系统特征的省际差异研究——以东部经济较发达地区为例

第三部分：批发和零售业的产业链构建与创新发展

第五章 我国商贸流通业产业链识别与优化研究——以批发和零售业为例

第六章 需求供给结构、产业链构成与传统流通业创新——以我国批发和零售业为例

第四部分：住宿和餐饮业成长的产业关联演变与关键路径识别

第七章 产业关联演变、关键路径识别与传统流通业创新——基于投入产出模型的我国住宿和餐饮业成长研究

第五部分：中国流通业在产业链上位置的动态变迁及区域比较

第八章 中国流通业在产业链上位置的动态变迁——基于行业上游度测算视角

第九章 中国流通业在产业链上位置的地区比较——基于行业上游度测算视角

第十章 中国流通业在产业链上位置的省际比较——基于行业上游度测算视角

第六部分：流通产业效率测度与电子商务发展模式

第十一章 东部经济较发达省市流通业成长的因素决定与效率测度——基于随机前沿生产函数以北京、上海、江苏、浙江、山东、广东为例的研究

第十二章 农民合作社农产品电子商务模式分析

第七部分：流通业创新发展的地方情景与地方实践

第十三章 经济新常态下消费结构升级与城市营销平台打造——2016 年

江苏省徐州市商贸流通产业发展调研

第十四章 江苏省民进徐州市委调研、集体提案和参政议政信息

（1）徐州市电子商务发展中面临的问题及促进发展思路研究——江苏省徐州市电子商务发展调研

（2）关于探索新常态下徐州市商贸服务业实体经济发展新路径的建议——江苏省徐州市民进集体提案

（3）大力发展"智慧流通业"，引领江苏制造业转型升级——江苏省徐州市民进"参政议政"信息

第八部分：全书总结与政策启示

第十五章 全书总结与政策启示

2. 本书研究的基本观点

改革开放以来，我国流通产业取得长足发展，交易规模持续扩大，基础设施显著改善，新型业态不断涌现，现代流通方式加快发展，互联网贸易异军突起，跨境电子商务突飞猛进，流通业已经成为国民经济的基础性和先导性产业。但总体来看，我国流通产业仍处于粗放型发展阶段，网络布局不合理，城乡发展不均衡，企业集中度偏低，信息化、标准化、国际化程度不高，效率低、成本高、竞争力弱等问题日益突出。我国流通业体系建设滞后已经成为国民经济发展的"瓶颈"。我国流通业集聚性在下降，自我调节功能降低，自身发展能力下降，对制造业和消费的服务功能也在下降，流通产业安全也面临严峻形势。在国民经济系统中，流通业与关联产业必须融合发展、互动发展和协调发展。必须切实发挥现代流通业在产业链整合中的优化功能。我国流通体制改革必须坚持系统化创新，从制度创新、技术创新、产业组织创新、网络布局创新、地区均衡创新等多维度创新流通业发展。

3. 本书研究的技术路线

本书遵循"流通业发展理论与发展历史考察→流通业产业关联状态及演变实证分析→流通业创新发展"研究思路，研究我国流通业创新发展问题。本书研究思路可以细化为如图1-1所示。

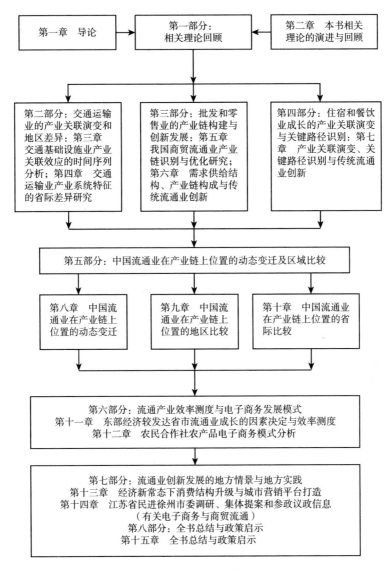

图 1-1 本书的技术路线

（二）本书的研究方法

1. 研究对象

本书将流通产业划分为交通运输、仓储和邮政业（简称"交通运输业"），批发和零售业（简称"批发零售业"），住宿和餐饮业三大细分子行业。2012年以前年份的42部门投入产出表（2010年投入产出延长表有65部门），流通产业基本上划分为四个细分子产业，即交通运输及仓储业、邮政业、批发和零售业、住宿和餐饮业。流通产业细分产业到底如何划分，要根据所使用的投入产出表具体确定。

2. 模型选择

（1）流通业产业关联测度模型。流通业产业关联测度选择最初投入结构系数、中间需求率和中间投入率、直接消耗系数和完全消耗系数、前后向关联系数、影响力系数和感应度系数5类核心指标。

（2）流通业产业链网构建模型。本书参照卢克凯宁（Luukkainen）、希尔和贝瑞曼（Hill and Breman）的研究方法，构造投入产出引申模型，构建流通业的产业链网，考察流通产业的需求面产业群和供给面产业群，根据产业链节点连接规则，连接产业链上下游产业，形成流通业产业链网。

（3）流通业发展的关键路径识别模型。构造投入产出引申模型：$\min\limits_{i=1}^{n}(s_{ij}) = \min\limits_{i=1}^{n}b_{ij}/a_{ij}$（$i,j = 1,2,\cdots,n$，且$a_{ij} \neq 0$），式中$s_{ij}$为第$j$产业对第$i$产业的完全消耗系数与直接消耗系数的比值，$\max\limits_{j=1}^{n}(l_{ij}) = \min\limits_{j=1}^{n}d_{ij}/r_{ij}$（$i,j = 1,2,\cdots,n$，且$d_{ij} \neq 0$），式中$l_{ij}$为第$i$产业对第$j$产业的完全分配系数与直接分配系数的比值，识别流通业发展的关键路径。

（4）产业上游度测度模型

安特拉斯等（2012）提出上游度水平值（Upstreamness）可以用来衡量各个细分产业在产业链中的位置。安特拉斯等（2012）基于投入产出视角，构建了产业上游度指标，测算出产业链中产业层面的相对位置。借鉴法利（Fally，2012a）和安特拉斯等（2012）的研究，本书采用这一测度方法。

（5）随机前沿引力模型（SFA）。运用随机前沿引力模型，以北京、上海、江苏、浙江、山东、广东东部经济较发达省市为例，研究流通产业（包括流通产业的三个细分子产业）成长的因素决定及效率测度问题。

3. 理论分析与实证研究相结合

本书拟采用理论分析与实证研究相结合的方法，将重点采用理论模型、实证研究和案例分析等方法。研究所需的统计与计量工具包括 Spss、EViews、Stata 和 Matlab 等。

五、本书研究的创新之处

（一）扩展流通业发展研究新视角

产业关联是研究本书的创新性角度。运用国民经济投入产出系统中产业关联系统思想和系统分析方法创新研究角度，从流通业的产业关联视角实证研究我国流通业的发展状态和动态演化，得出流通业的相关特性，构建流通业的产业链网，识别流通业发展的关键路径，对认识流通业的产业特性以及促进其发展，具有积极意义。

（二）创新流通业产业关联研究方法

利用投入产出表较系统的数据和投入产出分析方法较丰富的模型，借助投入产出分析较系统、较精确和较科学的研究方法特征，分析流通业的产业关联特征、产业链构成以及产业链内容，对问题的分析具有系统性、整体性和缜密性。在本书的研究中主要运用流通业产业关联测度模型、流通业产业链网构建模型、流通业发展的关键路径识别模型等。

（三）提出流通业系统化创新发展思路

以理论分析、实证分析和国内外经验研究为基础，考察流通业产业关联特征演化规律，了解流通业产业链结构现实，洞察我国流通业在全球产业链上的位置，熟悉我国东部经济较发达地区流通业成长的效率及其影响因素，提出我国流通业系统化创新发展的思路、路径和政策。我国流通业发展必须坚持系统化创新，从多维度整体性选择创新发展路径。

第二章

本书相关理论的演进与回顾

互联网时代,由于商业技术的创新与发展,商贸流通业的交易方式和商业模式被"井喷式"地创新与改变着。"智慧流通""智慧商业""智慧仓储""跨境电商""新零售""无人商业""无人超市""无人便利店""无人机物流""无人仓"等有关商贸流通业的新名词几乎天天刷着传统媒体和新媒体的载体与界面,刷着全球那几位电商大佬和商业大佬薄薄的嘴唇,刷着政府决策者、学术专家和消费者的脑袋。商贸流通业的创新与蜕变前景和未来发展方向,正给社会每个人带来期盼与焦虑。本章对本书相关理论进行简要回顾,按照本书逻辑思辨的思路及顺序,大致可以将相关理论分为三个部分,即流通业创新发展理论、产业关联理论和产业链网理论。

一、流通产业创新发展理论探讨

(一)我国流通产业地位的演进

1. 我国的流通产业存在被边缘化的危险

流通产业是连接生产和消费的纽带,具有产业先导功能。2008年全球金融危机提供了彰显流通产业地位、考量流通产业功能、检验流通产业影响力的机会,但是我国流通产业发展承受着较大的生长压力。虽然改革开放以来我国流通产业蓬勃发展,逐步成长壮大,但"重生产、轻市场,重投资、轻消费"的发展模式惯性和思维模式惯性导致我国流通产业发展严重滞后于经济发展水平和经济发展阶段。长期以来,国内对商贸业先导作用的认识不足和轻视使得我国商贸业存在被边缘化的危险。外资"抢滩"对我国流通产业企业的挤出效应、流通产业上市公司偏少、众多中小流通产业企业融资困难、流通产业企业在发展过程中的盲目扩张和经济效益持续下滑等，严重影响了流通产业的先导地位。国际流通产业巨头凭借国际化产业分工体系的优势地位在我国商品流通领域不断"开疆拓土"和蚕食我国市场，不仅对我国中小流通产业企业造成极大压力，而且对我国制造业成长的约束效应也越来越明显，越来越大。当前我国流通产业受到来自国际流通业跨国公司、产业政策、城市空间限制等外部因素以及企业组织化程度、机制创新等内部因素的制约，发展形势不容乐观（陈玲，2010；司增绰和苗建军，2011）。

中国流通产业是我国第一个市场化推向市场的服务业。20 世纪 90 年代初，我国就尝试把流通产业推向市场，进行市场化改革。占流通产业半壁江山的批发和零售业则是我国第一个向国外开放的服务业。其实，中国流通产业对外开放从加入世界贸易组织前就已经开始，尤其是 2001 年加入世界贸易组织后，流通产业对外开放就更如同溃堤的江河，规模和速度都迅速扩大。中国东部经济较发达的省市，流通产业制度变迁和市场化水平都居我国前列，自然就成了欧美国家零售业巨头抢滩中国的首选地区。在中国流通产业没有经过充分市场化适应过程和几乎没有一点能力准备的背景下，在把流通产业完全推向市场和零售业跨国公司抢滩中国"攻城略地"的内外双重压力挤压下，作为中国流通产业主体的国有流通产业企业几乎全线溃退。国有流通产业企业未能经过充分市场化发展便衰退，而民营流通产业企业成长则刚刚起步，中国流通产业，尤其是零售业几乎成了大型跨国零售商的"天下"，不少专家呼吁"中国流通产业面临产业安全问题"（周坤和司增绰，2017）。

2. 要切实从"末端产业"上升到"先导产业"

由于受"重生产，轻流通"观念和思维的影响，中华人民共和国成立以来很长一段时间我国都没有认识到流通产业的作用，也未能对流通产业进行科学合理定位，这使我国流通产业发展受到了较大影响。结果，流通产业发展滞后与不充分也影响和制约第一产业、第二产业以及第三产业中非流通产业快速发展，造成整个产业系统失衡。就流通产业的定位而言，主要有"流通基础产业论""流通先导产业论"及"流通战略产业论"等理论。在目前关于流通产业地位理论中，"流通先导产业论"是较为普遍认可的一种理论，我国理论界总体比较倾向流通产业作为先导产业的观点（司增绰和苗建军，

2011；张连刚和李兴蓉，2010）。其实，这三种流通产业地位理论，是相互补充相互支撑的理论，三种理论从三个侧面对流通产业的地位进行定位，形成流通产业地位理论体系。当前，中国已经从卖方市场转变为买方市场，消费者在市场中的主体地位得到强化，消费在经济增长中的作用越来越大。流通产业作为生产和消费的中间连接载体，应该不断地把消费者的当期需求和潜在需求转化为现实需求。在这个转化过程中，流通产业将从计划体制下的一个"末端行业"转化为社会主义市场经济体制下的"先导行业"（刘国光，2004）。

日本学者秋山哲南针对工业化和后工业化阶段的特点，提出了"T"形和"土"形两种流通产业结构（孙明贵，2004）。"T"形流通产业结构理论认为，工业化时期，流通产业结构大致呈现"T"形结构，制造业比重很大，批发业则扮演着流通渠道的角色，零售商尽管承担将产品销售出去的重要使命，但比重也是比较低的。"土"形流通产业结构理论认为，后工业化时期，流通产业结构转变为"土"形结构，制造业比重下降，批发商作为流通渠道的环节减少，生产过程和零售过程缩短，零售商的比重大幅增加。在"土"形模式下，零售业成为主导产业。"T"形和"土"形两种流通产业结构也许未必完全正确，未必完整和全面，但是这一理论为我们提供了一个分析思路和分析框架。这两种模式既反映和说明了工业化不同时期流通产业结构存在差异，也反映和说明了工业化不同时期流通产业定位应该是不同的，为我们根据工业化阶段对流通产业进行定位提供了一个理论依据和理论框架（司增绰和苗建军，2011；张连刚和李兴蓉，2010）。我国流通产业经过40多年的改革开放历程，逐步由落后变为先进，从封闭走向开放，从规模较小成长为规模较大，在促进生产、引导消费、推动产业结构调整和经济发展方式转变等方面作用突出，"先导产业"效应日益凸显，已经从末端产业变成先导产业。

（二）我国流通产业的业态创新发展

1. 流通产业的传统业态

流通业态是指商品流通企业根据经营的产品重点不同和提供服务的差异，为满足不同层次的消费需求而形成的不同的营业形态。一般来说，流通业态的确定与企业经营的商品种类、企业规模大小、周围市场环境以及企业投资者和经营者的目标市场等密切有关。流通业态主要包括批发、零售和连锁经营三种，或者说流通业态的类型主要有 3 个：批发、零售和连锁经营。批发是指从生产商或其他经营者手中采购商品或劳务，再将其提供给商业用户或者其他业务用户，供其转变、加工的大宗商品交易方式。根据传统狭义商业概念，本书要研究的流通产业（或称商业）主要包括：交通运输及仓储业、邮政业、批发和零售业、住宿和餐饮业。2012 年后 42 个部门投入产出表中一般把"交通运输及仓储业"和"邮政业"合并为"交通运输、仓储和邮政业"。其实，物流业是"交通运输、仓储和邮政业"的主要部分。

零售是指把商品和劳务直接出售给最终消费者的销售活动和商品交易方式。零售业是商品流通的最终环节，商品经过零售，卖给最终消费者。就从流通领域进入消费领域。连锁经营一般是指在核心企业领导下，采用规范化经营同类商品和服务，实行共同的经营方针，集中采购和分散销售有机结合，实现规模化效益的联合体组织形式。其中的核心企业称为总部、总店或本部。各个分散经营企业称为分部、分店、分支店或者成员店等。流通产业业态中最重要的是零售业业态。传统的零售业业态主要包括百货商店、超级市场、专业店和专卖店、便利店、仓储式商店、购物中心、无店铺零售业态等形式。零售业业态是零售业长期演化和革命性变革的结果。表 2 - 1 是传统零售业的业态内容。

表 2 - 1　　　　　　　　　　传统零售业业态

主要业态	业态简要描述
百货商店	百货商店是指经营包括服装、家电、日用品等众多种类商品的大型零售商店。它是在一个大建筑物内，根据不同商品部门设销售区，采取柜台销售和开架销售方式，注重服务功能，满足顾客对时尚商品多样化选择需求的零售业态
超级市场	超级市场是实行自助服务和集中式一次性付款的销售方式，以销售包装食品、生鲜食品和日常生活用品为主，满足消费者日常生活必需品需求的零售业态，普遍实行连锁经营方式。超级市场可分为两种类型：普通超级市场（或称标准超市、生鲜超市）、大型综合超市（或称人卖场）
专业店和专卖店	专业店指经营某一大类商品为主的，并且具有丰富专业知识的销售人员和适当的售后服务，满足消费者对某大类商品的选择需求的零售业态。专卖店指专门经营或者授权经营制造商品品牌，适应消费者对品牌选择需求和中间商品牌的零售业态

续表

主要业态	业态简要描述
便利店	便利店，是一种以自选销售为主，销售小容量应急性的食品、日常生活用品和提供商品性服务，满足顾客便利性需求为主要目的零售业态
仓储式商店	仓储式商店，是一种仓库与商场合二为一，主要设置在城乡接合部，装修简朴，价格低廉，服务有限，并实行会员制的一种零售经营形式
购物中心	购物中心是由开发商统一规划、建设和管理的商业设施，拥有大型核心店、多样化商品街和停车场，能满足消费者的购买需求与日常生活活动的商业场所。购物中心有两种形式：条块状型和 MALL 型
无店铺零售业态	无店铺零售业态包括：自动售货机、邮购商店、网络商店

2. 流通产业的新业态发展与涌现

（1）电子商务快速发展。从 1993 年电子商务概念引入国内，我国电商得到了迅速发展，已成为名副其实的电商大国。网络零售交易额不断高速增长，2008 年仅有 1257 亿元，到 2015 年达 3.87 万亿元，占社会消费品零售总额的比例达 12.88%；网络实物交易额达 3.24 万亿元，占社会消费品零售总额 30.09 万亿元的比例达 10.8%。2016 年 1～5 月全国实物商品网上交易额达 18089 亿元，同比增长 25.9%，占社会消费品零售总额的比重为 11.3%（洪涛，2016）。

电子商务包括 B2B、B2C、C2C 等形式。电子商务创造了一种全新的贸易平台——互联网虚拟贸易平台，形成实体贸易平台与互联网虚拟贸易平台两大平台共存和竞争的格局。互联网虚拟贸易平台具有开放性、全天候、容量巨大、信息充分、支付方便等特点。电子商务一出现，便以全新的理念经营，并向传统贸易方式和传统贸易平台发起挑战。

（2）跨境电子商务飞跃发展。跨境电子商务（cross-border electronic commerce）是电子商务应用中的一种形式，是指不同国别或地区间的交易双方通过互联网及其相关信息平台实现交易。跨境电商主要包括 B2B 跨境电商、B2B2C 和 B2C 跨境电商、C2B 跨境电商（代购）、C2C 跨境电商，具体来讲，包括"背对背订单"（back to back order）、"批量购买"（bulk buying）。跨境电子商务包括公共平台的跨境电商、自营的跨境电商和自营跨境电商＋平台跨境电商的交易集成模式三类。据不完全统计，2012～2014 年我国跨境电子商务得到飞跃发展，既包括 B2B 跨境电子商务，也包括网络零售电子商务（B2C、B2B2C、C2B、C2C）等多种跨境电子商务（洪涛，2015）。

洪勇（2018）研究认为，我国跨境电子商务跨境 B2B 占主导，跨境 B2C 为重要补充；当前我国跨境物流发展滞后，信用体系不健全；当前要加快跨境电商基础设施建设，提升跨境电商贸易便利化水平。跨境电子商务标志着普惠贸易时代到来，世界将进入下一个贸易时代。新的贸易时代的技术工具是"互联网＋"，商业模式是跨境电子商务。现在世界各国都非常重视跨境电子商务发展，我国跨境电子商务水平与国际上先进贸易国并没有明显差距，通过发展跨境电子商务，参与制定未来新的国际贸易规则，应是值得高度重视的议题（裴长洪，2016）。

（3）"新零售"提出与 O2O 互动创新。"新零售"是 2016 年 10 月 13 日，马云在云栖大会上提出的概念，即零售未来会是线下、线上、物流相结合的"新零售"模式。只有线下、线上、物流真正结合，才能真正创造出"新零售"（洪涛，2017）。一些学者认为，电商与实体零售正从对立走向融合，线上线下融合的"新零售"业态，有望成为互联网时代下零售业变革的主要方向。李俊阳（2017）认为，"新零售"概念不能代表未来零售业的发展方向，对于当前由电商发展引起的线上与线下的融合以及由此引起的技术创新用 O2O 就可以表达其含义，若要进一步强调其意义，也可以用零售业第四次革命来表述，这样才具有承前启后的作用，也为未来更"新"的零售模式出现留有余地。

合理布局线上线下（O2O）互动创新重要业态，推动线上线下互动创新应用，可以在一些核心产业实施"＋电子商务"创新应用，即"批发行业＋电子商务"转型创新、"零售行业＋电子商务"改革创新、"住宿和餐饮行业＋电子商务"体验创新、"对外贸易＋电子商务"开放创新、"生活服务＋电子商务"便利创新、"商务服务＋电子商务"精细创新、"物流行业＋电子商务"快捷创新、"现代农业＋电子商务"上行创新（杨仁清，2018）。电商主导的 O2O 商业模式创新走的是平台化的道路，通过商家和消费者聚合，进行价值共创，进而反向优化创新；实体零售企业主导的 O2O 商业模式创新走的是利用外部价值伙伴打造线上、线下一体化的道路，通过搭建线上渠道、内部整合、进而实现线上和线下渠道整合（刘文纲和符学柳，2018）。

（4）无人商业与无人超市。自 1852 年以来，各种零售业态在 170 年的时间里经历了五次零售业态革命，具体是：百货店业态革命、连锁店业态革命、超市业态革命、网店业态革命和智能商店业态革命（洪涛，2017a）。当前社会正经历着一场智能商业业态革命，无人店、无人仓、无人机及无人交易已经实现，无人商业正在慢慢地到来。近两年来，我国的无人商业得到了快速发展，主要出现了无人超市、无人便利店、无人餐馆、无人菜店、无人货架、无人书店、无人加油站、无人智慧配送站等。批发和零售业、住宿和餐饮业、物流业等行业都不约而同地竞争性地尝试无人技术在本行业本领域应用。可以预见，未来无人商业将向多业态、智能化、体验化、精准化、法制化、道德化、品牌化、无现金交易等方向发展。无人超市（self-service supermarket）是智能商店的初级形态。

无人超市的本质是在特定历史时期，互联网、移动网、物联网、大数据、云计算、区块链、AR、VR、MR 等新技术在超市业态领域的应用，对于消费者来说，更加自由和方便了（洪涛，2017b）。在购物和支付过程中，无人超市采用 RFID、人脸识别和图像识别等技术，保证用户得到最流畅的购物体验——自主地挑选货物，通过结算通道付费走出超市（洪涛，2017a）。现代无人超市是科学与技术发展的必然结果，是高新科技在商业领域应用的典型业态，其将伴随着科技的发展和进步，来满足消费者的需求。无人超市的发展也表现出多业态趋势、智能化趋势、体验化趋势、精准化趋势、法制化趋势、道德化趋势、品牌化趋势、无现金交易趋势等多个方面（洪涛，2017b）。

（三）我国流通产业创新发展的机制分析

1. 技术创新对商贸流通业发展的影响机理

技术创新对流通产业的影响可以分为直接影响和间接影响（解鹏程，2017）。直接影响主要是针对产业价值链来说，遵循"生产制造业↔流通产业↔消费者"途径和模式。流通产业发展的核心因素在于提升信息对称程度。如果生产制造价值链上信息处于充分公开透明化状态，那么消费者就可以根据个人偏好直接购买商品和服务，生产者和制造商则可以基于大数据分析优化生产供给流程，商品流通企业则进行流通优化以提高流通产业发展水平。从间接影响来说，制造商提升生产技术水平，则可以降低生产成本、提高效率、扩大规模、增加供给、提升产品质量。而且，技术创新引起劳动力生产要素收入增加和收入水平提高也可以增加市场商品和服务需求。

通过技术创新的直接影响和间接影响引起供给侧和需求侧量的增加则能提高市场均衡点，增加国家和地区产出水平，进而也可以促进流通产业成长。另外，由于地区资源禀赋差异和政策导向差异，地区间的技术创新也会产生地区间的竞争效应和示范效应，进而促进各地区政府和厂商增加科技研发投入，推动技术引进，强化科技人才培养，促进科技创新，最终影响地区商流通产业创新发展。

2. 流通技术创新是流通产业自主创新的重要路径

流通产业自主创新的主导路径是流通业态创新、流通服务创新和流通技术创新（汪旭晖，2010），而且流通技术创新是流通产业自主创新的"硬核"，因此流通技术创新是流通产业自主创新的重要路径。流通技术对提高流通产业企业绩效的作用是巨大的，技术创新是流通产业企业提高服务能力与水平及管理效率的基本保障。但是，总体来看，我国流通产业的管理信息系统开发相对滞后，由于成本较高硬件尚未在流通产业企业普及，流通产业的信息化和智能化程度较低，互联网在传统流通产业企业应用水平较低，等等诸多问题依然存在，都阻挠着传统流通产业生存与成长（汪旭晖，2010）。

有一些流通产业的企业虽然配备了硬件设施和软件系统，但是没有将流通技术切实应用到企业实际的经营和运营过程中去。还有一些规模较大的流通产业企业，因为流通技术应用不充分和应用水平低，无法发挥规模优势。因此，流通产业企业应高度重视流通技术创新和应用，积极借鉴、引入和吸收流通信息技术。积极引进和使用电子订货系统（EOS）、中心计算机存货控制和进货系统、扫描管理、条形码、销售时点系统（POS）、电子货架监视系统、电子收款机、高效顾客响应（ECR）、电子交换（EDI）、无线射频（RFID）技术、商店信息管理系统（MIS）。规模较大的流通产业企业要建立独立的流通技术研发部门，积极主导研发流通产业新软件系统和新硬件技术。流通产业企业还要重视数据工程建设，建设顾客数据库系统，运用大数据技术和大数据挖掘技术等先进网络技术，实时分析和预测客户、运营、竞争等方面的数据，服务和支持企业决策，优化企业经营和运营流程。

3. "互联网+"对流通产业创新发展的影响机制

"互联网+"就是"互联网+传统行业"，但这种"+"并不是简单地把两者加在一起，而是运用信息通信技术、互联网技术以及互联网平台，把互联网与传统行业深度地融合起来，创造新的产业生态。"互联网＋"代表着一种全新的社会形态。在这种全新的社会形态中，充分利用和发挥互联网在社会资源配置中的优化与集成功能，将互联网创新成果深度融合于经济、社会、政治等各领域之中，全面提升全社会的创新能力和生产能力，形成更加广泛的以互联网为基础设施和实现工具的经济发展新形态。几十年来，"互联网＋"已经改造和影响了很多行业，目前社会熟悉的电子商务、互联网金融、在线旅游、在线影视、在线教育、在线房产等行业都是"互联网＋"的"杰作"（宋则，2016）。

实践证明，"互联网＋传统行业"能够让传统产业插上有力的翅膀，使传统产业生命力和成长能力获得几何倍数的放大。"互联网＋"对流通产业创新发展的影响机制可以概括为四个方面：（1）"互联网＋"打破地域束缚，改变了流通业发展格局；（2）"互联网＋"创造了新型商业平台与流通模式；（3）"互联网＋"改变了商业空间集聚模式，促进了流通资源优化配置；（4）"互联网＋"降低了商品流通交易成本（肖大梅，2016）。"互联网＋"对流通产业创新发展的影响机制可以简要概括为图2－1。

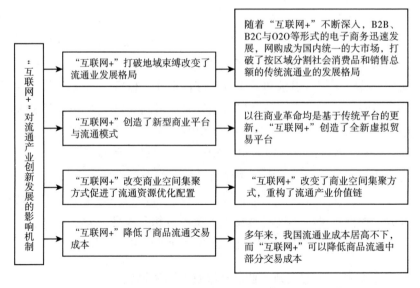

图2－1 "互联网＋"对流通产业创新发展影响的机制

4. 电子商务对内外贸易发展影响的机制

电子商务的蓬勃兴起对国内贸易与国际贸易都产生了巨大的影响，传统贸易的组织、业态和经营方式都受到了严重冲击，而新的电子商务模式则表现出欣欣向荣的景象。李骏阳（2014）研究了电子商务对国内贸易和国际贸易发展的影响机制，研究发现这种机制主要体现在以下 6 个方面：（1）电子商务创造了全新的商业平台；（2）电子商务改变了贸易空间集聚方式；（3）电子商务改变了贸易的流向；（4）电子商务创造了新的商业模式；（5）电子商务创造了新的贸易支付手段；（6）电子商务导致信息流主导商流。较为直观的电子商务对内外贸易发展影响的机制关系可以参阅李骏阳（2014）的文献资料（见图 2 - 2）。

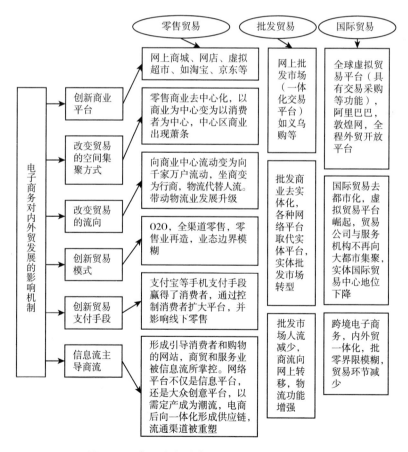

图 2 - 2　电子商务对内外贸易发展影响的机制

5. 产业跨界融合对流通产业创新发展影响的机制

随着信息技术和互联网技术的快速发展和应用,以"互联网+流通"和产业跨界融合为特征的新一轮流通产业革命正在悄然来临。产业跨界融合作为一种新的产业系统创新和变革路径,对流通产业创新和变革产生了深远影响。这种创新和变革不仅打破了流通产业原有边界,使流通产业边界日趋模糊,而且使流通产业"商品流通中介职能"发生根本性革新,正在推动流通产业从传统中间商向现代平台提供商和服务提供商的角色转变。

当前,日趋兴起的流通产业与农业、制造业、服务业和互联网的深度融合,已经形成了以生活服务集成、商业、旅游业和文化产业一体化为基础的产业跨界融合模式,正在形成以全渠道、分享平台为基础的线上线下融合模式(路红艳,2017)。基于相关文献,产业跨界融合对流通产业创新发展影响的机制可以作下述归纳与概括(见表2-2)。

表2-2 产业跨界融合对流通业创新发展影响的机制

产业跨界融合	对流通业创新发展影响的机制
流通业与工农业融合:引导生产变革	1. 实现以销定产。在"互联网+"背景下,以电子商务和大数据嵌入农业与流通业融合过程,能够以预购和预售方式,发展订单农业,将技术、交易、物流等电子商务服务融入农业生产中去,实现"以销定产""产地直供""农超对接"等经济活动
	2. 推动定制化生产。互联网经济、新技术的应用使生产者与消费者关系发生颠覆性变革,消费者拥有了前所未有的主导权。流通的起点由生产者转向消费者,消费者通过参与产品研发、设计、生产与流通等环节,推动制造企业个性化定制、柔性化生产
流通业与服务业融合:促进消费升级	1. 推动流通业成为生产服务和生活服务功能集成性产业。在新一轮科技革命和产业变革推动下,流通业与服务业跨界融合趋势加快,由单一购物功能向融合餐饮、休闲、娱乐、保健、体验、养生、金融、信息等多功能转变,成为生产服务和生活服务功能性集成产业
	2. 推动流通业成为促进服务消费升级的重要载体。流通业作为生活服务产业,通过与文化、旅游、休闲、健康等服务业融合,营造体验化场景,形成集商业、旅游、文化于一体的商业模式,让消费者参与服务全过程,获得丰富的、令人动心的体验,增强服务的吸引力和附加价值,促进服务消费升级

产业跨界融合	对流通业创新发展影响的机制
流通业与互联网融合：实现提质增效	1. 实现降本增效功能。网络零售与跨境电子商务大幅地降低了企业经营成本与进口商品价格，提高了商品流通效率。"互联网＋物流"融合发展，增强了物流协同服务能力，提高了物流服务质量和效率，降低了实体经济物流成本
	2. 推动产业转型升级。流通业与新技术融合发展，推动流通业积极应用物联网、云计算、大数据、虚拟现实、人工智能和区块链等技术，推动智慧物流、智慧商店、智慧社区和智慧商圈等业态快速发展，促进流通业从劳动——资本密集型产业向技术密集型产业转型和升级

资料来源：根据文献路红艳（2017）概括整理。

6. 产业链整合中流通产业嵌入与流通产业商业模式创新

"微笑曲线"理论说明，在产业链价值提升过程中，产业链各环节并不具有一致性和同步性，各环节在产业链上的位置不同其价值刺激效用也不一样，一般来讲，位于产业链上游的设计研发和位于产业链下游的流通环节将创造出更多的附加值，因此，产业链整体价值的提升必须依赖于构成该产业链各个环节附加值的增加。"微笑曲线"理论也认为，企业持续经营的动力源泉在于高利润回报所实现的资金积累，因此，越能实现对高附加值环节占据的企业也就越能获取更大的生存和发展潜力。可见，基于流通产业成长而实现的产业链优化其实质就是通过优先增加流通产业环节的附加值，而实现产业链整体附加值的提升（钱明珠，2017）。

当前，流通产业作为连接生产环节和消费环节的中间桥梁，已经成为新的主导"链主"。因此，流通产业不仅是整个产业链的核心环节，而且也成为提高产业链核心竞争力的切入点。实现产业链整合中流通产业嵌入，一是应进一步强化流通产业主导"链主"位置，二是以流通业自我发展为切入点积极形成大开放的流通格局。基于流通产业在产业链整合中的嵌入功能和优化功能，应关注以下四条流通产业商业模式创新路径：（1）利用科技与商业创意，通过资源整合，创造新赢利分享价值；（2）对产业链商业环节重组创新，形成新的产业链；（3）基于信息技术和互联网平台改造模式，创造新的价值链；（4）把先进科技、创意营销与资本结合，开发潜在需求，创造新需求实现模式（翁士增，2012）。

二、产业关联效应内涵与产业关联特征量化

（一）产业关联效应内涵

1. 产业关联效应概念①

产业关联是指国民经济各部门在社会再生产过程中所形成的直接和间接的相互依存、相互制约的经济联系。产业关联效应分析是定量研究产业之间相互作用大小的一种重要方法。一方面，产业关联效应从影响的方向来说分为后向关联效应和前向关联效应；另一方面，从是否考虑波及效应的角度，关联效应又可以区分为直接关联效应和完全关联效应。因此，产业关联效应的具体形式有四种，也即直接后向关联效应、直接前向关联效应、完全后向关联效应、完全前向关联效应。某产业的直接后向关联效应是指最终需求增加一个单位时对为其提供投入的产业的直接影响，用某产业的中间投入占其总投入的比重衡量；某产业的直接前向关联效应是指其最终需求增加一个单位时对使用其产出作为投入的产业的影响，用某产业的中间需求占其总需求的比重衡量。一般来说，当某产业部门的向后直接关联系数和向前直接关联系数都很高时，表示该产业对其他产业相互关联的程度很高，只要保持该产业的较高增长率，则其对其他产业必然产生较好的关联效果。与直接关联效应相比，完全关联效应则反映最终需求增加时引起的直接关联效应和波及效应之和，而所谓波及效应就是接受某产业最终需求变化直接影响的产业对其他产业所产生的进一步影响（王延中等，2002）。关联效应理论由经济学家赫尔希曼（Hirschman）提出。赫尔希曼认为凡是有关联的产业，不论是后向关联还是前向关联，都能够通过产业的扩张而产生引致投资，引致投资不仅能促进前向后向关联部门的发展，它反过来还可以推动该产业的进一步扩张，从而使整个产业部门得到发展，实现经济增长（陈建波和陆春平，2004）。

---

① 司增绰. 基础设施供给竞争与地区经济集聚研究 [M]. 经济科学出版社，2012（6）.

2. 产业关联效应的计算方法①

从产业关联的角度来分析和确定产业间的联系是一种重要的方法。产业关联是指国民经济各部门在社会再生产过程中所形成的直接和间接的相互依存、相互制约的经济联系。一般来说，产业部门间的关联有以下两种形式，即向后关联和向前关联②。

（1）向后关联效应与向前关联效应。

某产业部门 j 的中间投入占其总投入的比率：

$$K_{B_j} = U_j/X_j = \sum_i x_{ij}/X_j = \sum_i a_{ij} \qquad (2-1)$$

称为直接向后关联，其中，x_{ij} 表示生产商品 j 需要消耗商品 i 的数量，U_j 表示中间投入，X_j 表示产业 j 的总产出，x_{ij} 是产业 i 对产业 j 的投入，a_{ij} 为直接投入系数或直接消耗系数。后向关联表示 j 产业的最终需求增加一个单位时对为其提供投入的产业的直接效应③。

某产业部门 i 的中间需求（或使用）占其总需求或总使用（中间使用加最终使用）的比率：

$$K_{F_i} = W_i/Z_i = \sum_j x_{ij}/Z_i = \sum_j r_{ij} \qquad (2-2)$$

称为直接向前关联。其中，W_i 表示 i 产业的中间需求，Z_i 表示 i 产业的总需求，$r_{ij} = x_{ij}/Z_i$ 表示直接分配系数。向前关联表示 i 产业的最终需求增加一个单位对使用其产出的部门的直接效应④。一般来说，当某产业部门的 K_{B_j} 和 K_{F_i} 都很高时，表示该产业对其他产业相互关联的程度很高，只要保持该产业的较高增长率，则其对其他产业必然产生较好的关联效果。反之，如果某产

---

① 司增绰. 基础设施供给竞争与地区经济集聚研究［M］. 经济科学出版社，2012（6）.

② 顺向联系是指某些产业因生产工序的前后，前一产业部门的产品为后一产业部门的生产要素，这样一直延续到最后一个产业的产品，即最终产品为止。逆向联系是指后续产业部门为先行产业部门提供产品，作为先行产业部门的生产消耗。后向关联为逆向关联，前向关联为顺向关联。

③ 某产业 j 的直接后向连锁效应是指其总产出增加一个单位时对为其提供投入的产业的直接影响，可以用单位总产出所需要的中间投入表示。

④ 某产业 i 的直接前向连锁效应是指其总供给增加一个单位时对使用其作为投入的产业的直接影响，可以用产业 j 的需求占产业 i 的总供给的比表示，计算公式为 $\sum_j r_{ij} = \sum_j x_{ij}/Z_i$，其中，$Z_i$ 是产业 i 的总供给，r_{ij} 为直接分配系数。

业部门的 K_{B_j} 和 K_{F_i} 都很低时，则表示它对其他产业没有多大的关联。应当指出的是，当某产业的向后和向前关联度都比较低时，并不意味着它对经济增长的贡献度就一定低。因此，对某国或某地区来说，并不能由此而否定它的重要性。

（2）完全（总）向后关联与完全（总）向前关联。

直接向后关联和直接向前关联仍然只反映了产业部门间的相互联系的一部分，确切地说只反映了直接效应。对向后关联而言，它表示由 i 产业部门生产的中间投入对 j 产业部门的总产出的贡献；对向前关联而言，它表示 i 产业部门的产出对产业部门 j 的产出的贡献。但是还存在着间接效应，例如，j 产业部门产出的增加不仅要求为 j 部门提供中间投入的 i 产业部门的产出的增加，而且还要求增加为 i 产业部门提供中间投入的产业部门的产出，定义总关联效应为最终需求增加引起的直接效应和间接效应之和。

$$K'_{B_j} = \sum_i \bar{b}_{ij} = \bar{b}_j \ ; \ K'_{F_i} = \sum_j \bar{d}_{ij} = \bar{d}_i \qquad (2-3)$$

其中，$\bar{b}_{ij}$ 为列昂惕夫逆阵 $(I - A)^{-1}$（完全需求系数矩阵 $\bar{B}$）的元素，$\bar{b}_j$ 为其第 j 列元素之和；$\bar{d}_{ij}$ 为 $(I - R)^{-1}$（完全供给系数矩阵 $\bar{D}$）的元素，这里 $R = (r_{ij})_{n \times n}$ 为直接分配系数矩阵，$r_{ij} = x_{ij}/Z_i$；$\bar{d}_i$ 为其第 i 行元素之和。按照 Rasmussen 理论，$\bar{b}_j$ 的平均值 $\bar{b}_j/n$ 可作为 j 部门产品的最终需求增加一个单位引起任一随机选择的部门产出的直接增加量和间接增加量的估计值；$\bar{d}_{ij}/n$ 可作为任一随机选择的部门的最终产品需求增加一个单位引起 i 部门产出的直接和间接增加量。

（3）影响力系数和感应度系数。

Rasmussen 定义了一个称为影响力的后向关联指数（影响力系数）$K^*_{B_j}$：

$$K^*_{B_j} = (n (I - A)^{-1} 1)/(1^T (I - A)^{-1} 1) = \frac{\frac{1}{n} \sum_{i=1}^n \bar{b}_{ij}}{\frac{1}{n^2} \sum_{j=1}^n \sum_{i=1}^n \bar{b}_{ij}}$$

$$= \frac{\sum_{i=1}^n \bar{b}_{ij}}{\frac{1}{n} \sum_{j=1}^n \sum_{i=1}^n \bar{b}_{ij}} = \frac{\bar{b}_j}{n} \bigg/ \frac{\sum_j \bar{b}_j}{n^2} \qquad (2-4)$$

其中，1 代表单位列向量；$\sum\limits_{i=1}^{n} \bar{b}_{ij}$ 为列昂惕夫逆矩阵的 j 列之和，$\frac{1}{n}\sum\limits_{j=1}^{n}\sum\limits_{i=1}^{n} \bar{b}_{ij}$ 为列昂惕夫逆矩阵的列和的平均值。

影响力系数是反映国民经济某一部门增加一个单位最终使用时，对国民经济各部门所产生的生产需求波及程度。影响力系数是某一部门增加一个单位产出时所引起的其他各部门产量增加总和与所有产业产量的平均值之比。

并且他还定义了一个称为感应度的向前关联指数（感应度系数）：

$$K_{F_i}^* = (n1^T (I - A)^{-1})/(1^T (I - A)^{-1}1) = \frac{\dfrac{1}{n}\sum\limits_{j=1}^{n} \bar{b}_{ij}}{\dfrac{1}{n^2}\sum\limits_{i=1}^{n}\sum\limits_{j=1}^{n} \bar{b}_{ij}}$$

$$= \frac{\sum\limits_{j=1}^{n} \bar{b}_{ij}}{\dfrac{1}{n}\sum\limits_{i=1}^{n}\sum\limits_{j=1}^{n} \bar{b}_{ij}} = \frac{\bar{b}_i}{n} \bigg/ \frac{\sum\limits_{i} \bar{b}_i}{n^2} \qquad (2-5)$$

其中，1 代表单位列向量；$\sum\limits_{j=1}^{n} \bar{b}_{ij}$ 为列昂惕夫逆矩阵的第 i 行之和；$\frac{1}{n}\sum\limits_{i=1}^{n}\sum\limits_{j=1}^{n} \bar{b}_{ij}$ 为列昂惕夫逆矩阵的行和平均值。

感应度系数是反映当国民经济各部门平均增加一个单位最终使用时，某一部门由此而受到的需求感应程度，也就是需要该部门为其他部门的生产而提供的产出量。感应度系数是指各部门最终需要增加一个单位时引起的某部门产出诱发额与所有产业产量的平均值之比。因为平均值 $\bar{b}_j/n$ 表示 j 部门的最终需求增加一个单位需要的投入量，因此，当 $K_{B_j}^* > 1$ 时，则表示该部门的生产对其他部门所产生的波及影响程度超过全社会的平均影响水平（即各部门所产生波及影响的平均值）；当 $K_{B_j}^* = 1$，则表示该部门的生产对其他部门所产生的波及影响程度等于全社会的平均影响水平；当 $K_{B_j}^* < 1$ 时，则表示该部门的生产对其他部门所产生的波及影响程度低于全社会的平均影响水平。显然，影响力系数越大，第 j 部门对其他部门的拉动作用越大。

同理，当感应度系数 $K_{F_i}^* > 1$ 时，则表示第 i 部门所受到的感应程度高于全社会平均感应程度，高于全社会平均感应水平（即各部门所受到的感应程度的平均值）；当 $K_{F_i}^* = 1$，则表示该部门所受到的感应程度等于全社会平均感应水平；当 $K_{F_i}^* < 1$ 时，则表示该部门所受到的感应程度低于全社会平均感应水平。此外，计算部门影响力系数和部门感应度系数时，也可以采用完全消耗系数 b_{ij}，这样影响力系数的计算公式表示为：

$$K_{B_j}^* = = \frac{\frac{1}{n}\sum_{i=1}^n b_{ij}}{\frac{1}{n^2}\sum_{j=1}^n \sum_{i=1}^n b_{ij}} = \frac{\sum_{i=1}^n b_{ij}}{\frac{1}{n}\sum_{j=1}^n \sum_{i=1}^n b_{ij}} \qquad (2-6)$$

感应度系数的公式就表示为：

$$K_{F_i}^* = = \frac{\frac{1}{n}\sum_{j=1}^n b_{ij}}{\frac{1}{n^2}\sum_{i=1}^n \sum_{j=1}^n b_{ij}} = \frac{\sum_{j=1}^n b_{ij}}{\frac{1}{n}\sum_{i=1}^n \sum_{j=1}^n b_{ij}} \qquad (2-7)$$

其中，b_{ij} 为完全消耗系数，即完全消耗系数矩阵 B 中元素。

完全需求系数矩阵 $\bar{B}$（其元素记为 $\bar{b}_{ij}$）与完全消耗系数矩阵 B，在数量上相差一个单位矩阵，即 $\bar{B} = B + I$，反映出经济系统单位最终产品对总产品的需求量，同时包含最终产品自身（表现为单位矩阵）的需求量。$\bar{B} = (I - A)^{-1}$，$(I - A)^{-1}$ 为列昂惕夫逆系数矩阵，其表示生产一个单位的最终产品，除了直接消耗和间接消耗各部门的产品外，还包括本部门的一个单位最终产品在内，反映了生产一个单位最终产品的完全需求，故又称为完全需求系数矩阵。完全供给系数矩阵 $\bar{D}$（其元素记为 $\bar{d}_{ij}$）与完全分配系数矩阵 D，在数量上也相差一个单位矩阵，即 $\bar{D} = D + I$，反映了单位初始投入所能完全供给总产品的数量，表现了除供给中间投入外，还包括提供初始投入的本身。用 B 所进行的结构分析是用来研究某部门最终产品对中间产品产出的影响作用，而用 $\bar{B}$ 所进行的结构分析则是用来研究某部门最终产品对经济系统总产出的影响作用。因此，构成列昂惕夫逆阵的完全需求系数不仅包括对中间产品的需求，还包括对最终产品自身的需求，因而反映了某部门的最终产品对经济活动总产出的影响作用。用 b_{ij} 来计算 $K_{B_j}^*$、$K_{F_i}^*$ 和用 $\bar{b}_{ij}$ 来计算 $K_{B_j}^*$、$K_{F_i}^*$ 的数值不一样，但不影响各部门之间的排序。

应该指出的是，从部门间流量角度来看，向后关联反映了某部门产品从何处来的问题, 向前关联反映某部门产品用到哪里去。直接消耗系数矩阵表示各部门产品之间的相互关系, 用它来反映向后关联是很合适的, 而向前关联反映产品的使用和分配用直接消耗系数矩阵计算就不妥, 这是因为 $(I-A)^{-1}$ 矩阵的同行元素求和在经济意义上比较勉强。众所周知, $(I-A)^{-1}$ 的元素是按列向总和为参照值计算出来的, 求和之后的总和作为各部门最终产品都增加一单位对 i 部门的产品需求量, 而各部门的最终产品不可能按同样的数量增加, 这同直接消耗系数矩阵 A 同行元素求和一样, 是不尽合理的。因此, 有人提出用直接分配系数矩阵来计算前向关联指数 (或感应度系数):

$$K_{F_i}^* = (n\,(I-R)^{-1}1)/(1^T\,(I-R)^{-1}1) = \frac{\dfrac{1}{n}\sum\limits_{j=1}^{n}\bar{d}_{ij}}{\dfrac{1}{n^2}\sum\limits_{i=1}^{n}\sum\limits_{j=1}^{n}\bar{d}_{ij}} = \frac{\sum\limits_{j=1}^{n}\bar{d}_{ij}}{\dfrac{1}{n}\sum\limits_{i=1}^{n}\sum\limits_{j=1}^{n}\bar{d}_{ij}}$$

$$(2-8)$$

其中, $\bar{d}_{ij}$ 为 $\bar{D} = (I-R)^{-1}$ 中的元素, $R = (r_{ij})_{n \times n}$ 为直接分配系数矩阵, $r_{ij} = x_{ij}/Z_i$。

(二) 产业关联特征量化[①]

1. 投入产出分析方法

投入产出分析是研究经济体系中各部门之间投入与产出相互依存关系的数量分析方法。运用投入产出分析, 可以把国民经济看成一个有机整体, 从整体出发, 综合研究各具体部门之间的数量关系。在投入产出分析中, 通常使用投入产出模型中一些关联系数。对投入产出中各种系数测度, 一方面反映一定技术和生产组织条件下, 国民经济各部门之间的技术经济联系; 另一方面体现社会总产品、中间产品、最终产品之间的数量联系。

2. 产业关联特征量化表达

测度产业关联效应通常使用投入产出模型, 包括最初投入结构系数与增

---

① 司增绰. 交通运输业产业系统特征的省际差异研究 [J]. 产业组织评论, 2016 (12): 34 – 53.

加值结构系数、中间需求率与中间投入率、直接消耗系数、前后向关联系数以及影响力系数与感应度系数。本书主要使用最初投入结构系数和增加值结构系数、中间需求率和中间投入率、直接消耗系数、前后向关联系数、影响力系数和感应度系数5类系数来测度和表达产业关联特征。

（1）最初投入结构系数与增加值结构系数。

社会产品生产过程的总投入按其构成有两部分：中间投入和最初投入。中间投入是指各部门在生产过程中消耗和转换的各种物质产品和服务价值；最初投入是由生产活动中劳动者报酬、生产税净额、固定资产折旧、营业盈余四项构成。最初投入结构系数是指国民经济中某一产业的各项最初投入占该产业投入总量的比重，它反映了初始投入的项目（内容）和比例关系。最初投入结构系数包括劳动者报酬系数、生产税净额系数、固定资产折旧系数和营业盈余系数。

劳动者报酬系数 $a_{wj} = w_j / X_j (j = 1, 2, \cdots, n)$，其中，$w_j$ 为产业 j 的劳动者报酬投入，X_j 为产业 j 的总投入。生产税净额系数 $a_{tj} = t_j / X_j (j = 1, 2, \cdots, n)$，其中，$t_j$ 为产业 j 的生产税净额，X_j 为产业 j 的总投入。固定资产折旧系数 $a_{dj} = d_j / X_j (j = 1, 2, \cdots, n)$，其中，$d_j$ 为产业 j 的固定资产折旧投入，X_j 为产业 j 的总投入。营业盈余系数 $a_{sj} = s_j / X_j (j = 1, 2, \cdots, n)$，其中，$s_j$ 为产业 j 的营业盈余，X_j 为产业 j 的总投入。

从产出角度看，总产出中扣除中间产品（即中间投入）部分后的剩余部分应为产品的增加值。在国民经济系统中，产品的总投入等于总产出，可见，产品的增加值从量上来讲等于产品的最初投入。因此，产品最初投入又称为增加值。本章定义增加值结构系数如下：增加值结构系数是指国民经济中某一产业的各项增加值占该产业增加值总量的比重，它反映了某一产业产出增加值的分配去向和比例关系。增加值结构系数包括劳动者报酬增值系数、生产税净额增值系数、固定资产折旧增值系数和营业盈余增值系数。

劳动者报酬增值系数 $a'_{wj} = w_j / V_j (j = 1, 2, \cdots, n)$，其中，$w_j$ 为产业 j 的劳动者报酬投入（增值），V_j 为产业 j 的产出的增加值。生产税净额增值系数 $a'_{tj} = t_j / V_j (j = 1, 2, \cdots, n)$，其中，$t_j$ 为产业 j 的生产税净额（增值），V_j 为产业 j 的产出的增加值。固定资产折旧增值系数 $a'_{dj} = d_j / V_j (j = 1, 2, \cdots, n)$，其中，$d_j$ 为产业 j 的固定资产折旧投入（增值），V_j 为产业 j 的产出的增加值。营业盈余增值系数 $a'_{sj} = s_j / V_j (j = 1, 2, \cdots, n)$，其中，$s_j$ 为产业 j 的营业盈余（增值），V_j 为产业 j 的产出的增加值。

（2）中间使用率与中间投入率。

中间使用率是国民经济各产业对 i 产业产品的中间需求量与第 i 产业产品的总需求量的比值，计算公式为：$L_{Fi} = \sum_{j=1}^{n} x_{ij} \Big/ \Big(\sum_{j=1}^{n} x_{ij} + Y_i \Big) (i = 1,2,\cdots,n)$，其中，$x_{ij}$ 是中间使用，Y_i 是最终需求。中间使用率大于50%的产业称为以提供生产产品为主的产业；中间使用率小于50%的产业称为以提供生活产品为主的产业。中间使用率越高，说明该产业对其他产业的影响和制约性越强，越带有原材料等基础产业的性质。

中间投入率是国民经济中第 j 产业的中间投入与总投入的比值，计算公式为：$L_{Bj} = \sum_{i=1}^{n} x_{ij} \Big/ \Big(\sum_{i=1}^{n} x_{ij} + N_j \Big) (j = 1,2,\cdots,n)$，其中，$x_{ij}$ 是中间投入，N_j 是初始投入。中间投入率大于50%的产业为"低附加值、高带动能力"的产业；中间投入率小于50%的产业为"高附加值、低带动能力"的产业。中间投入率越高，说明该产业对其他产业的直接带动能力越强。通过中间投入率的比较研究，可以区分出各产业是"低附加值、高带动能力"还是"高附加值、低带动能力"的产业特性。

（3）直接消耗系数。

直接消耗系数 $a_{ij} = x_{ij}/X_j$，其中，x_{ij} 是 j 部门生产中消耗的第 i 部门产品的数量，X_j 是 j 部门的总投入，该系数是 j 部门生产单位总产出对 i 部门产品的直接消耗量。直接消耗系数反映了其他产业对某产业的依赖程度。消耗系数越大，说明其他产业对该产业的依赖程度越大。

（4）前后向关联系数。

后向直接关联系数是某产业 j 的中间投入占其总投入的比率：

$K_{Bj} = U_j/X_j = \sum_i x_{ij}/X_j = \sum_i a_{ij}$ 称为后向直接关联，其中，x_{ij} 表示生产商品 j 需要消耗商品 i 的数量，U_j 表示中间投入，X_j 表示产业 j 的总投入，x_{ij} 是产业 i 对产业 j 的投入，a_{ij} 为直接消耗系数。后向直接关联效应表示 j 产业的最终需求增加一个单位时对为其提供投入的产业的直接效应。

前向直接关联系数是某产业 i 的中间需求占其总需求的比率：

$K_{Fi} = W_i/Z_i = \sum_j x_{ij}/Z_i = \sum_j r_{ij}$ 称为前向直接关联，其中，W_i 表示 i 产业的中间需求，Z_i 表示 i 产业的总需求，$r_{ij} = x_{ij}/Z_i$ 表示直接分配系数。前向直接关联效应表示 i 产业的最终需求增加一个单位对使用其产出的部门的直接效应。

一般来说，当某产业的 K_{B_j} 和 K_{F_i} 都很高时，表示该产业对其他产业相互关联的程度很高，只要保持该产业的较高增长率，则其对其他产业必然产生较好的关联效果。

后向直接关联和前向直接关联只反映了产业间相互关联的直接效应，还存在着间接效应。例如，j 产业产出的增加不仅要求为 j 部门提供中间投入的 i 产业的产出的增加，而且还要求增加为 i 产业提供中间投入的产业的产出，完全关联效应为最终需求增加引起的直接效应和间接效应之和。

后向完全关联系数测度公式为 $K'_{B_j} = \sum_i \bar{b}_{ij} = \bar{b}_j$，其中，$\bar{b}_{ij}$ 为 $(I - A)^{-1}$ 的元素，$\bar{b}_j$ 为其第 j 列元素之和。

前向完全关联系数测度公式为 $K'_{F_i} = \sum_j \bar{d}_{ij} = \bar{d}_i$，其中，$\bar{d}_{ij}$ 为 $(I - R)^{-1}$ 的元素，$\bar{d}_i$ 为其第 i 行元素之和。

（5）影响力系数和感应度系数。

影响力系数公式为：

$$F_j = \frac{1}{n} \sum_{i=1}^{n} \bar{b}_{ij} \bigg/ \frac{1}{n^2} \sum_{j=1}^{n} \sum_{i=1}^{n} \bar{b}_{ij} = \sum_{i=1}^{n} \bar{b}_{ij} \bigg/ \frac{1}{n} \sum_{j=1}^{n} \sum_{i=1}^{n} \bar{b}_{ij}, (j = 1, 2, \cdots, n)，其中，$$

$\bar{b}_{ij}$ 是列昂惕夫逆矩阵 $(I - A)^{-1}$ 中的完全需求系数。影响力系数越大，说明该产业对国民经济的拉动作用越大。

感应度系数公式为：

$$E_i = \frac{1}{n} \sum_{j=1}^{n} \bar{d}_{ij} \bigg/ \frac{1}{n^2} \sum_{i=1}^{n} \sum_{j=1}^{n} \bar{d}_{ij} = \sum_{j=1}^{n} \bar{d}_{ij} \bigg/ \frac{1}{n} \sum_{i=1}^{n} \sum_{j=1}^{n} \bar{d}_{ij}, (i = 1, 2, \cdots, n)，其中，$$

$\bar{d}_{ij}$ 为完全供给矩阵 $(I - R)^{-1}$ 中的元素。感应度系数越大，说明该产业对国民经济的推动作用越大。

三、产业链网内涵及其构建探讨

（一）产业链网内涵探讨

1. 生态系统中的食物网理论

生态系统是指在一定的时间和空间范围内，生物与生物之间、生物与非生物之间，通过不断物质循环和能量流动而形成的相互作用、相互依存的一个生态学功能单位（林桢和胡晨，2009）。生态系统中，各种生物之间，由于互相"捕食"与"被捕食"的关系，存在着一个链条，这就是食物链。其实生态系统中食物之间的关系极其复杂，这种错综复杂的关系就称为食物网。早在 1859 年，达尔文（Darwin）就把自然生物群落看作"通过复杂的关系网限制在一起"的整体。这种营养关系可以表示为食物链或食物环（cycles），现在定义为食物网。在自然界中，所有的有机体都捕食其他的有机体，并被其他的有机体捕食，这就意味着通过能量流与物质流，所有的有机体都被镶嵌在食物网中（黄大明和赵松龄，1992）。形形色色的食物链、食物网就像一张张无形的网，把看起来毫不相关的生物连在一起，使各种生物互相制约、互相依存，保持着一个平衡状态，称为生态平衡。如果这中间有一个环节发生变化，平衡失调，就会引起一系列的连锁反应，结果将会导致物种的大量消失（孟树标，1999）。食物网是自然界长期形成的结果，对生态系统稳定起到十分重要的作用。一般说来，凡是占据的生态空间愈大，组织结构愈复杂，生物物种愈多，食物链关系愈复杂，则调节生态平衡的能力就愈完整有效，生态系统稳定性愈大。

生态系统中的多个食物链不是孤立的，它们彼此相互交错连接而形成的复杂营养关系就是食物生态系统的能量和物质沿着多条食物链进行流动传递，若在某一食物链受阻，则可以通过其他食物链传递，这样增加了生态系统的稳定性。也就是说，生态系统物种越多，其食物网结构越复杂，能量流动和物质循环的途径越多，生态系统维持平衡的能力就越强。生态系统中，物种的生存是靠不断地从被捕食者获取营养和能量来维持，以对方的生存为自己生存的前提，不同物种以相互获益的关系生活在一起，最终形成对双方或一方有利的生存方式。自然生态系统中极少有消费者以一种生物为食，当一个生态系统的食物网变得很简单时，任何外力都可以引起该生态系统发生剧烈波动，当生态系统中的物种之间链接较多，形成复杂的食物网，对抗外力的作用就越强，系统也就越稳定（林桢和胡晨，2009）。20 世纪 90 年代后期许多生态学家转向从模型的角度来研究食物网对多样性和稳定性的影响，主张量化食物网，即各物种之间相互作用不再简单地描述为有或无，而是有强弱之分和季节性的变化。所谓物种作用强度是指一个物种被另一个物种消耗的可能性或一个物种对另一个物种多度、种群生长或密度等影响的幅度（陈秀莉和图雅，2007）。

2. 产业链网的生态性质

本研究用生态学食物网理论来形象地描述流通产业作为产业生态系统中的一个种群，通过产业关联网与国民经济系统中各产业作用的系统关系。在食物网理论视野下，流通产业与各产业进行后向关联、前向关联，从而实现物资循环，能量流动和信息传递等过程。产业生态系统中各产业种群之间这种消耗需求关系不只是一条食物链的简单相联，而是具有不同关系食物链之间交错相连构成的复杂网络结构。因此，在产业生态系统中，产业种群在食物链网上的营养级并不是单一的、固定不变的，而是同时占据了多个营养级，并且随着产业生态系统各产业发展趋势和周边环境变化而变化，即这种种群发展路径是一个自适应、自组织和自调节的运行轨迹。一个国家或地区的产业生态系统拥有复杂和谐的产业链网结构，说明该国家或地区产业发展是健康的，具有较强的抗干扰能力和发展能力，并且这种能力具有可持续性。而且，产业种群与各产业具有不同程度的直接和间接联系，一个产业种群不会因为某一产业种群的消亡而立即毁灭，但可能会受到不同程度的影响（张哲，2011）。

产业关联是各产业部门之间相互依存的关系，产业结构的投入产出关联分析可以深刻揭示产业结构变动的内在特征，定量地分析一定时期内国民经济各部门在社会再生产过程中所形成的直接和间接的相互依存、相互制约的经济技术联系（赵晓雷等，2009）。一般说来，产业间的关联有后向关联和前向关联两种形式。后向关联描述某一产业对其后向产业（上游产业）的带动作用，前向关联描述某一产业对其前向产业（下游产业）的推动作用。流通产业的后向产业群是其中间投入的供给者，其快速发展以后向产业群的充分发展为基础，后向产业群发育不足会制约其快速发展，形成其快速发展的制约因素。流通产业的前向产业群是其产品的需求者，其快速发展需要前向产业群的协同发展，前向产业群发展不协同，流通产业快速发展就会缺少动力引擎，前向产业群协同发展形成其快速发展的引擎因素。若将产业结构看作一个生态系统，流通产业则是产业系统中的一个种群，流通产业种群的发展路径需要遵循产业生态系统内在规律，即在动态中不断向平衡态趋近，以达到产业生态系统整体和谐发展。在产业生态系统内不同产业种群在一定空间和时间范围内，彼此之间以及与所处环境进行作用，各个产业种群会在食物链网的联系中实现物质循环、能量流动、信息传递等过程，同时，各个产业种群也会在食物链网中逐渐形成自适应、自调节和自组织功能，并且在这些功能作用下推动产业种群自身发展（张哲，2011）。

（二）产业链网的构建

1. 关键路径识别模型

（1）产业成长路径。

流通产业作为产业系统中的一个产业部门，通过产业关联网与其他产业发生投入产出关系。流通产业在产业关联网中与不同产业之间进行前向关联、后向关联，从而实现物质循环、能量流动和信息传递过程。产业系统中各产业之间这种消耗关系、分配关系不只是一条产业链的简单相连，而是具有不同关系产业链之间交错相连构成的复杂网状结构（张哲，2011）。一个国家或地区的产业系统拥有复杂和谐的产业链——网结构，说明该国家或地区产业发展是健康的，具有较强的抗干扰能力和发展能力，并且这种能力具有可持续性。而且，产业与其他产业具有不同程度的直接和间接关系，一个产业不会因为某一产业的消亡而立即毁灭，但可能会受到不同程度的影响。本研究从两个角度考察流通产业成长路径。

①约束路径。约束路径，即流通产业对某一产业的完全消耗系数接近直接消耗系数，间接消耗系数较小，表明流通产业对该产业间接消耗过程中所经历的产业链——网较简单或产业链——网间产业关联较弱，也有可能说明流通产业的单位变化对该产业的直接消耗较多。这反映出流通产业对该产业的消耗较直接，流通产业与该产业形成的消耗关系网络较简单和单一，这种消耗关系网络的自适应、自组织和自调节能力较差。由于消耗关系网络较简单和单一，因此这一产业的波动引起流通产业的波动较直接，从这一产业到流通产业间形成的"投入""输送"关系网络运行风险较大，而且抗风险能力较弱。所以这一产业必须发展充分，如果这一产业发育不足，比较容易约束流通产业发展，形成流通产业快速成长的约束条件。一些具有上述约束性质的产业，由于这些产业到流通产业的"投入"关系链——网络较简单和单一，相对于那些到流通产业的"投入"关系链——网络较复杂的产业来说，这些产业比较容易成为流通产业成长的约束因素，或成为流通产业成长约束因素的风险较大。这些产业就形成了流通产业成长的约束路径。

②扩张路径。扩张路径，即流通产业对某一产业的完全分配系数远离直接分配系数，间接分配系数较大，说明流通产业对该产业间接分配过程中所经历的产业链——网较复杂或产业链——网间产业关联较强，也有可能说明流通产业的单位变化对该产业的直接分配较少。这反映出流通产业对该产业的分配较间接，流通产业与该产业形成的分配关系网络较复杂，这种分配关系网络的自适应、自组织和自调节能力较强。流通产业对该产业的分配关系，其实就是该产业对流通产业的需求关系。从该产业对流通产业的需求关系来看，也说明该产业与流通产业形成的需求关系网络较复杂，这种需求关系网络的自适应、自组织和自调节能力也较强。由于需求关系网络较复杂，因此该产业的波动诱发流通产业的波动较间接，从该产业到流通产业间形成的"需求"关系网络运行风险较小，而且抗风险能力较强。由于该产业的变化对流通产业关联的多个产业发生作用，从而加强流通产业与多产业之间关联作用力，因此，该产业容易形成流通产业成长的扩张性因素。一些具有上述扩张性性质的产业，由于这些产业到流通产业的"需求"关系链——网络较复杂，相对于那些到流通产业的"需求"关系链——网络较简单的产业来说，这些产业的发展由于会诱发这些产业和流通产业间更多的产业发展，因而比较容易而且较大幅度地诱发流通产业的发展，而且这种诱发能力波动较小，相对稳定。这些产业比较容易成为流通产业成长的扩张性因素，对流通产业成长的扩张能力较强，或者扩张能力形成的潜力较强。这些产业就形成了流通产业成长的扩张路径。

（2）关键路径识别模型构建。

为了找到促进流通产业在产业系统中又好又快发展的关键路径，本研究在张哲（2011）研究的基础上进行创新，建立流通产业成长的约束路径识别模型和扩张路径识别模型。

①约束路径识别模型。在产业系统中，直接消耗系数可表示产业间单条消耗链的直接层级关系，完全消耗系数可表示产业间通过多条消耗链构成的网状结构直接和间接层级关系总和。那么约束路径识别模型为：

$\min\limits_{i=1}^{n}(s_{ij}) = \min\limits_{i=1}^{n}(b_{ij}/a_{ij})$（$i,j = 1,2,\cdots,n$，且 $a_{ij} \neq 0$），其中，s_{ij} 为第 j 产业对第 i 产业的完全消耗系数与直接消耗系数的比值；$\min\limits_{i=1}^{n}(s_{ij})$ 表示最短路径和最大流问题，是约束路径识别模型，即要想快速发展第 j 产业，应当协同快速发展 s_{ij} 取得最小的第 i 产业。

②扩张路径识别模型。在产业系统中，直接分配系数可表示产业间单条分配链的直接层级关系，完全分配系数可表示产业间通过多条分配链构成的网状结构直接和间接层级关系总和。那么扩张路径识别模型为：

$\max\limits_{j=1}^{n}(l_{ij}) = \max\limits_{j=1}^{n}(d_{ij}/r_{ij})$（$i,j = 1,2,\cdots,n$，且 $r_{ij} \neq 0$），其中，l_{ij} 为第 i 产业对第 j 产业的完全分配系数与直接分配系数的比值；$\max\limits_{j=1}^{n}(l_{ij})$ 表示弹性或刚性问题，是扩张路径选择问题，即要想稳步发展第 i 产业，应当间接协同快速发展使 l_{ij} 取得最大的第 j 产业。

2. 产业链析取模型

在需求面模型中，计算直接消耗系数和完全需求系数矩阵。计算公式如下：$a_{ij} = x_{ij}/X_j$，其中，a_{ij} 是直接消耗系数，x_{ij} 为 j 部门生产时要直接消耗 i 部门产品的数量，X_j 为 j 部门的总产出量。$\bar{B} = (I - A)^{-1}$，$\bar{B}$ 为列昂惕夫逆阵，也称完全需求系数矩阵。

在供给面模型中，计算直接分配系数和完全供给系数矩阵。计算公式如下：$r_{ij} = x_{ij}/X_i$，其中，r_{ij} 是直接分配系数，x_{ij} 是 i 部门产品直接分配给 j 部门作为中间产品使用的数量，X_i 是 i 产品的总产出量。$\bar{D} = (I - R)^{-1}$，$\bar{D}$ 为完全供给系数矩阵。

希尔和贝瑞纳（Hill 和 Brennan，2000）对关联系数矩阵加以改进，采用关联比例法分析产业的上下游关系。本研究称其为 K 值，其计算公式为：

$K^D = \bar{b}_{ij} \Big/ \sum\limits_{i=1}^{n} \bar{b}_{ij}$（$i = 1,2,\cdots,n$），即为需求面 K 值。

$K^S = \bar{d}_{ij} \Big/ \sum\limits_{j=1}^{n} \bar{d}_{ij}$（$j = 1,2,\cdots,n$），即为供给面 K 值。

很明显，产业之间的关联比例会随着分析部门数的增多而减少，进而对分析产业间的关联程度带来一定的影响。卢克凯宁（Luukkainen，2001）对上述方法进行了改进，将产业关联系数矩阵中对自身的关联系数设为零，本研究将此系数记为 T 值，其计算公式为：

$T^D = \bar{b}'_{ij} \Big/ \sum\limits_{i=1}^{n} \bar{b}'_{ij}$（$i = 1,2,\cdots,n$），即为需求面 T 值，其中，$\bar{b}'_{ij}$ 是指将矩阵 $\bar{B}$ 中各列产业对自身的关联系数设为 0。

$$T^s = \bar{d}'_{ij} \Big/ \sum_{j=1}^{n} \bar{d}'_{ij}(i = 1, 2, \cdots, n),\ 即为供给面\ T\ 值,\ 其中,\ \bar{d}'_{ij}\ 是指将矩阵$$

$\bar{D}$ 中各行产业对自身的关联系数设为 0。

3. 产业关联网络模型①

产业关联网络的建模需要三大基础:第一,完成编制的价值型投入产出表,这是搭建模型的基本材料;第二,由投入产出表中的不同部门代表不同节点(nodes);第三,利用一定的规则对中间产品象限 X_{ij} 进行改造,以构造节点之间的连边(edges or arcs)。可以发现,投入产出表和投入产出表中的部门是外生的,是建模前就已经确定的,只有连边依赖于建模中连接规则。也就是说,不同的连接规则决定不同的连接数量与类型,进而给随后的分析和比较带来不同的结果。

基于已有研究成果,可以对连接规则做以下改进:

第一,以完全消耗系数矩阵 B_{ij} 作为邻接矩阵构造的基础。之所以选择完全消耗系数矩阵,是因为在产业关联网络中各种产品在生产过程中除有直接的生产联系外,还存在间接的联系;各种产品间的相互消耗除了直接消耗外,还存在间接消耗。完全消耗系数则是对这种直接消耗和间接消耗的全面反映。与直接消耗系数相比,完全消耗系数揭示了部门之间的直接联系和间接联系,因而它能更全面、更深入地反映出部门之间相互依存的数量关系。完全消耗系数矩阵由直接消耗系数矩阵 A_{ij} 计算得出,而直接消耗系数矩阵由第一象限的 X_{ij} 计算得出。

第二,剔除对角线元素设定关联阈值。如前所述,阈值的设定不能偏小,不然会带来连边冗余,使重要关系被繁芜的联系所"掩盖"。一些研究不剔除不显著的关系,完全利用直接消耗矩阵去构造邻接矩阵,带来了模型中节点连接的冗余问题。同样,阈值的设定又不能偏大,否则就会剔除某些重要关系,导致连边"失真"。在已有研究中,一些阈值的设定,考虑了中间消耗矩阵或者是直接消耗矩阵对角线元素,却带来设定值较高的问题。因此,关联阈值的选取十分重要。借鉴已有研究,本章采用以下方法选取阈值。

计算得到完全消耗系数矩阵 B_{ij} 后,设定两个节点 i、j 之间的连接阈值 Θ

① 李茂. 产业关联网络演变与影响机制研究——基于北京市 12 个年度投入产出表的分析 [J]. 产经评论, 2016 (11): 50 – 66.

为完全消耗系数矩阵中剔除了对角线元素后的剩余元素的平均值，即：

$$\theta = \frac{\sum\limits_{i}\sum\limits_{j} b_{ij}}{n(n-1)}, i,j \in (1,2,3\cdots,n), i \neq j \qquad (2-9)$$

第三，为了保留产业关联中的前向、后向与环向关联信息，本研究采用有向有权网络模型。这样就能使产业关联中的价值流向在总体布局图中显现出来，给研究者以直观的印象。为了保留两个不同节点（代表两个不同的生产部门）的中间投入消耗关系（连边方向），B_{ij} 不做上三角矩阵化和对称矩阵化处理。为了保留两个不同节点（代表两个不同的生产部门）之间的连接强度信息（边权），以式（2-9）的 Θ 为阈值将 B_{ij} 转化为邻接矩阵 E_{ij}，转化公式如下：

$$\begin{cases} e_{ij} = b_{ij}, if \quad b_{ij} \geqslant \theta, i \neq j \\ e_{ij} = 0, if \quad b_{ij} < 0, i \neq j \\ e_{ij} = 0, if \quad i = j \\ i,j \in (1,2,3\cdots,n) \end{cases} \qquad (2-10)$$

从式（2-10）可以看出，大于阈值的节点连接（部门之间的完全消耗系数）被保留下来，并作为连接的权重，小于阈值的连接信息被剔除，从而最大限度地保留了产业关联中部门联系的信息。

由以上讨论，本研究提出的模型建构规则主要有以下几个：（1）选取投入产出表的中间消耗矩阵作为基础材料；（2）将投入产出表中 n 个不同部类视为 n 个不同的节点；（3）利用中间消耗矩阵去计算 Leontief 逆矩阵，进而得到完全消耗矩阵 B_{ij}；（4）设定两个节点 i、j 之间的连接阈值 Θ 为完全消耗系数矩阵 B_{ij} 中剔除了对角线元素后的剩余元素的平均值；（5）以 Θ 为阈值将 B_{ij} 转化为邻接矩阵 E_{ij}，构造出产业关联网络模型 $G(n, Eij)$。

四、产业上游度测算理论探讨

（一）产业链概念与产业上游度概念

产业链（industry chain）是产业经济学中的一个概念，也称为纵向关联市场（vertically related markets），是指在一种最终产品的生产加工过程中所包含的各个环节所构成的整个纵向的链条（陈钊和杨红丽，2015）。以某一种最终产品的产业链为例，最靠近产业链末端的是最终产品，而靠近产业链前端的可能是初级原材料，中间部分可能是零部件等中间产品（见图 2 – 3）。

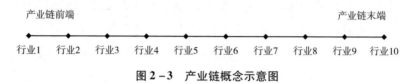

图 2 – 3　产业链概念示意图

安特拉斯等（2012）提出上游水平值（upstreamness）可以用来衡量各个细分行业在产业链中所处的位置。每个行业的上游水平值衡量的是该行业到最终产品（final goods）的平均距离，并设定最终产品的上游水平值为 1，上游水平值越接近 1 表示该行业所处位置越靠近产业链末端，如食品、服装、汽车等；上游水平值越大表示该行业离最终产品越远，所处位置越靠近产业链前端，生产的是一些初级原材料，如原油、铁矿石等。

（二）产业上游度测算方法

安特拉斯等（2012）提出上游度水平值（upstreamness）可以用来衡量各个细分产业在产业链中的位置。安特拉斯等（2012）基于投入产出视角，构建了产业上游度指标，测算出产业链中产业层面的相对位置。借鉴法利（2012a）和安特拉斯等（2012）的研究，本研究采用如下测度方法。

1. 封闭经济体产业上游度测算

安特拉斯等（2012）产业上游度指标的具体构建过程如下：为了便于理解，先讨论封闭经济环境下没有存货时产业上游度的测算方法。考虑一个封闭经济体。有 n 个产业，对于每个产业 $i = 1, \cdots, n$，总产出 Y_i 等于该产业用于最终消费的部分 F_i 与作为其他产业中间投入品 Z_i 之和。

$$Y_i = F_i + Z_i = F_i + \sum_{j=1}^{n} a_{ij} Y_j \qquad (2-11)$$

其中，a_{ij} 是产业 j 的 1 单位产出中产业 i 产品的投入比例（a_{ij} 又称直接消耗系数，是产业 j 的 1 单位产出需要消耗的 i 产业产品的数量，i 产业产品作为 j 产业的中间品）。根据安特拉斯等（2012）的研究，当 i 产业产品被无数个产业作为生产所需中间品时，i 产业的总产出可用各产业最终消耗品的价值表示，具体方程如下：

$$Y_i = F_i + Z_i = F_i + \sum_{j=1}^{n} a_{ij}F_j + \sum_{j=1}^{n}\sum_{k=1}^{n} a_{ik}a_{kj}F_j + \sum_{j=1}^{n}\sum_{k=1}^{n}\sum_{l=1}^{n} a_{il}a_{lk}a_{kj}F_j + \cdots$$

$$(2-12)$$

其中，$\sum_{j=1}^{n} a_{ij}F_j$ 为直接中间投入品（或称直接中间使用），$\sum_{j=1}^{n}\sum_{k=1}^{n} a_{ik}a_{kj}F_j + \sum_{j=1}^{n}\sum_{k=1}^{n}\sum_{l=1}^{n} a_{il}a_{lk}a_{kj}F_j$ 为间接中间投入品（或称间接中间使用），直观表示为：

$$Y_i = F_i + Z_i = F_i + \underbrace{\sum_{j=1}^{n} a_{ij}F_j}_{\text{直接中间使用}} + \underbrace{\sum_{j=1}^{n}\sum_{k=1}^{n} a_{ik}a_{kj}F_j + \sum_{j=1}^{n}\sum_{k=1}^{n}\sum_{l=1}^{n} a_{il}a_{lk}a_{kj}F_j}_{\text{间接中间使用}} + \cdots$$

$$(2-13)$$

基于上述方程，安特拉斯等（2012）对式（2-12）中的每个生产阶段赋予等长度权重，将式（2-12）右边每一项乘以其距离最终需求的距离加 1（各项依次与它们对应的最终消费支出的距离加上 1 的和相乘），再除以产业 i 的产出 Y_i，测算出产业 i 与最终需求的距离，即为产业 i 的上游度指数，从而计算出单一产业在生产链上的加权平均位置：

$$U_i = 1\frac{F_i}{Y_i} + 2\frac{\sum_{j=1}^{n} a_{ij}F_j}{Y_i} + 3\frac{\sum_{j=1}^{n}\sum_{k=1}^{n} a_{ik}a_{kj}F_j}{Y_i} + 4\frac{\sum_{j=1}^{n}\sum_{k=1}^{n}\sum_{l=1}^{n} a_{il}a_{lk}a_{kj}F_j}{Y_i} + \cdots$$

$$(2-14)$$

其中，$Y_i > 0, F_i \geq 0, 0 \leq a_{ij} \leq 1$。显而易见，产业上游度指数 $U_i \geq 1$，上游度指数的大小反映了各产业在产业链中所处的位置，其值越大意味着产业处于产业链的相对上游环节，即越靠近产业链的中间投入端；反之，则处于产业链的相对下游环节，亦即越靠近最终使用端。位于产业链上游的产业以生产制造初级原材料为主，这些原材料产品作为中间投入沿着产业链流向下游，位于产业链下游的产业将其组装加工成最终产品并提供给最终消费者。

在式（2-14）中，分子等于 $N \times 1$ 阶的矩阵 $[I-A]^{-2}F$ 的第 i 个元素，

A 为 $N \times N$ 矩阵，称为直接消耗系数矩阵，其 (i,j) 元素是 a_{ij}，F 为 $N \times 1$ 阶矩阵，其第 i 行的元素是 F_i。因为 $Y = [I - A]^{-1} F$，所以式（2 – 14）的分子可以化简为以 Y 表示的表达式：$[I - A]^{-1} Y$，其中，$[I - A]^{-1}$ 被称为列昂惕夫逆矩阵，Y 的第 i 行的元素是 Y_i。

法利（2012）基于"将越多的产品销售给相对上游产业的产业自身越上游"的概念给出了以下线性系统的等式，定义产业 i 的上游度为 U_i：

$$U_i = 1 + \sum_{j=1}^{n} \frac{a_{ij} Y_j}{Y_i} U_j \qquad (2 - 15)$$

其基本思想是，当产业 i 被用于生产产业 j 时，产业 i 的上游度更高，即产业 i 在生产序列中处于更高的上游度位置。同样可知，$U_i \geqslant 1$。式（2 – 15）中 $a_{ij} Y_j / Y_i$ 可以根据投入产出表计算得到，此时测度各产业的上游度指数，相当于求解一个 N 元一次方程。为此，运用矩阵代数方法，可以将式（2 – 15）矩阵化为 $U = 1 + RU$，再化为 $U - RU = 1$，其中，U 为各产业上游度指数的向量，R 表示以 $a_{ij} Y_j / Y_i$ 为第 (i,j) 项元素的矩阵[①]，1 是元素都为 1 的列向量。则各产业上游度指数的解为：

$$U_i = [I - R]^{-1} 1 \text{ 或 } U_i = [I - R]^{-1} \times 1 \qquad (2 - 16)$$

式（2 – 16）是封闭状态下各产业的上游度指数。式（2 – 16）中只有其中的矩阵 R 会发生变化，矩阵 R 第 i 行第 j 列的元素为：$a_{ij} Y_j / Y_i$，$a_{ij} Y_j / Y_i$（$r_{ij} = a_{ij} \cdot Y_j / Y_i$）可写成 $a_{ij} \cdot Y_j / Y_i$，反映的是 i 产业的分配关系，r_{ij} 称为 i 产业的直接分配系数，是一种投入产出系数。上述计算过程没有考虑进出口贸易和存货的影响。

上述两种测度产业上游度的方法都包含一个特别基数，即任意两个生产阶段间的距离被假设为 1，安特拉斯等（2012）证明这两种方法能够得出一致的结果，所计算出的上游度指标数值是相等的。

2. 开放经济体产业上游度测算

在开放状态下，需要考虑产业的进出口额和存货量（inventory）。当考虑

---

① 在投入产出分析法中，一般称 $r_{ij} = a_{ij} Y_j / Y_i = x_{ij} / Y_i$ 为直接分配系数，即是指第 i 部门产品分配给 j 部门作为中间产品使用的数量占该种产品总产出量的比例。其中，r_{ij} 为 i 产品对 j 部门的分配系数；x_{ij} 为 i 产品分配给 j 部门作为中间产品使用的数量；Y_i 为 i 产品的总产出量。

国际贸易和存货时，需要对封闭状态下投入产出系数矩阵 R 进行调整，即需要调整 R 矩阵中的元素（投入产出系数）$a_{ij} \cdot Y_j / Y_i$。安特拉斯等（2012）对一国的进出口贸易和产业存货问题给出了投入产出系数的调整算法。在考虑存货变化的开放经济中，国内产业 i 的总产出 Y_i 可以表示为：

$$Y_i = F_i + Z_i = F_i + \sum_{j=1}^{n} a_{ij} Y_j + X_i - M_i + I_i \qquad (2-17)$$

其中，X_i 是 i 产业的出口量，M_i 是 i 产业的进口量，I_i 是 i 产业库存变化。此时式（2-15）可以调整为：

$$U_i = 1 + \sum_{j=1}^{n} \frac{a_{ij} Y_j + X_{ij} - M_{ij} + I_{ij}}{Y_i} U_j = 1 + \sum_{j=1}^{n} \delta_{ij} U_j \qquad (2-18)$$

$$\delta_{ij} = (a_{ij} Y_j + X_{ij} - M_{ij} + I_{ij}) / Y_i \qquad (2-19)$$

其中，X_{ij} 为 i 产业产品出口中被国（地区）外 j 产业购买（使用）的价值（部分），M_{ij} 为 i 产业产品进口中被 j 产业购买（使用）的价值（部分），I_{ij} 为 i 产业产品被 j 产业购买并作为存货的价值（i 产业存货中 j 产业的使用部分）。然而，投入产出表中并没有给出进出口贸易和存货的产业层面的投入产出数据（国际产业间的进出口流量的精确统计数据通常难以获取），实际运算过程中 X_{ij}、M_{ij} 和 I_{ij} 一般难以获得。因此，根据安特拉斯等（2012）的研究，假定 i 产业产出中 j 产业的使用比例同 i 产业出口产品中 j 产业的使用比例，等于本国进口的 i 产业的产品中 j 产业的使用比例，也等于 i 产业存货中 j 产业的使用比例。表示如下：

$$\delta_{ij} = X_{ij} / X_i = M_{ij} / M_i = I_{ij} / I_i \qquad (2-20)$$

由式（2-20）可得：

$$X_{ij} = \delta_{ij} \cdot X_i \qquad (2-21)$$

$$M_{ij} = \delta_{ij} \cdot M_i \qquad (2-22)$$

$$I_{ij} = \delta_{ij} \cdot I_i \qquad (2-23)$$

把式（2-21）、式（2-22）、式（2-23）代入式（2-19），可得：

$$\delta_{ij} = \frac{a_{ij} Y_j}{Y_i - X_i + M_i - I_i} \qquad (2-24)$$

可以看出，调整后的投入产出系数为 $\delta_{ij} = a_{ij} [Y_j / (Y_i - X_i + M_i - I_i)]$。从封闭经济到开放经济，矩阵 R 中的投入产出系数（r_{ij}）从 $a_{ij} \cdot Y_j / Y_i$ 调整为

$a_{ij}[Y_j/(Y_i - X_i + M_i - I_i)]$。

利用式（2-24）调整后的投入产出系数 δ_{ij}（$\delta_{ij} = a_{ij}[Y_j/(Y_i - X_i + M_i - I_i)]$），构建投入产出系数矩阵 R（这时 R 是以 $a_{ij}Y_j/(Y_i - X_i + M_i - I_i)$ 为第 (i,j) 项元素的矩阵）代入式（2-16）便得出开放经济中产业 i 的上游度 U_i，即该产业与最终需求之间的距离。

五、本章小结

本章是本书相关理论的演进与回顾。本章从四个方面着手对本书相关理论进行了梳理与概括，考察相关理论的演进轨迹，回顾相关理论的发展脉络。

第一，是对流通产业创新发展理论探讨。内容包括：①我国流通产业地位的演进。包含：我国的流通产业存在被边缘化的危险；要切实从"末端产业"上升到"先导产业"。②我国流通产业的业态创新发展。包含：流通产业的传统业态；流通产业的新业态发展与涌现。③我国流通产业创新发展的机制分析。包含：技术创新对商贸流通业发展的影响机理；流通技术创新是流通产业自主创新的重要路径；"互联网+"对流通产业创新发展的影响机制；电子商务对内外贸易发展影响的机制；产业跨界融合对流通产业创新发展影响的机制；产业链整合中流通产业嵌入与流通产业商业模式创新。

第二，是产业关联效应内涵与产业关联特征量化。内容包括：①产业关联效应内涵。包含：产业关联效应概念；产业关联效应的计算方法。②产业关联特征量化。包含：投入产出分析方法；产业关联特征量化表达。

第三，是产业链网内涵及其构建探讨。内容包括：①产业链网内涵探讨。包含：生态系统中的食物网理论；产业链网的生态性质。②产业链网的构建。包含：关键路径识别模型；产业链析取模型；产业关联网络模型。

第四，是产业上游度测算理论探讨，内容包括：①产业链概念与产业上游度概念。②产业上游度测算方法。包含：封闭经济体产业上游度测算；开放经济体产业上游度测算。

这些理论紧紧围绕本书研究最核心的内容，是本书的基本理论，是本书后续内容研究的基础，为本书研究提供理论框架。本章是承前启后的章节，是前面导论章节的延伸，围绕导论提出的问题布局理论选择，也是后续实证分析章节的前提，后续章节在本章的理论指导下，展开验证和拓展工作。

第二部分

交通运输业的产业关联演变和地区差异

第三章

交通基础设施业产业关联效应的
时间序列分析

——以江苏省交通运输及仓储业为例*

一、问题提出与文献综述

作为国民经济的基础产业，交通基础设施会影响劳动力、资本、技术等生产要素流动，对技术溢出效应的影响比较显著。交通基础设施与要素流动对制造业区位选择产生重大影响，也是形成地区经济差距的重要原因。运用投入产出模型，把交通基础设施业作为一个产业，考察江苏省交通基础设施业的产业关联性效应的演变过程与规律，并且提出基于产业结构升级需求的交通基础设施发展方向与投资政策，具有较高的理论与现实价值。

关于基础设施对国民经济影响的研究一直以来着重于基础设施与经济增长的关系研究，应用计量方法，采用生产函数模型成为国内外学者研究基础设施对经济增长影响的主要工具。然而基础设施的作用不仅限于对经济增长的促进作用，通过回归的方法，以少数经济指标作为衡量基础设施影响力的指标显得过于单一。文献中研究基础设施对国民经济影响所使用的定量分析方法主要集中在传统的投资效率的财务指标评价法、投资贡献的投入产出函数研究法和数据包络分析方法（DEA）上。这三类研究方法都具有局限性：①财务指标评价方法没有充分考虑基础设施投资和国民经济之间的特殊关系和影响，更多地集中在单个项目的微观投资效益研究上；②投入产出函数研

---

* 本章主要内容已经发表在《商业经济研究》杂志 2015 年第 20 期。

究了基础设施投资和国民经济的关系，却不能直观看出不同经济发展时期投资效率的变化；③DEA 分析方法是分析基础设施投入产出的相对经济效率，缺点在于它衡量的生产函数边界是确定的，因此无法分离随机因素和测量误差的影响。因此，这三类方法都没有反映出提高基础设施投入效率的内在动力对投资效率提高的作用。本研究采用投入产出分析方法测度基础设施的产业关联效应，试图解决传统研究方法的局限性问题。

傅宗琛和李卫东（2006）使用投入产出模型研究了铁路运输业与国民经济其他部门投入产出关系。刘南和周庆明（2006）使用投入产出模型研究了交通基础设施建设投资对国民经济拉动作用。张言彩（2006）使用投入产出模型研究了交通基础设施建设对社会经济的影响。魏广奇和黄志刚（2007）使用投入产出模型研究了交通基础设施建设投资与经济增长的关系。王剑雨和谢敏（2009）使用投入产出模型研究了民用航空业与国民经济其他部门的关联性。目前国内使用投入产出分析模型研究江苏省交通基础设施的产业关联效应的文献较少，本书的主要任务就是使用投入产出模型实证研究江苏省交通基础设施的产业关联效应，系统地考察交通基础设施业与国民经济各产业之间的技术经济联系。

二、研究方法和数据

（一）产业关联效应的测度方法

测度产业关联效应通常使用投入产出模型，包括增加值结构系数、中间需求率与中间投入率、直接消耗系数、前后联系效应系数以及影响力系数与感应度系数。本章也使用上述五个指标。鉴于教科书和相关文献中对投入产出理论都有很多介绍，本研究对测度方法不再详细介绍。

（二）基础数据来源

本研究数据来自1997 年、2000 年、2002 年、2005 年和2007 年江苏省投入产出表，所研究的交通基础设施产业为投入产出表中的交通运输及仓储业，五个年份的投入产出表中，交通运输及仓储业一直都是一个独立的部门。虽然五个年份的投入产出表中，一些部门分类有一定的调整与变动，但对交通运输及仓储业的影响较小。由于投入产出表每五年编制一次，即逢 2、7 为编制投入产出表的年份，并且逢 0、5 为编制延长表的年份（司增绰和苗建军，2013），2010 年江苏省统计局公布的 2007 年投入产出表是本研究进行时最新的投入产出表，所选取数据可以分析交通基础设施产业的产业关联效应及其演变。

三、实证结果分析

（一）增加值结构系数分析

图 3-1 是江苏省交通基础设施产业的增加值结构系数及其变化情形，表 3-1 是 2007 年三次产业及 42 个产业增加值结构系数平均值。由图 3-1 和表 3-1 可以看出，2007 年江苏省交通基础设施产业的劳动者报酬增值系数为 37.28%，小于第一产业和第三产业劳动者报酬增值系数的平均值，也小于 42 个产业劳动者报酬增值系数均值，但是大于第二产业劳动者报酬增值系数的平均值，这说明 2007 年江苏省交通基础设施产业的知识与劳动密集型特点已不再突出；2007 年江苏省交通基础设施产业的生产税净额增值系数为 12.88%，小于 42 个产业生产税净额增值系数均值，也小于第二产业生产税净额增值系数均值，但是大于第一产业和第三产业的均值，说明交通基础设施产业的利税能力和税收贡献在所有产业中属于中等偏下水平；交通基础设施产业的固定资产折旧增值系数为 20.72%，大于所有产业的平均值，说明交通基础设施产业的物质投入与技术装备水平很高；交通基础设施产业的营业盈余增值系数为 29.11%，仅小于第二产业营业盈余增值系数的平均值，大于第三产业和 42 个产业系数均值，说明交通基础设施产业的营业盈余能力很高。

五个年份劳动者报酬增值系数先上升后下降再上升，总体呈递减趋势，说明交通基础设施产业的知识和劳动密集型特点在降低；生产税净额呈先下降后上升的趋势，在 2002 年该系数最小，说明 2002 年交通基础设施产业的利税能力最低，主要是因为 2002 年我国的整体经济形势比较萧条，交通基础设施产业受到的影响比较大；固定资产折旧增值系数呈先下降后上升的趋势，整体的变动幅度不大；营业盈余增值系数整体呈现递增趋势，说明交通基础设施产业的营业盈余能力在增强。

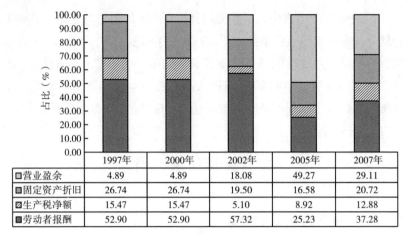

	1997年	2000年	2002年	2005年	2007年
□营业盈余	4.89	4.89	18.08	49.27	29.11
■固定资产折旧	26.74	26.74	19.50	16.58	20.72
▨生产税净额	15.47	15.47	5.10	8.92	12.88
■劳动者报酬	52.90	52.90	57.32	25.23	37.28

图 3 - 1　增加值结构系数及其变化情形

1997～2007 年，江苏省交通基础设施产业变化最大的是，知识和劳动密集型的特点不再突出，1997 年劳动者报酬增值系数达到 50% 以上，到 2007 年该系数值不足 40%，其劳动者报酬增值在增加值结构中的占比越来越小；其次，变化比较明显的是营业盈余能力，由 1997 年的不足 5% 到 2007 年的接近 30% 的高水平，营业盈余能力有了很大的提高。总之，江苏省交通基础设施产业的劳动密集性在下降，营业盈余能力在增强。

表 3 - 1　　　　2007 年三次产业及 42 个产业增加值结构系数平均值

最初投入项目	第一产业平均	第二产业平均	第三产业平均	42 个产业平均
	占比（%）	占比（%）	占比（%）	占比（%）
劳动者报酬	95.0	34.4	45.9	40.2
生产税净额	0.2	20.5	9.2	15.7
固定资产折旧	5.0	14.9	18.3	16.0
营业盈余	—	30.2	26.6	28.1

注："—"为缺少数据。

（二）中间需求率与中间投入率分析

图 3 - 2 显示了江苏省交通基础设施产业的中间需求率和中间投入率变化情形，表 3 - 2 是第三产业中间需求率和中间投入率的平均值。江苏省交通基础设施产业整体呈先下降再上升的趋势。1997～2002 年呈现比较平稳的递增

趋势，且中间需求率都接近90%左右，远大于50%，说明交通基础设施产业作为生产资料的特点比较明显，能够为生产过程提供更多的产品。但2005年中间需求率大幅度下降到35.79%，低于50%，此时该产业作为消费资料的特点要比作为生产资料的特点更明显，主要因为这段时间江苏省在扩大交通基础设施建设，很多交通基础设施都在建设中，不能与实践形成良好互动，服务成果还不能够转化为现实生产力。到2007年该系数值回升到78.86%，该产业作为生产资料的特点又变得明显。

除了2005年交通基础设施产业的中间需求率略小于第三产业的中间需求率的平均值外，其他年份的中间需求率都要高出第三产业中间需求率平均值的约30%，这表明，交通基础设施产业和生产互动较好，服务产品可以较好地转化为生产力。交通基础设施产业的中间投入率呈先上升再下降的趋势。1997年和2000年中间投入率均小于50%，属于"高附加值、低带动能力"产业，表明其主要依靠自身的能力在发展。2002年中间投入率上升为54.27%，大于50%，说明交通基础设施产业的附加值在降低，带动能力在增强，变为"低附加值、高带动能力"产业，表明交通基础设施产业开始更多地靠直接投资促进其发展。2005～2007年中间投入率略低于2002年，但还是大于50%的，仍属于"低附加值、高带动能力"产业。

1997年和2000年交通基础设施产业的中间投入率小于第三产业的中间投入率平均值，但2002～2007年，交通基础设施产业的中间投入率都大于第三产业的中间投入率平均值。这说明交通基础设施产业逐步演变为第三产业中对上游产业带动能力较强的产业，快速发展该产业既能提升产业结构，又可以促进国民经济较快地发展。

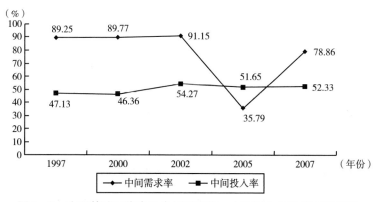

图3－2　交通基础设施产业中间需求率、中间投入率及其变化情形

表 3 - 2   第三产业中间需求率与中间投入率平均值   单位:%

年份	1997	2000	2002	2005	2007
第三产业中间需求率平均值	66.3	56.4	55.4	39.4	52.3
第三产业中间投入率平均值	56.2	54.7	47.3	46.5	44.8

资料来源：根据 1997 年、2000 年、2002 年、2005 年和 2007 年《江苏投入产出表》计算得到。

    钱纳里等（1995）按不同的中间需求率和中间投入率确定不同产业在国民经济中的地位，以 50% 中间需求率和中间投入率为分界点，本章将产业划分为四类，如表 3 - 3 所示。按此划分标准，1997 年和 2000 年交通基础设施产业属于中间产品型基础产业；2002 年属于中间产品型产业；2005 年属于最终需求型产业；2007 年属于中间产品型产业。其演变轨迹为：中间产品型基础产业→中间产品型产业→最终需求型产业→中间产品型产业。2005 年是江苏省交通基础设施产业的一个过渡期，2007 年，该产业恢复其该有的特性，作为中间产品型产业交通基础设施产业能够提供较多的生产者服务，与生产形成良好互动，对国民经济带动能力有所提高。

表 3 - 3   基于中间需求率与中间投入率的产业划分

划分标准	中间投入率大（≥50%）	中间投入率小（<50%）
中间需求率大（≥50%）	中间产品型产业	中间产品型基础产业
中间需求率小（<50%）	最终需求型产业	最终需求型基础产业

（三）直接消耗系数分析

    通过直接消耗系数公式，运用 MATALAB 7.0 软件，可以计算出江苏省国民经济各部门的直接消耗系数。表 3 - 4 是交通基础设施产业对部分产业的直接消耗系数表，表 3 - 5 是部分产业对交通基础设施产业的直接消耗系数表。

1. 交通基础设施产业对部分产业的直接消耗系数

    表 3 - 4 是交通基础设施产业对各产业直接消耗系数前 15 位的产业，就

是中间投入的最大来源产业。1997 年交通基础设施产业对石油加工及炼焦业的依赖程度最高，因为石油加工及炼焦作为初级产业为交通基础设施产业的发展提供能源及原材料。交通基础设施产业对其自身的依赖程度也比较高，说明交通基础设施产业具有集聚性产业特征。此外，交通基础设施产业依赖比较大的产业还有交通运输设备制造业、行政机关及其他行业、金融保险业、商业、化学工业、社会服务业、农业等。2000 年交通基础设施产业对石油加工及炼焦业的直接消耗仍然是最大的，为 0.162853，说明交通基础设施产业每生产 1 万元的产品需要直接消耗石油加工及炼焦业的产值约为 1628.53 元，与 1997 年相比直接消耗系数约上升了 0.03 个单位。交通基础设施产业对行政机关及其他行业的依赖排在第二位，对其自身的直接消耗也比较高，排在第三位。此外，交通基础设施产业依赖比较大的产业还包括：交通运输设备制造业、金融保险业、商业、化学工业、社会服务业、机械设备修理业、农业等。2002 年交通基础设施产业中间投入来源最大的产业是交通运输及仓储业，说明交通基础设施产业对其自身的依赖程度不断提高。其次直接消耗系数比较高的是交通运输设备制造业，石油加工、炼焦及核燃料加工业，信息传输、计算机服务和软件业，农业，批发和零售业等。2005 年交通基础设施产业的直接消耗系数结构较前几个年份有了稍微变化，在交通基础设施产业依赖比较高的产业中，交通运输及仓储业，交通运输设备制造业，石油加工、炼焦及核燃料加工业，农业，批发和零售业，金融保险业仍然居前几位，只是 2005 交通基础设施产业对建筑业和房地产业的直接消耗大幅度提升，在其余四个年份中，交通基础设施产业依赖较大的 15 个产业中都没有这两个产业，这种情况的出现与 2005 年江苏省建筑业和房地产业迅速发展息息相关。2007 年交通基础设施产业依赖较大的产业中，排在前三位的仍是石油加工、炼焦及核燃料加工业，交通运输及仓储业，交通运输设备制造业。此外还有金融保险业、农业、化学工业、批发和零售业、住宿和餐饮业、电力和热力的生产和供应业。2007 年交通基础设施产业对金融保险业的直接消耗系数大幅度上升，并且在依赖较大的前 15 位产业中首次出现租赁和商务服务业，这一现象说明交通基础设施产业对第三产业的依赖程度在提高。

表 3 - 4 交通基础设施产业对部分产业的直接消耗系数前 15 位产业

1997 年	2000 年	2002 年	2005 年	2007 年
石油加工、炼焦及核燃料加工业 (0.133428)	石油加工、炼焦及核燃料加工业 (0.162853)	交通运输及仓储业 (0.139883)	交通运输及仓储业 (0.096741)	石油加工、炼焦及核燃料加工业 (0.178308)
交通运输及仓储业 (0.039294)	行政机关及其他行业 (0.036388)	交通运输设备制造业 (0.091812)	建筑业 (0.087085)	交通运输及仓储业 (0.068227)
交通运输设备制造业 (0.037906)	交通运输及仓储业 (0.035850)	石油加工、炼焦及核燃料加工业 (0.067175)	交通运输设备制造业 (0.057203)	交通运输设备制造业 (0.060406)
行政机关及其他行业 (0.033340)	交通运输设备制造业 (0.033284)	信息传输、计算机服务和软件业 (0.051116)	石油加工、炼焦及核燃料加工业 (0.050514)	金融保险业 (0.048698)
金融保险业 (0.031572)	金融保险业 (0.027783)	农业 (0.036805)	通信设备、计算机及其他电子设备制造业 (0.039358)	居民服务和其他服务业 (0.022058)
批发和零售业 (0.025667)	批发和零售业 (0.020618)	批发和零售业 (0.030251)	信息传输、计算机服务和软件业 (0.038117)	通用、专用设备制造业 (0.019459)
化学工业 (0.019076)	化学工业 (0.017174)	通信设备、计算机及其他电子设备制造业 (0.027315)	农业 (0.027559)	农业 (0.016357)
社会服务业 (0.016228)	社会服务业 (0.014620)	金融保险业 (0.015455)	批发和零售贸易业 (0.016050)	化学工业 (0.014979)
农业 (0.016204)	机械设备修理业 (0.014148)	石油和天然气开采业 (0.013972)	金融保险业 (0.014974)	住宿和餐饮业 (0.011267)
机械设备修理业 (0.015961)	农业 (0.013371)	食品制造及烟草加工业 (0.009305)	租赁和商务服务业 (0.011848)	批发和零售业 (0.011039)
电力、热力的生产和供应业 (0.013397)	电力、热力的生产和供应业 (0.011323)	电力、热力的生产和供应业 (0.007134)	食品制造及烟草加工业 (0.011347)	电力、热力的生产和供应业 (0.010018)

1997 年	2000 年	2002 年	2005 年	2007 年
卫生体育和社会福利业（0.009167）	卫生体育和社会福利业（0.007241）	造纸印刷及文教用品制造业（0.006956）	其他社会服务业（0.009406）	信息传输、计算机服务和软件业（0.008132）
住宿和餐饮业（0.007575）	住宿和餐饮业（0.007203）	化学工业（0.005363）	石油和天然气开采业（0.006054）	纺织服装鞋帽皮革羽绒及其制品业（0.005825）
邮电业（0.006940）	邮电业（0.005985）	住宿和餐饮业（0.005177）	房地产业（0.005897）	食品制造及烟草加工业（0.005799）
金属冶炼及压延加工业（0.006295）	煤炭采选业（0.005566）	其他社会服务业（0.004990）	电力、热力的生产和供应业（0.005492）	租赁和商务服务业（0.004097）

　　五个年份中，交通基础设施产业对各产业的直接消耗都在前 15 位的有：石油加工、炼焦及核燃料加工业，交通运输及仓储业，交通运输设备制造业，金融保险业，社会服务业，农业，电力、热力的生产和供应业，批发和零售业（商业）。五个年份中交通基础设施产业对其自身的依赖一直都比较大，说明交通基础设施产业具有集聚性产业特征，该产业是自身依赖比较大的高层次服务行业，其专业化分工发展也比较成熟。交通基础设施产业对交通运输设备制造业的直接消耗系数也一直比较高，主要是因为交通基础设施产业的建设需要交通运输设备制造业直接提供所产出的产品。值得注意的是，交通基础设施产业对石油加工、炼焦及核燃料加工业的直接消耗系数也是居高不下，这主要是因为该产业能为交通基础设施产业的发展提供能源产品。因为电力、热力的生产和供应业也能为交通基础设施产业提供所需能源，所以交通基础设施产业对电力、热力的生产和供应业的依赖也一直很大。在交通基础设施产业依赖较大的前 15 位产业中只有 2005 年没有化学工业、住宿和餐饮业，其余年份都有，说明交通基础设施产业对这两个产业的直接消耗比较多，也比较稳定。

　　1997 年交通基础设施产业依赖较大的 15 个产业中，初级产业（原材料产业）有 1 个，制造业有 6 个，服务业有 8 个；2000 年交通基础设施依赖较大的 15 个产业中，初级产业有 2 个，制造业有 5 个，服务业有 8 个；2002 年交通基础设施依赖较大的 15 个产业中，初级产业有 2 个，制造业有 7 个，服务业有 6 个；2005 年交通基础设施依赖较大的 15 个产业中，初级产业有 2 个，制造业有 5 个，服务业有 7 个，还有一个建筑业；2007 年交通基础设施依赖较大的 15 个产业中，初级产业有 1 个，制造业有 7 个，服务业有 7 个。总的来说，交通基础设施产业在依赖较大的 15 个产业中，大多都是制造业和服务业，这说明交通基础设施产业对制造业和服务业的依赖程度比较大，制造业和服务业对交通基础设施产业的直接投入比较多。

2. 部分产业对交通基础设施产业的直接消耗系数

表 3-5 是各产业对交通基础设施产业直接消耗系数前 15 位的产业，也是交通基础设施产业流向比较大的产业。1997 年对交通基础设施产业直接消耗最多的 15 个产业有：批发和零售业，燃气生产和供应业，非金属矿采选业，石油加工及炼焦业，电力、热力的生产和供应业，非金属矿物制品业，交通运输及仓储业，化学工业，金属矿采选业，建筑业，金属冶炼及压延加工业，木材加工及家具制造业，造纸印刷及文教用品制造业，金属制品业，机械设备修理业。2000 年对交通基础设施产业直接消耗最多的 15 个产业有：批发和零售业，电力、热力的生产和供应业，非金属矿采选业，非金属矿物制品业，燃气生产和供应业，石油加工及炼焦业，交通运输及仓储业，化学工业，建筑业，金属矿采选业，造纸印刷及文教用品制造业，金属冶炼及压延加工业，木材加工及家具制造业，机械设备修理业，金属制品业。2002 年对交通基础设施产业直接消耗最多的 15 个产业有：交通运输及仓储业，煤炭开采和洗选业，批发和零售业，燃气生产和供应业，非金属矿采选业，木材加工及家具制造业，金属制品业，综合技术服务业，科学研究事业，通信设备、计算机及其他电子设备制造业，电气、机械及器材制造业，交通运输设备制造业，非金属矿物制品业，金融保险业，通用、专用设备制造业。2005 年对交通基础设施产业直接消耗最多的 15 个产业有：交通运输及仓储业，燃气生产和供应业，煤炭开采和洗选业，木材加工及家具制造业，非金属矿采选业，石油和天然气开采业，金属制品业，交通运输设备制造业，科学研究事业，非金属矿物制品业，化学工业，通信设备、计算机及其他电子设备制造业，石油加工及炼焦业，电气、机械及器材制造业，金属冶炼及压延加工业。2007 年对交通基础设施产业直接消耗最多的 15 个产业有：邮政业，非金属矿采选业，建筑业，交通运输及仓储业，煤炭开采和洗选业，批发和零

售业，综合技术服务业，金属矿采选业，租赁和商务服务业，非金属矿物制品业，木材加工及家具制造业，信息传输、计算机服务和软件业，食品制造及烟草加工业，石油和天然气开采业，公共管理和社会组织。

　　1997 年对交通基础设施产业依赖较大的 15 个产业中，初级产业（原材料产业）有 2 个，分别为金属矿采选业和非金属矿采选业，制造业有 10 个，服务业仅有批发和零售业、交通运输及仓储业；2000 年对交通基础设施依赖较大的 15 个产业中也是 2 个初级产业，10 个制造业和 2 个服务业的布局，并且 2 个初级产业和 2 个服务业也与 1997 年相同。2002 年对交通基础设施产业依赖较大的 15 个产业中，初级产业为煤炭开采和洗选业、非金属矿采选业两个，制造业减少为 8 个，服务业上升到 5 个；2005 年对交通基础设施产业依赖较大的 15 个产业中，初级产业有 3 个，制造业有 10 个，服务业有 2 个；2007 年对交通基础设施产业依赖较大的 15 个产业中，初级产业上升为 4 个，制造业降低为 4 个，服务业增加到了 6 个。在 1997 年、2000 年和 2007 年建筑业对交通基础设施产业的依赖比较大，并且随着时间的推移，对交通基础设施产业的主要消耗有从制造业转向服务业的趋势。

表 3－5　　部分产业对交通基础设施产业的直接消耗系数前 15 位产业

1997 年	2000 年	2002 年	2005 年	2007 年
批发和零售业 （0.120561）	批发和零售业 （0.123786）	交通运输及 仓储业 （0.139883）	交通运输及 仓储业 （0.096741）	邮政业 （0.095335）
燃气生产和供应业 （0.068324）	电力、热力的 生产和供应业 （0.062552）	煤炭开采和洗选业 （0.056032）	燃气生产和供应业 （0.051726）	非金属矿采选业 （0.076125）
非金属矿采选业 （0.064639）	非金属矿采选业 （0.062520）	批发和零售业 （0.052225）	煤炭开采和洗选业 （0.033358）	建筑业 （0.071938）
石油加工及炼焦业 （0.063805）	非金属矿物制品业 （0.051692）	燃气生产和供应业 （0.040404）	木材加工及 家具制造业 （0.023448）	交通运输及 仓储业 （0.068227）
电力、热力的 生产和供应业 （0.057999）	燃气生产和供应业 （0.051110）	非金属矿采选业 （0.035851）	非金属矿采选业 （0.022431）	煤炭开采和洗选业 （0.051545）
非金属矿物制品业 （0.048258）	石油加工及炼焦业 （0.048282）	木材加工及 家具制造业 （0.033038）	石油和天然气 开采业 （0.021027）	批发和零售业 （0.051286）

续表

1997 年	2000 年	2002 年	2005 年	2007 年
交通运输及仓储业 （0.039294）	交通运输及仓储业 （0.035850）	金属制品业 （0.028609）	金属制品业 （0.020538）	综合技术服务业 （0.050114）
化学工业 （0.027611）	化学工业 （0.028295）	综合技术服务业 （0.027813）	交通运输设备 制造业 （0.017401）	金属矿采选业 （0.045994）
金属矿采选业 （0.020797）	建筑业 （0.020237）	科学研究事业 （0.025904）	科学研究事业 （0.015295）	租赁和商务服务业 （0.040566）
建筑业 （0.018872）	金属矿采选业 （0.020114）	通信设备、计算机 及其他电子设备制造业 （0.024806）	非金属矿物制品业 （0.013909）	非金属矿物制品业 （0.040254）
金属冶炼及 压延加工业 （0.017573）	造纸印刷及文教 用品制造业 （0.019016）	电气、机械及 器材制造业 （0.023794）	化学工业 （0.013898）	木材加工及 家具制造业 （0.032880）
木材加工及 家具制造业 （0.017514）	金属冶炼及 压延加工业 （0.019011）	交通运输设备 制造业 （0.021431）	通信设备、计算机及 其他电子设备制造业 （0.013805）	信息传输、计算机 服务和软件业 （0.025296）
造纸印刷及文教 用品制造业 （0.017484）	木材加工及 家具制造业 （0.018538）	非金属矿物制品业 （0.019437）	石油加工及炼焦业 （0.013213）	食品制造及 烟草加工业 （0.025067）
金属制品业 （0.015763）	机械设备修理业 （0.017346）	金融保险业 （0.017810）	电气、机械及 器材制造业 （0.012655）	石油和天然气 开采业 （0.024484）
机械设备修理业 （0.015654）	金属制品业 （0.017277）	通用、专用设备 制造业 （0.017576）	金属冶炼及 压延加工业 （0.012653）	公共管理和 社会组织 （0.024263）

　　图 3-3 显示了五个年份对交通基础设施产业依赖比较大的产业分布。从图 3-3 中可以看出，五个年份中对交通基础设施产业消耗都在前 15 位的产业有：非金属矿采选业、交通运输及仓储业、木材加工及家具制造业，五个年份中，这三个产业对交通基础设施产业的直接消耗都比较多，这三个产业是交通基础设施产业流向比较大、比较稳定的产业。商业、燃气生产和供应业，非金属矿物制品业和金属制品业对交通基础设施产业的依赖也比较大，有四个年份，这四个产业对交通基础设施产业的直接消耗都居

前15位。石油加工及炼焦业、化学工业、金属矿采选业、建筑业、金属冶炼及压延加工业、煤炭开采和洗选业，这6个产业对交通基础设施产业的依赖也比较大，有三个年份这6个产业的对交通基础设施产业的直接消耗都居前15位。

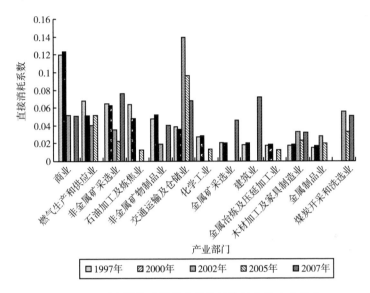

图3-3 对交通基础设施产业依赖比较大的产业分布

（四）前后关联效应分析

根据向后关联效应计算公式和向前关联效应计算公式，运用五个时点的投入产出数据表中数据和MATLAB 7.0软件可以计算五个年份的江苏省国民经济各部门的向后关联系数和向前关联系数。

1. 后向关联效应

后向关联效应反映了交通基础设施对上游产业的影响力，后向关联系数是对这种影响力的刻度。图3-4是交通基础设施产业后向关联系数及其变化情形。后向直接关联系数描述交通基础设施产业最终需求增加一个单位对为其提供投入的产业的直接影响，后向完全关联系数描述了交通基础设施产业最终需求增加一个单位对为其提供投入的产业的总影响。

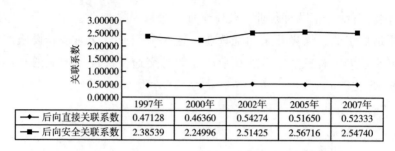

	1997年	2000年	2002年	2005年	2007年
◆ 后向直接关联系数	0.47128	0.46360	0.54274	0.51650	0.52333
■ 后向安全关联系数	2.38539	2.24996	2.51425	2.56716	2.54740

图 3 - 4   交通基础设施产业后向关联系数及其变化情形

图 3 - 4 显示交通基础设施产业的后向直接关联系数整体呈先上升再下降趋势，后向完全关联系数呈先下降再上升趋势。当交通基础设施产业最终需求增加 1 个单位时，可拉动上游产业直接增加产出在 0.45 ~ 0.55 个单位，可以拉动上游产业使产出增加总量在 2.2 ~ 2.6 个单位。1997 ~ 2007 年，交通基础设施产业的后向直接关联系数和后向完全关联系数只是有小幅度增长，变化幅度都很小，只是在 2000 年，后向完全关联系数有些波动。如图 3 - 4 中所示，1997 ~ 2000 年，后向完全关联系数有所下降，但是在 2002 年该系数又上升了约 0.3 个单位。后向关联系数是提高的，说明交通基础设施产业的产业链是在延长的，也说明交通基础设施产业对上游各产业及产业间的直接消耗在上升。但是后向关联系数的变化幅度很小，说明交通基础设施产业的产业链长期以来相对比较稳定。交通基础设施产业的后向关联效应在不断地增强，对上游产业的带动能力也在不断地增加。随着交通基础设施产业的不断发展，其后向关联效应还会不断增强。

2. 前向关联效应

前向关联系数反映了交通基础设施产业对下游产业的推动力，前向关联系数是对这种推动力的刻度。前向直接关联系数描述交通基础设施产业最终需求增加一个单位对使用其产出的部门的直接影响乘数，前向完全关联系数描述交通基础设施产业最终需求增加一个单位对使用其产出的部门的总的影响乘数。表 3 - 5 是交通基础设施产业前向关联系数及其变化情形。从图 3 - 5 中可以看出，1997 年到 2007 年交通基础设施产业的前向直接关联系数有先下降再上升趋势，在 2005 年该系数值最小，到 2007 年该系数虽有所上升但是仍小于 1997 年的水平。

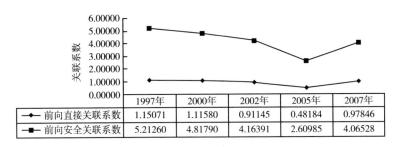

图 3 - 5 交通基础设施产业前向关联系数及其变化情形

	1997年	2000年	2002年	2005年	2007年
◆ 前向直接关联系数	1.15071	1.11580	0.91145	0.48184	0.97846
■ 前向安全关联系数	5.21260	4.81790	4.16391	2.60985	4.06528

可知 1997 年交通基础设施产业最终需求每增加 1 个单位可以推动下游产业直接增加产出为 1.15071 个单位，2000 年为 1.11580 个单位，2002 年为 0.91145 个单位，2005 年为 0.48184 个单位，到 2007 年该系数有所上升，为 0.97846 个单位。前向完全关联系数也是呈现先下降后上升趋势，1997 ~ 2005 年交通基础设施产业的前向完全关联系数在不断降低，1997 年交通基础设施产业最终需求每增加一个单位，可以推动下游产业使产出增加总量为 5.21260 个单位，2005 年交通基础设施产业最终需求每增加一个单位，可以推动下游产业使产出增加总量下降为 2.60985，2005 年该系数值约为 1997 年的一半。2005 ~ 2007 年，前向完全关联系数上升为 0.97846，相对于 1997 年，交通基础设施产业的前向完全关联系数是下降的，并且前向完全关联系数下降的幅度大于前向直接关联系数，说明交通基础设施产业的前向产业链在缩短。交通基础设施产业对下游各产业的直接分配在下降，且通过各产业传递间接分配也在下降，因此前向完全关联效应在减小。

（五） 影响力系数和感应度系数分析

根据影响力系数计算公式和感应度系数计算公式，运用 MATLAB 7.0 软件可以计算出五个年份江苏省国民经济各部门的影响力系数和感应度系数。图 3 - 6 显示了江苏省交通基础设施产业的影响力系数和感应度系数的变化趋势图。

1. 影响力系数分析

从图 3 - 6 中可以看出，江苏省交通基础设施产业的影响力系数随着时间推移是不断增加的。在 1997 年交通基础设施产业的影响力系数为 0.79632，表示交通基础设施产业每增加 1 单位的最终需求时，对国民经济各产业产生

的平均需求拉动为 0.79632 单位。2000 年影响力系数上升为 0.79824，2002
年的上升幅度比较大，增长了约 0.085 个单位，影响力系数上升为 0.88335。
2005 年影响力系数为 0.88252，与 2002 年相比该系数有所下降，但是变化比
较小。2007 年影响力上升了约 0.01 个单位，系数值为 0.89356，表示交通基
础设施产业每增加 1 单位的最终需求时，对国民经济各产业产生的平均需求
拉动为 0.89356 单位，与 1997 年相比影响力系数提高了约 0.097 个单位。

虽然交通基础设施产业影响力系数一直在增加，但 1997～2007 年，该系
数值一直小于 1，在所有产业中，交通基础设施产业影响力系数处在相对较
低水平，表明交通基础设施产业对国民经济总体拉动能力或波及效应低于社
会平均水平，反映出一直以来江苏省交通基础设施产业的发展中与其他产业
互动程度还不够，其与生产过程结合程度与结合空间还有很大发展潜力。或
者江苏省交通运输产业发展所需要的投入在很大程度上从外省市甚至国外采
购，很少在江苏省本地实现，即出现"漏出效应"（赵晓雷等，2009），这就
降低了江苏省交通基础设施产业对本地产业的拉动。再者，交通基础设施产
业对国民经济的总体拉动能力是多种因素共同作用的结果，如交通基础设施
产业自身特性、交通基础设施产业发展规模、政府和企业对其重视程度等，
这些因素在一定程度上制约了交通基础设施产业与其他产业的关联效应。近
些年，交通基础设施产业的影响力系数不断接近 1，且有上升态势，说明江
苏省交通基础设施产业对国民经济的拉动能力在不断提高，并有向好趋势。
随着经济系统不断发展和对交通部门逐渐重视，交通基础设施产业对经济系
统的拉动作用会继续增大。

2. 感应度系数分析

与影响力系数不同，交通基础设施产业的感应度系数却在不断下降。在
1997 年感应度系数为 1.08915，表示国民经济各产业平均增加 1 单位最终使
用时，交通基础设施产业为国民经济各产业的生产提供 1.08915 单位的产出
量；2000 年感应度系数为 1.03374，表示国民经济各产业平均增加 1 单位最
终使用时，交通基础设施产业为国民经济各产业的生产提供 1.03374 单位的
产出量。在 1997 年和 2000 年交通基础设施产业的感应度系数均大于 1，此时
感应度系数在所有产业中属于中等偏上水平，说明交通基础设施产业对国民
经济各产业的推动力（支撑力）要高于各产业平均水平，对国民经济的推动
作用很强，国民经济各部门需求变化对交通基础设施产业的影响较大。

2002 年，交通基础设施产业感应度系数为 0.91328，表示国民经济各产业平均增加 1 单位最终使用时，交通基础设施产业为国民经济各产业的生产提供 0.91328 单位的产出量。小于 1 但比较接近于 1，说明在所有产业中，交通基础设施产业的感应度处于中等偏下水平。此后感应度系数一直在下降，2005 年该系数下降为 0.62760，到 2007 年感应度系数为 0.49854，还不足 0.5，远远小于 1，交通基础设施产业对国民经济各产业的推动力远远小于各产业平均水平，各部门需求变化对交通基础设施产业的影响较小，即该产业对各部门需求变动的感应程度较小。

感应度系数由大于 1 逐渐降低至不足 0.5，并有不断降低的态势，说明国民经济对交通基础设施产业的需求在不断减弱，交通基础设施产业对国民经济的推动力由强变弱。2007 年交通基础设施产业由于受国民经济和其他产业的拉动作用相对较弱，长期发展下去，交通基础设施产业受国民经济变动的影响将变得更小。这说明，仅仅依靠其他产业发展带动的影响，不足以提高交通基础设施产业投入水平，交通基础设施产业的发展要更多地依靠政府和企业的直接投资。2002 年以后，交通基础设施产业的影响力系数明显地高于其感应度系数，表明交通基础设施产业对国民经济的带动作用远高于经济发展后对交通基础设施产业的拉动作用，其政策含义是应该采取主动发展交通基础设施产业的战略措施来促进其发展，增强国民经济对交通基础设施产业的需求力度。这正是只有便捷的交通设施才能更好地促进经济快速发展的原因。

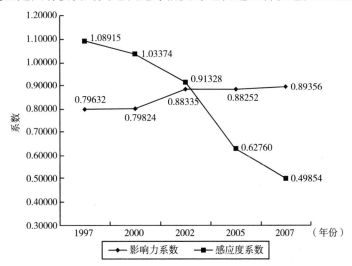

图 3-6　交通基础设施产业的影响力系数和感应度系数及其变化趋势

3. 交通基础设施产业在国民经济中的产业地位分析

1997 年和 2000 年，交通基础设施产业的影响力系数小于 1，感应度系数大于 1，说明交通基础设施产业对国民经济的拉动作用比较小，但同时对国民经济的推动作用却很强。2002～2007 年交通基础设施产业的影响力系数和感应度系数都小于 1，说明交通基础设施产业对国民经济的拉动能力很低，同时对国民经济的推动能力也相对较弱。根据影响力系数和感应度系数大小对各部门进行划分，以社会平均值 1.0 为界限，可以将影响力系数和感应度系数分为 4 类。第 I 类产业部门，影响力系数和感应度系数均大于 1。这类产业具有强辐射和强制约的双重属性，以中游产业居多，是拉动国民经济发展的重要支柱产业。这类产业一般是处于战略地位的产业，可将其视为国民经济的命脉产业。第 II 类产业部门，影响力系数大于 1，感应度系数小于 1，属于强辐射、弱制约部门。这类产业发展较为成熟，以下游产业居多。第 III 类产业部门，影响力系数小于 1，感应度系数大于 1，属于弱辐射、强制约部门。第 IV 类产业部门为弱辐射、弱制约部门，以第三产业为主，主要是"发育不足或参与社会再生产过程不够的产业"。

1997 年和 2002 年，交通基础设施产业属于第 III 类产业部门，具有弱辐射、强制约的属性；2002 年、2005 年和 2007 年交通基础设施产业都属于第 IV 类产业部门，具有弱辐射、弱制约的属性。该产业逐渐成为参与社会再生产不够的产业，与其他各产业的关联性在减弱，鉴于交通基础设施产业的发展与国民经济的良好发展息息相关，所以对于该产业的发展值得引起重视，考虑国民经济健康发展的需要，应当加强交通基础设施产业的改革和发展步伐。乐观的是，交通基础设施产业的影响力系数有不断上升的趋势，而感应度系数有下降的态势，预测未来交通基础设施产业有可能发展为影响力系数大于 1，感应度系数小于 1 的第 II 类产业，具有强辐射、弱制约的属性，该产业会发展成为比较成熟的产业部门。

4. 交通基础设施产业在第三产业中的地位分析

如表 3－6 所示，根据影响力系数大小对第三产业各细分产业排序，得到五个年份交通基础设施产业在第三产业中的位置及变化情况。1997 年和 2000 年，交通基础设施产业的影响力系数在第三产业中处于第 11 位，2002 年处于第 4 位，2005 年处于第 6 位，2007 年处于第 5 位。1997 年和 2000 年，交通基础设施产业影响力系数在第三产业中处于较低水平，2002 年、2005 年和2007 年影响力系数在第三产业中处于中偏上地位。1997 年、2000 年交通基础设施产业对国民经济的影响力较弱，参与社会再生产过程不够。2002 年、2005 年和2007 年交通基础设施产业规模明显变大，发育程度提高，对国民经济的影响力较强。交通基础设施产业在第三产业中的地位有不断提高的趋势，并且交通基础设施产业能够为其他行业提供重要的物流支持，随着交通基础设施更加完善，其对国民经济的拉动能力仍将不断增强，在第三产业中将会保持较高地位，对拉动经济增长起到极为重要的作用。

表 3－6　　基于影响力系数的交通运输及仓储业在第三产业中的位置及其变化

1997 年 （13 个细分产业）	2000 年 （13 个细分产业）	2002 年 （16 个细分产业）	2005 年 （16 个细分产业）	2007 年 （16 个细分产业）
卫生体育和社会福利业，科学研究事业，房地产业，行政机关及其他行业，饮食业，综合技术服务业，社会服务业，商业，教育文化艺术及广播电影电视业，旅游业， 交通运输及仓储业，邮电业，金融业	卫生体育和社会福利业，房地产业，行政机关及其他行业，饮食业，综合技术服务业，商业，社会服务业，教育文化艺术及广播电影电视业，科学研究事业，旅游业， 交通运输及仓储业，邮电业，金融保险业	卫生、社会保障和社会福利业，公共管理和社会组织，旅游业， 交通运输及仓储业，其他社会服务业，科学研究事业，信息传输、计算机服务和软件业，文化、体育和娱乐业，批发和零售业，综合技术服务业，邮政业，住宿和餐饮业，租赁和商务服务业，金融业，教育，房地产业	租赁和商务服务业，综合技术服务业，卫生、社会保障和社会福利事业，公共管理和社会组织，信息传输、计算机服务和软件业， 交通运输及仓储业，住宿和餐饮业，科学研究事业，旅游业，文化、体育和娱乐业，其他社会服务业，邮政业，金融保险业，教育事业，批发和零售贸易业，房地产业	租赁和商务服务业，综合技术服务业，卫生、社会保障和社会福利业，住宿和餐饮业， 交通运输及仓储业，居民服务和其他服务业，研究与试验发展业，邮政业，信息传输、计算机服务和软件业，水利、环境和公共设施管理业，文化、体育和娱乐业，公共管理和社会组织，教育，金融业，批发和零售业，房地产业

注：按第三产业各细分产业影响力系数降序排序。

　　表 3－7 是根据感应度系数大小对第三产业各细分产业排序，得到五个年份交通基础设施产业在第三产业中的位置及其变化情况。1997 年、2000 年、2002 年交通基础设施产业的感应度系数在第三产业中均居第 2 位，2005 年居第 6 位，2007 年居第 1 位，总体来看感应度系数在第三产业中处于较高地位。交通基础设施产业的感应度较高，其对国民经济推动作用将较强，国民

经济各产业对其需求较高。

表 3 –7   基于感应度系数的交通运输及仓储业在第三产业中的位置及其变化

1997 年 (13 个细分产业)	2000 年 (13 个细分产业)	2002 年 (16 个细分产业)	2005 年 (16 个细分产业)	2007 年 (16 个细分产业)
旅客运输业，交通运输及仓储业，金融业，商业，科学研究事业，社会服务业，邮电业，饮食业，综合技术服务业，行政机关及其他行业，房地产业，卫生体育和社会福利业，教育文化艺术及广播电影电视业	旅游业，交通运输及仓储业，金融、保险业，商业，科学研究事业，社会服务业，邮电业，饮食业，综合技术服务业，行政机关及其他行业，房地产业，卫生体育和社会福利业，教育文化艺术及广播电影电视业	金融保险业，交通运输及仓储业，旅游业，邮政业，批发和零售业，租赁和商务服务业，信息传输、计算机服务和软件业，住宿和餐饮业，文化、体育和娱乐业，综合技术服务业，其他社会服务业，房地产业，教育，卫生、社会保障和社会福利业，公共管理和社会组织	旅游业，金融保险业，邮政业，租赁商务服务业，批发和零售贸易业，交通运输及仓储业，文化、体育和娱乐业，住宿和餐饮业，信息传输、计算机服务和软件业，其他社会服务业，科学研究事业，房地产业，教育事业，卫生、社会保障和社会福利事业，公共管理和社会组织	交通运输及仓储业，金融业，综合技术服务业，研究与试验发展业，邮政业，租赁和商务服务业，住宿和餐饮业，信息传输、计算机服务和软件业，批发和零售业，居民服务和其他服务业，文化、体育和娱乐业，水利、环境和公共设施管理业，房地产业，卫生、社会保障和社会福利业，教育，公共管理和社会组织

注：按第三产业各细分产业感应度系数降序排序。

四、结   论

1997～2007 年，交通运输及仓储业的劳动密集型的特点不再突出，1997 年劳动者报酬增值系数达到 50% 以上，到 2007 年该系数值不足 40%，其劳动者报酬在增加值结构中的占比越来越小。其次，变化比较明显的是营业盈余能力，由 1997 年不足 5% 到 2007 年接近 30% 的高水平，营业盈余能力有很大提高。总之，交通基础设施产业劳动密集性在下降，营业盈余能力在增强。

交通运输及仓储业作为生产资料的特点比较明显，能够为生产过程提供更多产品，也就是说，交通运输及仓储业和生产互动较好，服务产品可以较好地转化为生产力。作为"低附加值、高带动能力"产业，交通运输及仓储业开始更多地靠直接投资促进其发展，该产业对上游产业有较强带动力，其快速发展既能提升产业结构，又可促进国民经济较快发展。

交通运输及仓储业对制造业和服务业的依赖程度比较大，制造业和服务业对交通基础设施产业直接投入比较多。对交通运输及仓储业直接依赖比较强的产业中，制造业的数量在减少，服务业的数量在增加，有从制造业转向服务业的趋势，即服务业对交通运输及仓储业的依赖在增强。

交通运输及仓储业后向关联效应不断增强，对上游产业带动能力不断提高。交通运输及仓储业前向关联效应先下降再上升，其总体呈现下降趋势，说明交通运输及仓储业对下游产业的推动力在降低。在2007年前向关联系数有上升趋势，表明交通运输及仓储业前向产业链有拉长趋势，其对下游产业推动力有增强趋势。

交通运输及仓储业的影响力数值一直小于1，说明该产业对国民经济总体拉动能力低于社会平均水平，但其影响力系数不断提高，说明其发展与其他产业互动程度在增强，其与生产过程结合程度有向好趋势。交通运输及仓储业感应度系数在不断降低，说明其对国民经济推动作用在减弱，即该产业对国民经济的感应度在减弱，交通运输及仓储业发展，需要更多地依靠政府和企业投资，仅依靠其他产业发展带动的影响远远不够。

第四章

交通运输业产业系统特征的
省际差异研究

——以东部经济较发达地区为例 *

一、问题提出与文献综述

交通基础设施是影响经济活动空间分布的重要因素，交通基础设施具有区位效应。交通基础设施会影响劳动力、资本、技术等生产要素流动，对技术溢出效应的影响比较显著，也是形成地区经济差距的重要原因。交通运输是国民经济的基础产业和先导产业，与国民经济各产业之间存在千丝万缕的联系（段新等，2012a）。加快发展服务业是当前我国重要的经济发展战略。作为国民经济的传统产业和先导产业，交通运输以其基础产业特性和服务经济属性，成为优先发展的重点领域（段新等，2012b）。

本章实证分析交通运输业产业关联效应，观察国民经济系统中交通运输业的产业角色，从微观视角认识交通运输业的产业特性。目前对行业产业关联效应的研究，主要采用投入产出分析方法，例如，赵晓雷等（2009）研究了中国航天产业向后关联效应及向前关联效应；司增绰和苗建军（2011）研究了科学研究事业的产业关联效应；段新等（2012a）研究了美国交通运输业特性变化；段新等（2012b）分析了美日英澳四国交通运输业投入产出问题；司增绰和苗建军（2013）研究了综合技术服务业的产业特性；司增绰和孟田（2015）分析了交通基础设施业的产业关联效应。

---

* 本章主要内容已经发表在《产业组织评论》杂志 2016 年第 4 期。

在本章中，交通运输业是指"交通运输与仓储业"。本章中交通运输与仓储业是根据《中国投入产出表》统计口径来分类的。本章选取交通基础设施发展较好的东部四个省份——江苏、浙江、山东和广东作为样本，使用四省《2007 年投入产出表》数据，实证分析交通运输业产业关联效应的省际差异，发现、概括交通运输业发展规律，观察、比较交通运输业产业特性的省际差别，对促进交通运输业健康协调发展具有重要价值。

二、分析方法

（一）投入产出分析方法

投入产出分析方法是研究经济体系中各部门之间投入与产出相互依存关系的数量分析方法。运用投入产出分析方法，可以把国民经济看成一个有机整体，从整体出发，综合研究各具体部门之间的数量关系。在投入产出分析方法中，通常使用投入产出模型中一些关联系数。对投入产出中各种系数测度，一方面反映一定技术和生产组织条件下，国民经济各部门之间的技术经济联系；另一方面体现社会总产品、中间产品、最终产品之间的数量联系。

（二）产业系统特征的测度方法

测度产业关联效应通常使用投入产出模型，包括最初投入结构系数与增加值结构系数、中间需求率与中间投入率、直接消耗系数、前后向关联系数以及影响力系数与感应度系数。本章主要使用最初投入结构系数和增加值结构系数、中间需求率和中间投入率、直接消耗系数、前后向关联系数、影响力系数和感应度系数 5 类系数来测度交通运输业产业系统特征。

1. 最初投入结构系数与增加值结构系数

社会产品生产过程的总投入按其构成有两部分：中间投入和最初投入。中间投入是指各部门在生产过程中消耗和转换的各种物质产品和服务价值；最初投入由生产活动中劳动者报酬、生产税净额、固定资产折旧、营业盈余四项构成。最初投入结构系数是指国民经济中某一产业的各项最初投入占该产业投入总量的比重，它反映了初始投入的项目（内容）和比例关系。最初投入结构系数包括劳动者报酬系数、生产税净额系数、固定资产折旧系数和营业盈余系数。

劳动者报酬系数 $a_{wj} = w_j/X_j(j = 1,2,\cdots,n)$，其中，$w_j$ 为产业 j 的劳动者报酬投入，X_j 为产业 j 的总投入。生产税净额系数 $a_{tj} = t_j/X_j(j = 1,2,\cdots,n)$，其中，$t_j$ 为产业 j 的生产税净额，X_j 为产业 j 的总投入。固定资产折旧系数 $a_{dj} = d_j/X_j(j = 1,2,\cdots,n)$，其中，$d_j$ 为产业 j 的固定资产折旧投入，X_j 为产业 j 的总投入。营业盈余系数 $a_{sj} = s_j/X_j(j = 1,2,\cdots,n)$，其中，$s_j$ 为产业 j 的营业盈余，X_j 为产业 j 的总投入。

从产出角度看，总产出中扣除中间产品（即中间投入）部分后的剩余部分应为产品的增加值。在国民经济系统中，产品的总投入等于总产出，可见，产品的增加值从量上来讲等于产品的最初投入。因此，产品最初投入又称为增加值。本章定义增加值结构系数如下：增加值结构系数是指国民经济中某一产业的各项增加值占该产业增加值总量的比重，它反映了某一产业产出增加值的分配去向和比例关系。增加值结构系数包括劳动者报酬增值系数、生产税净额增值系数、固定资产折旧增值系数和营业盈余增值系数。

劳动者报酬增值系数 $a'_{wj} = w_j/V_j(j = 1,2,\cdots,n)$，其中，$w_j$ 为产业 j 的劳动者报酬投入（增值），V_j 为产业 j 的产出的增加值。生产税净额增值系数 $a'_{tj} = t_j/V_j(j = 1,2,\cdots,n)$，其中，$t_j$ 为产业 j 的生产税净额（增值），V_j 为产业 j 的产出的增加值。固定资产折旧增值系数 $a'_{dj} = d_j/V_j(j = 1,2,\cdots,n)$，其中，$d_j$ 为产业 j 的固定资产折旧投入（增值），V_j 为产业 j 的产出的增加值。营业盈余增值系数 $a'_{sj} = s_j/V_j(j = 1,2,\cdots,n)$，其中，$s_j$ 为产业 j 的营业盈余（增值），V_j 为产业 j 的产出的增加值。

2. 中间使用率与中间投入率

中间使用率是国民经济各产业对 i 产业产品的中间需求量与第 i 产业产品的总需求量的比值，计算公式为：$L_{Fi} = \sum_{j=1}^{n} x_{ij} \bigg/ \left(\sum_{j=1}^{n} x_{ij} + Y_i \right)(i = 1,2,\cdots,n)$，其中，$x_{ij}$ 是中间使用，Y_i 是最终需求。中间使用率大于50%的产业称为以提供生产产品为主的产业；中间使用率小于50%的产业称为以提供生活产品为主的产业。中间使用率越高，说明该产业对其他产业的影响和制约性越强，越带有原材料等基础产业的性质。

中间投入率是国民经济中第 j 产业的中间投入与总投入的比值，计算公式为：$L_{Bj} = \sum_{i=1}^{n} x_{ij} \bigg/ \left(\sum_{i=1}^{n} x_{ij} + N_j \right)$ $(j = 1, 2, \cdots, n)$，其中，x_{ij} 是中间投入，N_j 是初始投入。中间投入率大于 50% 的产业为"低附加值、高带动能力"的产业；中间投入率小于 50% 的产业为"高附加值、低带动能力"的产业。中间投入率越高，说明该产业对其他产业的直接带动能力越强。通过中间投入率的比较研究，可以区分出各产业是"低附加值、高带动能力"还是"高附加值、低带动能力"的产业特性。

3. 直接消耗系数

直接消耗系数 $a_{ij} = x_{ij}/X_j$，其中，x_{ij} 是 j 部门生产中消耗的第 i 部门产品的数量，X_j 是 j 部门的总投入，该系数是 j 部门生产单位总产出对 i 部门产品的直接消耗量。直接消耗系数反映了其他产业对某产业的依赖程度。消耗系数越大，说明其他产业对该产业的依赖程度越大。

4. 前后向关联系数

后向直接关联系数是某产业 j 的中间投入占其总投入的比率：$K_{Bj} = U_j/X_j = \sum_i x_{ij}/X_j = \sum_i a_{ij}$ 称为后向直接关联，其中，x_{ij} 表示生产商品 j 需要消耗商品 i 的数量，U_j 表示中间投入，X_j 表示产业 j 的总投入，x_{ij} 是产业 i 对产业 j 的投入，a_{ij} 为直接消耗系数。后向直接关联效应表示 j 产业的最终需求增加一个单位时对为其提供投入的产业的直接效应。

前向直接关联系数是某产业 i 的中间需求占其总需求的比率：$K_{Fi} = W_i/Z_i = \sum_j x_{ij}/Z_i = \sum_j r_{ij}$ 称为前向直接关联，其中，W_i 表示 i 产业的中间需求，Z_i 表示 i 产业的总需求，$r_{ij} = x_{ij}/Z_i$ 表示直接分配系数。前向直接关联效应表示 i 产业的最终需求增加一个单位对使用其产出的部门的直接效应。

一般来说，当某产业的 K_{Bj} 和 K_{Fi} 都很高时，表示该产业对其他产业相互关联的程度很高，只要保持该产业的较高增长率，则其对其他产业必然产生较好的关联效果。

后向直接关联和前向直接关联只反映了产业间相互关联的直接效应，还存在着间接效应。例如,j 产业产出的增加不仅要求为 j 部门提供中间投入的 i 产业的产出的增加,而且还要求增加为 i 产业提供中间投入的产业的产出,完全关联效应为最终需求增加引起的直接效应和间接效应之和。

后向完全关联系数测度公式为 $K'_{B_j} = \sum_i \bar{b}_{ij} = \bar{b}_j$,其中,$\bar{b}_{ij}$ 为 $(I - A)^{-1}$ 的元素,$\bar{b}_j$ 为其第 j 列元素之和。

前向完全关联系数测度公式为 $K'_{F_i} = \sum_j \bar{d}_{ij} = \bar{d}_i$,其中,$\bar{d}_{ij}$ 为 $(I - R)^{-1}$ 的元素,$\bar{d}_i$ 为其第 i 行元素之和。

5. 影响力系数和感应度系数

影响力系数公式为:$F_j = \dfrac{1}{n} \sum\limits_{i=1}^n \bar{b}_{ij} \Big/ \dfrac{1}{n^2} \sum\limits_{j=1}^n \sum\limits_{i=1}^n \bar{b}_{ij} = \sum\limits_{i=1}^n \bar{b}_{ij} \Big/ \dfrac{1}{n} \sum\limits_{j=1}^n \sum\limits_{i=1}^n \bar{b}_{ij}$,

$(j = 1, 2, \cdots, n)$,其中,$\bar{b}_{ij}$ 是列昂惕夫逆矩阵 $(I - A)^{-1}$ 中的完全需求系数。影响力系数越大,说明该产业对国民经济的拉动作用越大。

感应度系数公式为:$E_i = \dfrac{1}{n} \sum\limits_{j=1}^n \bar{d}_{ij} \Big/ \dfrac{1}{n^2} \sum\limits_{i=1}^n \sum\limits_{j=1}^n \bar{d}_{ij} = \sum\limits_{j=1}^n \bar{d}_{ij} \Big/ \dfrac{1}{n} \sum\limits_{i=1}^n \sum\limits_{j=1}^n \bar{d}_{ij}$,

$(i = 1, 2, \cdots, n)$,其中,$\bar{d}_{ij}$ 为完全供给矩阵 $(I - R)^{-1}$ 中的元素。感应度系数越大,说明该产业对国民经济的推动作用越大。

(三) 数据来源

本章的交通运输与仓储业是根据《中国投入产出表 (42 部门)》统计口径来分类的。在 2007 年投入产出表中"交通运输与仓储业"作为独立的部门存在。本章基础数据都来源于《2007 年中国地区投入产出表 (42 部门)》。自 1987 年后,我国每五年编制一次投入产出表,即逢 2、7 为编制投入产出表年份,目前公开出版的 2007 年投入产出表是本研究进行时最新的基准年度投入产出表,使用其数据计算得到的交通运输与仓储业的产业关联效应状态基本能够反映产业关联效应状态的当时状况,能满足所研究问题的需要。

三、实证分析

（一）最初投入结构系数与增加值结构系数分析

1. 最初投入结构系数分析

根据最初投入结构系数计算方法，利用《2007 年中国区域投入产出表》数据，可计算出江苏、浙江、山东、广东四省交通运输业最初投入结构系数（见图 4 - 1）。四省交通运输业生产 1 单位运输服务（产品）需要投入（支付）的劳动者报酬分别为 0.17771 单位、0.12775 单位、0.15735 单位、0.11715 单位，劳动者报酬系数平均值为 0.14499，可以看出，交通运输业是劳动较为密集型服务业，对于吸纳劳动力就业具有重要意义。在我国，由于交通运输业相对垄断地位，其营业盈余能力较强，四省营业盈余系数均值为 0.14893。四省生产税净额系数均值为 0.04175，即净生产税率约为 4.2%。四省固定资产折旧系数均值为 0.10582，即生产 1 单位运输服务，需要消耗（耗损）约 0.10582 单位的固定资产。

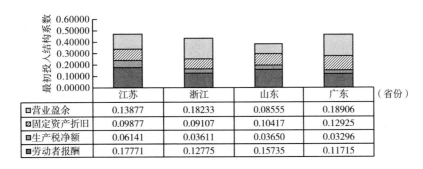

最初投入结构系数	江苏	浙江	山东	广东
□营业盈余	0.13877	0.18233	0.08555	0.18906
▨固定资产折旧	0.09877	0.09107	0.10417	0.12925
▥生产税净额	0.06141	0.03611	0.03650	0.03296
■劳动者报酬	0.17771	0.12775	0.15735	0.11715

图 4 - 1 四省交通运输业的最初投入结构系数

从劳动者报酬系数看，四省交通运输业劳动密集程度，江苏最大，山东次之，浙江第三，广东最小。广东和浙江劳动力成本要比江苏和山东高，因此，交通运输业劳动密集程度相对较低。在交通运输业最初投入中，固定资产消耗与劳动消耗比（即与单位劳动流量配备的固定资产流量，等于固定资产折旧系数/劳动者报酬系数）表现为：江苏 < 山东 < 浙江 < 广东。一方面

说明交通运输业相对劳动密集程度，江苏最大，山东次之，浙江第三，广东最小；另一方面说明交通运输业资本化（装备化）水平广东最高，浙江第二，山东第三，江苏最低，或者可以说交通运输业资本有机构成，广东最高，浙江第二，山东第三，江苏最低。资本化装备水平可以部分解释交通运输业的营业盈余能力，如广东和浙江交通运输业营业盈余能力较强，江苏低了一些，但是山东营业盈余系数仅有 0.08555，则只能用山东交通运输业所处的发展阶段来解释，山东交通运输业中间投入明显较高，说明山东交通运输业发展进程要比其他三省晚。江苏交通运输业营业盈余能力明显低于广东和浙江，还有一个重要原因，江苏交通运输业生产税净额系数明显地高于广东和浙江，反映出江苏对交通运输业补贴强度要明显低于广东和浙江。江苏交通运输业生产税净额系数明显地大于其他三省，净额税负高于 6%，说明江苏交通运输业创税能力强于其他三省。

2. 增加值结构系数分析

根据增加值结构系数计算方法，利用《2007 年中国区域投入产出表》数据，可以计算出江苏、浙江、山东、广东四省交通运输业增加值结构系数（见图 4 - 2）。增加值结构系数可以反映产业增加值的分配流向，利用增加值结构系数可以考察在生产过程中各经济主体（或生产要素）对产业收益（增加值）的分配关系。一般来讲，在增加值的四个构成要素（内容）中，"劳动者报酬"流向劳动力，"生产税净额"流向政府，"固定资产折旧"流向资本（企业），"营业盈余"流向资本（企业）。四省劳动者报酬增值系数均值为 0.33133，生产税净额增值系数均值为 0.09424，固定资产折旧增值系数为 0.24075，营业盈余增值系数为 0.33368，即在 1 单位的产业增加值中，劳动力分配 0.33133 单位，政府分配 0.09424 单位，资本分配 0.24075 单位，企业分配 0.33368 单位。

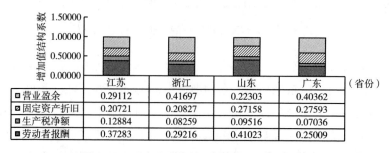

（省份）	江苏	浙江	山东	广东
□营业盈余	0.29112	0.41697	0.22303	0.40362
▨固定资产折旧	0.20721	0.20827	0.27158	0.27593
▨生产税净额	0.12884	0.08259	0.09516	0.07036
■劳动者报酬	0.37283	0.29216	0.41023	0.25009

图 4 - 2　四省交通运输业的增加值结构系数

四省交通运输业劳动者报酬增值系数由高到低排序为：山东、江苏、浙江、广东。山东劳动者报酬增值系数最高为 0.41023，江苏次之，为 0.37283，说明山东和江苏交通运输业的劳动密集性比较高，产出增加值流向劳动力较多，劳动力分配占比较高，也说明山东和江苏交通运输业吸纳劳动力就业能力要比浙江和广东强。江苏交通运输业生产税净额增值系数明显高于其他三省，说明产业增加值中政府分配比例较高，两个原因可能造成这一结果：一是江苏交通运输业生产税率明显高于其他三省；二是江苏对交通运输业补贴强度明显低于其他三省。因为地方政府没有确定税率的权限，所以江苏交通运输业生产税净额增值系数较大，极大可能是政府对产业的补贴强度较低。

广东和山东交通运输业固定资产折旧增值系数较高，明显地高于浙江和江苏，说明广东和山东可能采用高折旧率产业政策支持交通运输业发展，对交通运输业发展的扶持力度较大，这一政策在浙江和江苏实施力度可能较弱。浙江和广东交通运输业营业盈余增值系数都在40%以上，在这两省都属营业盈余能力较强产业，相比之下，江苏和山东交通运输业营业盈余增值系数都不到30%，产业营业盈余能力差距较大。总体来讲，广东和浙江交通运输业较江苏和山东发达，营业盈余增值系数较大有一定合理性，但是达到40%以上，或许是由于垄断性产业结构造成的，可能出现市场效率损失。广东和浙江交通运输业的劳动者报酬增值系数与营业盈余增值系数的差距分别为 0.15353 和 0.12481，都在 10% 之上，是不是应当改善分配关系，降低资本的分配比例，增加劳动力的分配比例，提高这两省交通运输业吸纳劳动力就业的能力。

（二）中间需求率与中间投入率分析

根据中间需求率和中间投入率计算公式，运用《2007 年中国区域投入产出表》中数据可以计算出江苏、浙江、山东、广东四省交通运输业中间需求率与中间投入率（见图 4 - 3）。

1. 中间需求率分析

由图 4 - 3 可以看出，四省交通运输业的中间需求率由高到低排序为：江苏、山东、浙江、广东。广东中间需求率最低，为 63.85%，也远大于 50%，说明四省交通运输业作为生产资料的特点要比作为消费资料的特点更为明显，对生产过程提供的产品更多，交通运输业能更多地为生产者提供服务。四省中江苏中间需求率最高，为 78.86%，说明江苏交通运输业作为提供生产资料的产业的特性比较明显，与其他三省相比，江苏交通运输业已经更具有基础产业特性。江苏和山东交通运输业中间需求率都在 70% 以上，明显地高于浙江和广东，主要原因是江苏和山东第二产业比重要高于浙江和广东，而第三产业比重要低于浙江和广东。制造业是江苏和山东的优势与主导产业，服务业是浙江和广东的优势与主导产业。一般来讲，随着产业结构中第二产业比重下降，第三产业比重上升，交通运输用于生产过程（中间需求）的运输服务的比例会下降，用于最终消费（最终需求）的运输服务的比例会上升，交通运输业的中间需求率会逐步下降。

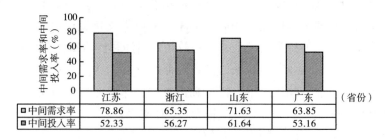

	江苏	浙江	山东	广东	(省份)
☐ 中间需求率	78.86	65.35	71.63	63.85	
▨ 中间投入率	52.33	56.27	61.64	53.16	

中间需求率和中间投入率（%）

图 4 - 3　四省交通运输业的中间需求率和中间投入率

2. 中间投入率分析

由图 4 - 3 可以看出，中间投入率由高到低排序为：山东、浙江、广东、江苏。四省中间投入率都高于 50%，说明四省交通运输业都属于"低附加值、高带动能力"的产业，并且交通运输业对四省国民经济各产业的拉动作用较强。山东交通运输业的中间投入率最高，江苏最低，与山东省相比，低了接近 10 个百分点，说明山东交通运输业对国民经济的带动能力比较强，而广东和江苏交通运输业对国民经济的带动能力相对较弱。山东交通运输业中间投入率为 61.4%，一方面说明生产中需要大量的上游产业的产品和服务，对上游产业的带动能力强；另一方面则显示山东交通运输业发展进程较晚，仍然需要较多的中间投入扩张规模。从中间投入率看，交通运输业发展进程，江苏最早，广东其次，浙江第三，山东最后。

3. 交通运输业在产业链中位置

综合考虑产业的中间需求率和中间投入率，以 50% 的中间需求率和中间投入率为分界点，将产业划分四类：中间需求率和中间投入率均大于50%的中间产品型产业；中间需求率大于50%，中间投入率小于50%的中间产品型基础产业；中间需求率小于50%，中间投入率大于50%的最终需求型产业；中间需求率和中间投入率均小于50%的最终需求性基础产业。四省交通运输业的中间需求率和中间投入率均大于50%，所以四省交通运输业均属于中间产品型产业，说明四省交通运输业能够与生产形成良好互动，提供的生产者服务比较多，对国民经济能够形成良好的带动作用。

（三）直接消耗系数分析

根据直接消耗系数公式，运用《2007年中国区域投入产出表》中数据可以计算出江苏、浙江、山东、广东四省国民经济各部门的直接消耗系数。表4-1是四省交通运输业对部分产业的直接系数表，表4-2是四省部分产业对交通运输业的直接消耗系数表。

1. 交通运输业直接依赖较大的主要产业分布

表4-1所列的15个产业是四省交通运输业的中间投入来源较大的产业，也是交通运输业直接消耗较多的产业。其中以下10个产业是四省交通运输业直接消耗都比较多的产业：石油加工、炼焦及核燃料加工业，交通运输及仓储业，交通运输设备制造业，金融业，居民服务和其他服务业，通用、专用设备制造业，化学工业，住宿和餐饮业，批发和零售业，租赁和商务服务业。可以看出，四省交通运输业消耗最高的都是石油加工、炼焦及核燃料加工业。交通运输业每生产1万元的产品需要直接消耗石油加工、炼焦及核燃料加工业的产值，四省分别为：江苏1783.1元、浙江1805.1元、山东2450.3元、广东1538.4元。四省交通运输业对自身的直接消耗也比较高，说明四省交通运输业都具有集聚性产业特征，属于高层次服务行业，专业化分工发展也比较成熟。交通运输业对交通运输设备制造业的依赖也比较大，江苏、浙江和山东的交通运输业对交通运输设备制造业的直接消耗都居于第三位，广东省居于第四位，主要是因为交通运输设备制造业为交通运输业提供运输设备与工具。

江苏和山东交通运输业对农林牧渔业，食品制造及烟草加工业，信息传输、计算机服务和软件业的依赖程度比较大，主要是因为江苏和山东属于农业大省，能够提供的农副产品比较多，所以交通运输业对省内优势资源和优势产业的直接消耗也偏多。江苏和广东交通运输业对电力、热力的生产和供应业的直接依赖比较大；浙江和山东交通运输业对建筑业的直接消耗比较大；浙江和广东交通运输业对金属制品业的直接消耗比较多；山东和广东交通运输业对房地产业的直接消耗比较多。广东交通运输业对仪器仪表及文化办公用机械制造业，电气机械及器材制造业，通信设备、计算机及其他电子设备制造业的直接消耗也都比较多，主要是因为广东电子电器类产业比较发达，属于比较优势的产业部门。可以看出，交通运输业明显具有地域特色，其发展具有地域化特性，产业发展受地区资源禀赋和优势产业的影响较大，产业内容和成分明显地体现出地区产业结构状况。这一表现也验证了以下区域经济理论：区域经济发展建立在地区资源的基础之上，而区域主导产业的发展则必须以地区的优势资源为基础，只有优势资源才能支撑优势产业。

交通运输业中间来源较大的 15 个产业中，江苏有初级产业（原材料业）1 个、消费品制造业 2 个、资源加工业（中间品制造业）2 个、资本品制造业 2 个、动力生产业 1 个、服务业 7 个；浙江有消费品制造业 2 个、资源加工业 3 个、资本品制造业 2 个、动力生产业 1 个、建筑业、服务业 6 个；山东有初级产业 1 个、消费品制造业 1 个、资源加工业 2 个、资本品制造业 2 个、建筑业、服务业 8 个；广东有资源加工业 3 个、资本品制造业 5 个、服务业 7 个。总的看来，四省交通运输业直接消耗较多的部门主要集中于制造业和服务业，制造业对服务业的增长具有较大的促进作用。浙江和广东对制造业的直接消耗相对较多，主要是因为这两省制造业发展得比较好，属于优势产业。尤其是广东交通运输业对资本品制造业直接消耗相对较多，再次说明了广东交通运输业资本化（装备化）水平较高。

表 4 - 1　2007 年四省交通运输业对部分产业的直接消耗系数前 15 位产业

江苏	浙江	山东	广东
石油加工、炼焦及核燃料加工业（0.178308）	石油加工、炼焦及核燃料加工业（0.18051）	石油加工、炼焦及核燃料加工业（0.24503）	石油加工、炼焦及核燃料加工业（0.15384）
交通运输及仓储业（0.068227）	金融业（0.09247）	交通运输及仓储业（0.08078）	金融业（0.07849）
交通运输设备制造业（0.060406）	交通运输设备制造业（0.06202）	交通运输设备制造业（0.07561）	交通运输及仓储业（0.0729）

续表

江苏	浙江	山东	广东
金融业 (0.048698)	交通运输及仓储业 (0.04486)	食品制造及烟草加工业 (0.05211)	交通运输设备制造业 (0.06767)
居民服务和其他服务业 (0.022058)	金属制品业 (0.02936)	金融业 (0.02372)	仪器仪表及文化 办公用机械制造业 (0.03837)
通用、专用设备制造业 (0.019459)	化学工业 (0.02049)	化学工业 (0.02115)	房地产业 (0.02292)
农林牧渔业 (0.016357)	租赁和商务服务业 (0.01376)	居民服务和其他服务业 (0.01518)	住宿和餐饮业 (0.01727)
化学工业 (0.014979)	建筑业 (0.0124)	房地产业 (0.01274)	通信设备、计算机及 其他电子设备制造业 (0.01165)
住宿和餐饮业 (0.011267)	批发和零售业 (0.01133)	建筑业 (0.00988)	电气机械及器材制造业 (0.00966)
批发和零售业 (0.011039)	电力、热力的生产和 供应业 (0.0111)	住宿和餐饮业 (0.00985)	批发和零售业 (0.00916)
电力、热力的生产和 供应业 (0.010018)	居民服务和其他服务业 (0.00893)	通用、专用设备制造业 (0.00942)	居民服务和其他服务业 (0.00881)
信息传输、计算机 服务和软件业 (0.008132)	住宿和餐饮业 (0.00853)	信息传输、计算机 服务和软件业 (0.00761)	化学工业 (0.00519)
纺织服装鞋帽皮革 羽绒及其制品业 (0.005825)	纺织业 (0.00794)	批发和零售业 (0.00708)	通用、专用设备制造业 (0.00451)
食品制造及烟草 加工业 (0.005799)	造纸印刷及文教体 用品制造业 (0.00726)	租赁和商务服务业 (0.00691)	金属制品业 (0.00439)
租赁和商务服务业 (0.004097)	通用、专用设备制造业 (0.00664)	农林牧渔业 (0.00566)	租赁和商务服务业 (0.00416)

2. 对交通运输业直接消耗较多的主要产业分布

表4－2所列15个产业是四省对交通运输业依赖程度较大的产业。其中以下7个产业是四省对交通运输业直接消耗都比较多的产业：邮政业、非金属矿及其他矿采选业、建筑业、交通运输及仓储业、批发零售业、租赁和商务服务业和非金属矿物制品业。从产业属性上来看，这7个产业都是运输依赖性产业。可以看出，四省邮政业对交通运输业依赖程度都比较高，江苏邮政业每1万元产出需要直接消耗交通运输业产值为953.4元、浙江为906.6元、山东为758.3元、广东为1361.7元。邮政业对交通运输业直接消耗比较多，邮政业是典型的运输依赖型服务业。此外，非金属矿及其他矿采选业、批发零售业、租赁和商务服务业对交通运输业的直接消耗系数也比较大，这些产业的良好发展也需要交通运输业为其提供产品服务。

江苏、浙江和广东综合技术服务业、金属矿采选业、木材加工及家具制造对交通运输业的依赖程度都较大。江苏和浙江公共管理和社会组织对交通运输业的直接消耗比较大。江苏和山东煤炭开采和洗选业、石油和天然气开采业对交通运输业的直接消耗都比较大。江苏和广东食品制造和烟草加工业对交通运输业的直接消耗都比较大。浙江和山东仪器仪表及文化办公用机械制造业对交通运输业的直接消耗都较大。山东和广东的研究与试验发展业对交通运输业的直接消耗都较大。对交通运输业直接依赖较强的产业分布的省际差异也基本上体现出优势资源与优势产业的省级差异。一般来讲，由于要实现空间转移，服务区域较大的产业和可贸易性较强的产业对交通运输业的直接依赖性较强。

表4－2　　　　2007年对交通运输业的直接消耗系数前15位产业

江苏	浙江	山东	广东
邮政业 （0.09534）	非金属矿及其他 矿采选业 （0.11728）	批发和零售业 （0.09703）	邮政业 （0.13617）
非金属矿及其他 矿采选业 （0.07613）	批发和零售业 （0.09431）	交通运输及仓储业 （0.08078）	金属矿采选业 （0.10471）
建筑业 （0.07194）	邮政业 （0.09066）	废品废料 （0.07790）	交通运输及仓储业 （0.07290）

续表

江苏	浙江	山东	广东
交通运输及仓储业 （0.06823）	交通运输及仓储业 （0.04486）	邮政业 （0.07583）	非金属矿及其他 矿采选业 （0.04497）
煤炭开采和洗选业 （0.05155）	非金属矿物制品业 （0.04139）	石油和天然气开采业 （0.06674）	批发和零售业 （0.04397）
批发和零售业 （0.05129）	金属矿采选业 （0.03392）	仪器仪表及文化 办公用机械制造业 （0.05844）	综合技术服务业 （0.04001）
综合技术服务业 （0.05011）	公共管理和社会组织 （0.02719）	煤炭开采和洗选业 （0.05578）	建筑业 （0.03486）
金属矿采选业 （0.04599）	综合技术服务业 （0.02453）	建筑业 （0.04694）	租赁和商务服务业 （0.03022）
租赁和商务服务业 （0.04057）	租赁和商务服务业 （0.02399）	电力、热力的 生产和供应业 （0.04235）	木材加工及 家具制造业 （0.02935）
非金属矿物制品业 （0.04025）	木材加工及家具制造业 （0.02345）	非金属矿物制品业 （0.04206）	非金属矿物制品业 （0.02544）
木材加工及家具制造业 （0.03288）	金属制品业 （0.02175）	研究与试验发展业 （0.03994）	研究与试验发展业 （0.02354）
信息传输、计算机服务 和软件业 （0.02529）	通用、专用设备制造业 （0.02073）	非金属矿及其他 矿采选业 （0.03059）	居民服务和其他服务业 （0.02112）
食品制造及烟草加工业 （0.02507）	仪器仪表及文化 办公用机械制造业 （0.02019）	工艺品及其他制造业 （0.03022）	纺织业 （0.02046）
石油和天然气开采业 （0.02448）	建筑业 （0.02015）	租赁和商务服务业 （0.02982）	食品制造及烟草加工业 （0.01943）
公共管理和社会组织 （0.02426）	金融业 （0.02012）	电气机械及器材制造业 （0.02825）	化学工业 （0.01902）

对交通运输业直接消耗，系数前15位的产业中，江苏有初级产业4个、消费品制造业2个、资源加工业1个、建筑业、服务业7个；浙江省有初级产业2个、消费品制造业1个、资源加工业2个、资本品制造业2个、建筑

业、服务业7个；山东省有初级产业3个、消费品制造业1个、资源加工业2个、资本品制造业2个、动力生产业1个、建筑业、服务业5个；广东省有初级产业2个、消费品制造业3个、资源加工业2个、建筑业、服务业7个。对交通运输业依赖比较高的产业部门中，服务业居多，制造业其次，初级产业也占有一定的比重，并且四省建筑业对交通运输业依赖性较强。可以看出，交通运输业发展与各产业部门的良好发展息息相关，运输服务产品不仅为一些初级产业提供服务，还为很多制造业、服务业以及建筑业提供服务。

（四）前后向关联系数分析

根据后向关联系数计算公式和前向关联系数计算公式，运用《2007年中国区域投入产出表》中数据可以计算出四省国民经济各部门的后向关联系数和前向关联系数。图4-4是四省交通运输业的后向关联系数，图4-5是四省交通运输业的前向关联系数。

1. 后向关联系数分析

后向直接关联系数表示交通运输业最终需求增加1单位时对为其提供投入的产业的直接影响；后向完全关联系数是交通运输业总产出增加1单位时引起的直接影响与间接影响之和。如图4-4所示，当交通运输业最终需求增加1个单位时，后向直接关联系数的省际表现为：山东0.6164、浙江0.56724、广东0.53158、江苏0.52333，四个省份中山东的后向直接关联系

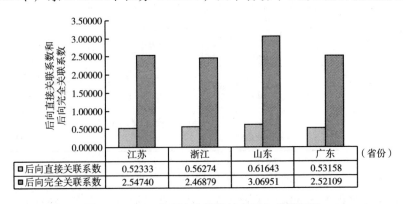

（省份）	江苏	浙江	山东	广东
后向直接关联系数	0.52333	0.56274	0.61643	0.53158
后向完全关联系数	2.54740	2.46879	3.06951	2.52109

图4-4 2007年四省交通运输业后向关联系数

数最大,江苏的后向直接关联系数最小,说明山东交通运输业对上游各产业的直接消耗比较多,也就是对上游产业的直接带动能力比较强,江苏交通运输业对上游各产业的带动能力相对比较弱。

交通运输业最终需求增加 1 个单位时,后向完全关联系数的省际表现为:山东 3.06951、江苏 2.54740、广东 2.52109、浙江 2.46879。山东后向完全关联系数最大,江苏居于第二,广东居于第三,浙江后向完全关联系数最小。相比可知,山东交通运输业的产业链比较长,当交通运输业最终需求增加 1 单位时,可以拉动其上游产业的产出总量增加为 3.06951 个单位,山东交通运输业对上游产业的总体带动能力比较强。四个省份中无论是后向直接关联系数、后向完全关联系数还是后向间接关联系数 [后向间接关联系数为 2.45308(3.06951 − 0.61643)],山东交通运输业的关联系数都是最高的,说明山东交通运输业的后向产业链比较长、后向产业网络更复杂更稠密,其产品生产过程中所耗中间产品比较多。其他各省为较好地发展交通运输业,山东较长的产业链模式值得借鉴和参考。尽管江苏交通运输业后向直接关联系数(乘数)较小(排在第四位),但是其后向完全关联系数(乘数)(2.54740)和后向间接关联系数(乘数)(2.02407)却不算小(排在第二位),仅次于山东,可见江苏交通运输业的后向产业链也比较长、后向产业网络也较复杂较稠密,其成长过程中稳定性和抗风险性都较强。

2. 前向关联系数分析

前向直接关联系数表示交通运输业最终需求增加 1 个单位时,对使用其产出的部门的直接影响。见图 4 − 5,当交通基础业最终需求增加 1 个单位时,前向直接关联系数的省际表现为:江苏 0.97846、浙江 0.79780、山东 0.75473、广东 0.69896。江苏前向关联系数最高,浙江次之,山东第三,广东最低。江苏交通运输业最终需求每增加 1 个单位可以推动下游产业直接增加产出 0.97846 个单位,比广东高出 0.27950 个单位,意味着江苏交通运输业对下游产业的直接推动作用比较大,广东相对较小。

前向完全关联系数表示交通运输业最终需求增加 1 个单位时,对使用其产出的部门的直接影响和间接影响之和。前向完全关联系数的省际表现为:江苏 4.06528、浙江 3.55094、山东 3.48684、广东 3.24341,高低次序与前向直接关联系数的省际表现相同,江苏前向完全关联系数最高,广东最低。江苏交通运输业最终需求每增加 1 个单位可以推动下游产业增加产出 4.06528 个单位，广东为 3.24341 个单位，比江苏低 0.82187 个单位。江苏交通运输业对下游产业的总体推动作用比较大。四省中，无论是前向直接关联系数还是前向完全关联系数，江苏交通运输业都是最高的，说明江苏交通运输业前向产业链比较长，对下游各产业以及产业间的分配比较高，为下游产业发展提供的中间产品相对较多。相比而言，江苏交通运输业对国民经济发展具有较好的推动作用，对下游产业成长的支持功能较强，在产业系统中的基础地位比较显著，值得其他省借鉴和参考。

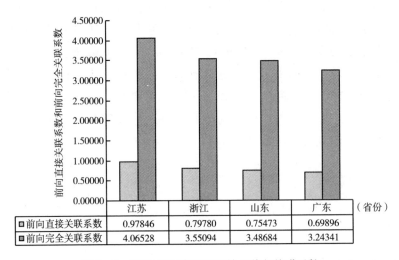

图 4 - 5　2007 年四省交通运输业前向关联系数

3. 后向关联系数与前向关联系数比较

表 4 - 3 是四省交通运输业后向关联系数与前向关联系数的比较。由表 4 - 3 可知，四省交通运输业前向直接关联系数均大于其后向直接关联系数，即四省交通运输业的前向直接关联效应均大于其后向直接关联效应；四省的前向完全关联系数均大于其后向完全关联系数，即四省的前向完全关联效应均大于其后向完全关联效应。这说明四省交通运输业对下游产业的推动效应大于其对上游产业的带动效应，也说明交通运输业基础产业和先导产业的特性比较明显，在三次产业发展的产业链中处于产业链的前端，因此交通运输业是应当优先发展的战略性基础产业，其发育不足会制约产业系统中其他产业的发展。

表 4 - 3　　　　　四省交通运输业后向关联系数与前向关联系数比较

联系系数	江苏	浙江	山东	广东
后向直接关联系数	0.53158	0.61643	0.52333	0.56724
前向直接关联系数	0.97846	0.79780	0.75473	0.69896
后向完全关联系数	2.54740	2.46879	3.06951	2.52109
前向完全关联系数	4.06528	3.55094	3.48684	3.24341

（五）影响力系数与感应度系数分析

根据影响力系数计算公式和感应度系数计算公式，运用《2007 年中国区域投入产出表》中数据可以计算出江苏、浙江、山东、广东四省国民经济各部门的影响力系数和感应度系数。图 4 - 6 是四省交通运输业影响力系数和感应度系数表现情况。

1. 影响力系数分析

从图 4 - 6 可以看出，交通运输业影响力系数的省际差异表现为：山东（1.02582）>广东（0.89536）>江苏（0.89356）>浙江（0.83460）。只有山东交通运输业影响力系数大于 1，说明山东交通运输业对国民经济各产业的拉动作用高于各产业平均水平，对国民经济拉动作用较强。山东交通运输业影响力系数较大，主要是因为山东交通运输业发展进程较晚，仍处于"数量规模扩张"时期，产业生产中需要大量上游产业的产品和服务，对上游产业的带动能力较强。广东、江苏和浙江三省交通运输业影响力系数小于 1，说明三省交通运输业对国民经济各产业的拉动作用低于各产业平均水平，对国民经济波及效应低于各产业平均水平，主要原因有可能是三省交通运输业发展进程较早，生产中对上游产业和服务的需求较低，对上游产业带动能力较低；也有可能三省交通运输业生产所需投入来源于其他省份，而不在本省生产，因此带动了省外产业发展，而对本省产业带动力减弱，也就是说对上游产业的带动作用存在地区溢出效应。总体来看，虽然广东、江苏和浙江的影响力系数都小于 1，但影响力系数都在 0.83 以上，广东和江苏影响力系数接近 0.9，说明四省交通运输业对国民经济拉动作用还是很可观的，值得被重视，大力发展该产业可以有效促进经济增长。

2. 感应度系数分析

从图 4-6 可以看出，交通运输业感应度系数的省际差异表现为：山东（0.93580）> 广东（0.79677）> 江苏（0.49854）> 浙江（0.06277）。四省交通运输业感应度系数均小于 1，说明四省交通运输业所受到的感应程度低于国民经济各产业平均水平，对各部门需求变动的感应程度低于各产业平均水平，也意味着四省交通运输业对国民经济推动力低于各产业平均水平。四省交通运输业更多地靠直接投资促进其发展，依靠自身发展的能力还很不足，值得关注。交通运输业受国民经济和其他产业的拉动作用较弱，说明其发展需要依靠政府和企业的重视和投入，仅仅依靠其他产业发展带动的影响，不足以提高交通运输业的投入水平。在实际生产中，交通运输业发展多是依靠政府和国有企业的投入。四省中，山东和广东交通运输业感应度系数相对较高，说明山东和广东的交通运输业对国民经济的推动作用相对可观。江苏和浙江的感应度系数远小于 1，说明江苏和浙江交通运输业受国民经济影响较小，为促进交通运输业较好发展，需要政府和企业加大对该产业的投入力度。从图 4-6 可以看出，四省交通运输业的影响力系数均大于其感应度系数，表明交通运输业对国民经济的带动作用远高于经济发展后产业系统（各产业）对交通运输业的拉动作用，其政策含义是应该采取主动发展交通运输业的战略措施来促进其发展，增强国民经济系统对交通运输业的需求力度。

3. 交通运输业在国民经济中的地位

将影响力系数和感应度系数按照 1 为界，可以划分为四种类型，包括：影响力系数和感应度系数都大于 1 的第 I 类，是具有强辐射强制约双重性的产业；影响力系数大于 1，感应度系数小于 1 的第 II 类，是具有强辐射弱制约的产业；影响力系数小于 1，感应度系数大于 1 的第 III 类，是具有弱辐射强制约的产业；影响力系数和感应度系数都小于 1 的第 IV 类，是具有弱辐射弱制约的产业（赵晓雷等，2009）。江苏、浙江和广东交通运输业的影响力系数和感应度系数都小于 1，说明江苏、浙江和广东的交通运输业属于弱辐射弱制约的服务产业。山东交通运输业的影响力系数大于 1，感应度系数小于 1，说明山东交通运输业属于强辐射弱制约的服务产业。

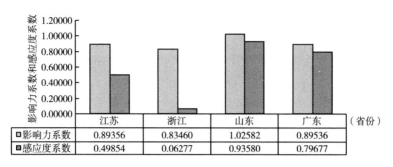

图4-6 四省交通运输业影响力系数和感应度系数

四、研究结论

交通运输业是劳动较为密集型服务业，其营业盈余能力较强。交通运输业相对劳动密集程度，江苏最大，山东次之，浙江第三，广东最小。交通运输业资本化水平广东最高，浙江第二，山东第三，江苏最低。山东交通运输业营业盈余能力最低，江苏交通运输业营业盈余能力明显低于广东和浙江。江苏交通运输业生产税净额系数明显地大于其他三省，山东、浙江、广东生产税净额系数相近。山东和江苏交通运输业劳动密集性比较高，产出增加值流向劳动力较多，劳动力分配份额较高。浙江和广东交通运输业营业盈余增值系数都在40%以上，在这两省都属营业盈余能力较强产业，相比之下，江苏和山东交通运输业营业盈余系数都不到30%，产业营业盈余能力差距较大。

交通运输业作为生产资料的特点要比作为消费资料的特点更为明显，对生产过程提供产品更多，能更多地为生产者提供服务。江苏和山东交通运输业中间需求率在70%以上，明显高于浙江和广东，主要原因是江苏和山东第二产业比重要高于浙江和广东，而第三产业比重要低于浙江和广东。交通运输业都属于"低附加值、高带动能力"产业，对国民经济各产业拉动作用较强。山东交通运输业对国民经济带动能力比较强，而广东和江苏交通运输业对国民经济带动能力相对较弱。交通运输业发展进程，江苏最早，广东其次，浙江第三，山东最后。四省交通运输业均属于中间产品型产业，说明交通运输业能够与生产形成良好互动，提供的生产者服务较多，对国民经济能够形成良好的带动。

交通运输业具有明显地域特色，其发展具有地域化特性，产业发展受地区资源禀赋和优势产业的影响较大，产业内容和成分明显地体现出地区产业结构状况。广东交通运输业对资本品制造业直接消耗相对较多，其资本化（装备化）水平较高。无论是后向直接关联系数还是后向完全关联系数，山东交通运输业都是最高的，山东交通运输业的后向产业链比较长，其产品生产过程中所耗中间产品较多，对国民经济具有较强的拉动能力。无论是前向直接关联系数还是前向完全关联系数，江苏交通运输业都是最高的，江苏交通运输业前向产业链比较长，为下游产业发展提供的中间产品较多，对国民经济发展具有较强的推动能力。

交通运输业影响力系数省际差异表现为：山东 > 广东 > 江苏 > 浙江。山东交通运输业影响力系数大于1，说明山东交通运输业对国民经济各产业拉动作用高于国民经济各产业平均水平，对国民经济拉动作用较强。广东、江苏和浙江三省交通运输业影响力系数小于1，说明三省交通运输业对国民经济各产业的拉动作用低于各产业平均水平，对国民经济波及效应低于各产业平均水平。交通运输业对国民经济拉动作用还是很可观的，应值得被重视，大力发展该产业可以有效促进经济增长。

交通运输业感应度系数省际差异表现为：山东 > 广东 > 江苏 > 浙江。山东和广东交通运输业感应度系数相对较高，说明两省交通运输业对国民经济推动作用相对可观。江苏和浙江感应度系数远小于1，说明两省交通运输业受国民经济影响相对较小。交通运输业影响力系数均大于其感应度系数，表明交通运输业对国民经济带动作用远高于经济发展后产业系统对交通运输业的拉动作用，其政策含义是应该采取主动发展交通运输业的战略措施来促进其发展，增强国民经济对交通运输业的需求力度。江苏、浙江和广东交通运输业属于弱辐射弱制约产业，山东交通运输业则属于强辐射弱制约产业。

第三部分

批发和零售业的产业链构建与创新发展

第五章

我国商贸流通业产业链识别
与优化研究

——以批发和零售业为例*

一、问题提出与文献综述

现阶段，很多制造业产品处于产能过剩状态，"去库存化"还需要相当长的时间，而产能不足的部门几乎都是服务业部门，如医疗、教育、养老、住宅等，其中知识技能密集的高级生产性服务尤其缺乏，服务业成为我国有效内需的重要内容（刘志彪，2014）。改革开放以来，我国流通产业取得长足发展，交易规模持续扩大，基础设施显著改善，新型业态不断涌现，现代流通方式加快发展，流通产业已经成为国民经济的基础性和先导性产业。但总的来看，我国流通产业仍处于粗放型阶段，网络布局不合理，城乡发展不平衡，集中度偏低，信息化、标准化、国际化程度不高，效率低、成本高问题突出。[①] 虽然近些年来我国商贸流通业有了蓬勃发展，但是"重生产、轻市场，重投资、轻消费"发展模式的惯性导致其发展滞后于经济发展水平。长期以来，我国对商贸流通业先导作用认识不足使其存在被边缘化的危险。商贸流通业是连接生产和消费的纽带，具有产业先导功能，因此其发展应当受到各级政府部门重视。

在本研究中，选择"批发和零售业"代表商贸流通业，是因为批发和零

---

　*　本章主要内容已经发表在《江海学刊》杂志 2014 年第 5 期，被人大复印资料全文转载。
　①　参见《国务院关于深化流通体制改革加快流通产业发展的意见》（国发〔2012〕39 号）。

售业是最典型的商贸流通业，其既是传统流通业，又是知识技能密集型现代服务业。考察相关文献，研究批发和零售业的文献不少，但是定量分析批发和零售业的文献较少。批发和零售业相关定量研究文献主要围绕批发和零售业发展预测（刘星原，2004）、人均可支配收入和零售业销售总额间的数量关系（李庆文，2010）、批发和零售业的产业特性和产业地位（司增绰和苗建军，2011）、批发和零售业企业经营绩效综合评价和生产规模效益（楼文高，2012）、批发和零售业的产业关联效应（司增绰，2013）等方面进行研究。本研究使用投入产出基础模型和引申模型，分析我国批发和零售业的产业链构成，对于正确把握商贸流通业产业系统中产业间依存关系，并采取相应措施促进其发展，具有积极的理论与现实意义。

二、商贸流通业产业链理论分析

（一）基于供求视角的产业链分析

产业链按形成过程中上下游产业间的供给与需求关系可分为技术推动型、资源带动型、需求拉动型、综合联动型四种。各产业链中产业间的关系可用图 5 - 1 ~ 图 5 - 4 来表示（刘富贵和赵英才，2006）。技术推动型产业链的特点是：当上游产业向中游产业提供技术和设备时，其投入的技术、设备就由上游产业向中游产业转移，上游产业顺利地实现了产品价值，中游产业吸收上游产业的技术、设备，生产产品并通过其产品向下游企业或消费者转移，以实现产品价值。资源带动型产业链的特点是：中游产业对上游产业的资源依赖性强，上游资源型产业企业基本处于垄断地位，上游产业企业只有少数几家或一家，而中游产业企业有很多家，中游产业企业处于激烈竞争环境中。需求拉动型产业链的特点是：以消费者需求为中心，强调对消费者的个性化服务，启动产业链流程的不再是制造商，而是最终消费者。混合联动型产业链的特点是：兼有技术推动型产业链和需求拉动型产业链的特点，同时具有发展后劲足、发展导向明确的优点（刘富贵和赵英才，2006）。此外，按产业链形状分类，可分为直线链、多层链、循环链、树形链、产业链网络。

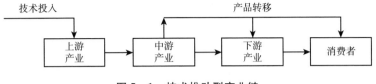

图 5-1 技术推动型产业链

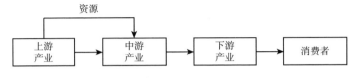

图 5-2 资源带动型产业链

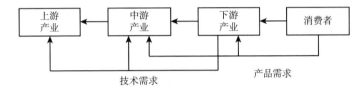

图 5-3 需求拉动型产业链

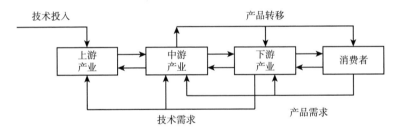

图 5-4 综合互动型产业链

（二）产业系统中商贸流通业的产业链分析

国民经济各部门形成一个产业系统，从各部门提供产品的功能性质来看，国民经济产业系统由初级产业、制造业、建筑业和服务业四个子系统构成。在产业系统中，各产业既是供给部门，又是需求部门。国民经济系统中各产业形成以供求关系为纽带的产业关联关系。产业关联是指各个产业部门之间相互依存的关系，产业结构的供给需求关联分析可以深刻揭示产业结构变动的内在特征，定量地分析一定时期内国民经济各产业部门在社会再生产过程中所形成的直接和间接的相互依存、相互制约的经济技术联系。国民经济是一个复杂的整体，各产业部门间存在着广泛而密切的技术经济联系，因而某一产业部门在生产过程中的任何变化，都将通过产业关联关系对其他产业部门产生一定的影响作用。产业系统中流通业与系统中各产业的供求互动关系可以用图5－5来表达。

一般说来，产业部门间的关联有两种形式，即后向关联和前向关联。后向关联效应描述的是某一产业对其后向产业（上游产业）的带动作用，前向关联效应描述的是某一产业对其前向产业（下游产业）的推动作用。本研究将流通业对其后向产业的带动效应称为后向关联效应，而把对其前向产业的推动效应称为前向关联效应。流通业的后向产业群是流通业中间投入的供给者，后向产业群的部分产出形成流通业的中间投入。流通业的快速发展以后向产业群的充分发展为基础，后向产业群发育不足会制约流通业的快速发展，形成流通业快速发展的制约性因素。流通业的前向产业群是流通业产品的需求者，流通业的部分产出形成前向产业群的中间投入。流通业的快速发展需要前向产业群的协同发展，前向产业群发展不协同，流通业快速发展就会缺少动力引擎，前向产业群协同发展形成流通业快速发展的引擎因素。一个简单的商贸流通业的产业链可以用图5－6来表述。

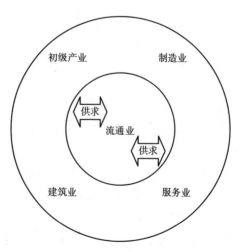

图5－5 产业系统中流通业与系统中各产业的供求互动关系

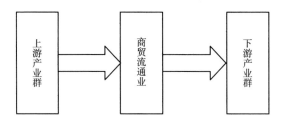

图 5 - 6 流通业产业链的简单示意图

三、商贸流通业产业链的识别方法

(一) 产业链识别方法说明

虽然国民经济各产业通过直接供给和间接供给都对商贸流通业进行中间投入,并且国民经济各产业通过对商贸流通业的直接需求和间接需求而形成自身的中间投入[1],但是识别商贸流通业产业链并不是要把商贸流通业的各级上游产业和各级下游产业都找出来,因为这样做是没必要的,也是很困难的。本研究中商贸流通业产业链识别,主要是找出其关键上游产业和关键下游产业。具体研究方法是:①通过比较商贸流通业对国民经济各产业的直接消耗系数,识别出对其供给强度较大的上游产业;通过比较商贸流通业对国民经济各产业的直接分配系数,识别出对其需求强度较大的下游产业。②通过比较商贸流通业对国民经济各产业的完全消耗系数与直接消耗系数的比值,识别出对商贸流通业发展约束性较强的上游产业;通过比较商贸流通业对国民经济各产业的完全分配系数与直接分配系数的比值,识别出对商贸流通业发展扩张性较强的下游产业。研究方法详细说明见表 5 - 1 和表 5 - 2 (张哲,2011)[2]。

---

① 这句话也可以这样表述"虽然国民经济各产业通过直接供给和间接供给都对商贸流通业进行中间投入,并且商贸流通业通过直接供给和间接供给对国民经济各产业也都形成中间投入。"

② 表 5 - 2 模型构建方法参阅了文献张哲. 基于食物网理论的交通运输业发展力研究 [J]. 公路交通科技,2011 (6):153 - 158. 并做了相应改进。

表 5 - 1 　　　　　　　　　研究方法说明（一）

识别事项	模型选择	模型解释
对商贸流通业供给强度较大的上游产业识别	直接消耗系数：$a_{ij} = \dfrac{x_{ij}}{X_j}$，$i,j = 1,2,\cdots,n$，其中，$a_{ij}$ 为直接消耗系数，是 j 部门单位总产出对 i 部门产品的直接消耗量；x_{ij} 是 j 部门为获得当期总产出而对 i 部门的消耗量；X_j 为 j 部门的总产出。 选取 a_{ij} 较大的 20 个产业，构成对商贸流通业供给强度较大的上游产业	直接消耗系数也称投入系数，是指在生产经营过程中，第 j 产业部门的单位总产出所直接消耗的第 i 产业部门货物或服务的价值量，它充分揭示了国民经济各部门之间直接的经济技术联系，即部门之间相互依存和相互制约关系的强弱。直接消耗系数是生产过程中，产出与直接消耗之间的线性比例关系，反映了流通业对上游产业群的直接消耗情况，可以用来测度流通业对后向产业群的直接依赖关系大小
	完全消耗系数：利用直接消耗系数矩阵 A 计算完全消耗系数矩阵 B 的公式为：$B = (I - A)^{-1} - I$，其中，I 为单位矩阵，b_{ij} 为完全消耗系数	完全消耗系数是指第 j 产业部门每生产一个单位的最终产品时对第 i 产业部门产品或服务的直接消耗和间接消耗之和。完全消耗系数表示国民经济 j 部门生产单位最终产品对 i 产品的完全消耗。在完全消耗系数中既包含了 j 部门生产对 i 产品的直接消耗，又包含了它对 i 产品的全部间接消耗量。可以利用流通业的完全消耗系数量化其后向完全关联效应
对商贸流通业需求强度较大的下游产业识别	直接分配系数：$r_{ij} = \dfrac{x_{ij}}{X_i}$，$i,j = 1,2,\cdots,n$，其中，$r_{ij}$ 为 i 产品对 j 部门的分配系数；x_{ij} 为 i 产品分配给 j 部门作为中间产品使用的数量；X_i 为 i 产品的总产出量。 选取 r_{ij} 较大的 20 个产业，构成对商贸流通业需求强度较大的下游产业	直接分配系数是第 i 部门产品分配给 j 部门作为中间产品使用的数量占该种产品总产出量的比例。某产业的直接分配系数越大，说明其他产业对该产业的直接需求越大，其直接供给推动作用越明显。可以利用流通业的直接分配系数量化其前向直接关联效应
	完全分配系数：利用直接分配系数矩阵 R 计算完全分配系数矩阵 D 的公式为：$D = (I - R)^{-1} - I$，其中，I 为单位矩阵，d_{ij} 为完全分配系数	完全分配系数是一个从产出方向分析产业之间的直接和间接技术经济联系的指标，其经济含义是：某产业或部门每一个单位增加值通过直接和间接联系需要向另一个产业提供的分配量。完全分配系数是 i 部门单位总产出直接分配和全部间接分配（包括一次间接分配、二次间接分配、……）给 j 部门的数量，是 i 部门对 j 部门的直接分配系数和全部间接分配系数之和。它反映 i 部门对 j 部门直接和通过别的部门间接的全部贡献程度。可以利用流通业的完全分配系数量化其前向完全关联效应

表 5 - 2　　　　　　　　　研究方法说明（二）

识别事项	模型选择	模型解释
对商贸流通业发展约束性较强的上游产业识别	在产业系统中，直接消耗系数可以表示产业间单条消耗链的直接层级关系，完全消耗系数可以表示产业间通过多条消耗链构成的网状结构直接和间接层级关系总和。那么约束性较强产业的选择模型为：$\min_{i=1}^{n}(s_{ij}) = \min_{i=1}^{n}\frac{b_{ij}}{a_{ij}}$（$i,j = 1, 2, \cdots, n$，且 $a_{ij} \neq 0$），其中，s_{ij} 为第 j 产业对第 i 产业的完全消耗系数与直接消耗系数的比值；$\min_{i=1}^{n}(s_{ij})$ 表示最短路径和最大流问题，是约束性产业选择模型，即要想快速发展第 j 产业，应当协同快速发展 s_{ij} 取得最小的第 i 产业。 选取 s_{ij} 最小的 20 个产业，构成对商贸流通业发展约束性较强的上游产业	约束性产业，即流通业对某一产业的完全消耗系数接近直接消耗系数，间接消耗系数较小，这说明流通业对该产业间接消耗过程中所经历的产业链——网较简单或产业链——网间产业关联较弱，或者说明流通业的单位变化对该产业的直接消耗较多。这反映出流通业对该产业的消耗较直接，流通业与该产业形成的消耗关系网络较简单和单一，这种消耗关系网络的自适应、自组织和自调节能力较差。由于消耗关系网络较简单和单一，因此这一产业的波动引起流通业的波动较直接，从这一产业到流通业间形成的"投入""输送"关系网络运行风险较大，而且抗风险能力较弱。所以，这一产业必须发展充分，如果这一产业发育不足，比较容易约束流通业发展，形成流通业快速发展的约束条件。一些具有上述约束性质的产业，由于这些产业到流通业的"投入"关系链——网络较简单和单一，相对于那些到流通业的"投入"关系链——网络较复杂的产业来说，这些产业比较容易成为流通业发展的约束因素，即成为流通业发展约束因素的风险较大。这些产业就形成了流通业发展的约束性产业群
对商贸流通业发展扩张性较强的下游产业识别	在产业系统中，直接分配系数可以表示产业间单条分配链的直接层级关系，完全分配系数可以表示产业间通过多条分配链构成的网状结构直接和间接层级关系总和。那么扩张性较强产业选择模型为：$\max_{j=1}^{n}(l_{ij}) = \max_{j=1}^{n}\frac{d_{ij}}{r_{ij}}$（$i,j = 1,2,\cdots,n$，且 $d_{ij} \neq 0$），其中，l_{ij} 为第 i 产业对第 j 产业的完全分配系数与直接分配系数的比值；$\max_{j=1}^{n}(l_{ij})$ 表示弹性和刚性问题，是扩张性产业选择问题，即要想稳步发展第 i 产业，应间接协同快速发展使 l_{ij} 取得最大的第 j 产业。 选取 l_{ij} 最大的 20 个产业，构成对商贸流通业发展扩张性较强的下游产业	扩张性产业，即流通业对某一产业的完全分配系数远离直接分配系数，间接分配系数较大，说明流通业对该产业间接分配过程中所经历的产业链——网较复杂或产业链——网间产业关联较强，或者说明流通业的单位变化对该产业的直接分配较少。这反映出流通业对该产业的分配较间接，流通业与该产业形成的分配关系网络较复杂，这种分配关系网络的自适应、自组织和自调节能力较强。流通业对该产业的分配关系，其实就是该产业对流通业的需求关系。从该产业对流通业的需求关系来看，也说明该产业与流通业形成的需求关系网络较复杂，这种需求关系网络的自适应、自组织和自调节能力也较强。由于需求关系网络较复杂，因此该产业的波动诱发流通业的波动较间接，从该产业到流通业间形成的"需求"关系网络运行风险较小，而且抗风险能力较强。由于该产业的变化对流通业关联的多个产业发生作用，从而加强流通业与多产业之间关联作用力，因此，该产业容易形成流通业成长的扩张性因素。一些具有上述扩张性质的产业，由于这些产业到流通业的"需求"关系链——网络复杂，相对于那些到流通业的"需求"关系链——网络较简单的产业来说，这些产业的发展由于会诱发这些产业和流通业间更多的产业发展，因而比较容易且较大幅度地诱发流通业的发展，而且这种诱发能力波动较小，相对稳定。这些产业比较容易成为流通业发展的扩张性因素，对流通业发展的扩张能力较强或者扩张能力形成的潜力较强。这些产业就形成了流通业发展的扩张性产业群

（二） 基础数据来源

本章的批发和零售业是根据《中国 42 部门投入产出表》统计口径来分类的。本研究进行时，我国官方发布的正式投入产出表共有 5 张，分别是1987 年、1992 年、1997 年、2002 年、2007 年表，还有在此基础上编制的1990 年、2000 年、2005 年、2010 年延长表，所以 2010 年投入产出延长表是本研究进行时最新的投入产出表。我国投入产出表统计口径不完全一致，为了保证与后续研究的可比性，本章把 2010 年 65 部门投入产出延长表合并成41 部门投入产出延长表。因此，本研究基础数据来源于整理的后《2010 年中国 41 部门投入产出延长表》。

四、商贸流通业产业链识别过程

（一） 商贸流通业产业链的上游产业分布

表 5 - 3 左侧反映了对商贸流通业供给强度较大的上游产业分布状况。商贸流通业对其直接消耗系数前 5 位的产业，都是服务业；前 10 位的产业，服务业有 6 个，制造业有 4 个；前 15 位的产业，服务业有 8 个，制造业有 7个；前 20 位的产业，服务业有 10 个，制造业有 9 个和建筑业。可以看出，商贸流通业对服务业直接消耗强度较大，服务业是对商贸流通业供给强度较大的产业群之一。对商贸流通业供给强度较大的产业群主要包含以下几类：物流产业（交通运输及仓储业、交通运输设备制造业）、信息产业（信息传输、计算机服务和软件业，通信设备、计算机及其他电子设备制造业）、自动化产业（电气、机械及器材制造业）、能源动力业（电力、热力的生产和供应业，石油加工、炼焦及核燃料加工业）、消费品制造业（造纸印刷及文教用品制造业、服装皮革羽绒及其制品业、食品制造及烟草加工业）、化学工业、建筑业、生产性服务业（租赁和商务服务业、金融业、房地产业、批发和零售业、综合技术服务业）、消费性服务业（住宿和餐饮业，居民服务和其他服务业，文化、体育和娱乐业）。其中，商贸流通业对自身产业（住宿和餐饮业、批发和零售业）直接消耗强度较大，说明商贸流通业专业化程

度较高，产业分工较细，容易形成产业集聚。对物流产业、化学工业和建筑业直接消耗较多，说明商贸流通业正处在规模扩张阶段；对信息产业、自动化产业直接消耗较多，则说明商贸流通业正处在现代化发展时期及产业转型升级时期。

表 5 - 3 右侧反映了对商贸流通业发展约束性较强的上游产业分布状况。对商贸流通业约束性较强的前 5 位的产业，都是服务业；前 10 位的产业，有 9 个服务业和建筑业；前 15 位的产业，有 13 个服务业、1 个制造业和建筑业；前 20 位的产业，有 13 个服务业、6 个制造业和建筑业。可以看出，服务业对商贸流通业发展的约束性较强，16 个服务业中有 13 个服务业是商贸流通业发展的约束性产业。在商贸流通业发展过程中，服务业成为其发展约束性因素的风险性较大，因为服务业的产业链一般较短，商贸流通业对服务业间接消耗过程中，形成的产业链网络较简单或单一，抗产业系统波动和风险的能力较差。对商贸流通业发展约束性较强的产业群主要有：物流产业（交通运输及仓储业、邮政业、交通运输设备制造业）、自动化产业（电气、机械及器材制造业）、动力产业（水的生产和供应业，电力、热力的生产和供应业）、科技产业（研究与试验发展业、综合技术服务业）、消费品制造业（服装皮革羽绒及其制品业、造纸印刷及文教用品制造业）、建筑业、生产性服务业（房地产业，租赁和商务服务业，教育，信息传输、计算机服务和软件业，金融业）、消费性服务业（文化、体育和娱乐业，居民服务和其他服务业，住宿和餐饮业，公共管理和社会组织）。动力产业群是商贸流通业发展的传统约束性产业，可见其对商贸流通业发展的重要性。科技产业和教育业是商贸流通业发展的约束性产业，是商贸流通业现代化和转型升级的必然要求。

9 个服务业（交通运输及仓储业，租赁和商务服务业，金融业，房地产业，住宿和餐饮业，居民服务和其他服务业，信息传输、计算机服务和软件业，文化、体育和娱乐业，综合技术服务业）、5 个制造业（电力、热力的生产和供应业，造纸印刷及文教用品制造业，服装皮革羽绒及其制品业，交通运输设备制造业，电气、机械及器材制造业）和建筑业共 15 个产业，是商贸流通业最重要的上游产业群，这 15 个产业既是对商贸流通业供给强度较大的上游产业，又是对商贸流通业发展约束性较强的上游产业。商贸流通业快速发展可以带动这些产业较快发展，或者可以说，这些产业快速发展是商贸流通业较快发展的基础。

表 5-3 　　　　　　　　批发和零售业产业链的上游产业

	产业	a_{ij}		产业	s_{ij}
对商贸流通业供给强度较大的上游产业（前20位产业）	交通运输及仓储业	0.066287	对商贸流通业发展约束性较强的上游产业（前20位产业）	房地产业	1.289343
	租赁和商务服务业	0.046100		租赁和商务服务业	1.305712
	金融业	0.032280		交通运输及仓储业	1.418862
	房地产业	0.021011		文化、体育和娱乐业	1.539946
	住宿和餐饮业	0.018158		教育	1.653578
	电力、热力的生产和供应业	0.011057		居民服务和其他服务业	1.672830
	居民服务和其他服务业	0.008743		住宿和餐饮业	1.676220
	造纸印刷及文教用品制造业	0.008729		信息传输、计算机服务和软件业	1.709204
	化学工业	0.008548		金融业	1.723832
	服装皮革羽绒及其制品业	0.008324		建筑业	1.728608
	交通运输设备制造业	0.008260		公共管理和社会组织	1.754620
	信息传输、计算机服务和软件业	0.007692		服装皮革羽绒及其制品业	1.763278
	电气、机械及器材制造业	0.006430		邮政业	1.767635
	食品制造及烟草加工业	0.004902		研究与试验发展业	1.848031
	批发和零售业	0.004799		综合技术服务业	1.968892
	通信设备、计算机及其他电子设备制造业	0.003685		水的生产和供应业	2.715584
	文化、体育和娱乐业	0.003684		电气、机械及器材制造业	3.273619
	综合技术服务业	0.003646		造纸印刷及文教用品制造业	3.312166
	石油加工、炼焦及核燃料加工业	0.003154		交通运输设备制造业	3.785735
	建筑业	0.002440		电力、热力的生产和供应业	3.861032

（二）商贸流通业产业链的下游产业分布

表 5-4 左侧反映了对商贸流通业需求强度较大的下游产业分布状况。商贸流通业对其直接分配系数前 5 位的产业，有建筑业和 4 个制造业；前 10 位的产业，有建筑业、8 个制造业和初级产业；前 15 位的产业，有建筑业、10 个制造业、初级产业和 3 个服务业；前 20 位的产业，有建筑业、13 个制造业、初级产业和 5 个服务业。因此，工业（建筑业和制造业）对商贸流通业需求强度较大，可以看出，商贸流通业是十分重要的生产性服务业，对工业生产过程贡献较大。初级产业（农林牧渔业）对商贸流通业的需求强度较大，说明商贸流通业对农业健康发展的支撑作用，尤其是农产品流通业先导性发展，农产品流通体系畅通，是保证我国农产品价格稳定的关键因素。对商

贸流通业需求强度较大的产业群可以概括为：初级产业（农林牧渔业）、消费品制造业（食品制造及烟草加工业、造纸印刷及文教用品制造业、服装皮革羽绒及其制品业）、资源加工业（中间品制造业）（化学工业，金属冶炼及压延加工业，非金属矿物制品业，金属制品业，石油加工、炼焦及核燃料加工业）、资本品制造业（通信设备、计算机及其他电子设备制造业，交通运输设备制造业，通用、专用设备制造业，电气、机械及器材制造业）、建筑业、营利性服务业（交通运输及仓储业，信息传输、计算机服务和软件业，租赁和商务服务业，住宿和餐饮业）、非营利性服务业（卫生、社会保障和社会福利业）。工业是商贸流通业服务的传统产业，服务业对其需求也逐步增加。

表 5-4　　　　　　　　批发和零售业产业链的下游产业

	产业	r_{ij}		产业	l_{ij}
对商贸流通业需求强度较大的下游产业（前20位产业）	建筑业	0.058466	对商贸流通业发展扩张性较强的下游产业（前20位产业）	电力、热力的生产和供应业	5.339213
	通信设备、计算机及其他电子设备制造业	0.043118		水的生产和供应业	5.182386
	交通运输设备制造业	0.042517		金融业	4.700001
	通用、专用设备制造业	0.039135		金属矿采选业	4.030231
	化学工业	0.038291		批发和零售业	3.873990
	食品制造及烟草加工业	0.037940		房地产业	3.826659
	金属冶炼及压延加工业	0.031019		非金属矿及其他矿采选业	3.722287
	电气、机械及器材制造业	0.027321		纺织业	3.716950
	农林牧渔业	0.022127		服装皮革羽绒及其制品业	3.710808
	非金属矿物制品业	0.021122		煤炭开采和洗选业	3.656823
	交通运输及仓储业	0.014434		仪器仪表及文化办公用机械制造业	3.624170
	信息传输、计算机服务和软件业	0.012344		石油和天然气开采业	3.581340
	金属制品业	0.011905		金属冶炼及压延加工业	3.544686
	租赁和商务服务业	0.011615		综合技术服务业	3.471223
	造纸印刷及文教用品制造业	0.011279		化学工业	3.423633
	卫生、社会保障和社会福利业	0.011210		石油加工、炼焦及核燃料加工业	3.372490
	纺织业	0.010890		交通运输及仓储业	3.244407
	住宿和餐饮业	0.010606		水利、环境和公共设施管理业	3.231118
	服装皮革羽绒及其制品业	0.008877		金属制品业	3.228657
	石油加工、炼焦及核燃料加工业	0.008195		通信设备、计算机及其他电子设备制造业	3.129967

表5-4右侧反映了对商贸流通业发展扩张性较强的下游产业分布状况。对流通业发展扩张性较强的前5位产业，有2个制造业、2个服务业、1个初级产业；前10位产业，有4个制造业、3个服务业、3个初级产业；前15位产业，有7个制造业、4个服务业、4个初级产业；前20位产业，有10个制造业、6个服务业、4个初级产业。制造业对流通业发展扩张性较强，是其发展最主要动力性产业；初级产业群中5个产业4个是流通业发展扩张性较强的产业，初级产业对其发展扩张性较强。制造业和初级产业的产业链较长，在其间接消耗流通业服务过程中，形成的产业链网络较复杂较密集，从其到流通业间形成的"需求"关系网络运行风险较小、抗风险能力较强、网络间作用力较大，容易成为流通业发展的扩张性产业。对流通业发展扩张性较强的产业群可概括为：初级产业（金属矿采选业、非金属矿及其他矿采选业、煤炭开采和洗选业、石油和天然气开采业）、消费品制造业（纺织业、服装皮革羽绒及其制品业）、资源加工业（中间品制造业）（金属冶炼及压延加工业，化学工业，石油加工、炼焦及核燃料加工业，金属制品业）、资本品制造业（仪器仪表及文化办公用机械制造业，通信设备、计算机及其他电子设备制造业）、动力制造业（电力、热力的生产和供应业，水的生产和供应业）、营利性服务业（金融业、批发和零售业、房地产业、综合技术服务业、交通运输及仓储业）、非营利性服务业（水利、环境和公共设施管理业）。

7个制造业（石油加工、炼焦及核燃料加工业，金属冶炼及压延加工业，化学工业，金属制品业，纺织业，服装皮革羽绒及其制品业，通信设备、计算机及其他电子设备制造业）和1个服务业（交通运输及仓储业）共8个产业，是商贸流通业最重要的下游产业群，这8个产业既是对商贸流通业需求强度较大的下游产业，又是对商贸流通业发展扩张性较强的下游产业。这些产业的快速发展可以带动商贸流通业的较快发展，或者可以说商贸流通业快速发展可以推动这些产业较快发展。

（三）商贸流通业产业链构建

根据表5-3、表5-4及前面的分析，接下来构建商贸流通业的产业链。以商贸流通业为中心，左方放置上游关联产业，右方放置下游关联产业。产业间的关联用箭头表示，箭头方向表示"投入"，如表5-5所示。

表 5 – 5 批发和零售业产业链构成

	农林牧渔业
	煤炭开采和洗选业
	石油和天然气开采业
	金属矿采选业
	非金属矿及其他矿采选业
食品制造及烟草加工业	食品制造及烟草加工业
	纺织业
服装皮革羽绒及其制品业	服装皮革羽绒及其制品业
造纸印刷及文教用品制造业	造纸印刷及文教用品制造业
石油加工、炼焦及核燃料加工业	石油加工、炼焦及核燃料加工业
化学工业	化学工业
	非金属矿物制品业
	金属冶炼及压延加工业
	金属制品业
	通用、专用设备制造业
交通运输设备制造业	交通运输设备制造业
电气、机械及器材制造业	电气、机械及器材制造业
通信设备、计算机及其他电子设备制造业	通信设备、计算机及其他电子设备制造业
	仪器仪表及文化办公用机械制造业
电力、热力的生产和供应业	电力、热力的生产和供应业
水的生产和供应业	水的生产和供应业
建筑业	**建筑业**
交通运输及仓储业	交通运输及仓储业
邮政业	
信息传输、计算机服务和软件业	信息传输、计算机服务和软件业
批发和零售业	批发和零售业
住宿和餐饮业	住宿和餐饮业
金融业	金融业
房地产业	房地产业
租赁和商务服务业	租赁和商务服务业
研究与试验发展业	
综合技术服务业	综合技术服务业
	水利、环境和公共设施管理业
居民服务和其他服务业	
教育	
	卫生、社会保障和社会福利业
文化、体育和娱乐业	
公共管理和社会组织	

中间:商贸流通业

选取 a_{ij} 值降序前 20 位的产业和 s_{ij} 值升序前 20 位的产业,构成商贸流通业的上游产业群;选取 r_{ij} 值降序前 20 位的产业和 l_{ij} 值降序前 20 位的产业,构成商贸流通业的下游产业群，结果如表 5 - 5 所示。由表 5 - 5 商贸流通业产业链构成可以看出，有 10 个制造业、建筑业和 7 个服务业共 18 个产业，是商贸流通业产业链中最重要的构成产业，这些产业在商贸流通业上游产业群和下游产业群中都出现了。无论在供给方面还是在需求方面，商贸流通业对自身的关联程度都较强，体现出现阶段其发展具有相对独立性，其产业需求与供给很多来自产业本身。这种产业性质也决定了商贸流通业发展受自身发展水平影响较大，在其发展过程中，容易形成一定的路径依赖，出现制约其发展的现象。

五、商贸流通业产业链优化

前面内容根据相关产业链识别原则和数据，识别并构建了商贸流通业的产业链。对商贸流通业产业链的识别所依据的是历史数据，考察的是商贸流通业与上下游产业过去的经济技术联系。然而，对商贸流通业产业链的优化，则应遵循产业链优化原则。本研究商贸流通业产业链上游产业优化原则主要考虑了商贸流通业发展的新方向这一因素，下游产业优化原则主要考虑了商贸流通业的服务业性质、目前我国商品流通环节存在的重点问题和我国政府产业政策导向三个因素。

（一）商贸流通业产业链优化下的上游产业确定

依据相关文献对商贸流通业发展新方向的判断和发展中核心能力培育的要求，确定优化商贸流通业产业链过程中商贸流通业需要较多依赖的上游产业群（见表 5 - 6①）。商贸流通业发展的新方向表现为以下八个方面：产业链由生产者驱动转向采购者驱动；大型零售商从市场、技术和服务三个方面主导产业链；流通业的国际化发展；流通业的信息化发展；积极培育零售制造商；积极培育制造零售商；流通技术创新与运用；积极发展互联网贸易。

---

① 参阅了文献盛朝迅. 大型零售商主导产业链：中国产业转型升级新方向［J］. 经济管理出版社，2014（4）. 并做了拓展。

优化商贸流通业产业链视角下商贸流通业产业链的上游产业应包含：通用、专用设备制造业，交通运输设备制造业，电气、机械及器材制造业，通信设备、计算机及其他电子设备制造业，仪器仪表及文化办公用机械制造业，交通运输及仓储业，邮政业，信息传输、计算机服务和软件业，批发和零售业，住宿和餐饮业，金融业，租赁和商务服务业，研究和试验发展业，综合技术服务业，教育业。

前面识别出的上游产业群基本上与优化视角下的上游产业群相吻合，说明近些年我国商贸流通业发展投入品的产业来源结构基本上是合理的。但是，通用、专用设备制造业和仪器仪表及文化办公用机械制造业两个产业对商贸流通业的投入可能不足，这可能是导致我国商贸流通业现代信息技术运用水平较低，很多流通环节还处于半机械化、半人工状态，劳动效率较低的原因之一。

表5-6　　　　　　商贸流通业产业链优化需要较多依赖的上游产业群

商贸流通业发展的新方向	商贸流通业发展中核心能力建设要求	商贸流通业必须强化关联的上游产业
产业链由生产者驱动转向采购者驱动	全球产业整合的动力正不断由产业资本转向商业资本，基于生产过程形成的研发和制造核心能力，正被基于销售和贸易过程形成的设计和营销核心能力替代。产业链转型升级的模式逐渐由生产者驱动转变为采购者驱动	交通运输设备制造业，交通运输和仓储业，邮政业，信息传输、计算机服务和软件业，批发和零售业，住宿和餐饮业，租赁和商务服务业，研究和试验发展业
大型零售商从市场、技术和服务三个方面主导产业链	大型零售商直接面向市场，能利用获得的消费者需求变化信息，通过对整个产业链的主导，实现快速协调，提升顾客效用的满足，提升自身和产业链的经济绩效。大型零售商充分运用现代信息技术成果优化零售企业内部的采购、销售和结算流程，扩大业务规模，实现流通系统的网络信息化，实现库存结构优化。大型零售商通过不断贴近消费需求、优化流程、提升技术优势，构建为制造商提供生产者服务的平台，为制造商提供各种研发、设计、物流、采购、消费、数据反馈、市场分析等生产者服务，促进产业链的协同	通用和专用设备制造业，电气、机械及器材制造业，通信设备、计算机及其他电子设备制造业，仪器仪表及文化办公用机械制造业，交通运输和仓储业，邮政业，信息传输、计算机服务和软件业，租赁和商务服务业，研究和试验发展业，综合技术服务业

续表

商贸流通业发展的新方向	商贸流通业发展中核心能力建设要求	商贸流通业必须强化关联的上游产业
流通业的国际化发展	流通业国际化具有两个方面的动因：一是来自消费者市场需求的变化。由于市场需求向多样化、国际化的趋势发展，消费者对于具有异国经济、文化特征的商业服务产生了广泛的需求。二是来自零售商自身市场空间拓展的需要。由于各国大型流通企业为克服国内市场饱和的局限性，有着向国外拓展以寻求新的市场空间的强烈动机。中国流通业也应适应国际化发展，实施"走出去"战略，提升国际竞争能力，优化全球盈利能力和盈利模式	交通运输及仓储业，邮政业，信息传输、计算机服务及软件业，批发零售业，住宿和餐饮业，金融业，租赁和商务服务业，研究与试验发展业，综合技术服务业，教育业
流通业的信息化发展	大型流通业企业利用条形码技术、射频技术、仓储计算机管理、电子数据交换、全球定位系统（GPS）、地理信息系统（GIS）、POS-MIS系统、系统集成软件、电子订货系统EOS、商业ERP、商业智能BI、供应链管理SCM与客户关系管理CRM等信息技术成果，构建标准化的供应链信息平台。特别是近几年，随着物联网的兴起，物联网在流通中的应用也逐渐深入，包括透彻感知、高效传输、智慧处理以及在其基础上的智能应用环节的物联网的应用深化，有利于大型零售商足不出户就可以精确把握和组织货物运输、产品属性、物流状态、销售状态、信息反馈、安全监测等。从而实现整个供应链的精确控制，实现产品的可追溯，实现智慧流通，为消费者服务	通用和专用设备制造业，电气、机械及器材制造业，通信设备、计算机及其他电子设备制造业，仪器仪表及文化办公用机械制造业，信息传输、计算机服务和软件业
积极培育零售制造商	零售业向上游生产环节延伸出现零售制造商。零售制造商通过信息管理将包括产品设计、原料采购、产品制造、仓储运输、订单处理、批发经营、终端销售7个部分的全部供应链内部化并高度一体化，大大节约了交易成本，提升了经济效率，也拓展了零售企业的利润空间。零售制造商利用长期经营管理过程中积累的顾客信息优势、销售网络渠道、供应链管理经验等重新设计价值链以达到整合生产环节的目的	信息传输、计算机服务及软件业，租赁和商务服务业，研究与试验发展业，综合技术服务业
积极培育制造零售商	全球性销售网络的缺乏是中国制造的第三块"短板"。相比中国制造企业难分难舍的技术情节，发达国家跨国公司更加注重技术和市场"两条腿"走路。一方面通过加大研发、技术创新和标准制定抢占行业制高点；另一方面全球布局销售网络，抢占市场先机。单纯强调"由中国制造到中国创造"并不可取，甚至导致"中国制造"陷入技术与市场"两难"困境。正确的做法是兼顾技术、标准、品牌与市场，注重培育中国大型制造零售商	金融业，租赁和商务服务业，研究与试验发展业，综合技术服务业，教育业

商贸流通业 发展的新方向	商贸流通业发展中核心能力建设要求	商贸流通业必须 强化关联的上游产业
流通技术创新 与运用	流通技术创新主要表现为机械化、标准化、信息化方面。机械化减少了人工操作，降低了劳动强度，提高了流通效率。标准化是流通社会化、专业化生产的一个重要特征，也是流通实现社会化、专业化生产的一个重要条件。目前，流通业的标准化技术主要由商品标准编码技术、商业设施与设备的标准化技术、条形码技术等，特别是条形码技术的出现，直接推动了超市组织形式的快速扩张。信息化使商品流通中商流、物流、信息流的运动变得系统化和组织化，大大提高了流通效率，并推动了新的流通业态的出现。特别是通过智能化技术的导入，流通技术创新已进入物联网时代，云计算、云服务等也正在导入流通领域	通用、专用设备制造业，交通运输设备制造业，电气、机械及器材制造业，通信设备、计算机及其他电子设备制造业，仪器仪表及文化办公用机械制造业，交通运输及仓储业，邮政业，信息传输、计算机服务和软件业，租赁和商务服务业，研究与试验发展业，综合技术服务业，教育业
积极发展互联 网贸易	加强流通信息平台和电子商务平台建设。流通信息平台是通过局域网（LAN）、广域网（WAN）、互联网（Internet）和物联网（Internet of things）等把整个流通业连为一体，创建开放的网络化组织平台，建设共享数据库、数据仓库和"数据平台"，创造性地应用信息技术，以提高流通业的自动化水平和智能水平，便于各流通参与主体及时有效地获取信息。电子商务方面紧紧围绕电子商务背景下流通发展呈现出的现代化、信息化、柔性化、网络化、智能化特征和趋势，加快相应网络平台建设和体制完善，促进电子商务发展，节约流通成本，促进流通方式的现代化	通用和专用设备制造业，电气、机械及器材制造业，通信设备、计算机及其他电子设备制造业，仪器仪表及文化办公用机械制造业，信息传输、计算机服务和软件业

（二）商贸流通业产业链优化下的下游产业确定

依据商贸流通业的服务业性质、目前商品流通环节存在的问题和政府产业政策导向，以及商贸流通业发展对经济系统的影响，可以确定优化商贸流通业产业链过程中商贸流通业服务较多的下游产业群（见表5－7①）。

（1）商贸流通业的消费促进效应是扩大内需的重要路径，因此，依据商贸流通业对居民消费的促进效应这一原则，应当强化商贸流通业对农林牧渔

---

① 参阅了文献盛朝迅．大型零售商主导产业链：中国产业转型升级新方向［J］．经济管理出版社，2014（4）．并做了拓展。

业和消费品制造业发展的推动作用，所以商贸流通业产业链优化的下游产业应当包含：农林牧渔业和消费品制造业。

（2）商贸流通业的制造业升级促进效应是制造业适应市场需求发展的重要保证，因此，依据商贸流通业的制造业升级促进效应这一原则，应当强化商贸流通业对制造业发展的推动作用。根据产品用途分类，可以把制造业简单分为消费品制造业、资源加工业（中间产品制造业）、资本品制造业和动力生产业，所以商贸流通业产业链优化的下游产业应当包含：消费品制造业、资源加工业、资本品制造业、动力生产业4个产业群。目前，我国制造业处在转型升级关键时期，因此充分发挥商贸流通业的生产者服务业性质，促进制造业转型升级，对我国制造业成长具有战略性意义。

（3）流通业创新对服务业群发展的支撑和引导效应是服务业发展的重要源泉，因此，依据流通业创新对服务业发展的支撑和引导效应这一原则，应当强化商贸流通业对服务业发展的推动作用。根据服务产品的供给对象分类，可以把服务业简单地分为生产性服务业和消费性服务业，所以商贸流通业优化的下游产业应当包含：生产性服务业和消费性服务业。目前，我国把发展现代服务业，尤其是发展生产性服务业作为建设现代产业体系的重点，因此，加强商贸流通业对生产性服务业发展的支撑与引导，是推动服务业发展的主要抓手之一。

（4）农村地区流通基础设施建设滞后，流通渠道不完善，致使农村地区"买难"和"卖难"，流通商品价高质低，农产品流通成了农业发展的"梗阻"问题。根据农村地区商贸流通业存在的这一问题，加强农村地区流通基础设施建设，推动农村地区商贸流通业现代化，对于解决农产品的"卖难"问题和消费品的"买难"问题，扩大农村地区的消费需求具有重要的战略意义。农村地区流通基础设施完善和农村流通问题的解决，能够推动农林牧渔业和消费品制造业发展，因此，商贸流通业产业链优化的下游产业链应当包括：农林牧渔业和消费品制造业。农村商贸流通业发展和农产品流通体系完善，也是我国"新四化"的重要支撑。

（5）商贸流通业的生产性服务业功能是我国战略性新兴产业发展的重要助推剂，因此，依据商贸流通业对战略性新兴产业的推动功能这一原则，应当强化商贸流通业对战略性新兴产业发展的推动作用，所以商贸流通业产业链优化的下游产业应当包含：节能环保业、第一代信息技术产业、生物产业、高端装备制造业、新能源产业、新材料产业、新能源汽车产业。这七大产业是我国选择的战略性新兴产业。

　　在研究商贸流通业产业链优化下的下游产业时，没有对制造业和服务业再进行细分，因此优化后的商贸流通业下游产业没有像产业链识别过程中所得到的上游产业那么具体。这样做主要是要强调商贸流通业在制造业和服务业转型升级中的作用。

表5－7　　　　　　　**商贸流通业产业链优化服务较多的下游产业群**

产业链下游产业优化原则	商贸流通业发展对经济系统的影响	商贸流通业必须强化关联的下游产业
商贸流通业的消费促进效应是我国扩大内需的重要路径	当前我国经济增长长期依靠外需和投资拉动的局面是不可持续的，需要加快扩大内需力度，实现消费、投资出口协调发展。目前扩大内需政策措施多侧重在汽车、家电等刺激政策上，政策重点着力于扩大消费支出、减少储蓄比例，对于如何优化消费环境、增强流通服务功能等方面的考虑不多。靠优惠政策刺激的消费增加只是保经济增长目标的权宜之计，并不能真正实现消费的持续增长和经济增长动力的优化。真正扩大内需应该让老百姓"有钱能花"（收入倍增）、"有钱敢花"（完善社保、医疗、子女教育体系）、"钱有地方化"（商业服务、商品质量）。因此，优化商业消费环境、增强流通业服务功能是扩大内需的根本路径之一。现阶段，大型零售商盈利模式不清晰导致其流通商业服务功能退化制约了商业扩大内需功能的实现。优化零售商盈利模式、降低流通成本、促进流通服务功能提升对于扩大内需、转变经济发展方式具有重要的现实指导意义	农林牧渔业，食品制造及烟草加工业，纺织业，服装皮革羽绒及其制品业，木材加工及家具制造业，造纸印刷及文教用品制造业
商贸流通业的制造业升级促进效应是制造业适应市场需求发展的重要保证	第一，商贸流通业促进制造业产品升级。一是通过卖场环境、货架空间的布置与多种促销方式的综合运用，促进消费者更好地认知和了解商品，刺激消费者购买欲望，从而提高制造商产品销售额与消费速度。二是在促进制造商产品销售的同时，利用贴近消费者需求的信息优势，为制造商提供动态的消费者需求变化信息，实现与供应商之间的信息共享与信息反馈，有利于制造商生产适销对路的产品，促进制造商满足顾客需求的产品升级。第二，流通业促进制造业功能升级。一是促进人力资本和知识资本深化；二是深化和泛专业化分工；三是降低交易费用。第三，流通业促进制造业技术升级。一是流通业发展的信息技术需求对促进信息设备制造业发展和技术升级起到巨大的促进作用。二是流通业发展过程中为适应顾客需求的产品创新也会促使制造业技术升级。第四，流通业促进制造业攀升全球价值链。一是通过增强我国制造业的研发、设计与创新能力提升制造业在全球价值链中的地位。二是促进我国流通业主动"走出去"，进入国际市场，增强对全球市场渠道的控制能力。三是通过增强对整个产业链的整合能力提高我国制造业产业体系在全球产业分工中的地位和位次	消费品制造业，资源加工业，资本品制造业，动力生产业

续表

产业链下游产业优化原则	商贸流通业发展对经济系统的影响	商贸流通业必须强化关联的下游产业
流通业创新对服务业群发展的支撑和引导效应是服务业发展的重要源泉	在科技创新和社会需求的支撑下，流通业领域的新兴服务不断出现，为服务业群提供了多方位、多层次、更加细化和有针对性的服务。流通领域新的业态模式不断涌现，电子商务等新的交易方式不断创新，为服务业群的发展提供支撑和引导。因此，加快流通业结构调整，促进流通业转型升级，以及流通业创新发展是服务业群发展的重要支撑	服务业群
农村地区流通基础设施建设滞后，流通渠道不完善，致使农村地区"买难"和"卖难"，流通商品价高质低，农产品流通成了农业发展的"梗阻"问题	我国城乡消费市场分割，城乡流通基础设施运作模式和硬件水平仍存在很大不平衡。因此，需要加大农村地区流通网络和设施的建设力度。农村流通基础设施建设的重点是物流基础设施建设，即统筹城乡的物流配送网络和辐射县域的统一物流中心建设。以加快农村流通基础设施建设为契机，一方面便利农民消费，扩大内需，另一方面建立和完善流通服务体系，促进农产品流通，降低物流成本和损耗，解决农产品"卖难"和"买难"和农民"卖难"和"买难"问题，实现农村与城市流通网络的互联互动	农林牧渔业，食品制造及烟草加工业，纺织业，服装皮革羽绒及其制品业，木材加工及家具制造业，造纸印刷及文教用品制造业
商贸流通业的生产性服务业功能是我国战略性新兴产业发展的重要助推剂	在制造业服务化背景和趋势下，制造业内部分工的"外部化"，如设计、物流、仓储和营销等工业内部环节被外包出来了。在制造业服务化的过程中，一些与生产有关的流通过程，如物流、仓储、营销等服务从制造业环节分离出来，逐渐被专业化的大型零售商或第三方产业流通服务企业所承担，传统的制造部分在价值链中所占的比重越来越低。制造业的发展越来越依赖流通业为其提供专业化的生产者服务	我国选择的七个战略性新兴产业：节能环保业、第一代信息技术产业、生物产业、高端装备制造业、新能源产业、新材料产业、新能源汽车产业

六、结论与启示

根据上述实证分析，得出以下主要结论：

第一，对商贸流通业供给强度较大的产业在物流产业、信息产业、自动化产业、能源动力业、消费品制造业、化学工业、建筑业、生产性服务业、消费性服务业等产业群都有所分布，中国商贸流通业处在快速发展与转型升级时期。消费品制造业、化学工业、建筑业供给商贸流通业发展的实物性产品，满足其发展的实物性中间产品需求。信息产业和自动化产业供给商贸流通业发展的技术需求，是其发展业态创新和智能化的基础。物流产业是商贸流通业完成商品流通功能的基础性产业，为其提供物流载体与物流技术。生产性服务业供给商贸流通业发展的服务性中间产品，是促进其发展的重要服务产业群。消费性服务业满足商贸流通业发展的消费需求，并增强其消费服务功能，是商贸流通业创新消费空间的产业基础。

第二，服务业是对商贸流通业发展约束性较强的产业，服务业对商贸流通业直接的供给弹性较大，对其间接供给形成的产业链网较稀疏与简单，容易形成商贸流通业发展的约束性产业。服务业发展不充分，极易成为商贸流通业成长的约束因素，因此，必须培育服务业充分发展，为商贸流通业发展创造良好的上游产业生态。对商贸流通业发展约束性较强的制造业分布在交通运输设备制造业、自动化制造业、动力制造业、消费品制造业和建筑业，商贸流通业对这些产业消耗较直接，这些产业对商贸流通业间接供给形成的产业链网较稀疏与简单，极易制约商贸流通业成长。我国在交通运输设备制造业和自动化制造业方面与发达国家存在不小差距，也是约束商贸流通业发展的重要因素之一。

第三，对商贸流通业需求强度较大的产业分布在初级产业、消费品制造业、资源加工业、资本品制造业、建筑业、营利性服务业、非营利性服务业各个产业群，商贸流通业是非常重要的生产性服务业，各产业群产品流动需要商贸流通业的中介过程。农林牧渔业是比较传统的对流通业需求强度较大的初级产业，农产品转移，需要高效的流通业运行。食品制造及烟草加工业、造纸印刷及文教用品制造业、服装皮革羽绒及其制品业是传统的对流通业需求强度较大的消费品制造业，是传统流通业的核心业务产品产业。一些资源加工业和资本品制造业对流通业需求强度较大，流通业促进了相关中间产品在生产过程中流动。一些服务业对流通业需求强度较大，服务业是流通业创新服务产品的重要空间之一。

第四，初级产业中的金属矿采选业、非金属矿及其他矿采选业、煤炭开采和洗选业、石油和天然气开采业，是对商贸流通业发展扩张性较强的下游产业，这些初级产业对商贸流通业间接需求形成的产业链网较长或较复杂较密集，容易形成对商贸流通业发展扩张性较强的产业群。纺织业、服装皮革羽绒及其制品业是对商贸流通业发展扩张性较强的两个消费品制造业，这两个制造业的产品都是大宗消费品。一些资源加工业和资本品制造业也易成为商贸流通业的扩张性较强产业，这些产业都是技术性密集制造业，这些产业快速发展是商贸流通业较快成长的持续稳定的动力。一些服务业，尤其是生产性较强的营利性服务业，也易成为商贸流通业发展扩张性较强产业，组成带动其发展稳定的动力产业群。

第五，商贸流通业上游产业链优化，应遵照以下原则：产业链由生产者驱动转向采购者驱动；大型零售商从市场、技术和服务三个方面主导产业链；流通业的国际化、信息化发展；积极培育零售制造商和制造零售商；流通技术创新与运用；积极发展互联网贸易。商贸流通业下游产业链优化，应遵照以下原则：商贸流通业的消费促进效应是扩大内需的重要路径；商贸流通业的制造业升级促进效应是制造业适应市场需求发展的重要保证；流通业创新对服务业发展的支撑和引导效应是服务业发展的重要源泉；农村地区流通基础设施滞后，流通渠道不完善，使农村地区"买难"和"卖难"，流通商品价高质低，农产品流通成为农业发展的"梗阻"问题；商贸流通业的生产性服务业功能是战略性新兴产业发展的重要助推剂。

结合本章研究，有以下启示：第一，现代商贸流通业已经成为技术密集型产业，因此应增加其物流配送技术、信息化技术、智能化技术的投入，促进其多业态发展，提升稳定其运行效率。第二，促进资本渗透，鼓励产业资本进入商贸流通业及商业资本进入产业，形成商贸流通业主导的产业链与产业资本主导的产业链共存的多元化格局，提高商贸流通业产业集中度。第三，利用商贸流通业的产业内分工较细、容易形成产业集聚的产业性质，合理规划商贸流通业发展空间，形成商业街、商业广场、商业圈多层次格局。第四，突破商贸流通业的封闭性路径依赖，拓宽其自身产业链，在上游产业增强其与现代物流业及信息智能业融合，以提升"载体"的等级，在下游产业增强其与相关产业，尤其是与服务业关联，以促进其产业升级，增强其多业态发展的动力，创新商贸流通业服务机制与服务内容。第五，利用先进流通技术，提升流通业机械化、自动化、网络化、信息化、智能化水平；进一步加强研究和引导，深刻认识和高度重视流通创新在制造业转型升级中的作用，以及对服务业发展所具有的支撑与引导效应，积极释放商贸流通业在产业系统中的功能。

第六章

需求供给结构、产业链构成与传统流通业创新

——以我国批发和零售业为例*

一、问题提出与文献综述

流通产业是国民经济体系中的重要产业，是关联生产与消费的桥梁性产业。改革开放以来，我国流通产业取得长足发展，交易规模持续扩大，基础设施显著改善，新型业态不断涌现，现代流通方式加快发展，流通产业已经成为国民经济基础性和先导性产业。但总的来看，我国流通业仍处于粗放型阶段，网络布局不合理，城乡发展不平衡，集中度偏低，信息化、标准化、国际化程度不高，效率低、成本高问题突出。[①] 流通业是连接生产和消费的纽带，具有产业先导功能。2008 年全球金融危机无疑提供了彰显流通业地位、考量流通业功能、检验流通业影响力的机会。虽然近些年我国流通业有了蓬勃发展，但是"重生产、轻市场，重投资、轻消费"发展模式的惯性导致其发展滞后于经济发展水平。长期以来，国内对流通业先导作用认识不足，使我国流通业存在被边缘化的危险。外资"抢滩"的挤出效应、流通业上市企业过少、众多中小流通企业融资难、流通企业在发展过程中盲目扩张和经济效益持续下滑等，严重影响了流通业的先导地位。国际商贸巨头凭借国际化产业分工体系的优势在我国"开疆拓土"，不仅对我国中小流通企业造成极大压力，而且对制造业的约束作用也越来越大。当前，我国流通业受到来

---

* 本章主要内容已经发表在《经济管理》杂志 2015 年第 2 期，被人大复印资料全文转载。

① 《国务院关于深化流通体制改革加快流通产业发展的意见》（国发〔2012〕39 号）。

自产业政策、城市空间限制等外部因素以及企业组织化程度、机制创新等内部因素的制约，形势发展不容乐观（陈玲，2010）。

连接生产和消费职能的流通分为两种类型：一种为连接交易者的分离，也就是与商品所有权转移有关的交易流通（商流）；另一种为连接生产地与消费地的分离及生产时间和消费时间上的分离而进行的运输和保管等物资流通（物流）。广义上的流通包括交易流通和物资流通两种含义；狭义上的流通指的是交易流通。物资流通经常与交易流通同时进行，但是也有不发生物资流通的交易流通，或不发生交易流通的物资流通。另外，由于社会分工进一步发展，形成了独立的运输业和仓储业，并且，相应地出现了各自相关的学科，因此，现代流通论的研究对象主要为交易流通，或称为"商业流通"（保田芳昭和加藤义忠，2009）。近些年，对流通业研究主要围绕以下方面进行：流通业发展与展望（黄国雄，2009）、流通业创新（"流通创新理论与对策研究"课题组，2003）、流通业利用外资情况（朱发仓和苏为华，2007）、流通业与城市经济关系（王德章和宋德军，2007；王春宇和仲深，2009）、流通业与制造业关系（巫景飞和林暐，2009；宋则等，2010；王俊，2011）、流通业促进消费（弓志刚和原梅生，2004；宋则和王雪峰，2010）、流通业竞争力与效率（石忆邵和朱卫锋，2004；孙敬水和章迪平，2010）、流通业对产业结构与就业影响（王晓东和谢莉娟，2010）。

本研究中，主要分析交易流通，选择"批发和零售业"代表流通业，因为批发和零售业是流通业中最传统的产业，而且在服务业中占据很重要的地位。考察相关文献，研究批发和零售业的文献较少，而且文献主要对批发和零售业定性分析，定量研究批发和零售业的文献更少。批发和零售业相关实证研究文献主要围绕：中国批发与零售环节地位与作用的演变趋势（刘星原，2004）、批发和零售业发展预测（李智勇和孙小英，2006）、发达国家批发零售业支援策略（程艳菲，2007）、FDI对国内批发和零售贸易业的挤入挤出效应（林小兰，2007）、我国农村中小批发企业联合的组织形式（李芬儒和桑银峰，2008）、对批发零售企业经营绩效进行综合评价和生产规模效益分析（楼文高等，2010）、人均可支配收入与批发零售业销售总额的数量关系（李庆文，2010）、批发和零售业的空间集聚现象（吴海涛和杨应德，2011）、批发和零售业的产业特性和产业地位（司增绰和苗建军，2011）等方面进行研究。

对批发和零售业产业特性和产业链实证研究的文献很少。批发和零售业有与一般服务业相似的性质，既是"生产者服务业"，也是"消费者服务业"，前者是作为中间投入满足中间产品生产需求，后者是作为消费品满足最终消费需求。批发和零售业主要是通过流通过程将流通服务转化为具体的服务商品，因此，其发展不仅受制于自身产业的能力，而且还受上游产业的制约与下游产业的带动。产业链是建立在产业分工与供求关系基础上的从初始原材料生产到产品最终需求过程中所形成的产业关联图谱。从供给方面看，产业链是上游产业资源传递、功能集中及累加的过程；从需求方面看，产业链则是下游产业需求得到满足的过程。批发和零售业会对其上游产业提出需求，同时又对下游产业进行供给（刘富贵，2006）。

综述国外文献，产业链构建主要基于投入产出模型。希尔和贝瑞曼（Hill & Breman，2000）对关联系数矩阵加以改进，采用关联比例法分析产业的上下游关系，卢克凯宁（Luukkainen，2001）则将产业关联系数矩阵中对自身的关联系数设为零。综述国内文献，产业链构建方法也主要是依据产业间的关联关系，对产业关联关系识别方法主要有：耗散理论与协同学（张亚明等，2009）、系统动力学（王帮俊和杨东涛，2011）、投入产出模型（吴利华等，2011；黄常锋等，2011）、灰色——模糊理论（向中华等，2012）、灰色系统理论（严焰和徐超，2012）、关键路径法（雍天荣，2012）。这些产业链析取方法中较科学的方法是投入产出法，其他方法都存在不同程度局限性。本研究利用投入产出分析方法定量分析批发和零售业，探讨其初始投入和中间投入来源与中间使用和最终使用流向，分析其产业关联性质及其产业链现状，并根据实证分析进一步提出及论证了流通业的创新战略与智慧化创新思路，最后提出批发和零售业的合理发展方向。

二、模型构建与数据来源

（一）模型构建

1. 需求供给结构模型

（1）需求结构模型。社会产品生产过程的总投入有两部分：最初投入和中间投入。因此，批发和零售业的需求是由最初投入和经济系统中相关产业的中间投入来满足的。

①最初投入结构系数模型。最初投入是由生产活动中劳动者报酬、生产税净额、固定资产折旧、营业盈余四项构成。最初投入结构系数是指国民经济中某一产业的各项最初投入占该产业投入总量的比重，它反映了某一产业各项最初投入的结构关系。最初投入结构系数包括劳动者报酬系数、生产税净额系数、固定资产折旧系数和营业盈余系数。

劳动者报酬系数 $a_{vj} = v_j/X_j (j = 1,2,\cdots,n)$，其中，$v_j$ 为产业 j 的劳动者报酬投入，X_j 为产业 j 的总投入；生产税净额系数 $a_{sj} = s_j/X_j (j = 1,2,\cdots,n)$，其中，$s_j$ 为产业 j 的生产税净额，X_j 为产业 j 的总投入；固定资产折旧系数 $a_{dj} = d_j/X_j (j = 1,2,\cdots,n)$，其中，$d_j$ 为产业 j 的固定资产折旧投入，X_j 为产业 j 的总投入；营业盈余系数 $a_{mj} = m_j/X_j (j = 1,2,\cdots,n)$，其中，$m_j$ 为产业 j 的营业盈余，X_j 为产业 j 的总投入。

②中间投入率模型。中间投入是指各部门在生产过程中消耗和转换的各种物质产品和服务价值。中间投入率是国民经济中第 j 产业的中间投入与总投入的比值，计算公式为：$L_{Bj} = \sum_{i=1}^{n} x_{ij} \Big/ \left(\sum_{i=1}^{n} x_{ij} + N_j \right) (j = 1,2,\cdots,n)$，其中，$x_{ij}$ 是中间投入，N_j 是初始投入。中间投入率大于 50% 的产业为"低附加值、高带动能力"的产业；中间投入率小于 50% 的产业为"高附加值、低带动能力"的产业。中间投入率越高，说明该产业对其他产业的直接带动能力越强。通过中间投入率的比较研究，可以区分出各产业是"低附加值、高带动能力"还是"高附加值、低带动能力"的产业特性。

（2）供给结构模型。各部门产品在国民经济体系中的分配和使用有两个去向，即用于中间使用去向和最终使用去向，各产品相加等于总产出。

①中间使用率模型。中间使用率是第 i 产业产品对国民经济各产业的中间使用量与第 i 产业产品的总产出量的比值，计算公式为：$L_{Fi} = \sum_{j=1}^{n} x_{ij} \Big/ \left(\sum_{j=1}^{n} x_{ij} + Y_i \right) (i = 1,2,\cdots,n)$，其中，$x_{ij}$ 是中间使用，Y_i 是最终使用。中间使用率大于 50% 的产业称为以提供生产产品为主的产业；中间使用率小于 50% 的产业称为以提供生活产品为主的产业。中间使用率越高，说明该产业对其他产业的影响和制约性越强，越带有原材料等基础产业的性质。

②最终使用结构系数模型。对于每一个部门，其产品的产出量都应该等于该部门产品的中间使用量和最终使用量的合计，因此有以下行向平衡关系：中间使用 + 最终使用 = 总产出。按照此平衡关系，每一个部门的中间使用、

最终使用和总产出都可以建立平衡方程，第 i 部门的行向平衡关系式为：

$$\sum_{j=1}^{n} x_{ij} + f_i = q_i, (i = 1, 2, \cdots, n); f_i = \sum_{l=1}^{m} y_{il}。其中，i 表示横向部门，j 表示纵$$

列部门，$\sum_{j=1}^{n} x_{ij}$ 表示 i 部门提供给各部门作为生产消耗的数量之和，或者各部门在生产中消耗的 i 部门产品数量之和，f_i 表示 i 部门的最终产品的合计，q_i 表示 i 部门的总产出。i 产品作为最终产品使用的用项结构包括最终消费、资本形成与出口（FU302）。其中，最终消费包括居民消费和政府消费（FU103），居民消费又包括农村居民消费（FU101）和城镇居民消费（FU102）；资本形成包括固定资本形成（FU201）和存货（FU202）。i 产品在某 l 项目上的最终使用率计算方法为：$f_{il} = y_{il}/q_i$。

2. 产业链析取模型

在需求面模型中，计算直接消耗系数和完全需求系数矩阵。计算公式如下：$a_{ij} = x_{ij}/X_j$，其中，a_{ij} 是直接消耗系数，x_{ij} 为 j 部门生产时要直接消耗 i 部门产品的数量，X_j 为 j 部门的总产出量。$\bar{B} = (I - A)^{-1}$，$\bar{B}$ 为列昂惕夫逆阵，也称完全需求系数矩阵。

在供给面模型中，计算直接分配系数和完全供给系数矩阵。计算公式如下：$r_{ij} = x_{ij}/X_i$，其中，r_{ij} 是直接分配系数，x_{ij} 是 i 部门产品直接分配给 j 部门作为中间产品使用的数量，X_i 是 i 产品的总产出量。$\bar{D} = (I - R)^{-1}$，$\bar{D}$ 为完全供给系数矩阵。

希尔和贝瑞曼（Hill & Breman，2000）对关联系数矩阵加以改进，采用关联比例法分析产业的上下游关系。本章称其为 K 值，其计算公式为：

$$K^D = \bar{b}_{ij} \Big/ \sum_{i=1}^{n} \bar{b}_{ij} (i = 1, 2, \cdots, n)，即为需求面 K 值。$$

$$K^S = \bar{d}_{ij} \Big/ \sum_{j=1}^{n} \bar{d}_{ij} (j = 1, 2, \cdots, n)，即为供给面 K 值。$$

很明显，产业之间的关联比例会随着分析部门数的增多而减少，进而对分析产业间的关联程度带来一定的影响。卢克凯宁（Luukkainen，2001）对上述方法进行了改进，将产业关联系数矩阵中对自身的关联系数设为零，本章将此系数记为 T 值，其计算公式为：

$T^D = \bar{b}'_{ij} \Big/ \sum_{i=1}^{n} \bar{b}'_{ij} (i = 1, 2, \cdots, n)$，即为需求面 T 值，其中 $\bar{b}'_{ij}$ 是指将矩阵

$\bar{B}$ 中各列产业对自身的关联系数设为 0。

$T^S = \bar{d}'_{ij} \Big/ \sum_{j=1}^{n} \bar{d}'_{ij} (i = 1, 2, \cdots, n)$，即为供给面 T 值，其中 $\bar{d}'_{ij}$ 是指将矩阵

$\bar{D}$ 中各行产业对自身的关联系数设为 0。

（二）数据来源

本章的批发和零售业是根据《中国投入产出表》统计口径来分类的。本研究进行时，我国官方发布的正式投入产出表共有 5 张，分别是 1987 年、1992 年、1997 年、2002 年、2007 年表，还有在此基础上编制的 1990 年、2000 年、2005 年、2010 年延长表，所以 2010 年投入产出延长表是本研究进行时最新的投入产出表。我国投入产出表统计口径不完全一致，为了保证与后续研究的可比性，本章把 2010 年 65 部门投入产出延长表合并成 41 部门投入产出延长表。因此，本研究的基础数据，来源于自己整理的《2010 年中国 41 部门投入产出延长表》。为了研究问题的需要，本章将《2010 年中国 41 部门投入产出延长表》中的 41 个部门，分别划归到四大产业中去，并且在四大产业内部再进行细分（如表 6 - 1）。

表 6 - 1　　　　　　　　　　按投入产出表细分的四大产业结构

产业名称		包括的行业
初级产业		农林牧渔业、煤炭开采和洗选业、石油和天然气开采业、金属矿采选业、非金属矿及其他矿采选业
制造业	消费品制造业	食品制造及烟草加工业、纺织业、服装皮革羽绒及其制品业、木材加工及家具制造业、造纸印刷及文教用品制造业
	资源加工业（中间品制造业）	石油加工、炼焦及核燃料加工业，化学工业，非金属矿物制品业，金属冶炼及压延加工业，金属制品业
	资本品加工业	通用、专用设备制造业，交通运输设备制造业，电气、机械及器材制造业，通信设备、计算机及其他电子设备制造业，仪器仪表及文化办公用机械制造业，工艺品及其他制造业（含废品废料）
	动力制造业	电力、热力的生产和供应业，燃气生产和供应业，水的生产和供应业
建筑业		建筑业

产业名称		包括的行业
服务业	流通服务业	交通运输及仓储业、邮政业、批发和零售业、住宿和餐饮业
	营利性服务业	信息传输、计算机服务和软件业，金融业，房地产业，租赁和商务服务业，居民服务和其他服务业，文化、体育和娱乐业
	非营利性服务业	研究与试验发展业，综合技术服务业，水利、环境和公共设施管理业，教育、卫生、社会保障和社会福利业，公共管理和社会组织

三、实证结果及其分析

根据上述模型中的计算方法，利用《2010 年中国 41 部门投入产出延长表》中的基础数据，使用 MATLAB 7.0 软件，可以计算出相关的系数及分析数值。

（一）批发和零售业在服务业中的地位考察

在研究批发和零售业的需求供给结构与产业链构成之前，有必要对其在服务业中的位置有一个清楚的认识，因此，本章首先从总产出和增加值两个角度考察批发和零售业在服务业中的地位。表 6 - 2 是三个年份服务业 16 个细分产业按照总产出和增加值降序排序的产业位置分布情况。由表 6 - 2 可知，在批发和零售业成长过程中，总产出在服务业中一直名列前茅，增加值在服务业中一直处于首位，这充分说明其在服务业中地位极其重要，是国民经济的主导服务业。尽管我国批发和零售业分散，集中度不高，但其总体规模十分庞大，在国民经济中处于举足轻重的地位。

表 6 - 2　　2002 年、2007 年和 2010 年服务业 16 个细分产业按总产出和
增加值降序排序的产业位置分布

总产出降序排序			增加值降序排序		
2002 年	2007 年	2010 年	2002 年	2007 年	2010 年
批发和零售业	交通运输及仓储业	交通运输及仓储业	**批发和零售业**	**批发和零售业**	**批发和零售业**
交通运输及仓储业	**批发和零售业**	**批发和零售业**	交通运输及仓储业	交通运输及仓储业	房地产业

续表

总产出降序排序			增加值降序排序		
2002 年	2007 年	2010 年	2002 年	2007 年	2010 年
公共管理和社会组织	金融业	金融业	房地产业	金融业	金融业
房地产业	公共管理和社会组织	房地产业	公共管理和社会组织	房地产业	交通运输及仓储业
金融业	住宿和餐饮业	公共管理和社会组织	金融业	公共管理和社会组织	公共管理和社会组织
住宿和餐饮业	房地产业	租赁和商务服务业	教育事业	教育事业	教育事业
教育事业	教育事业	住宿和餐饮业	信息传输、计算机服务和软件业	信息传输、计算机服务和软件业	信息传输、计算机服务和软件业
信息传输、计算机服务和软件业	租赁和商务服务业	信息传输、计算机服务和软件业	住宿和餐饮业	住宿和餐饮业	住宿和餐饮业
其他社会服务业	卫生、社会保障和社会福利事业	卫生、社会保障和社会福利事业	其他社会服务业	居民服务和其他服务业	租赁和商务服务业
租赁和商务服务业	信息传输、计算机服务和软件业	教育事业	卫生、社会保障和社会福利事业	卫生、社会保障和社会福利事业	居民服务和其他服务业
卫生、社会保障和社会福利事业	居民服务和其他服务业	居民服务和其他服务业	租赁和商务服务业	租赁和商务服务业	卫生、社会保障和社会福利事业
综合技术服务业	综合技术服务业	综合技术服务业	综合技术服务业	综合技术服务业	综合技术服务业
文化、体育和娱乐业	文化、体育和娱乐业	文化、体育和娱乐业	文化、体育和娱乐业	文化、体育和娱乐业	文化、体育和娱乐业
科学研究事业	水利、环境和公共设施管理业	水利、环境和公共设施管理业	旅游业	水利、环境和公共设施管理业	水利、环境和公共设施管理业
旅游业	研究与试验发展业	研究与试验发展业	科学研究事业	研究与试验发展业	研究与试验发展业
邮政业	邮政业	邮政业	邮政业	邮政业	邮政业

（二）批发和零售业的需求结构分析

图 6-1 是批发和零售业最初投入结构系数与服务业各产业最初投入结构系数平均值比较情况。批发和零售业最初投入率为 71.02%，中间投入率为 28.98%，说明其属于"高附加值、低带动能力"产业，对上游产业直接带动能力较弱。批发和零售业最初投入率为 71.02%，这其中营业盈余占最大比例，达到 27.63%，劳动者报酬占 19.51%，生产税净额占 19.35%，固定资产折旧所占比例最小，为 4.53%。批发和零售业营业盈余系数（27.63%）远高于服务业各产业营业盈余系数平均值（10.88%），说明批发和零售业企业分配比例远高于服务业企业分配比例平均值，也说明其营业盈余能力明显高于服务业各产业平均盈余能力。批发和零售业劳动者报酬系数（19.51%）低于服务业各产业劳动者报酬系数平均值（27.17%），说明批发和零售业劳动力分配比例远低于服务业劳动力分配比例平均值，这也揭示出批发和零售业劳动力收入偏低的特点。批发和零售业生产税净额系数（19.35%）远高于服务业各产业生产税净额系数平均值（4.79%），说明批发和零售业税收贡献远高于服务业税收贡献平均值。批发和零售业固定资产折旧系数（4.53%）远低于服务业各产业固定资产折旧系数平均值（8.28%），说明批发和零售业固定资产积累较少，这主要是因为自流通体制改革以来，国有和民营流通企业发展能力普遍

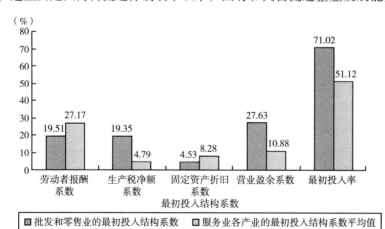

图 6-1　批发和零售业最初投入结构系数与服务业各产业的最初投入
结构系数平均值比较

下降，固定资产投入明显不足。批发和零售业最初投入率（71.02%）明显高于服务业各产业最初投入率的平均值（51.12%），这说明批发和零售业高附加值特性，附加值显著地高于服务业各产业平均附加值。

图 6 - 2 是批发和零售业中间投入率与服务业各产业中间投入率平均值比较情况。批发和零售业中间投入率为 28.98%，这其中服务业对其直接投入最大，达到 21.63%；其次是制造业，对其直接投入为 7.05%；第三是建筑业，对其直接投入为 0.24%；第四是初级产业，对其直接投入为 0.05%。服务业对批发和零售业直接投入（21.63%）要大于服务业对服务业各产业直接投入平均值（20.26%），这说明批发和零售业对服务业直接依赖程度较高。制造业对批发和零售业直接投入（7.05%）明显小于其对服务业各产业直接投入平均值（25.88%），这又佐证了我国批发和零售业硬件投入显著过低和不足。建筑业对批发和零售业直接投入（0.24%）明显小于其对服务业各产业直接投入平均值（1.00%），初级产业对批发和零售业直接投入（0.05%）也明显小于其对服务业各产业直接投入平均值（1.73%），这些也都反映出我国批发和零售业硬件投入过低与不足问题。由于我国流通体制市场化改革，国有流通企业生存能力普遍下降，而且还受到跨国流通企业竞争压力，因此企业发展存在着较多问题；另外，民营流通业企业一开始就面临着国有流通企业和跨国流通企业双重挤压，成长过程步履蹒跚，真正能够与外资流通企业抗衡发展的几乎没有；再加上我国政府与社会普遍存在"重生产，轻流通"思想，流通业发展得不到重视，流通理论严重缺失。上述因素

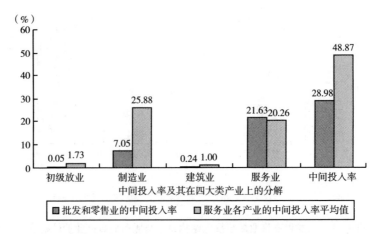

图 6 - 2　批发和零售业的中间投入率与服务业各产业的中间投入率平均值比较

都致使我国流通业硬件投入显著过低与不足，导致近些年我国流通体系问题频出。批发和零售业中间投入率（28.98%）明显低于服务业各产业中间投入率平均值（48.87%），虽然说明批发和零售业物耗水平较低，但也反映出其物质投入水平较低问题。

（三）批发和零售业的供给结构分析

从生产者服务业角度来看，批发和零售业产品可以作为中间产品使用到国民经济各产业的生产过程中去，通过考察批发和零售业的中间使用结构来反映批发和零售业受国民经济各产业需求拉动的程度。本章首先采用中间使用率指标来体现批发和零售业的供给结构。图6-3是批发和零售业中间使用率与服务业各产业中间使用率平均值比较情况。从图6-3数据可以看出，批发和零售业中间使用率大于50%，为54.34%，体现出现阶段我国批发和零售业的中间使用特性，即生产者服务业为主的特性。这其中批发和零售业对制造业直接供给最大（35.68%），对服务业直接供给次之（9.45%），对建筑业直接供给第三（5.85%），对初级产业直接供给第四（3.36%）。

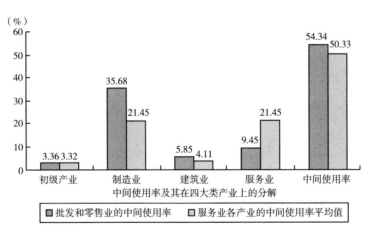

图6-3　批发和零售业的中间使用率与服务业各产业的中间使用率平均值比较

批发和零售业对制造业直接供给（35.68%）明显地大于服务业各产业对制造业直接供给平均值（21.45%），这充分说明了批发和零售业在我国制造业快速成长过程中所起的巨大作用。批发和零售业对服务业直接供给（9.45%）明显地小于服务业各产业对服务业直接供给平均值（21.45%），因此创新批发和零售业业态及其对服务业供给机制，服务业对其需求增长会有较大空间。批发和零售业对建筑业直接供给（5.85%）明显地大于服务业各产业对建筑业直接供给平均值（4.11%），主要因为批发和零售业是建筑材料流通的载体产业。批发和零售业对初级产业直接供给（3.36%）略微大于服务业各产业对初级产业直接供给平均值（3.32%），但目前我国农产品流通体制使初级产业中的农业对批发和零售业的直接需求还较低，创新农产品流通体制可以提升农业对批发和零售业直接需求水平，破解农产品流通难问题。批发和零售业中间使用率（54.34%）大于服务业各产业中间使用率平均值（50.33%），尽管可以说明批发和零售业具有与生产和服务过程相结合优势，但是从近些年我国流通体制出现的问题来看，批发和零售业对生产和服务直接供给还很不足，应当创新其产业融合机制，增强其自身融合及与其他产业融合的能力。

　　进一步从最终使用角度分析批发和零售业的供给结构，图6-4是批发和零售业最终使用率与服务业各产业最终使用率平均值比较情况。图6-4数据反映出，在批发和零售业最终使用结构中，城镇居民消费对批发和零售业直接使用最多（16.47%），出口对其直接使用次之（15.61%），固定资本形成对其直接使用第三（6.73%），农村居民消费对其直接使用第四（5.62%），政府消费和存货对其直接使用很少①，这说明在批发和零售业最终使用中，消费占最大比例，因此批发和零售业是提升我国消费率水平的关键部门。

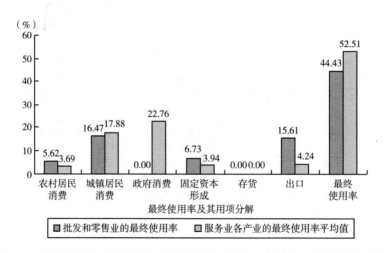

图6-4　批发和零售业的最终使用率与服务业各产业的最终使用率平均值比较

---

　　① 投入产出表中这两个用项对批发和零售业的消耗数据是0。

城镇居民消费对批发和零售业的直接使用（16.47%）要小于其对服务业各产业直接使用平均值（17.88%），这反映出批发和零售业更多地表现出生产者服务业特性，消费者服务业特性表现次之。出口对批发和零售业直接使用（15.61%）明显地大于其对服务业各产业直接使用平均值（4.24%），这说明我国批发和零售业相对于其他服务业具有更强的出口能力和国际化水平。农村居民消费对批发和零售业直接使用（5.62%）要大于其对服务业各产业直接使用平均值（3.69%），与城镇居民消费表现的情形恰好相反，这主要是因为相对于其他服务业，批发和零售业在农村地区存在更广泛，农村居民消费更容易得到批发和零售业供给，服务业中其他产业的易得性要弱许多，而城镇地区服务业各产业存在相对均衡，城镇居民消费除了能够得到批发和零售业较好供给外，还较容易地得到其他服务业供给。批发和零售业对城镇居民消费直接供给（16.47%）要明显地大于其对农村居民消费直接供给（5.62%），除了因为城镇居民收入水平高于农村居民收入水平之外，城乡批发和零售业分布不均衡也是主要原因之一。批发和零售业的最终使用率（44.43%），要明显低于服务业各产业的最终使用率平均值（52.51%），因此，批发和零售业的最终使用特性要弱于服务业各产业的平均水平。

（四）批发和零售业的产业链构成

1. 批发和零售业产业关联分析

前面已经分析了批发和零售业的需求结构和供给结构，接下来本研究从需求和供给两个角度研究批发和零售业与各产业部门的关联程度。参照卢克凯宁（Luukkainen，2001）、希尔和贝瑞曼（Hill & Brennan，2000）的研究方法，分别计算批发和零售业需求面的 K^D 值、T^D 值和 a_{ij} 值及供给面的 K^S 值、T^S 值和 r_{ij}。因此，根据筛选原则，即 T 大于3%首先纳入群聚，若 T 小于3%但其 a_{ij} 或 r_{ij} 大于0.03也纳入群聚，然后按照 T 大小进行排序。筛选出的产业列入表6-3与表6-4。本章将虽没有进入群聚范围，但与批发和零售业未来发展密切联系的相关产业也列入表6-3和表6-4，并在这些产业前加星号予以说明。

表6–3 批发和零售业的需求面

部门名称	批发和零售业	交通运输及仓储业	化学工业	租赁和商务服务业	金融业	电力、热力的生产和供应业	石油加工、炼焦及核燃料加工业	金属冶炼及压延加工业
K^D	55.90%	5.16%	3.45%	3.30%	3.05%	2.34%	1.98%	1.83%
T^D	—	11.71%	7.83%	7.49%	6.93%	5.31%	4.49%	4.14%
a_{ij}	0.0048	0.0663	0.0085	0.0461	0.0323	0.0111	0.0032	0.0005

部门名称	交通运输设备制造业	住宿和餐饮业	食品制造及烟草加工业	农林牧渔业	造纸印刷及文教用品制造业	房地产业	通信设备、计算机及其他电子设备制造业	*信息传输、计算机服务和软件业
K^D	1.72%	1.67%	1.67%	1.67%	1.59%	1.49%	1.41%	0.72%
T^D	3.89%	3.79%	3.78%	3.78%	3.60%	3.37%	3.19%	1.64%
a_{ij}	0.0083	0.0182	0.0049	0.0002	0.0087	0.0210	0.0037	0.0077

表6–4 批发和零售业的供给面

部门名称	批发和零售业	建筑业	通信设备、计算机及其他电子设备制造业	化学工业	交通运输设备制造业	通用、专用设备制造业
K^S	38.62%	6.06%	5.12%	4.97%	4.64%	4.39%
T^S	—	9.88%	8.34%	8.10%	7.56%	7.15%
r_{ij}	0.0048	0.0585	0.0431	0.0383	0.0425	0.0391

部门名称	金属冶炼及压延加工业	食品制造及烟草加工业	电气、机械及器材制造业	非金属矿物制品业	农林牧渔业	*交通运输及仓储业
K^S	4.17%	3.48%	3.22%	2.24%	2.04%	1.78%
T^S	6.79%	5.67%	5.25%	3.65%	3.32%	2.89%
r_{ij}	0.0310	0.0379	0.0273	0.0211	0.0221	0.0144

首先，观察批发和零售业对自身的关联 K 值，其中需求面（K^D）为 55.90%，供给面（K^S）为 38.62%，这说明在投入和产出中，批发和零售业对自身的完全需要占了 55.90%，对自身的完全分配占了 38.62%，要远高于对其他产业的关联。某一部门对其自身产业的完全需求和完全分配是这一部门在生产过程中完全消耗该部门本身产品的价值量，从而可以体现出该部门的内部分工情况。对自身产业的完全需求和完全分配越多，说明该部门是自身依赖比较大的高层次服务行业，其专业化分工发展也就越成熟。批发和零售业对自身

产业的完全需求和完全分配较多，说明其已形成专业化分工。另外，批发和零售业对其自身产业的完全需求和完全分配较多，这也反映出其部门内部产业性质相近、关联度大的特征，这有利于其内部集聚经济的形成。但是，目前批发和零售业发展所表现出来的相对独立性，其所需要的投入大多来自批发和零售业本身，其供给也大多流向产业自身。这种产业特性也决定了其发展受自身发展水平影响较大，在其发展过程中，容易形成一定的路径依赖（吴利华等，2011）。若不增强批发和零售业与其他产业的关联，那么在其发展过程中，由于其依赖内在的封闭性路径，其往往发展会受到自身发展程度的制约。

其次，根据筛选原则考察批发和零售业上、下游产业。批发和零售业上游产业有：交通运输及仓储业，化学工业，租赁和商务服务业，金融业，电力、热力的生产和供应业，石油加工、炼焦及核燃料加工业，金属冶炼及压延加工业，交通运输设备制造业，住宿和餐饮业，食品制造及烟草加工业，农林牧渔业，造纸印刷及文教用品制造业，房地产业，通信设备、计算机及其他电子设备制造业。通过分析，批发和零售业上游产业包括初级产业（1个）、消费品制造业（2个）、资源加工业（3个）、资本品加工业（2个）、动力制造业（1个）、流通服务业（2个）、营利性服务业（3个）。上游产业既有批发和零售业传统供给部门，也有现代制造业和现代服务业供给部门，但是批发和零售业对非营利性服务业需求较少，尤其是非营利性服务业中的研发和教育部门，说明其科技和教育投入不足，这也是导致其信息化、标准化程度不高和效率低的重要原因。批发和零售业下游产业有：建筑业，通信设备、计算机及其他电子设备制造业，化学工业，交通运输设备制造业，通用、专用设备制造业，金属冶炼及压延加工业，食品制造及烟草加工业，电气、机械及器材制造业，非金属矿物制品业，农林牧渔业。通过分析，批发和零售业下游产业包括初级产业（1个）、消费品制造业（1个）、资源加工业（3个）、资本品加工业（4个）、建筑业（1个），下游产业都是批发和零售业的传统需求部门，批发和零售业对服务业供给较少，对服务业供给能力较差。

进一步分析，批发和零售业上游产业有农业、制造业和服务业，下游产业有农业、制造业和建筑业，这体现出批发和零售业发展可以对部分服务业部门有一定的拉动作用，但服务业发展却不能明显地给批发和零售业的发展提供市场支持。这主要是由于批发和零售业的交易对象主要是有形的商品，对无形的服务商品交易较少。因此，本研究认为，在未来批发和零售业发展过程中，应突破其传统产业链，促进其多业态发展，创新服务业对其需求机制，增加服务业对其需求水平。为此，本章认为随着电子信息与网络技术的发展，在批发和零售业的上游应该增强其与电信和其他信息传输服务业等产业融合，以提升其作为交易"载体"的等级，创新其业态。就其下游产业而言，虽然按照筛选原则，交通运输及仓储业未能进入批发和零售业下游产业链，但其与批发和零售业在供给面的 T 值（2.89%）非常接近3.00%，再者，随着综合交通运输业发展，交通运输业集聚增强，其与批发和零售业融合会大幅提升，物流与商流汇合能力得到提高。因此，本章把信息传输、计算机服务和软件业列入批发和零售业上游产业链，把交通运输及仓储业列入批发和零售业下游产业链。

2. 批发和零售业的产业链

根据表6-3和表6-4及前面的分析，本章接下来要构建批发和零售业的产业链，用来反映批发和零售业的产业链现状及产业关联发展方向。以批发和零售业为中心，上方放置上游关联产业，下方放置下游关联产业。产业间的关联用箭头表示，箭头方向表示"投入"。在此以两种方式构建批发和零售业产业链。

方式一：若 T 值大于5%，用粗实线表示；T 值介于3%和5%间，以细实线表示；对于 T 值小于3%但又与批发和零售业未来发展关系密切的产业部门，以虚线表示。结果如图6-5所示。

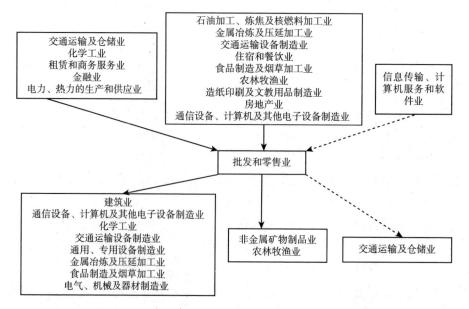

图6-5 批发和零售业的产业链

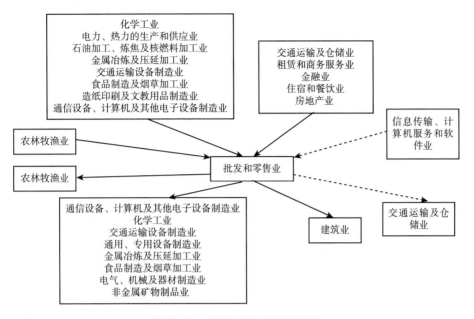

图6-6　批发和零售业的产业链

方式二：根据表6-1产业部门四大类分类法，把批发和零售业产业链的构成产业分到四大类产业中去，若 T 值大于3%，用实线表示，对于 T 值小于3%但又与批发和零售业未来发展关系密切的产业部门，以虚线表示。结果如图6-6所示。既在批发和零售业上游关联产业群，又在其下游关联产业群的产业是：农林牧渔业，食品制造及烟草加工业，化学工业，金属冶炼及压延加工业，交通运输设备制造业，通信设备、计算机及其他电子设备制造业。这些产业是批发和零售业产业关联系统中的核心产业。

制造业既是构成批发和零售业上游产业群的主要产业，又是构成其下游产业群的主要产业，若将制造业根据要素密集度区分为劳动密集型、资本密集型和技术密集型三大类型（祝树金和张鹏辉，2013），那么住宿和餐饮业上游产业群的产业要素密集状况表现为：劳动密集型（食品制造业、文教体育用品制造业）；资本密集型（烟草加工业、造纸印刷）；技术密集型（化学工业，石油加工、炼焦及核燃料加工业，金属冶炼及压延加工业，交通运输设备制造业，通信设备、计算机及其他电子设备制造业，电力、热力的生产和供应业）；下游产业群的产业要素密集状况表现为：劳动密集型（食品制造业）；资本密集型（烟草加工业、非金属矿物制品业）；技术密集型（金属冶炼及压延加工业，通信设备、计算机及其他电子设备制造业，交通运输设备制造业，通用、专用设备制造业，电气机械及器材制造业）。可见，技术密集型产业在批发和零售业关联产业系统中占据重要位置，批发和零售业成长既得到了技术密集型产业支持，又对技术密集型产业成长提供支撑。

四、传统流通业创新

（一）传统流通业创新的战略与思路

本章第三部分从"需求供给结构"及"产业链构成"两个角度，实证分析了住宿和餐饮业的产业系统，第四部分将以此为基础，思考流通业创新问题。芮明杰等（2013）提出"四位一体"的流通业发展战略，即以"大流通战略""流通产业创新战略""市场开放战略"和"流通产业生态系统进化战略"协同推进，来确立现代流通业在国民经济中的战略地位。本研究将结合这一文献的研究成果，分析产业关联视角下流通业创新的战略与思路（见表6-5）。

表6-5　　　　　　　　　传统流通业创新的战略与思路

创新战略	创新目的	创新思路	产业链上相关支撑产业
大流通创新	打通价值链，营造价值空间，形成价值创造的巨大空间	"大流通"包括传统的贸易和物流，还包括供应链管理、金融服务、信息服务、现货交易、期货交易、线上交易和线下交易、单体分销、连续分销、网络分销等多种分销模式。大流通为产业融合、流通业态创新升级、先进技术采用、商业模式创新提供了巨大空间，包括：①零售业态、批发业态等方面创新。②通过与电子商务结合，发展线上和线下贸易，积极发展电子交易平台，充分发挥平台效应，集聚卖方和买方，提高交易效率、衍生专业服务。③促进现货贸易和期货贸易发展，形成现货和期货市场的定价机制，充分发挥期货市场价格发现、套期保值功能，起到控制风险、引导资源配置的积极作用。④大力发展连锁经营、配送经营、供应链管理等现代物流体系，大力发展以现代物流为代表的生产性服务业，降低流通成本、提高流通效率。⑤促进金融与物流和贸易的结合，发展供应链融资、融通仓储、供应链保险等新型金融业务，在资金运作上提高效率，支持流通业态的创新	①流通支撑技术：物流。主要相关产业——交通运输与仓储业，邮政业，交通运输设备制造业。 ②流通支撑技术：信息。主要相关产业——信息传输、计算机服务和软件业，通信设备、计算机及其他电子设备制造业。 ③其他相关服务业：租赁和商务服务业、金融业、住宿和餐饮业、房地产业

续表

创新战略	创新目的	创新思路	产业链上相关支撑产业
流通产业创新	获得与落实新的价值创造方式	与传统流通企业在单个环节上创造价值不同，现代流通企业需要通过价值链、供应链的整合和优化创造价值，其商业模式亟须根本性的创新。一是从依靠传统的规模经济创造价值，转向依靠供应链的专业化管理获得效益。二是从产品提供获取价值向服务获取价值转变。三是由运营实物资产创造价值，转向虚拟资产创造价值	供应链管理技术：电子商务。主要相关产业——信息传输、计算机服务和软件业，通信设备、计算机及其他电子设备制造业。 　　供应链衔接技术：物流。主要相关产业——交通运输和仓储业、邮政业。 　　相关服务业——租赁和商务服务业、金融业、住宿和餐饮业、房地产业
市场开放创新	公平竞争提供产业转型升级的推动力和市场空间	对内开放要打破地区分割，整合国内市场，推进城乡市场一体化。中国流通业脱胎于计划经济体制，各种形式的地方保护主义和区域贸易壁垒仍很普遍，导致流通的空间分割和流通要素分离。同样，部门保护主义和行业贸易壁垒也很严重，许多流通部门仍基于行业部门进行管理，不仅有条块分割，同时还存在所有制分割，非国有流通业和国有流通业处于不平等竞争地位。因此，要通过对内开放，建立全国统一、竞争有序、城乡一体的现代流通体系，才能实现流通业现代化水平大幅提升，增强流通对国民经济社会发展的贡献。 　　对外开放要打破国内市场和国际市场分割。通过流通业特别是服务业对外开放，促进国内经济发展方式转变和结构调整，用开放来促发展、促改革、促创新。开放就是要把全球市场经济的力量引到中国来，让中国企业在竞争中提高自己的力量，更好地走出去参与全球合作。同时，开放是相互的，通过加入国际贸易规则、区域自由贸易等方式，也促进其他国家扩大对中国开放，为中国本土企业争取国际市场空间。同时，通过对外开放获得国际投资便利，为中国企业国外投资，整合全球价值链高端资源创造更有利条件	国内外市场开放的产出增长效应：国内外市场开放，可以打破地区分割，增加市场需求，增加国内市场产出水平。 　　国内外市场开放的资源配置效应：国内外市场开放，国内外地区分割被打破，使国内外资源配置效率提高，国内产出水平会提高。 　　流通业产出增加，会增加对其上游产业产出的需求；上游产业产出增加，也会增加对下游产业的产品供给，使下游产业的产品产出增加。这样整个产业链产出都增加，国民经济产出系统产量将增加

续表

创新战略	创新目的	创新思路	产业链上相关支撑产业
流通产业生态系统进化创新	营造支持现代流通的产业支持体系和政策环境，形成有利于流通业转型升级的配套政策环境	流通产业发展处在一个产业生态系统中，它与制造业、物流业、金融业、原材料供应业、信息服务业等专业服务业、教育事业、研究与发展业等都有着不同程度的联系。流通业在其中发挥着重要的桥梁作用、整合作用，确保了物流、资金流、信息流的流畅以及三者之间的协调。随着人们收入水平提高，消费方式将发生较大变化，消费者需要更加多样化的商品和服务，对价值创造和传递提出更多要求，要求服务形式和业态更加丰富，方式更加灵活。产品和服务定制化以及体验经济等都对产业生态系统提出更高要求。然而，行政垄断行为割断了不同行业间自然的价值联系，阻止了大流通形成。现代流通业发展需要打破区域壁垒和行业壁垒，使各种资源能跨行业整合，才能支持流通产业创新	需求面相关产业要协调及充分发展，降低制约影响，保障流通业发展形成的需求。相关产业——农业、消费品制造业、中间产品制造业、资本品制造业、传统服务业、现代服务业。 供给面相关产业要较快发展，扩大带动性功能，消耗流通业形成的供给。相关产业——消费品加工业、原料加工业、资本品制造业、建筑业、物流业

（二）传统流通业智慧化创新

进入 21 世纪后，物联网技术广泛地应用于我国流通领域，智慧流通促进着传统流通业向现代流通业转型与升级。洪涛和洪勇（2012）研究了我国智慧流通发展问题。所谓智慧流通是指将流通主体、客体、工具、对象、空间等，按照标示层、识别层、传输层、应用层联结起来的，物与物、人与物、人与机、机与机等相互链接、形成协同运营系统，包括智慧交易、智慧支付、智慧物流、智慧交易环境、智慧消费等流通全过程的智慧活动。具体来说，含有电子标签的智慧"新商品"成为智慧流通的前提，智慧交易引领流通过程现代化，各种网上与网下支付模式和移动支付模式，智慧物流配送快递，智慧交易环境，智慧消费空间等，共同构成智慧流通。智慧流通向上游延伸与智慧生产相互联系、相互影响、相互促进，智慧流通与智慧消费又是一个有机整体，形成一种生态关系。智慧流通生态结构如图 6-7 所示。

物联网技术目前已广泛地应用于我国流通领域，如批发、零售、餐饮、美容美发、洗浴洗染、家政、修理、配送、快递领域的网下与网上交易、智慧物流、智慧供应链、智慧菜单、POS 结算系统、环境监控管理、商品及时补货系统、防盗系统、智慧商业、客户关系管理、冷链物流、第三方及第四方物流平台、商业智慧、商业流程管理、节能减排、未来商店（智慧商店）、体验店、智慧市场等（洪涛和洪勇，2012）。

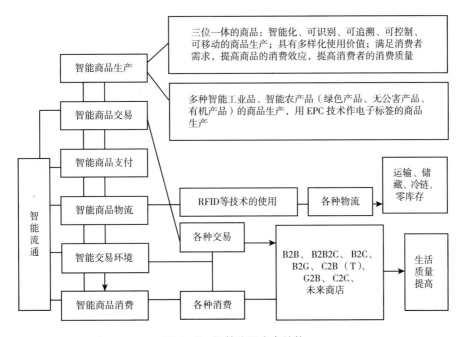

图6－7　智慧流通生态结构

五、结论与启示

本章基于2010年中国投入产出延长表数据，利用投入产出相关模型，重点分析了批发和零售业的需求结构、供给结构以及其产业链构成，并提出及论证了流通业创新战略，主要结论如下：

（1）批发和零售业的营业盈余能力明显高于服务业各产业的平均盈余能力，其税收贡献远高于服务业各产业税收贡献的平均值，其产出附加值显著地高于服务业各产业产出附加值的平均值，其劳动力分配比例远低于服务业各产业劳动力分配比例的平均值，其固定资产折旧比例远低于服务业各产业固定资产折旧比例的平均值。批发和零售业对服务业直接依赖程度较高，对初级产业和制造业直接依赖程度较低；批发和零售业物质投入水平偏低，硬件投入显著过低和不足。

（2）批发和零售业推动了制造业快速成长，更多地表现出生产服务业特性。创新批发和零售业业态及其对服务业供给机制，可提升其对服务业供给水平。创新农业流通体制可增加其对批发和零售业直接需求。批发和零售业对生产和服务直接供给还很不足，应创新其产业融合机制，增强其产业融合能力。在批发和零售业最终使用中，消费占最大比例，是提升消费率水平的关键部门。城镇居民对批发和零售业服务直接消费明显地大于农村居民。相对于其他服务业，批发和零售业具有更强的出口能力和国际化水平。

（3）批发和零售业已经形成专业化分工，其部门内部产业性质相近，这有利于其内部集聚经济形成。批发和零售业上游产业既有其传统供给部门，也有现代制造业和现代服务业供给部门，但其对研发和教育部门需求较少；其下游产业都是其传统需求部门，其对服务业供给较少，对服务业供给能力较差。批发和零售业发展可以对部分服务业有一定拉动作用，但服务业发展却不能明显地给批发和零售业发展提供市场支持。要突破批发和零售业传统产业链，促进其多业态发展，创新其对服务业供给机制，增加其对服务业供给水平。

（4）我国流通业创新战略的总体思路是采取"四位一体"战略。通过大流通创新战略，打通价值链，形成价值创造的巨大空间；通过流通产业创新战略，获得并落实新的价值创造方式；通过市场开放创新战略，提供产业转型升级的推动力和市场空间；通过流通产业生态系统进化创新战略，形成有利于流通业转型升级的配套政策环境。通过"四位一体"创新战略协同推进，确立现代流通业在国民经济中的战略地位。智慧化创新是流通业创新发展的新方向，智慧流通促进着中国传统流通业向现代流通业的转型与升级。

基于以上主要结论，对于我国批发和零售业进一步健康可持续发展和完善提升其流通服务功能，有以下四点启示：

（1）关注批发和零售业健康成长，利用其高盈余能力、高税收贡献和高附加值能力，为我国经济增长做贡献。改革批发和零售业盈利模式，改善其行业分配关系，提高其行业劳动力收入水平。提供促进批发和零售业较快发展的倾斜政策，鼓励流通企业提高固定资产投资水平，尤其是内资流通企业应积极运用流通新技术，加强硬件基础设施投入。协调发展交通运输及仓储业、租赁和商务服务业、金融业、房地产业、住宿和餐饮业等相关服务业，消除制约批发和零售业较快发展的"瓶颈"因素。

（2）升级批发和零售业服务系统，增强其生产服务业功能，更好地为农业现代化、工业新型化、产业结构高级化服务。利用信息技术，创新批发和零售业业态，扶持电子商务发展，增强流通业商品交易功能，探索其服务交易功能，拓展批发和零售业与服务业融合新领域。完善农产品流通体系，优化其流通网络，解决制约农产品高成本、低效率流通的问题。均衡布局流通业城乡空间，提高居民消费率，服务扩大内需政策。降低国内流通业率先开放遭受的外部挤压，优化内资企业成长的政策环境。

（3）依靠技术创新、组织创新和制度创新，增强批发和零售业发展活力，深化其与关联产业融合，破除内资流通业依靠自身低发展水平成长较慢的路径依赖。优化内资流通业较快发展的制度空间和地理空间，弥补因贸易政策与产业政策不协调而产生的对内资流通业发展重视不够、内资流通业整体发展较慢的历史欠账，推动内外资流通业协调健康发展，维护我国流通业安全。创新实体流通业与虚拟流通业结合机制，以实体流通业发展支撑虚拟流通业发展，以虚拟流通技术提高实体流通效率。

（4）大流通为产业融合、流通业态创新升级、先进技术采用、商业模式创新提供了巨大空间，是流通业创新与转型升级的基础性战略。为了实现流通产业现代化目标，需要转变传统观念，通过流通业的转型升级，使流通业在顾客价值创造中发挥关键作用，成为生产、分销的产业链组织者。智慧流通是科技在流通领域的应用，具有较大发展潜力，是推动流通现代化的重要内容，要克服"流通无科技"观点影响，流通不仅"有科技"，而且流通科技能够直接转化为流通生产力。

第四部分

住宿和餐饮业成长的产业关联演变与关键路径识别

第七章

产业关联演变、关键路径识别与
传统流通业创新

——基于投入产出模型的我国住宿和
餐饮业成长研究*

一、问题提出与文献综述

2013 年 11 月，党的十八届三中全会《中共中央关于全面深化改革若干重大问题的决定》中提出要"加快完善现代市场体系"，要"推进国内贸易流通体制改革，建设法治化营商环境"。2012 年 11 月，党的十八大《中国共产党第十八次全国代表大会报告》中提出要"着力构建现代产业发展新体系"，要"加快传统产业转型升级，推动服务业特别是现代服务业发展壮大，合理布局建设基础设施和基础产业"。2012 年 7 月，国务院通过《关于深化流通体制改革，加快流通产业发展的意见》，第一次提出"流通产业已经成为国民经济的基础性和先导性产业"。近些年，学界和政府对物流业等现代流通业发展比较关注，而对传统流通业尤其是住宿和餐饮业发展关注较少。流通业是服务业的重要组成部分，是国民经济的血脉产业。多年来在"重生产、轻流通"的思想导向下，流通业的发展并未受到政府和社会的重视，致使其理论和实践研究都处于滞后状态。近年来，伴随国内外经济形势的变化，"转变发展方式、调整产业结构"成为我国经济发展的既定战略，"扩大内需、提振消费"日益受到决策层的高度关注，流通业的"基础性和先导性"

---

* 本章主要内容已经发表在《商业经济与管理》杂志 2015 年第 2 期。

地位得以确立。传统上轻流通的现象正在扭转，正视流通问题、加快流通业发展的局面正在形成。住宿和餐饮业作为流通业的核心产业之一①，对吸纳劳动力就业、扩大消费、促进经济增长具有重要作用。目前，我国住宿和餐饮业基本形成了多种经济成分共同发展的多元化经营格局的网络体系，为城乡居民、国内外游客和商务活动提供了良好的集休闲、就餐、娱乐为一体的服务环境，在服务业中的地位也逐渐彰显。对于这样一个规模庞大、就业人数众多的行业，有关其发展的专门研究到目前为止数量非常有限，其理论和实践研究都较薄弱，学术界还没有为其科学发展提供基本的理论支持。

纵观近十年来的文献，对住宿和餐饮业的研究主要围绕以下问题：住宿和餐饮业发展状况和存在的问题（李先国，2008）；住宿和餐饮业发展的区域差异（刘威，2009）；住宿和餐饮业发展过程中的要素生产率（刘致良，2009）；住宿和餐饮业在产业发展中的地位及作用（雷箐青，2011）；生产要素对住宿和餐饮业发展贡献（姚海琴，2012）；住宿业的碳排放问题（李旭等，2013）；住宿业竞争力综合评价（杨智勇，2010）；餐饮业信息化（王圣果，2006）；餐饮业的波及效应（张美书等，2006）；餐饮业的空间格局（梁璐，2007）；餐饮业发展集聚（刘致良，2008）；餐饮业核心竞争力研究（王圣果，2008；王华，2009a；王华，2009b；杨智勇，2010）；餐饮业发展动因（张进铭和肖德勇，2009）；餐饮业低碳发展与循环经济（张丹，2006；徐迅和周国忠，2011）；餐饮业转型发展（陈永清，2013），研究住宿和餐饮业投入产出关系的文献几乎还没有。本章利用基本投入产出模型，通过直接消耗系数、完全消耗系数、直接分配系数和完全分配系数，考察住宿和餐饮业的产业关联度，并且构建产业成长路径识别模型，识别住宿和餐饮业物质与能量传递的约束路径和扩张路径，在此基础上提出住宿和餐饮业产业链创新战略及其智慧化发展新方向，为制定提高和增强我国住宿和餐饮业发展能力及传统流通业健康成长的政策提供理论依据和科学支持。

---

① "住宿和餐饮业"与零售业性质很相似，都是把产品（或者服务）销售给消费者，因此，在我国传统上把"住宿和餐饮业"与"批发和零售业"放在一起称为"商贸业"，而且在我国"住宿和餐饮业"与"批发和零售业"一直是同一行政部门"商业部"（现"商务部"）主管的。现在人们通常把"批发和零售业"称为"流通业"，因此也习惯把"住宿和餐饮业"称为"流通业"。由于"住宿和餐饮业""批发和零售业"在我国发展较久，因此本章把它们称为"传统流通业"。

二、研究方法说明

（一）产业关联

国民经济是一个复杂的整体，各产业部门间存在着广泛而密切的技术经济联系，因而某一产业部门在生产过程中的任何变化，都将通过产业关联关系对其他产业部门产生一定的影响作用。产业关联是指各个产业部门之间相互依存的关系，产业结构的投入产出关联分析可以深刻揭示产业结构变动的内在特征，定量地分析一定时期内国民经济各产业部门在社会再生产过程中所形成的直接和间接的相互依存、相互制约的经济技术联系（赵晓雷等，2009）。一般说来，产业部门间的关联有两种形式，即后向关联和前向关联。后向关联描述的是某一产业对其后向（上游）产业的带动作用，前向关联描述的是某一产业对其前向（下游）产业的推动作用。本研究将住宿和餐饮业对其后向产业的带动称为后向关联，而把对其前向产业的推动称为前向关联。住宿和餐饮业的后向产业群是住宿和餐饮业中间投入的供给者，后向产业群的部分产出形成住宿和餐饮业的中间投入。住宿和餐饮业的快速成长以后向产业群的充分发展为基础，后向产业群发育不足会制约住宿和餐饮业快速成长，形成住宿和餐饮业快速成长的制约性因素。住宿和餐饮业的前向产业群是住宿和餐饮业产品的需求者，住宿和餐饮业的部分产出形成前向产业群的中间投入。住宿和餐饮业的快速成长需要前向产业群协同成长，前向产业群成长不协同，住宿和餐饮业快速成长就会缺少动力引擎，前向产业群协同成长形成住宿和餐饮业快速成长的引擎因素。

（二）产业成长路径

住宿和餐饮业作为产业系统中的一个产业部门，通过产业关联网与其他产业发生投入产出关系。住宿和餐饮业在产业关联网中与不同产业之间进行前向关联、后向关联，从而实现物质循环、能量流动和信息传递过程。产业系统中各产业之间这种消耗关系、分配关系不只是一条产业链的简单相连，而是具有不同关系产业链之间交错相连构成的复杂网状结构（张哲，2011）。

一个国家或地区的产业系统拥有复杂和谐的产业链——网结构，说明该国家或地区产业发展是健康的，具有较强的抗干扰能力和发展能力，并且这种能力具有可持续性。而且，产业与其他产业具有不同程度的直接和间接关系，一个产业不会因为某一产业的消亡而立即毁灭，但可能会受到不同程度的影响。本研究从两个角度考察住宿和餐饮业成长路径。

1. 约束路径

约束路径，即住宿和餐饮业对某一产业的完全消耗系数接近直接消耗系数，间接消耗系数较小，表明住宿和餐饮业对该产业间接消耗过程中所经历的产业链——网络较简单或产业链——网间产业关联较弱，也有可能说明住宿和餐饮业的单位变化对该产业的直接消耗较多。这反映出住宿和餐饮业对该产业的消耗较直接，住宿和餐饮业与该产业形成的消耗关系网络较简单和单一，这种消耗关系网络的自适应、自组织和自调节能力较差。由于消耗关系网络较简单和单一，因此这一产业的波动引起住宿和餐饮业的波动较直接，从这一产业到住宿和餐饮业间形成的"投入""输送"关系网络运行风险较大，而且抗风险能力较弱。所以这一产业必须发展充分，如果这一产业发育不足，就比较容易约束住宿和餐饮业发展，形成住宿和餐饮业快速成长的约束条件。一些具有上述约束性质的产业，由于这些产业到住宿和餐饮业的"投入"关系链——网络较简单和单一，相对于那些到住宿和餐饮业的"投入"关系链——网络较复杂的产业来说，这些产业比较容易成为住宿和餐饮业成长的约束因素，或成为住宿和餐饮业成长约束因素的风险较大。这些产业就形成了住宿和餐饮业成长的约束路径。

2. 扩张路径

扩张路径，即住宿和餐饮业对某一产业的完全分配系数远离直接分配系数，间接分配系数较大，说明住宿和餐饮业在该产业间接分配过程中所经历的产业链——网络较复杂或产业链——网间产业关联较强，也有可能说明住宿和餐饮业的单位变化对该产业的直接分配较少。这反映出住宿和餐饮业对该产业的分配较间接，住宿和餐饮业与该产业形成的分配关系网络较复杂，这种分配关系网络的自适应、自组织和自调节能力较强。住宿和餐饮业对该产业的分配关系，其实就是该产业对住宿和餐饮业的需求关系。从该产业对住宿和餐饮业的需求关系来看，也说明该产业与住宿和餐饮业形成的需求关系网络较复杂，这种需求关系网络的自适应、自组织和自调节能力也较强。由于需求关系网络较复杂，因此该产业的波动诱发住宿和餐饮业的波动较间接，从该产业到住宿和餐饮业间形成的"需求"关系网络运行风险较小，而且抗风险能力较强。由于该产业的变化对住宿和餐饮业关联的多个产业发生作用，从而加强住宿和餐饮业与多产业之间关联作用力，因此，该产业容易形成住宿和餐饮业成长的扩张性因素。一些具有上述扩张性性质的产业，由于这些产业到住宿和餐饮业的"需求"关系链——网络较复杂，相对于那些到住宿和餐饮业的"需求"关系链——网络较简单的产业来说，这些产业的发展由于会诱发这些产业和住宿和餐饮业间的更多的产业发展，因而比较容易而且较大幅度地诱发住宿和餐饮业的发展，而且这种诱发能力波动较小，相对稳定。这些产业比较容易成为住宿和餐饮业成长的扩张性因素，对住宿和餐饮业成长的扩张能力较强，或者扩张能力形成的潜力较强。这些产业就形成了住宿和餐饮业成长的扩张路径。

（三）研究对象与数据来源

1. 研究对象

本研究选择的流通业是住宿和餐饮业。此产业的划分依据是投入产出表部门划分原则。在《1997 年中国 40 部门投入产出表》《2002 年中国 42 部门投入产出表》和《2007 年中国 42 部门投入产出表》中，住宿和餐饮业的编码没有变化（编号 31），只是部门名称有些变化。在 1997 年投入产出表中，部门名称为"餐饮业"；在 2002 年投入产出表和 2007 年投入产出表中，部门名称都为"住宿和餐饮业"。在三张表中，"住宿和餐饮业"核算的内容与口径并没有变化，因此，便于对产业发展进行时间序列的纵向比较。选择全国作为样本分析住宿和餐饮业的成长问题，是因为以全国为样本研究问题更具有综合性。

2. 数据来源

在研究中，基础数据来自 1997 年、2002 年和 2007 年三张投入产出表。之所以选择这三张表，是因为这三张表中产业划分依据和数目近似，且分别代表了 20 世纪末和 21 世纪初我国产业力量对比发展变化的特点，通过数据处理以期得出一些具有趋势性发展结论，能够对住宿和餐饮业发展政策给予参考和支持。因为投入产出表每五年编制一次，所以 2007 年投入产出表是本研究进行时最新的。由于投入产出关系反映的是产业间的技术经济联系，产业间的技术经济联系演变相对缓慢，因此，使用《2007 年中国投入产出表》数据可以满足分析住宿和餐饮业的产业性质的新状态，基本能反映本研究进行时住宿和餐饮业的产业性质状况。

三、模型选择与构建

（一）产业关联测度模型选择

住宿和餐饮业的后向产业关联采用其直接消耗系数和完全消耗系数测度。用直接消耗系数测度后向直接产业关联，用完全消耗系数测度后向完全产业关联。住宿和餐饮业的前向产业关联采用其直接分配系数和完全分配系数测度。用直接分配系数测度前向直接产业关联，用完全分配系数测度前向完全产业关联。

1. 后向产业关联测度

直接消耗系数是指在生产过程中，第 j 部门单位总产出所直接消耗的第 i 部门货物或服务的价值量，它揭示了国民经济各部门之间相互依存和相互制约关系的强弱。计算方法如下：$a_{ij} = x_{ij}/X_j$，$i, j = 1, 2, \cdots, n$。其中，a_{ij} 为直接消耗系数，是 j 部门单位总产出对 i 部门产品的直接消耗量；x_{ij} 是 j 部门为获得当期总产出而对 i 部门产品的消耗量；X_j 为 j 部门的总产出。a_{ij} 反映住宿和餐饮业对上游产业的直接消耗情况，量化了其后向直接产业关联。

完全消耗系数是指第 j 部门每生产单位最终产品时对第 i 部门产品或服务的直接消耗和间接消耗之和。用直接消耗系数矩阵 A 计算完全消耗系数矩阵 B 的公式为：$B = (I - A)^{-1} - I$，I 为单位矩阵。完全消耗系数 b_{ij} 表示国民经济 j 部门生产单位最终产品对 i 产品的完全消耗。在 b_{ij} 中既包含 j 部门生产对 i 产品的直接消耗，又包含它对 i 产品的全部间接消耗。可用住宿和餐饮业完全消耗系数量化其后向完全产业关联。

2. 前向产业关联测度

直接分配系数是第 i 部门产品分配给 j 部门作为中间产品使用的数量占该种产品总产出量的比例，计算公式为：$r_{ij} = x_{ij}/X_i$，$i,j = 1,2,\cdots,n$。其中，r_{ij} 为 i 产品对 j 部门的分配系数；x_{ij} 为 i 产品分配给 j 部门作为中间产品使用的数量；X_i 为 i 产品的总产出量。某产业的直接分配系数越大，说明其他产业对该产业的直接需求越大，其直接供给推动作用越明显。可以用住宿和餐饮业的直接分配系数量化其前向直接产业关联。

完全分配系数是 i 部门单位总产出直接分配和全部间接分配给 j 部门的数量，是 i 部门对 j 部门的直接分配系数和全部间接分配系数之和，反映 i 部门对 j 部门直接和通过别的部门间接的全部贡献程度。用直接分配系数矩阵 R 计算完全分配系数矩阵 D 的公式为：$D = (I - R)^{-1} - I$，其中，I 为单位矩阵。直接分配系数 r_{ij} 仅反映两部门之间直接分配关系，完全分配系数 d_{ij} 既包含两个部门之间直接分配系数，又包含两个部门以外的作为中间媒介传递的全部间接分配系数。可用住宿和餐饮业完全分配系数量化其前向完全产业关联。

（二）关键路径识别模型构建

为了找到促进住宿和餐饮业在产业系统中又好又快发展的关键路径，本章在张哲（2011）研究的基础上进行创新，建立住宿和餐饮业成长的约束路径识别模型和扩张路径识别模型。

1. 约束路径识别模型

在产业系统中，直接消耗系数可表示产业间单条消耗链的直接层级关系，完全消耗系数可表示产业间通过多条消耗链构成的网状结构直接和间接层级关系总和。那么约束路径识别模型为：

$\min\limits_{i=1}^{n}(s_{ij}) = \min\limits_{i=1}^{n}(b_{ij}/a_{ij})$（ $i,j = 1,2,\cdots,n$，且 $a_{ij} \neq 0$ ），其中，s_{ij} 为第 j 产业对第 i 产业的完全消耗系数与直接消耗系数的比值；$\min\limits_{i=1}^{n}(s_{ij})$ 表示最短路径和最大流问题，是约束路径识别模型，即要想快速发展第 j 产业，应当协同快速发展 s_{ij} 取得最小的第 i 产业。

2. 扩张路径识别模型

在产业系统中，直接分配系数可表示产业间单条分配链的直接层级关系，完全分配系数可表示产业间通过多条分配链构成的网状结构直接和间接层级关系总和。那么扩张路径识别模型为：

$$\max_{j=1}^{n}(l_{ij}) = \max_{j=1}^{n}(d_{ij}/r_{ij})\ (\ i,j = 1,2,\cdots,n,\ 且\ d_{ij} \neq 0\ )，其中，l_{ij}\ 为第\ i\ 产$$

业对第 j 产业的完全分配系数与直接分配系数的比值；$\max_{j=1}^{n}(l_{ij})$ 表示弹性和刚性问题，是扩张路径选择问题，即要想稳步发展第 i 产业，应当间接协同快速发展使 l_{ij} 取得最大的第 j 产业。

四、实证及结果分析

（一）后向产业关联演变

1. 后向直接产业关联演变

图 7 - 1 是三个年份住宿和餐饮业直接消耗系数前 10 位的产业分布，住宿和餐饮业对这些产业直接消耗较多，其成长对这些产业发展具有较强的直接带动与拉动作用。由图 7 - 1 可知，1997 年住宿和餐饮业直接消耗最多的 10 个产业是：食品制造及烟草加工业，农林牧渔业，批发和零售业，电力、热力的生产和供应业，交通运输及仓储业，化学工业，居民服务和其他服务业，房地产业，木材加工及家具制造业，非金属矿物制品业；2002 年直接消耗最多的 10 个产业是：食品制造及烟草加工业，农林牧渔业，批发和零售业，电力、热力的生产和供应业，交通运输及仓储业，化学工业，金融业，租赁和商务服务业，建筑业，住宿和餐饮业；2007 年直接消耗最多的 10 个产业是：食品制造及烟草加工业，农林牧渔业，批发和零售业，电力、热力的生产和供应业，交通运输及仓储业，化学工业，金融业，租赁和商务服务业，居民服务和其他服务业，房地产业。

三个年份住宿和餐饮业直接消耗最多的 10 个产业都包含食品制造及烟草加工业，农林牧渔业，批发和零售业，电力、热力的生产和供应业，交通运

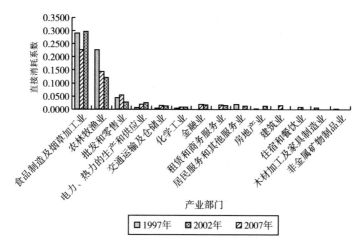

图 7 – 1　1997 年、2002 年和 2007 年住宿和餐饮业直接消耗系数前 10 位产业分布

输及仓储业，化学工业共 6 个产业，这些产业是其直接消耗最多最稳定的产业。1997 年住宿和餐饮业直接消耗最多的 10 个产业包含初级产业 1 个、消费品制造业 2 个、资源加工业 2 个、动力制造业 1 个及服务业 4 个；2002 年直接消耗最多的 10 个产业包含初级产业 1 个、消费品制造业 1 个、资源加工业 1 个、动力制造业 1 个、建筑业及服务业 5 个；2007 年直接消耗最多的 10 个产业包含初级产业 1 个、消费品制造业 1 个、资源加工业 1 个、动力制造业 1 个及服务业 6 个。数据显示，住宿和餐饮业对服务业直接消耗在上升，对农林牧渔业的直接消耗持续下降、对电力、热力的生产和供应业的直接消耗持续上升。

2. 后向完全产业关联演变

图 7 – 2 是三个年份住宿和餐饮业完全消耗系数前 10 位的产业分布，住宿和餐饮业对这些产业的完全消耗最多，其成长对这些产业发展总的带动与拉动作用较大。由图 7 – 2 知，1997 年住宿和餐饮业完全消耗最多的 10 个产业是：食品制造及烟草加工业，农林牧渔业，化学工业，电力、热力的生产和供应业，批发和零售业，交通运输及仓储业，金属冶炼及压延加工业，造纸印刷及文教用品制造业，社会服务业，机械工业；2002 年完全消耗最多的 10 个产业是：食品制造及烟草加工业，农林牧渔业，化学工业，电力、热力的生产和供应业，批发和零售业，交通运输及仓储业，金属冶炼及压延加工业，造纸印刷及文教用品制造业，金融业，租赁和商务服务业；2007 年完全消耗最多的 10 个产业是：食品制造及烟草加工业，农林牧渔业，化学工业，

电力、热力的生产和供应业，批发和零售业，交通运输及仓储业，金属冶炼及压延加工业，金融业，石油加工、炼焦及核燃料加工业，石油和天然气开采业。

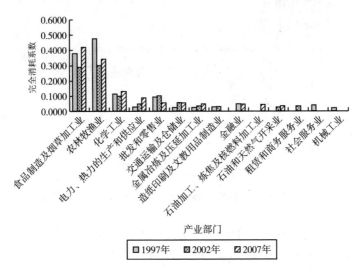

图 7 - 2 1997 年、2002 年和 2007 年住宿和餐饮业完全消耗系数前 10 位产业分布

三个年份住宿和餐饮业完全消耗最多的 10 个产业都包含食品制造及烟草加工业，农林牧渔业，化学工业，电力、热力的生产和供应业，批发和零售业，交通运输及仓储业，金属冶炼及压延加工业共 7 个产业，这些产业是其完全消耗最多最稳定的产业。1997 年住宿和餐饮业完全消耗最多的 10 个产业包含初级产业 1 个、消费品制造业 2 个、资源加工业 2 个、资本品制造业 1 个、动力制造业 1 个及服务业 3 个；2002 年完全消耗最多的 10 个产业包含初级产业 1 个、消费品制造业 2 个、资源加工业 2 个、动力制造业 1 个及服务业 4 个；2007 年完全消耗最多的 10 个产业包含初级产业 2 个、消费品制造业 1 个、资源加工业 3 个、动力制造业 1 个及服务业 3 个。因此，住宿和餐饮业对制造业完全消耗较多，对电力、热力的生产和供应业，金属冶炼及压延加工业完全消耗持续上升。

（二）前向产业关联演变

1. 前向直接产业关联演变

图 7 - 3 是三个年份住宿和餐饮业直接分配系数前 10 位的产业分布，住

宿和餐饮业对这些产业的直接分配最多,其成长对这些产业直接推动与支撑作用最强,另外,这些产业发展对拉动住宿和餐饮业成长作用也较强。由图7－3知,1997年住宿和餐饮业直接分配最多的10个产业是:公共管理和社会组织,金融业,批发和零售业,建筑业,化学工业,通用、专用设备制造业,社会服务业,非金属矿物制品业,纺织业,电气机械及器材制造业;2002年直接分配最多的10个产业是:公共管理和社会组织,金融业,批发和零售业,建筑业,化学工业,通用、专用设备制造业,租赁和商务服务业,教育事业,交通运输及仓储业,房地产业;2007年直接分配最多的10个产业是:公共管理和社会组织,金融业,批发和零售业,建筑业,化学工业,通用、专用设备制造业,租赁和商务服务业,教育事业,交通运输及仓储业,食品制造及烟草加工业。

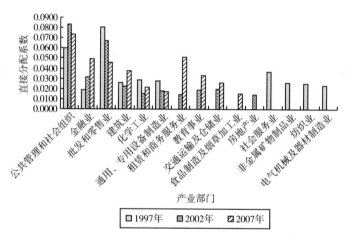

图7－3　1997年、2002年和2007年住宿和餐饮业直接分配系数前10位产业分布

三个年份住宿和餐饮业直接分配最多的10个产业都包含公共管理和社会组织,金融业,批发和零售业,建筑业,化学工业,通用、专用设备制造业共6个产业,这些产业是其直接分配最多最稳定的产业。1997年住宿和餐饮业直接分配最多的10个产业包含消费品制造业1个、资源加工业2个、资本品制造业2个、建筑业及服务业4个;2002年直接分配最多的10个产业包含资源加工业1个、资本品制造业1个、建筑业及服务业7个;2007年直接分配最多的10个产业包含消费品制造业1个、资源加工业1个、资本品制造业1个、建筑业及服务业6个。因此,住宿和餐饮业对化学工业、设备制造业和建筑业等第二产业直接分配较多，对现代服务业直接分配呈现增多态势。住宿和餐饮业对批发和零售业直接分配较多，但是呈现显著下降趋势。住宿和餐饮业对成长较快的产业直接分配呈上升趋势，对成长较慢或衰退的产业直接分配呈下降趋势。

2. 前向完全产业关联演变

图 7-4 是三个年份住宿和餐饮业完全分配系数前 10 位的产业分布，住宿和餐饮业对这些产业的完全分配最多，其成长对这些产业总的推动与支撑作用最强，另外这些产业发展对拉动住宿和餐饮业成长总的作用也较强。由图 7-4 知道，1997 年住宿和餐饮业完全分配最多的 10 个产业是：建筑业，化学工业，金属冶炼及压延加工业，公共管理和社会组织，批发和零售业，通用、专用设备制造业，通信设备、计算机及其他电子设备制造业，非金属矿物制品业，纺织业，社会服务业；2002 年完全分配最多的 10 个产业是：建筑业，化学工业，金属冶炼及压延加工业，公共管理和社会组织，批发和零售业，通用、专用设备制造业，通信设备、计算机及其他电子设备制造业，金融业，交通运输及仓储业，农业；2007 年完全分配最多的 10 个产业是：建筑业，化学工业，金属冶炼及压延加工业，公共管理和社会组织，批发和零售业，通用、专用设备制造业，通信设备、计算机及其他电子设备制造业，金融业，交通运输及仓储业，租赁和商务服务业。

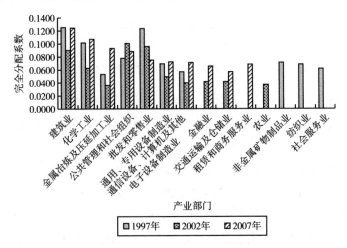

图 7-4 1997 年、2002 年和 2007 年住宿和餐饮业完全分配系数前 10 位产业分布

三个年份住宿和餐饮业完全分配最多的 10 个产业都包含建筑业，化学工业，金属冶炼及压延加工业，公共管理和社会组织，批发和零售业，通用、专用设备制造业，通信设备、计算机及其他电子设备制造业共 7 个产业，这些产业是其完全分配最多最稳定的产业。1997 年住宿和餐饮业完全分配最多的 10 个产业包含消费品制造业 1 个、资源加工业 3 个、资本品制造业 2 个、建筑业及服务业 3 个；2002 年完全分配最多的 10 个产业包含初级产业 1 个、资源加工业 2 个、资本品制造业 2 个、建筑业及服务业 4 个；2007 年完全分配最多的 10 个产业包含资源加工业 2 个、资本品制造业 2 个、建筑业及服务业 5 个。可以看出，住宿和餐饮业对冶炼业、现代制造业、建筑业等第二产业完全分配较多，因为这些产业的产业链较长；对现代服务业完全分配也呈现逐步增多态势。住宿和餐饮业对批发和零售业的完全分配存在持续明显下降态势，这说明批发和零售业这一传统流通业中的购销及市场开拓等交流活动（行为）变少，流通功能下降，也说明传统流通产业的产业集聚能力在下降。

（三）关键路径识别

1. 关键约束路径识别

表 7 - 1 是三个年份住宿和餐饮业的 s_{ij} 值前 10 位的产业分布，据表 7 - 1 可识别住宿和餐饮业成长的关键约束路径。由表 7 - 1 可知，三个年份住宿和餐饮业成长的关键约束路径都包括食品制造及烟草加工业、房地产业、水的生产和供应业、燃气生产和供应业、批发和零售业共 5 个产业，这些产业是住宿和餐饮业成长最稳定的约束产业，分别属于为住宿和餐饮业提供原料的消费品制造业、提供经营空间的房地产业、提供动力（或能源）的动力（或能源）制造业和提供交易服务的流通业。1997 年住宿和餐饮业的关键约束路径包括初级产业 1 个、消费品制造业 3 个、动力制造业 2 个及服务业 4 个；2002 年关键约束路径包括消费品制造业 2 个、动力制造业 2 个、建筑业及服务业 5 个；2007 年关键约束路径包括消费品制造业 1 个、动力制造业 2 个、建筑业及服务业 6 个。因此，水的生产和供应业、燃气生产和供应业是制约住宿和餐饮业成长的稳定性动力制造业，而且，水的生产和供应业约束性在上升，燃气生产和供应业约束性在下降。建筑业对住宿和餐饮业成长的约束

性在下降。技术密集型制造业对住宿和餐饮业的制约作用较弱，而劳动密集型制造业对其制约作用较强，说明我国住宿和餐饮业一直是劳动密集型产业，产业技术创新和升级的空间较大。1997 年后，批发和零售业对住宿和餐饮业成长的约束在增大，2002 年达到最大，2007 年有所下降。服务业逐渐成为住宿和餐饮业成长的关键约束路径，其中既包括批发和零售业、邮政业等传统服务业，又包括社会服务业、商务服务业、教育、旅游、文体娱乐等现代服务业。

表 7 - 1　　1997 年、2002 年和 2007 年住宿和餐饮业的 s_{ij} 值前 10 位的产业分布

1997 年	2002 年	2007 年
食品制造及烟草加工业	1997（1.3057）→2002（1.2817）→2007（1.4276）	
房地产业	1997（1.4276）→2002（1.9010）→2007（1.4892）	
水的生产和供应业	1997（1.7535）→2002（1.5108）→2007（1.4982）	
燃气生产和供应业	1997（1.1462）→2002（1.3059）→2007（1.5057）	
批发和零售业	1997（2.1303）→2002（1.9013）→2007（2.0508）	
卫生体育和社会福利业（1.3820）	旅游业（1.2464）	邮政业（1.6049）
社会服务业（2.0112）	建筑业（1.3189）	建筑业（1.6711）
木材加工及家具制造业（2.0641）	教育事业（1.8458）	居民服务和其他服务业（1.6202）
农业（2.1324）	租赁和商务服务业（2.0148）	租赁和商务服务业（2.3227）
服装皮革羽绒及其制品业（2.8941）	服装皮革羽绒及其制品业（2.1043）	文化、体育和娱乐业（1.8882）

2. 关键扩张路径识别

表 7 - 2 是三个年份住宿和餐饮业的 l_{ij} 值前 10 位的产业分布。据表 7 - 2 可识别住宿和餐饮业成长的关键扩张路径。由表 7 - 2 可知，三个年份，住宿和餐饮业的关键扩张路径都包括通信设备、计算机及其他电子设备制造业，石油加工、炼焦及核燃料加工业，电力、热力的生产和供应业，金属冶炼及压延加工业，交通运输设备制造业，纺织服装鞋帽皮革羽绒及其制品业共 6 个产业，这些产业是住宿和餐饮业成长最稳定的扩张产业。1997 年住宿和餐饮业的关键扩张路径包括初级产业 2 个、消费品制造业 1 个、资源加工业 2 个、资本品制造业 2 个、动力制造业 1 个、建筑业及服务业 1 个；2002 年关键扩张路径包括初级产业 1 个、消费品制造业 2 个、资源加工业 3 个、资本品制造业 2 个、动力制造业 1 个及建筑业；2007 年关键扩张路径包括消费品制造业 3 个、资源

加工业 3 个、资本品制造业 2 个及动力制造业 2 个。因此，住宿和餐饮业成长的关键扩张路径主要是制造业。通信设备、计算机及其他电子设备制造业，交通运输设备制造业两个资本品制造业，石油加工、炼焦及核燃料加工业（资源加工业），电力、热力的生产和供应业（动力制造业）对住宿和餐饮业成长的扩张作用是稳定显著地上升的。金属冶炼及压延加工业对住宿和餐饮业成长的扩张作用是波动上升的，纺织服装鞋帽皮革羽绒及其制品业对住宿和餐饮业成长的扩张作用是波动下降的。农业对住宿和餐饮业成长的扩张作用显著下降，建筑业对住宿和餐饮业成长的扩张作用缓慢下降，化学工业对住宿和餐饮业成长的扩张作用显著上升。一般说来，居于产业链中游的制造业，由于其产品主要用于生产过程，因此，住宿和餐饮业对其间接分配较多，制造业尤其是现代制造业成为住宿和餐饮业扩张发展的主要动力产业。

表 7 – 2　1997 年、2002 年和 2007 年住宿和餐饮业的 l_{ij} 值前 10 位的产业分布

1997 年	2002 年	2007 年
通信设备、计算机及其他电子设备制造业	1997（6.1477）→2002（7.8401）→2007（10.0613）	
石油加工、炼焦及核燃料加工业	1997（4.9523）→2002（7.9516）→2007（9.5999）	
电力、热力的生产和供应业	1997（5.0496）→2002（5.8034）→2007（8.2479）	
金属冶炼及压延加工业	1997（4.5455）→2002（7.2609）→2007（7.0821）	
交通运输设备制造业	1997（5.2565）→2002（5.9392）→2007（7.0537）	
纺织服装鞋帽皮革羽绒及其制品业	1997（5.5044）→2002（4.3795）→2007（4.7699）	
农业（9.1976）	农业（5.1738）	燃气生产和供应业（6.0313）
饮食业（6.1737）	食品制造及烟草加工业（4.1120）	纺织业（5.7054）
石油和天然气开采业（4.7778）	化学工业（4.0617）	化学工业（5.0396）
建筑业（4.8044）	建筑业（4.0617）	造纸印刷及文教体育用品制造业（4.8079）

五、产业链创新战略

（一）上游产业转型升级战略

根据 2007 年住宿和餐饮业 a_{ij} 值和 s_{ij}，筛选出 2007 年住宿和餐饮业 a_{ij} 值

或 s_{ij} 值在前10位的重要产业部门，形成重点分析的住宿和餐饮业的重要上游产业。住宿和餐饮业的上游产业包括为其提供原材料的初级产业、提供消费品的消费品制造业、提供中间产品的资源加工业和能源动力制造业、提供服务的经营载体的建筑业、提供服务的传统服务业和现代服务业。住宿和餐饮业上游重要产业转型升级战略如表7-3所示。

表7-3　　　　　　　　住宿和餐饮业上游重要产业转型升级战略

产业部门	产业制约性	产业性质	共性战略	特征战略
农林牧渔业	a_{ij} 值前10位 s_{ij} 值前10位	初级产业	（1）在新型工业化、信息化、城镇化、农业现代化"新四化"背景下促进产业成长。（2）发展"低碳、节能、绿色、环保、生态化"产业。（3）遵循"产业融合"发展规律，规划、推动产业发展	高品质、健康、安全、适应多元化消费需求
食品制造及烟草加工业	a_{ij} 值前10位	消费品制造业		
化学工业	a_{ij} 值前10位	资源加工业		创新（或跟踪）、采用国际新技术
电力、热力的生产和供应业	a_{ij} 值前10位	能源动力制造业		
燃气生产和供应业	s_{ij} 值前10位	能源动力制造业		
水的生产和供应业	s_{ij} 值前10位	能源动力制造业		卫生、健康、安全
建筑业	s_{ij} 值前10位	建筑业		创新（或跟踪）、采用国际新技术、智慧化
交通运输及仓储业	a_{ij} 值前10位	现代服务业		网络化、智慧化
邮政业	s_{ij} 值前10位	传统服务业		创新传统邮政业
批发和零售业	a_{ij} 值前10位 s_{ij} 值前10位	传统服务业		创新业态、智慧化
金融业	a_{ij} 值前10位	现代服务业		渐进市场化
房地产业	a_{ij} 值前10位 s_{ij} 值前10位	现代服务业		遏制过度投机、避免大起大落
租赁和商务服务业	a_{ij} 值前10位 s_{ij} 值前10位	现代服务业		市场化、政府扶持与培育
居民服务和其他服务业	a_{ij} 值前10位 s_{ij} 值前10位	现代服务业		市场化、政府扶持与培育
文化、体育和娱乐业	s_{ij} 值前10位	现代服务业		市场化、政府扶持与培育

（二）下游产业转型升级战略

根据 2007 年住宿和餐饮业 r_{ij} 值和 l_{ij}，筛选出 2007 年住宿和餐饮业 r_{ij} 值或 l_{ij} 值在前 10 位的重要产业部门，形成重点分析的住宿和餐饮业的下游产业。住宿和餐饮业的下游产业主要包括制造业、建筑业和服务业。住宿和餐饮业下游重要产业转型升级战略如表 7 - 4 所示。

表 7 - 4 　　　　住宿和餐饮业下游重要产业转型升级战略

产业部门	产业扩张性	产业性质	共性战略	特征战略
食品制造及烟草加工业	r_{ij} 值前 10 位	消费品制造业	（1）在新型工业化、信息化、城镇化、农业现代化"新四化"背景下促进产业成长。（2）发展"低碳、节能、绿色、环保、生态化"产业。（3）遵循"产业融合"发展规律，规划、推动产业发展	高品质、健康、安全、适应多元化消费需求
纺织业	l_{ij} 值前 10 位	消费品制造业		
纺织服装鞋帽皮革羽绒及其制品业	l_{ij} 值前 10 位	消费品制造业		
造纸印刷及文教体育用品制造业	l_{ij} 值前 10 位	消费品制造业		
石油加工、炼焦及核燃料加工业	l_{ij} 值前 10 位	资源加工业		创新（或跟踪）、采用国际新技术
化学工业	r_{ij} 值前 10 位 l_{ij} 值前 10 位	资源加工业		
金属冶炼及压延加工业	l_{ij} 值前 10 位	资源加工业		
通用、专用设备制造业	r_{ij} 值前 10 位	资本品制造业		自主研发创新，创新（或跟踪）、采用国际新技术
交通运输设备制造业	l_{ij} 值前 10 位	资本品制造业		
通信设备、计算机及其他电子设备制造业	l_{ij} 值前 10 位	资本品制造业		
电力、热力的生产和供应业	l_{ij} 值前 10 位	能源动力制造业		创新（或跟踪）、采用国际新技术
燃气生产和供应业	l_{ij} 值前 10 位	能源动力制造业		
建筑业	r_{ij} 值前 10 位	建筑业		创新（或跟踪）、采用国际新技术、智慧化
交通运输及仓储业	r_{ij} 值前 10 位	现代服务业		网络化、智慧化
批发和零售业	r_{ij} 值前 10 位	传统服务业		创新业态、智慧化
金融业	r_{ij} 值前 10 位	现代服务业		渐进市场化
租赁和商务服务业	r_{ij} 值前 10 位	现代服务业		市场化、政府扶持与培育
教育事业	r_{ij} 值前 10 位	现代服务业		政府扶持与培育
公共管理和社会组织	r_{ij} 值前 10 位	现代服务业		多元化方式发展、政府扶持与培育

（三）智慧化创新：产业发展新方向

进入 21 世纪后，物联网技术广泛地应用于我国服务业领域，智慧服务促进着中国传统服务业向现代服务业转型与升级。智慧服务是将服务主体、客体、工具、对象、空间等，按照标示层、识别层、传输层、应用层联结起来的，物与物、人与物、人与机、机与机等相互链接、形成协同运营的系统，包括智慧交易、智慧支付、智慧物流、智慧交易环境、智慧消费等服务全过程的智慧活动。酒店是集居住、餐饮、娱乐、休闲、会议以及各种商务活动为一体的场所，作为以提供多功能和全方位为主的行业，吸引客户是酒店生存的重要条件。酒店智慧化是以建筑设备监控技术、通信新技术、计算机信息处理、宽带交互式多媒体网络技术为核心的信息网络系统，能够为消费者提供舒适、安全、高效的环境以及周到、便捷、称心的服务，满足消费者"个性化服务、信息化服务"需要，是 21 世纪酒店业发展的方向。同时，餐饮信息化也开启未来餐饮智慧化新时代。未来智慧餐饮业结合电子商务经济背景以及移动互联发展趋势，将步入 O2O 的智慧化新时代。未来餐厅创新未来点餐支付方式和未来取餐服务模式。未来取餐服务模式的"餐饮外送外卖系统""智慧厨房显示系统""智慧桌面定位系统""智慧店长管理系统""集中运营管控解决方案"等大大缩短营销周期，降低服务成本，提高经济效益。住宿和餐饮业智慧化发展初具端倪。智慧化技术在我国住宿和餐饮业中得到积极应用（见表 7-5）。

表 7-5　　　　　　　智慧化技术在住宿和餐饮业中的主要应用

住宿业	数字酒店、智能酒店解决方案、酒店智能管理系统、酒店智能控制系统、酒店智能解决方案、酒店 3D 数字智能解决方案、智能触控电脑在酒店信息服务中的运用、用物联网提升星级酒店服务水平、基于物联网的五星级酒店智能化、有线融合无线搭建现代酒店网络环境
	无线智能酒店系统
	智能 CRM（客户关系管理）
	智能订房系统
	智能酒店客房控制系统、酒店智能房间系统设计、酒店客房智能控制系统、客房设施智能控制系统、酒店客房智能控制器、物联网酒店客房管理、基于物联网技术设计跨区域的酒店客房 Minibar 管理系统

	智能手机开启酒店房间门锁、酒店 IC 卡智能电子门锁系统
	酒店智能照明系统、酒店智能调光系统、智能酒店智能灯光系统
	智能酒店设备控制系统
住宿业	智能酒店节能系统、智能节电器
	酒店智能感应控制技术
	无线传输酒店智能点菜系统
	智能酒店智能安防系统
	智能网络电视
	智能消费管理系统
	智能餐饮数码系统
	非接触式智能卡餐饮智能管理系统
餐饮业	物联网餐饮服务系统
	住宿和餐饮智能支付技术
	住宿和餐饮业电子商务
	住宿和餐饮业智能开票系统

六、主要结论和相关建议

综合上述分析，形成以下主要结论：

（1）住宿和餐饮业对服务业直接消耗较多，对资源类和能源类产品完全消耗较多。食品制造及烟草加工业，农林牧渔业，批发和零售业，电力、热力的生产和供应业，化学工业，交通运输及仓储业，这 6 个产业是住宿和餐饮业需求较稳定较多的产业。住宿和餐饮业对服务业直接消耗有上升趋势，对农业、资源类和能源类产业直接消耗较多且较稳定。住宿和餐饮业对制造业和初级产业完全消耗有上升趋势，而对服务业完全消耗有下降趋势。

（2）公共服务业和商务服务业是对住宿和餐饮业直接消耗最多的两个产业。公共服务业和教育业是对住宿和餐饮业直接消耗最多的两个非营利产业。建筑业、化学工业、机械工业，这 3 类规模较大的工业、规模较大的批发和零售业、规模较大的公共服务业都对住宿和餐饮业的消耗较多。住宿和餐饮业对服务业直接分配有上升趋势，尤其对金融业直接分配呈现明显上升态势，对建筑业和化学工业直接分配较多且较稳定。住宿和餐饮业对交通运输及仓储业直接分配系数和完全分配系数都是上升的，对租赁和商务服务业、教育业直接分配系数是显著上升的，对信息制造业完全分配系数也是显著上升的。

（3）产业链较长的工业部门在经济衰退时（2002年）对住宿和餐饮业需求会降低，在经济高涨时（2007年）对住宿和餐饮业需求会上升，呈现出顺经济周期特性。商务服务业和教育业对住宿和餐饮业需求也是顺应经济周期的。由于受宏观经济治理政策作用，公共管理和社会组织对住宿和餐饮业的需求在经济衰退时会上升，在经济高涨时会下降，呈现出逆经济周期特征。产业部门自身的景气也影响其对住宿和餐饮业的需求，产业发展景气时期，对住宿和餐饮业需求就多，产业发展不景气时期，对住宿和餐饮业需求就少。住宿和餐饮业对公共管理和社会组织分配较多，即公共管理和社会组织对住宿和餐饮业需求较多，是不是反映出公务活动对住宿和餐饮业消费过多，还要进一步深入研究。住宿和餐饮业对旅游业分配不多，即旅游业对住宿和餐饮业需求较少，可看出我国旅游业还不是住宿和餐饮业需求的主要产业，规模较小，还有很大发展空间。

（4）燃气生产和供应业、食品制造及烟草加工业、水的生产和供应业、房地产业、批发和零售业是最需要持续关注的约束产业。传统约束产业应保持稳定发展，新型约束产业应培育发展，才能消除住宿和餐饮业成长系统中的产业约束。现代服务业正成为住宿和餐饮业成长的新型约束产业。石油加工、炼焦及核燃料加工业，金属冶炼及压延加工业，交通运输设备制造业，电力、热力生产和供应业，纺织服装鞋帽皮革羽绒及其制品业，通信设备、计算机及其他电子设备制造业是最需持续关注的扩张产业。产业链较长的制造业在生产过程中对住宿和餐饮业的需求网络较密集，容易形成其成长的扩张产业。住宿和餐饮业扩张产业的结构较稳定，主要是资源类和动力类制造业、现代制造业及终端消费型产品制造业。

（5）产业链创新战略是住宿和餐饮业健康成长的必由之路。优化住宿和餐饮业成长系统应转型升级其上下游产业。智慧化是酒店业发展的制胜之道，是提高酒店综合服务水平、确保各种设施稳定准确运行、大幅度降低日常运营成本的关键。未来酒店业竞争将主要在智慧化、信息化方面展开。酒店智慧化给酒店企业带来巨大利益：为客人提供更舒适的环境，从而带来更大的经济效益；节约人力资源，减少开支；节约能源，减少支出，从而带来更多的经济效益；保证酒店及住宿旅客的安全，是酒店评选星级的保证。智能化在提高酒店经营绩效的同时也提升了酒店品质，增加了竞争能力。智慧化对餐饮业发展会产生广泛影响：帮助餐饮企业快速布局电子商务；提升餐饮连锁企业控制能力；创新餐饮企业管理模式；有利于餐饮企业树立餐饮品牌；有利于餐饮行业控制食品安全；有利于餐饮行业标准化发展；有利于餐饮行业提高生产效率；能够助力餐饮业破解微利时代。餐饮业智慧化是行业突破发展"瓶颈"的有力措施。住宿和餐饮业智慧化会掀起传统流通业智慧化浪潮。

根据上述结论，相关建议如下：

（1）住宿和餐饮业对生活物质资源产业的直接消耗较多，因此应提升生活物质资源产业的产品品质，提供优质化、特色化和低碳化的住宿和餐饮业服务。住宿和餐饮业对资源类和能源类产业完全消耗较多，因此，一方面应加强稳定发展资源类和能源类产业，提供优质低碳的资源和能源类产品，为住宿和餐饮业成长提供基础性保障；另一方面要创新住宿和餐饮业绿色技术，推动住宿和餐饮业发展节能减耗和降碳控污，发展绿色住宿和餐饮业。住宿和餐饮业对传统服务业直接消耗也较多，因此，要创新传统服务业内涵，提升传统服务业层次，丰富住宿和餐饮业传统服务内容。住宿和餐饮业对现代服务业直接消耗有上升趋势，因此应扶持和培育现代服务业发展，增多住宿和餐饮业现代服务要素。

（2）住宿和餐饮业是受经济周期和政府治理政策影响最明显的产业部门之一，因此从微观角度看，应增强其抵御经济周期风险的系统自适应能力，提升其服务功能平稳转向的企业经营能力；从宏观角度看，政府应提供有利于促进住宿和餐饮业健康发展的财税政策和有利于鼓励住宿和餐饮业技术和经营模式创新的产业政策。工业部门是住宿和餐饮业的主要需求部门，在其转型升级过程中会对住宿和餐饮业产生新的需求，给住宿和餐饮业提供很多发展机遇，因此住宿和餐饮业发展应顺应工业部门转型升级过程。住宿和餐饮业发展也应顺应不同性质和类型服务业部门发展的需求，对经营性服务业，住宿和餐饮业要提供能满足经营性服务业发展趋势的服务项目与质量；对非营利性服务业，住宿和餐饮业提供的服务项目与质量应能满足非营利性服务业发展的空间，能适应政府对非营利性服务业规制的变化；对公共管理和社会组织部门，住宿和餐饮业发展要顺应公共管理服务功能的完善，适应政府对公共管理服务规范要求的变化。

（3）我国住宿和餐饮业正面临着传统关联产业与新型关联产业共同作用

的时期，因此住宿和餐饮业发展政策制定和实施必须考虑两类约束性产业对其影响程度，在相关软件环境和硬件环境不断完善的过程中，进行传统约束性产业的突破以及新型约束性产业的利用。对于为住宿和餐饮业提供原料支持的消费品制造业，从民生健康的角度来讲，消费品制造业要供给高质量的产品，满足消费者高品质的住宿餐饮需求。对于为住宿和餐饮业提供能源与动力的能源动力制造业，从资源环境可持续发展来讲，能源动力制造业要供给清洁环保的能源与动力，实现住宿和餐饮业绿色化发展。对于为住宿和餐饮业提供服务的服务业，从丰富住宿和餐饮业内容和满足住宿和餐饮业运营角度来讲，无论是传统服务业还是现代服务业，都要适应住宿和餐饮业现代化发展的要求，与住宿和餐饮业协调发展、融合发展。

（4）住宿和餐饮业创新首先是其产业链创新，要创新发展其上下游产业，优化其产业生态系统。加快智能住宿餐饮业发展，要克服"住宿餐饮无科技"根深蒂固思想影响，提高对智慧住宿餐饮重要性认识；要运用先进技术，规划发展智慧住宿餐饮业；要更新完善相关理论体系，培养复合型贸易经济人才。促进智慧住宿餐饮业发展，要加强智慧住宿餐饮的上游——智慧商品生产供给研究；要加强智慧交易模式、智慧支付方式、智慧交易环境等问题研究；要加强智慧商品物流研究；要加强智慧住宿餐饮消费研究。

第五部分

中国流通业在产业链上位置的动态变迁及区域比较

第八章

中国流通业在产业链上位置的动态变迁

——基于行业上游度测算视角*

一、问题提出

在本研究中，流通服务业包括交通运输及仓储业、邮政业、批发和零售业、住宿和餐饮业，这种产业分类是根据《2007 年中国投入产出表（42 部门）》统计口径来分类的。由于交通运输及仓储业、邮政业是实现商品空间转移的载体部门，因此应把它们包括在流通服务业中。批发和零售业是传统的商品流通部门，是实现商品所有权转移的部门，是流通服务业的核心部门，因此需要把它包含在流通服务业中。住宿和餐饮业虽然不像前面三个产业一样，或实现商品的所有权转移，或实现商品的空间转移，但由于在我国住宿和餐饮业一直是由商业行政部门主管的，因此常把它称为商业，也是传统的商业部门，并且现在许多研究也习惯把商业称为流通业，因此，本研究把住宿和餐饮业也包含在流通服务业部门中。

由投入产出表结构可知，一个部门的产出有两项使用，即中间使用和最终使用。据 2002 年中国投入产出表测算，交通运输及仓储业、邮政业、批发和零售业、住宿和餐饮业的中间使用率分别为 75.25%、61.35%、62.76%、47.19%。据 2007 年中国投入产出表测算，上述四个产业的中间使用率分别为 77.21%、88.42%、51.03%、57.41%。如果以中间使用率 50% 作为分界点来对服务业进行分类，中间使用率大于和等于 50% 的服务业称为生产性服

* 本章主要内容已经发表在《产业组织评论》杂志 2019 年第 2 期。

务业，中间使用率小于50%的服务业称为生活性（消费性）服务业，那么，由前面数据可以粗略看出：交通运输及仓储业生产性服务业特性比较突出；邮政业生产性服务业特性起伏较大，有增强的趋势；批发和零售业生产性服务业特性不突出，且有减弱的趋势；住宿和餐饮业产业特性在分界点上下徘徊，有时呈现生活性服务业特性，有时呈现生产性服务业特性。

由产业链相关理论可知，生产性服务特征较强的服务业，在产业链上处于相对上游环节，靠近中间投入端；生活性（消费性）服务特征较强的服务业，在产业链上处于相对下游环节，靠近最终使用端。那么如何较准确地测度某一产业在产业链上的位置呢，或者说如何量化某一产业在产业链上的位置呢，近些年相关文献对这一问题进行了探索，获得了一些研究成果，那就是用行业上游度（upstreamness）理论解决这一问题。本研究试图引入行业上游度这一概念，量化我国4个流通服务业在产业链上的位置，考察我国流通业在产业链上位置的状态，观察我国流通业在产业链上位置的动态变化规律，并且比较我国省区市流通业在产业链上位置的相似性与差异性。在中国参与国际生产分割日趋深化的背景下，在我国服务业发展欣欣向荣、服务业占比快速上升的环境中，本研究有助于解释我国流通服务业在产业链上位置的动态演变特征。因此，本研究对促进我国流通服务业较快较健康成长具有重要的理论价值和积极的现实意义。

二、文献述评

生产分割化是当前世界经济的典型特征。现在，一些生产活动所需的中间产品（投入品和零部件）一般需要由多个不同国家的供应商提供。当前，产品的生产流程被切割成多个相对独立的生产环节并在企业、行业、跨国公司乃至世界范围内进行匹配重组已成为越来越普遍的现象，序贯化生产（sequential production）的出现逐渐打破了传统的一体化生产模式，并催生了以实现资源的优化配置和价值增值为纽带的全球生产网络。处在同一生产链条的不同国家（地区）是基于全球生产网络某一特定的节点从事与其相对应的专业化生产。在这一新型生产模式的主导下，位于同一生产链条上的不同国家（地区）间比较优势及在分工体系中所扮演角色的差异化投射在全球生产链上则是各国（地区）分工地位的不同（刘洪铎和陈和，2016）。为了准确量化某一产业在产业链上的位置，安特拉斯（Pol Antràs，2012）等人提出了行业上游度测算理论，该测算理论中的测算方法所要求的数据容易得到满足，而且该测算方法能够准确刻画生产环节在行业间的运行轨迹以及产业内垂直分离的特征，便于对不同行业、国家（地区）在生产链上的相对位置进行比较分析（刘洪铎和陈和，2016）。

目前，国内外对于产业上游度的研究文献比较有限。在上游度测算理论的产生与发展过程中，有以下几篇重要的文献。法利（Fally，2012a）基于"将越多的产品销售给相对上游产业的产业自身就越上游"的概念给出了一个线性系统的等式，定义了产业上游度。法利（2012b）对美国在生产链上的分工地位进行测算研究。安特拉斯等（Antràs et al.，2012）提出了行业上游度测算理论，该测算方法又称距最终使用端的平均距离测算法或到最终需求端的距离测算法。米勒和特姆斯维（Miller & Temurshoev，2013）首先对单一行业的上游度指数进行测算，其次利用 WIOD 的国家投入产出表中各行业的投入产出数据构建权重，最后再通过加权求和的方式计算国家或行业的上游度。安特拉斯和查尔（Antràs & Chor，2013）基于不完全契约的产权模型对价值链上企业生产组织结构的研究中，还将行业上游度指标运用在对模型预期的实证检验中。贝克尔和米鲁多（Backer & Miroudot，2013）运用法利（Fally，2012a）的价值链测度方法，研究发现：1995～2005 年中国、新加坡等一些新兴经济体的出口平均上游度出现了明显上升，说明这些国家正逐渐向价值链的起始端移动，专业化于中间投入品的生产。查尔等（Chor et al.，2014）用表达（显示）在所分析的产品结构（组合）与最终用途之间的生产阶段数目的上游度方法，通过计算每个样本公司的出口和进口结构的上游度来描述每个公司的全球生产线位置（地位）的特征。这一研究实证分析了1992～2011 年间中国公司全球生产线位置（地位）的动态变化，并且说明了中国公司的全球生产线位置与公司绩效和各种深层公司特征之间互相关联的机制。法利和希尔贝里（Fally & Hillberry，2014）对东亚国家或地区在生产链上的分工地位进行测算研究。

国内相关文献近些年也开始采用上游度测算理论来研究我国的产业分工问题。刘洪铎（2013a）运用安特拉斯等（2012）发展的基于投入产出分析的行业上游度测算方法，对北京市的分工地位进行了综合测度。刘洪铎（2013b）运用安特拉斯等（2012）发展的基于投入产出分析的行业上游度测算方法，对河北省内部分工地位展开综合测度研究，并与相邻省份进行横向比较。鞠建东和余心玎（2014a）基于中国的行业上游度指标和海关贸易数据，以价值链为线索，对中国在全球价值链中的贸易角色进行了定量分析。王金亮（2014）根据产业上游度测算法对我国产业特别是制造业的上游度进行了测算，通过与其他国家的上游度值进行比较，得出我国产业处于全球价值链低端的结论。刘祥和和曹瑜强（2014）利用行业上游度测算方法对"金砖四国"的分工地位进行了综合测度，研究发现，无论是行业层面还是国家整体层面，中国的分工地位均领先于其他三国，但在教育、计算机、出版、物流、社区服务业等第三产业处于相对劣势。鞠建东和余心玎（2014b）利用价值链结构测度方法对当前全球价值链上各国所处的位置进行定量描述，并对贸易理论所预期的分工格局背后比较优势的可能来源进行实证分析。

陈钊和杨红丽（2015）利用行业上游水平值来衡量各个细分行业在产业链中所处的位置。马风涛（2015）利用世界投入产出表对 1995~2011 年中国制造业部门产品的全球价值链长度和上游度进行了测算，对各部门在全球价值链上的实际位置及变动情况进行定量分析。王永进等（2015）对产品上游化程度指标进行标准化处理，得出产品下游化指标，结合跨国贸易数据构建了国家层面的出口下游化程度和出口下游化竞争力指标。苏庆义和高凌云（2015）通过测算中国出口上游度，研究了我国出口上游度的变动规律，发现中国目前出口上游度依然较高，未来还需要继续往下游扩展，努力发展服务业出口有利于降低中国出口上游度。高安刚等（2015）以广西为研究区域，运用行业上游度测算方法对投入产出表中的产业分工地位进行测算。

何祚宇和代谦（2016）计算了全球 41 个经济体 1995~2011 年的上游度，分析结果表明，中国一直处于全球价值链的上游部分，同时还有进一步上游化的趋势。从上游度视角看产业结构，中国的产业结构仍然处于较为低端的状态，与印度、巴西的相似程度最高。陈晓华和刘慧（2016）在测度 35 个经济体 1997~2011 年制造业上游度指数的基础上，分析了制造业在国际分散化生产工序中位置变迁的机制。研究发现，上游度大小并不代表制造业全球价值链分工地位的高低；发展中国家制造业不仅在全球价值链中的位置处于被动地位，而且在向全球价值链高端攀升过程中也缺乏强有力的"话语权"。刘洪铎和陈和（2016）使用行业上游度测算理论并结合我国的地区投入产出表，系统考察了 2002 年、2007 年广东省在全球生产链上分工地位的演变特征并与江浙地区进行比较分析。研究发现，广东省表现出由全球生产链的相对下游环节向相对上游环节加速转移的趋向，期间其行业生产链长度进一步延伸，相对江浙地区更加趋近于全球专业化生产分工网络的中间投入端，上述现象一方面揭示了广东省参与国际生产分割的程度日益加深，但另一方面则意味着其逐步远离价值链的终端。王永进和刘灿雷（2016）借鉴安特拉斯等（2012）提出的最新方法，从价值链上下游的视角对国有企业垄断上游行业的现象进行了测算，并刻画了其动态变迁趋势；在此基础上，考察了国有企业垄断上游行业对经济增长的影响。研究发现，国有企业垄断上游行业阻碍了整体的技术进步，恶化了资源配置效率，使低效率的国有企业进入市场，并挤出了高效率的非国有企业。周华等（2016）研究发现，与等间距产业上游度相比，非等间距产业上游度并不是单纯地将生产过程划分为离散的生产阶段，而是一个连续的价值创造过程；非等间距出口上游度与人均 GDP 显著正相关，与法制指数和平均受教育年限显著负相关；中国的出口上游度在近20 年整体处于下降趋势；中国省区市之间的非等间距产业上游度显著正相关。苏杭和李化营（2016）借鉴安特拉斯等（2012）提出的行业上游度，测度分析了中国制造业整体及各细分行业在全球价值链分工中的位置，研究发现，中国制造业行业上游度与国际竞争力呈现反向相关，行业劳动生产率与行业平均工资水平提升了制造业的国际竞争力。刘洪铎和曹瑜强（2016）研究发现，一方面，中国存在向价值链的上游环节转移的迹象，其所从事的与中间投入端相关的生产模式得到进一步强化；另一方面则意味着美国通过向价值链的下游环节靠拢的方式进一步趋近于最终使用端。鉴于中间投入生产活动往往具有低附加值、低技术含量等粗放型特征，因此中国有必要通过转变经济发展方式来驱动自身向全球价值链的下游环节转移，在摆脱"低端锁定"的同时，实现国际分工地位的层级攀升，以此提升中国的全球竞争力。

董有德和唐云龙（2017）用上游度测算了各个具体产业在整个产业链上的准确位置，弥补了长期以来人们仅能定性地分析各个产业在产业链中相对位置的不足。通过综合分析发现，我国优势产业一直是处于上游度 2 ~ 4 之间的中游产业。马风涛和李俊（2017）研究发现，1995 ~ 2011 年国内使用产品的全球价值链长度明显大于加工贸易出口产品和非加工贸易出口产品的全球价值链长度，非加工贸易出口产品的全球价值链长度要大于加工贸易出口产品；各种贸易方式下的制造业部门产品的全球价值链长度都呈延长趋势；制造业部门国内使用产品的上游度水平最高，其次为非加工贸易出口产品，加工贸易出口产品的上游度水平最低；各种贸易方式下的制造业部门产品的上游度水平都有所提升。陈晓珊（2017）基于行业上游度测算的视角，对1995～2011年中、日两国的全球价值链上的分工地位展开系统的测算及比较分析。研究发现，在考察期内，中国整体和细分行业基本位于全球价值链的相对上游环节，并存在进一步向全球价值链的中间投入端转移的趋势；日本整体和细分行业基本表现出向全球价值链的最终使用端靠拢的趋向。

国内相关文献利用上游度测度理论测度国家或地区各产业整体上游度、大类或细分行业上游度时，大多使用上游度指数来判断产业在全球价值链上位置，或者产业在全球价值链上分工地位。但是，陈钊和杨红丽（2015）则利用行业上游水平值来衡量各个细分行业在产业链中所处的位置。何祚宇和代谦（2016）研究发现上游度与国家在价值链中的地位并无规律。作为发展中国家的中国在全球价值链中处于非常上游的位置，而全球最发达的国家美国则处于价值链比较下游的位置，而且始终低于中国的上游度水平。巴西处于较为上游的位置，日本的上游度高于巴西，而发展中国家印度则处于价值链非常下游的位置。因此，将上游度作为一国在全球价值链中地位的代表并不科学。一国内不同行业的上游度反映了该国各行业之间的上下游关系，因此可以从上下游关系角度观察该国产业结构的组成，通过与不同国家相互比较就能够发现与本国产业结构最为相似的国家，发现本国与其他国家产业结构的差异程度。在全球价值链中，中国处于比较上游的位置，同为东亚国家的日本也是如此。而欧美国家则处于全球价值链相对下游的位置，上游度的高低与各国在价值链中的地位并没有必然的联系。不能简单地认为上游度越高，我国在国际分工中的地位越高。我国上游度的不断升高是全球价值链深化和延长的自然结果，与我国在全球价值链中的地位并没有必然的联系。上游度是各行业产品距离最终需求的"位置"概念，而并非"地位"的概念。上游度指标虽然无法表示一国在价值链中的地位，但是它对于研究价值链具有非常重要的意义。

陈晓华和刘慧（2016）认为，上游度大小并不代表制造业全球价值链分工地位的高低；上游度的大小与一国在价值链中地位的高低之间并无明显规律；全球价值链和国际分工地位高低侧重的是生产环节"价值和技术含量大小"，而国际分散化生产工序上游度高低侧重的是生产环节的"物理"位置；上游度和全球价值链分工地位之间并无明确的关联及规律，上游度高（低）并不代表全球价值链或国际分工地位高（低）。刘洪铎和陈和（2016）认为上游度指数的大小反映了各行业在生产链条中所处的相对位置，其值越大意味着行业处于生产链的相对上游环节，即越靠近生产链的中间投入端，反之则处于生产链的相对下游环节，亦即越靠近最终使用端。生产链是指最终产品的生产加工过程中所包含的各个环节所构成的整个纵向链条。生产链上、下游环节有别于传统的价值链高、低端概念，一个行业位于生产链的上游环节并不意味着该行业处于价值链高端。陈晓珊（2017）认为生产链是指生产加工最终产品的过程中所涉及的各个环节所构成的整个纵向链条。

产业在产业链上的位置是上游度的研究热点之一，众多学者从产业上游度测度、产业在全球价值链上的位置、产业在全球价值链上分工地位、产业在产业链中的位置、产业在全球生产链上或在国际分散化生产工序上的位置等角度开展了相关研究。上述研究对本章具有重要的参考价值，为本研究开展奠定了良好的理论基础，但是目前国内文献尚未出现利用上游度理论研究我国流通业产业链性质的内容。本研究将借鉴上述文献上游度理论的应用方法，研究我国流通业在产业链上位置的动态变化。

三、产业链位置算法和基础数据来源

（一）本研究产业链的概念

产业链（industry chain）是产业经济学中的一个概念，也称为纵向关联市场（vertically related markets），是指在一种最终产品的生产加工过程中所包含的各个环节所构成的整个纵向的链条（陈钊和杨红丽，2015）。以某一种最终产品的产业链为例，最靠近产业链末端的是最终产品，而靠近产业链前端的可能是初级原材料，中间部分可能是零部件等中间产品（见图8-1）。

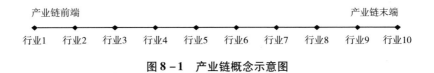

图8-1　产业链概念示意图

安特拉斯等（Antràs et al.，2012）提出上游水平值（upstreamness）可以用来衡量各个细分行业在产业链中所处的位置。每个行业的上游水平值衡量的是该行业到最终产品（final goods）的平均距离，并设定最终产品的上游水平值为1，上游水平值越接近1表示该行业所处位置越靠近产业链末端，如食品、服装、汽车等；上游水平值越大表示该行业离最终产品越远，所处位置越靠近产业链前端，生产的是一些初级原材料，如原油、铁矿石等。

（二）产业上游度（upstreamness）概念

本章参阅国内相关文献，梳理一下行业（产业）上游度概念，以期对此概念有一个更全面、更完整的认识（见表8-1）。

表8-1 主要文献对行业上游度概念的描述

文献	对上游度概念的描述
刘洪铎 （2013，11）	测度理论框架援引自安特拉斯等（2012），其要义是在运用投入产出分析方法的基础上将价值链中的生产增值环节纳入考量，通过对行业层面的上游度，即各行业在生产线中所处的相对位置展开测算，最终实现对行业、区域乃至国家层面的分工地位的测度
鞠建东，余心玎 （2014，3）	近期，安特拉斯等（2012）提出，可将一个行业在价值链上的位置定量描述为该行业与最终产品间的加权平均距离。一行业的产出与最终消费之间的加权平均距离，就是"上游度"的概念。上游度较高时，表明该行业更接近价值链上的中间投入品端，反之，则更接近最终产品端
王金亮 （2014，3）	产业上游度（upstreamness）是一些学者（Pol Antràs、Davin Chor、Thibault Fally、Russell Hillberry）在2012年正式提出的概念，是指某一产业与最终消费使用的平均距离。关于具体的产业上游度测算法，法利（2012）与安特拉斯等（2012）分别给出了不同的求解路径。这两种测算上游度方法略有不同，但事实上它们殊途同归。同时，这两种方法暗含一个特别基数，即任意两个生产阶段之间的距离设定为1。在《美国生产的碎片化分析》一文中，法利（2012）基于"将越多的产品销售给相对上游产业的产业越上游"的概念给出了一个线性系统的等式
刘祥和，曹瑜强 （2014，6）	上游度指数 U_i 大于等于1，其取值越大意味着行业 i 的分工地位也就越高
鞠建东，余心玎 （2014，7）	近期，法利（2011）和安特拉斯等（2012）分别提出了一种运用投入产出表对价值链结构进行测算的方法。两篇文献均以价值链上的"行业"为基本的落脚点，将各行业在价值链上的位置量化为与最终产品之间的距离，安特拉斯等（2012）将这一"距离"的概念命名为"上游度"（upstreamness）。上游度越高，表明该行业与最终消费之间的距离越远，即更接近价值链的起点。两篇文献所采用的方法虽然在思路上有所差别，但计算结果在实质上是等同的

文献	对上游度概念的描述
陈钊，杨红丽 （2015，1）	安特拉斯等提出上游水平值（upstreamness）可以用来衡量各个细分行业在产业链中所处的位置（Antràs et al.，2012）。每个行业的上游水平值衡量的是该行业到最终产品（final goods）的平均距离，并设定最终产品的上游水平值为1，上游水平值越接近1表示该行业所处位置越靠近产业链末端，如食品、服装、汽车；上游水平值越大表示该行业离最终产品越远，所处位置越靠近产业链前端，生产的是一些初级原材料，如原油、铁矿石等
马风涛 （2015，8）	根据法利（2013）的定义，全球价值链长度指数是一种计算一国某部门产品在生产过程中所经历的生产阶段数目的指标。从全球价值链长度指数的定义可以看出，如果在最终产品的生产过程中只有一个生产阶段，则该指数值取1；如果在最终产品的生产过程中需要投入本部门或者国内外其他部门的中间投入品，则该指数值大于1，这取决于中间投入品在最终产品生产过程中的重要程度以及在生产这些中间投入品的过程中需要经历的生产阶段数目。全球价值链长度指数值越大，表明该部门参与全球价值链分工越深入。 　　根据法利（2013）的定义，上游度指数是指一国某部门产品在达到最终需求之前还需要经历的生产阶段的数目，可用来衡量该部门产品在全球价值链分工中的地位。如果某产品被直接用作最终消费，该产品的上游度指数为1；如果该产品的产出被其他部门用作中间投入品，则上游度指数大于1，具体数值依赖于该产品被用作中间投入品的比例以及该产品的下游部门距离最终需求的生产阶段的数目。如果指数值提高，表明该部门现在更加专业化于生产和提供中间产品，其在全球价值链的位置得到提升；如果指数值下降，则表明该部门更加专业化于全球价值链的下游部分，产品更加接近于最终消费者。实际上，上游度指数也是一种衡量产品全球价值链长度的指标，它是用产品与最终需求者之间的距离来度量产品全球价值链的长度
王永进，刘灿雷，施炳展 （2015，10）	为了刻画一国在国际工序分工中的地位，首先需要测算生产价值链中产品层面的相对地位。安特拉斯等（2012）基于投入产出视角，构建了产品上游化程度指标，测算出生产价值链中产品层面的相对地位。安特拉斯等（2012）测算出行业 i 与最终需求的距离，即为行业 i 的上游化程度
苏庆义，高凌云 （2015，12）	产业上游度测度了各产业离最终需求的远近，如果产业上游度高，则说明该产业离最终需求较远；如果产业上游度低，则说明该产业离最终需求近；如果产业上游度是1，则说明该产业直接被用来作为最终需求
高安刚，张林，覃波 （2015，12）	行业上游度是一些学者（Antràs、Chor、Fally）于2012年正式提出的概念，是指某一产业与最终消费使用的平均距离。在行业上游度的具体计算公式方面，Antràs 和 Fally 等分别给出了不同的求解公式。这两种方法都包含一个特别基数，即任意两个生产阶段的距离被假定为1，因此，这两种方法能够得出一致的结果。行业上游度数值越大，表示该行业越上游，产业分工地位越高

文献	对上游度概念的描述
何祚宇，代谦 （2016，1）	行业上游度是某行业最终产品以及各阶段中间产品在总产出中所占比率的加权平均值，且中间产品距离最终产品越远，权重越高。上游度大于等于1，当且仅当某行业所有产品都是最终产品时，行业上游度才等于1。同时，某一产业距离最终消费品越远，其上游度越大。上游度为1的行业多集中在私人家户劳动、社会工作以及教育等服务性质的行业，显然它们并没有参与到全球价值链的分工中
陈晓华，刘慧 （2016，4）	直到法利和安特拉斯等基于国际分散化生产工序理论提出上游度的概念和测算方法后，才使国际分散化生产工序变迁的研究成为可能。法利和安特拉斯等认为产业国际分散化生产工序上游度可以用该产业生产环节与最终产品的距离来表示。由于安特拉斯等在较大幅度上改进了法利的测算方法，其拓展后的方法逐渐成为生产工序上游度的主流测度方法。国际分散化生产工序上游度可以用产业工序与最终产品的距离表示。可以计算出国际分散化生产工序上游度指数，该指数越大表明该产业在所有产业中越处于上游，反之则表明该产业处于下游。上游度越高的产业（企业），往往需要越多的资本存量和资本流量
刘洪铎，陈和 （2016，5）	安特拉斯等（2012）近期在投入产出分析方法的基础上提出了行业上游度测算理论，用以量化单一行业在生产链上的加权平均位置。上游度指数的大小反映了各行业在生产链条中所处的相对位置，其值越大意味着行业处于生产链的相对上游环节，即越靠近生产链的中间投入端，反之则处于生产链的相对下游环节，亦即越靠近最终使用端
王永进，刘灿雷 （2016，6）	要刻画国有企业垄断上游行业的现象，首先需要测算出国有企业在价值链中的相对位置。为此，参考安特拉斯等（Antràs et al.，2012）投入产出的分析方法，测算出每个行业在价值链中的相对位置。测算出行业 i 距离最终需求的长度，即行业 i 的上游度
周华，李飞飞，赵轩，李品芳 （2016，6）	产业上游度是指一个产业生产的产品距离最终需求的平均距离。产业上游度是在产业层面度量各产业在生产链上的位置。一些学者（Antràs Pol & Davin Chor，2012）提出的产业上游度指标，弥补了之前指标无法对产品在价值链上的位置以及不同国家的生产分割程度进行排序的缺点
苏杭，李化营 （2016，8）	安特拉斯等（2012）提出了行业上游度的概念及测度框架，用来研究一个行业在全球价值链中的相对位置。行业上游度是一个行业与最终产品端的平均距离，即一国某行业产品在到达最终需求之前所要经历的生产阶段数。行业上游度越高表示该行业与最终产品端的加权平均距离越远，该行业产品在到达最终需求之前所要经历的生产阶段数越大；行业上游度越低表示该行业与最终产品端的加权平均距离越近，该行业产品在到达最终需求之前所要经历的生产阶段数越小。若行业上游度为1，则表明某行业产品被直接消费或使用

续表

文献	对上游度概念的描述
刘洪铎，曹瑜强 （2016，12）	上游度指数的大小反映了各行业在生产链条中所处的相对位置，其值越大意味着行业处于生产链的相对上游环节（relatively upstream stages），即越靠近生产链的中间投入端；反之则处于生产链的相对下游环节（relatively downstream stages），亦即越靠近最终使用端。位于生产链上游的行业（企业）以生产制造初级原材料为主，这些原材料产品作为中间投入沿着生产链流向下游，位于生产链下游的行业（企业）将其组装加工成最终产品并提供给终端消费者
董有德，唐云龙 （2017，2）	产业上游度通常用于衡量一个行业在从原材料到最终产品的整条产业链中的相对位置，即一个行业的产品与最终产品之间的平均距离
马风涛，李俊 （2017，6）	全球价值链长度指数值较大，表明该部门产品的生产需要经历较多的生产阶段，生产过程较为复杂，如果很多生产阶段在国外完成，则在某种程度上体现出该产品参与全球价值链分工较为深入。借鉴法利（2011）和安特拉斯等（2012）的定义，上游度指数是指一国某部门产品在到达最终需求者之前需要经历的生产阶段数目，可用来衡量该部门产品在全球价值链分工中的位置。如果上游度指数值提高，表明该部门更加专业化生产和提供中间产品，在全球价值链中的位置得到提升。从本质上看，上游度指数也是一种全球价值链长度的指标，其衡量的是产品与最终需求者之间的距离，而全球价值链长度指标衡量了各种初级要素与最终产品之间的距离
陈晓珊 （2017，6）	上游度指数衡量了某一行业在价值链上的加权平均位置。上游度指数的大小反映了各行业在价值链条中所处的相对位置，数值越大表明行业在价值链上处于相对上游环节，靠近中间投入端；相反地，数值越小表明行业在价值链上处于相对下游环节，靠近最终使用端

（三）产业上游度测算方法

安特拉斯等（2012）提出上游度水平值（upstreamness）可以用来衡量各个细分产业在产业链中的位置。安特拉斯等（2012）基于投入产出视角，构建了产业上游度指标，测算出产业链中产业层面的相对位置。借鉴法利（2012a）和安特拉斯等（2012）的研究，本研究采用如下测度方法。

1. 封闭经济体产业上游度测算方法

安特拉斯等（2012）产业上游度指标的具体构建过程如下：为了便于

理解，先讨论封闭经济环境下没有存货时产业上游度的测算方法。考虑一个封闭经济体，有 n 个产业，对于每个产业 $i = 1, \cdots, n$，总产出 Y_i 等于该产业用于最终消费的部分 F_i 与作为其他产业中间投入品 Z_i 之和。

$$Y_i = F_i + Z_i = F_i + \sum_{j=1}^{n} a_{ij} Y_j \qquad (8-1)$$

其中，a_{ij} 是产业 j 的 1 单位产出中产业 i 产品的投入比例（a_{ij} 又称直接消耗系数，是产业 j 的 1 单位产出需要消耗的 i 产业产品的数量，i 产业产品作为 j 产业的中间品）。根据安特拉斯等（2012）的研究，当 i 产业产品被无数个产业作为生产所需中间品时，i 产业的总产出可用各产业最终消耗品的价值表示，具体方程如下：

$$Y_i = F_i + Z_i = F_i + \sum_{j=1}^{n} a_{ij} F_j + \sum_{j=1}^{n} \sum_{k=1}^{n} a_{ik} a_{kj} F_j + \sum_{j=1}^{n} \sum_{k=1}^{n} \sum_{l=1}^{n} a_{il} a_{lk} a_{kj} F_j + \cdots \qquad (8-2)$$

其中，$\sum_{j=1}^{n} a_{ij} F_j$ 为直接中间投入（j 产业生产过程中的中间投入品或者称为 i 产业产品的中间使用），$\sum_{j=1}^{n} \sum_{k=1}^{n} a_{ik} a_{kj} F_j + \sum_{j=1}^{n} \sum_{k=1}^{n} \sum_{l=1}^{n} a_{il} a_{lk} a_{kj} F_j$ 为间接中间投入，直观表示为：

$$Y_i = F_i + Z_i = F_i + \underbrace{\sum_{j=1}^{n} a_{ij} F_j}_{\text{直接中间使用}} + \underbrace{\sum_{j=1}^{n} \sum_{k=1}^{n} a_{ik} a_{kj} F_j + \sum_{j=1}^{n} \sum_{k=1}^{n} \sum_{l=1}^{n} a_{il} a_{lk} a_{kj} F_j}_{\text{间接中间使用}} + \cdots \qquad (8-3)$$

基于上述方程，安特拉斯等（2012）对式（8-2）中的每个生产阶段赋予等长度权重，将式（8-2）右边每一项乘以其距离最终需求的距离加 1（各项依次与它们对应的最终消费支出的距离加上 1 的和相乘），再除以产业 i 的产出 Y_i，测算出产业 i 与最终需求的距离，即为产业 i 的上游度指数，从而计算出单一产业在生产链上的加权平均位置：

$$U_i = 1 \frac{F_i}{Y_i} + 2 \frac{\sum_{j=1}^{n} a_{ij} F_j}{Y_i} + 3 \frac{\sum_{j=1}^{n} \sum_{k=1}^{n} a_{ik} a_{kj} F_j}{Y_i} + 4 \frac{\sum_{j=1}^{n} \sum_{k=1}^{n} \sum_{l=1}^{n} a_{il} a_{lk} a_{kj} F_j}{Y_i} + \cdots \qquad (8-4)$$

在式（8 - 4）中，$Y_i > 0$，$F_i \geq 0$，$0 \leq a_{ij} \leq 1$。显而易见，产业上游度指数 $U_i \geq 1$，上游度指数的大小反映了各产业在产业链中所处的位置，其值越大意味着产业处于产业链的相对上游环节，即越靠近产业链的中间投入端；反之，则处于产业链的相对下游环节，亦即越靠近最终使用端。位于产业链上游的产业以生产制造初级原材料为主，这些原材料产品作为中间投入沿着产业链流向下游，位于产业链下游的产业将其组装加工成最终产品并提供给最终消费者。

在式（8 - 4）中，分子等于 $N \times 1$ 阶的矩阵 $[I - A]^{-2}F$ 的第 i 个元素，A 为 $N \times N$ 矩阵，称为直接消耗系数矩阵，其 (i,j) 元素是 a_{ij}，F 为 $N \times 1$ 阶矩阵，其第 i 行的元素是 F_i。因为 $Y = [I - A]^{-1}F$，所以式（8 - 4）的分子可以化简为以 Y 表示的表达式：$[I - A]^{-1}Y$，其中，$[I - A]^{-1}$ 被称为列昂惕夫逆矩阵，Y 的第 i 行的元素是 Y_i。

法利（2012a）基于"将越多的产品销售给相对上游产业的产业自身越上游"的概念给出了以下线性系统的等式，定义产业 i 的上游度为 U_i：

$$U_i = 1 + \sum_{j=1}^{n} \frac{a_{ij}Y_j}{Y_i}U_j \qquad (8 - 5)$$

其基本思想是，当产业 i 被用于生产产业 j 时，产业 i 的上游度更高，即产业 i 在生产序列中处于更高的上游度位置。同样可知，$U_i \geq 1$。式（8 - 5）中 $a_{ij}Y_j/Y_i$ 可以根据投入产出表计算得到，此时测度各产业的上游度指数，相当于求解一个 N 元一次方程。为此，运用矩阵代数方法，可以将式（8 - 5）矩阵化为 $U = 1 + RU$，再化为 $U - RU = 1$，其中 U 为各产业上游度指数的向量，R 表示以 $a_{ij}Y_j/Y_i$ 为第 (i,j) 项元素的矩阵[1]，1 是元素都为 1 的列向量。则各产业上游度指数的解为：

$$U_i = [I - R]^{-1}1 \ 或 \ U_i = [I - R]^{-1} \times 1 \qquad (8 - 6)$$

式（8 - 6）是封闭状态下各产业的上游度指数。只有其中的矩阵 R 会发生变化，矩阵 R 第 i 行第 j 列的元素为：$a_{ij}Y_j/Y_i$。$a_{ij}Y_j/Y_i$（$r_{ij} = a_{ij} \cdot Y_j/Y_i$）可写成 $a_{ij} \cdot Y_j/Y_i$，反映的是 i 产业的分配关系，r_{ij} 称为 i 产业的直接分配系

---

[1]　在投入产出分析法中，一般称 $r_{ij} = a_{ij}Y_j/Y_i = x_{ij}/Y_i$ 为直接分配系数，即是指第 i 部门产品分配给 j 部门作为中间产品使用的数量占该种产品总产出量的比例。其中，r_{ij} 为 i 产品对 j 部门的分配系数；r_{ij} 为 i 产品分配给 j 部门作为中间产品使用的数量；Y_i 为 i 产品的总产出量。

数，是一种投入产出系数。上述计算过程没有考虑进出口贸易和存货的影响。

上述两种测度产业上游度的方法都包含一个特别基数，即任意两个生产阶段间的距离被假设为1，安特拉斯等（2012）证明这两种方法能够得出一致的结果，所计算出的上游度指标数值是相等的。

2. 开放经济体产业上游度测算方法

在开放状态下，需要考虑产业的进出口额和存货量（inventory）。当考虑国际贸易和存货时，需要对封闭状态下投入产出系数矩阵 R 进行调整，即需要调整 R 矩阵中的元素（投入产出系数）$a_{ij} \cdot Y_j/Y_i$。安特拉斯等（2012）对一国的进出口贸易和产业存货问题给出了投入产出系数的调整算法。在考虑存货变化的开放经济中，国内产业 i 的总产出 Y_i 可以表示为：

$$Y_i = F_i + Z_i = F_i + \sum_{j=1}^{n} a_{ij}Y_j + X_i - M_i + I_i \qquad (8-7)$$

其中，X_i 是 i 产业的出口量，M_i 是 i 产业的进口量，I_i 是 i 产业库存变化。此时式（8-5）可以调整为：

$$U_i = 1 + \sum_{j=1}^{n} \frac{a_{ij}Y_j + X_{ij} - M_{ij} + I_{ij}}{Y_i} U_j = 1 + \sum_{j=1}^{n} \delta_{ij}U_j \qquad (8-8)$$

$$\delta_{ij} = (a_{ij}Y_j + X_{ij} - M_{ij} + I_{ij})/Y_i \qquad (8-9)$$

其中，X_{ij} 为 i 产业产品出口中被国（地区）外 j 产业购买（使用）的价值（部分），M_{ij} 为 i 产业产品进口中被 j 产业购买（使用）的价值（部分），I_{ij} 为 i 产业产品被 j 产业购买并作为存货的价值（i 产业存货中 j 产业的使用部分）。然而，投入产出表中并没有给出进出口贸易和存货的产业层面的投入产出数据（国际产业间的进出口流量的精确统计数据通常难以获取），实际运算过程中 X_{ij}、M_{ij} 和 I_{ij} 一般难以获得。因此，根据安特拉斯等（2012）的研究，假定 i 产业产出中 j 产业的使用比例同 i 产业出口产品中 j 产业的使用比例，等于本国进口的 i 产业的产品中 j 产业的使用比例，也等于 i 产业存货中 j 产业的使用比例。表示如下：

$$\delta_{ij} = X_{ij}/X_i = M_{ij}/M_i = I_{ij}/I_i \qquad (8-10)$$

由式（8-10）可得：

$$X_{ij} = \delta_{ij} \cdot X_i \qquad (8-11)$$

$$M_{ij} = \delta_{ij} \cdot M_i \qquad (8-12)$$

$$I_{ij} = \delta_{ij} \cdot I_i \qquad (8-13)$$

把式（8-11）、式（8-12）、式（8-13）代入式（8-9），可得：

$$\delta_{ij} = \frac{a_{ij}Y_j}{Y_i - X_i + M_i - I_i} \qquad (8-14)$$

可以看出，调整后的投入产出系数为 $\delta_{ij} = a_{ij}[Y_j/(Y_i - X_i + M_i - I_i)]$。从封闭经济到开放经济，矩阵 R 中的投入产出系数（r_{ij}）从 $a_{ij} \cdot Y_j/Y_i$ 调整为 $a_{ij}[Y_j/(Y_i - X_i + M_i - I_i)]$。

利用式（8-14）调整后的投入产出系数 $\delta_{ij} = a_{ij}[Y_j/(Y_i - X_i + M_i - I_i)]$，构建投入产出系数矩阵 R（这时 R 是以 $a_{ij}Y_j/(Y_i - X_i + M_i - I_i)$ 为第（i,j）项元素的矩阵）代入式（8-6）便得出开放经济中产业 i 的上游度 U_i，即该产业与最终需求之间的距离。

（四）基础数据来源

在这部分，将利用前面介绍的产业链位置测算方法，利用投入产出表数据，测算中国流通产业上游度的演变状况，从而观察我国流通业在产业链上位置的动态变迁表现。本章所涉及的原始数据分别来自国家统计局颁布的《1997 年中国 40 部门投入产出表》《2002 年中国 42 部门投入产出表》《2007年中国 42 部门投入产出表》《2010 年中国 65 部门投入产出延长表》《2012年中国 42 部门投入产出表》《2012 年中国 139 部门投入产出表》《2012 年中国地区投入产出表（42 部门）》。由于 1997 年、2002 年、2007 年、2010 年、2012 年五个年份投入产出表中部门分类不同，因此，导致流通业包含的部门数目和名称也不相同。表 8-2 是五个年份投入产出表包含的流通业数目和名称的比较，从表 8-2 可以看出，只有 2002 年、2007 年和 2010 年三个年份的42 部门投入产出表流通业包含的部门数目和名称相同，其他三个投入产出表流通业包含的部门数目和名称则不尽相同。这些不同也为不同年份流通业细分产业的同一指标的比较带来了切实的不便，在处理这类问题时，本研究尽力遵循研究的科学性。

表 8-2　　　　　六个投入产出表包含的流通业数目和名称比较

《1997 年中国 40 部门投入产出表》	《2002 年中国 42 部门投入产出表》	《2007 年中国 42 部门投入产出表》	《2010 年中国 65 部门投入产出延长表》	《2012 年中国 42 部门投入产出表》	《2012 年中国 139 部门投入产出表》
货物运输及仓储业	交通运输及仓储业	交通运输及仓储业	交通运输及仓储业	交通运输、仓储和邮政	铁路运输
邮电业	邮政业	邮政业	邮政业		道路运输
旅客运输业					水上运输
					航空运输
					管道运输
					装卸搬运和运输代理
					仓储
					邮政
商业	批发和零售贸易业	批发和零售业	批发和零售业	批发和零售	批发和零售
饮食业	住宿和餐饮业	住宿和餐饮业	住宿和餐饮业	住宿和餐饮	住宿
					餐饮

四、中国流通业在产业链上位置动态变迁分析

(一) 封闭经济中流通业在产业链上位置的动态变迁

表 8-3 列出了五个年份封闭经济中中国流通业各细分产业上游度指数。交通运输及仓储业的上游度指数的平均值为 3.271395、邮政业的上游度指数的平均值为 3.054474、批发和零售业的上游度指数的平均值为 2.610200、住宿和餐饮业的上游度指数的平均值为 2.476141。流通业四个子产业的上游度指数落在 [2.476141，3.271395] 区间内，流通业服务在产业链上到达最终消费需求（最终消费者）需要 2.5～3.3 个生产环节，流通业的生产者服务业的特性比较明显。交通运输及仓储业、邮政业两个物流（客流）服务业的上游度在 [3，4] 区间内，批发和零售业、住宿和餐饮业两个商业服务业的

上游度在［2，3］区间内。流通业的四个细分产业中，交通运输和仓储业处于产业链的最上游环节，其次是邮政业，再次是批发和零售业，最后是住宿和餐饮业。交通运输及仓储业最靠近产业链的中间投入端，其次是邮政业，再次是批发和零售业，最后是住宿和餐饮业。

表8-3　　　　五个年份封闭经济中中国流通业各细分产业上游度指数

产业	1997年	2002年	2007年	2010年	2012年	平均值
货物运输及仓储业	3.470907					
邮电业	2.845654					
商业	2.736412					
饮食业	2.361857					
旅客运输业	2.265466					
交通运输及仓储业		3.005228	3.203276	3.605681		3.271395
邮政业		2.311673	3.197989	3.462823	3.245412（由139部门表计算得到）	3.054474
批发和零售贸易业		2.621427	2.506618	2.637309	2.675445（由42部门表计算得到）	2.610200
住宿和餐饮业		2.066840	2.538321	2.819430	2.479972	2.476141
交通运输、仓储和邮政					3.357531	

图8-2反映了在封闭经济中中国流通业各细分产业上游度变化趋势。在2002～2010年样本期内，交通运输及仓储业上游度呈上升趋势，在产业链上的位置向上游移动，越来越靠近产业链的中间投入端，对生产活动的服务能力逐步提升。在2002～2012年样本期内，邮政业上游度呈现倒"U"形变化趋势，在2010年达到最高，此后在产业链上的位置向下游移动，越来越向产业链的最终使用端靠近，对生产活动的服务功能逐步下降，对消费活动的服务功能逐步增强。这种变化与我国物流（包括快递）业快速发展，邮政业在经济和社会中的服务功能下降有关。在2002～2012年样本期内，批发和零售业上游度则呈现"U"形变化趋势，在2007年达到最低点，但是波动不大，此后产业上游度上升，在产业链上的位置向上游移动，越来越靠近产业链的中间投入端，对生产活动的服务能力逐步提升。在2002～2012年样本期内，

住宿和餐饮业上游度呈现倒"U"形变化趋势，在 2010 年达最高点，此后在产业链上的位置向下游移动，越来越靠近产业链的最终使用端，对消费活动的服务功能逐步增强，而对生产活动的服务功能逐步下降。

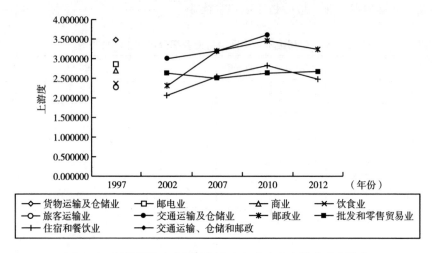

图 8 - 2   封闭经济中中国流通业各细分产业上游度动态演变

（二）开放经济中流通业在产业链上位置的动态变迁

表 8 - 4 列出了五个年份开放经济中中国流通业各细分产业的上游度指数。交通运输及仓储业的上游度指数的平均值为 3.551784、邮政业的上游度指数的平均值为 3.164399、批发和零售业的上游度指数的平均值为 3.018485、住宿和餐饮业的上游度指数的平均值为 2.543529。流通业四个子产业的上游度指数落在 ［2.543529，3.551784］ 区间内，在开放经济中流通业服务在产业链上到达最终消费需求（最终消费者）需要 2.5 ~ 3.5 个生产环节，到最终消费的平均距离拉长，平均生产环节拉长，流通业的生产者服务业特性更加明显。交通运输及仓储业、邮政业两个物流（客流）服务业的上游度在 ［3，4］ 区间内，批发和零售业的上游度在 ［3，4］ 区间内，住宿和餐饮业的上游度在 ［2，3］ 区间内。在开放经济中，流通业的四个细分产业中，交通运输和仓储业仍然处于产业链的最上游环节，其次是邮政业，再次是批发和零售业，最后仍然是住宿和餐饮业。在开放经济中，交通运输和仓储业仍然最靠近产业链的中间投入端，其次是邮政业，再次是批发和零售

业，最后仍然是住宿和餐饮业。可以看出，无论是在开放经济中还是在封闭经济中，流通业四个细分产业的最基本的服务业特性没有发生变化。

表8-4　　　五个年份开放经济中中国流通业各细分产业上游度指数

产业	1997年	2002年	2007年	2010年	2012年	平均值
货物运输及仓储业	3.818026					
邮电业	3.009840					
商业	3.135897					
饮食业	2.498939					
旅客运输业	2.448989					
交通运输及仓储业		3.231936	3.627806	3.795611		3.551784
邮政业		2.395620	3.435962	3.588506	3.237507（由139部门表计算得到）	3.164399
批发和零售贸易业		2.961824	2.938520	3.033363	3.140233（由42部门表计算得到）	3.018485
住宿和餐饮业		2.163842	2.672597	2.860523	2.477155	2.543529
交通运输、仓储和邮政				3.539775		

图8-3反映了在开放经济中中国流通业各细分产业上游度的变化趋势。在2002~2010年样本期内，交通运输及仓储业上游度也呈上升态势，在产业链上的位置也向上游移动，即越来越靠近产业链的中间投入端，对全球生产活动的服务能力也表现为逐步提升。在2002~2012年样本期内，邮政业上游度也是呈现倒"U"形变化趋势，也在2010年达到最高点，此后在产业链上的位置便向下游移动，越来越靠近产业链的最终使用端，对生产活动的服务功能逐步下降，对消费活动的服务功能逐步提升。

在2002~2012年样本期内，批发和零售业上游度也呈现"U"形变化趋势，只是"U"形的左边较短，在2007年即达到最低点，此后产业上游度上升，在产业链上的位置向上游移动，越来越靠近产业链的中间投入端，对生产活动的服务能力逐步提升。但是批发和零售业上游度的波动并不大，明显地要小于交通运输及仓储业和邮政业两个物流服务业。在2002~2012年样本

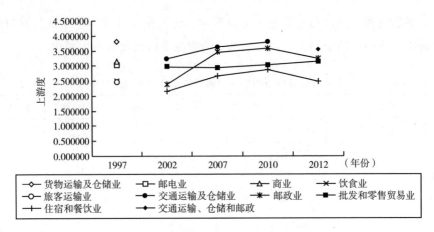

图 8 - 3   开放经济中中国流通业各细分产业上游度动态演变

期内，住宿和餐饮业上游度也呈现倒"U"形变化态势，也在 2010 年达到最高点，此后在产业链上的位置趋向下游，向产业链最终使用端靠近，对消费活动的服务功能逐步增强，对生产活动的服务功能逐步下降。

（三）两类经济体系中流通业在产业链上位置动态变迁的比较

1. 流通业各细分产业开放经济中上游度指数与封闭经济中上游度指数的比较及开放经济中上游度指数与净出口的关系

从封闭经济体系到开放经济体系，$U_i = [I - R]^{-1}1$ 中 R 矩阵的元素由 $r_{ij} = a_{ij} \cdot Y_j / Y_i$ 调整为 $r_{ij} = a_{ij} Y_j / (Y_i - X_i + M_i - I_i)$，从 $r_{ij} = a_{ij} Y_j / [Y_i - (X_i - M_i) - I_i]$ 可知，净出口 $(X_i - M_i)$ 和 I_i 增加为正数，r_{ij} 会变大，从而 $U_i = [I - R]^{-1}1$ 会变大。这种变化的经济学意义是：净出口为正数，表明 i 产业存在着净出口，总产出中的净出口部分会部分形成国外的中间投入品，从而会使 U_i 变大；I_i 增加为正数，表明 i 产业增加的存货也会部分形成国内的中间投入品，从而会使 U_i 变大。表 8 - 5 是四个年份流通业各细分产业净出口量与存货增加情况。邮政业在 2010 年投入产出延长表中出现了净出口为负的情况（即表现为净进口）。2010 年投入产出延长表和 2012 年投入产出表显示，住宿和餐饮业服务也存在着净进口。四个投入产出表都显示，交通运输及仓储业、批发和零售业一直存在着净出口。除 2010 年外，其他三个投入产出表中交通运输及仓储业、批发和零售业的存货增加都显示为正数，邮政业和交通运输及仓储业的存货增加数据一直显示为0。

表8-5　　　四个年份流通业各细分产业净出口量与存货增加情况

	X_i（出口）	M_i（进口）	净出口（$X_i - M_i$）	存货增加（I_i）
2002 年				
交通运输及仓储业	14164689	2723030	11441659	424044
邮政业	354137	196872	157265	0
批发和零售贸易业	25333495	0	25333495	1385486
住宿和餐饮业	3545279	37981	3507298	0
2007 年				
交通运输及仓储业	39829759	10631808	29197951	259670
邮政业	485691	407114	78577	0
批发和零售业	40075644	0	40075644	1027192
住宿和餐饮业	7365234	5233456	2131778	0
2010 年				
交通运输及仓储业	36963221	16928136	20035085	0
邮政业	511140	539824	− 28684	0
批发和零售业	67141887	0	67141887	0
住宿和餐饮业	6302405	7549573	− 1247169	0
2012 年				
批发和零售	117731419	0	117731419	8760285
交通运输、仓储和邮政	56946262	32662159	24284103	2999268
住宿和餐饮	5654922	11526917	− 5871996	0
邮政业	385538	279827	105712	0

　　表8-6是开放经济体系和封闭经济体系下流通业各细分产业上游度指数变化及其与净出口、存货增加的关系。可以看出，交通运输及仓储业、批发和零售业开放经济下的上游度指数稳定且明显地大于其封闭经济体系下的上游度指数，这说明，在开放经济体系下这两个产业在产业链上的位置相对于其在封闭经济体系下显著地向产业链上游移动，即越来越靠近产业链的中间投入端。邮政业、住宿和餐饮业开放经济下的上游度指数也基本上明显地大于其封闭经济体系下的上游度指数，这说明，在开放经济体系下这两个产业在产业链上的位置相对于其在封闭经济体系下显著地向产业链上游移动，越来越靠近产业链的中间投入端。在2002～2012年样本期内，从封闭经济体系

到开放经济体系，交通运输及仓储业、批发和零售业上游度指数上涨幅度（平均值分别为 8.57% 和 15.64%）要明显地大于邮政业、住宿和餐饮业（平均值分别为 3.60% 和 2.72%），这说明交通运输及仓储业、批发和零售业参与国际分工的广度和深度都要远远地大于邮政业、住宿和餐饮业。从这四个产业的进出口量来看，邮政业、住宿和餐饮业的进出口量相比于交通运输及仓储业、批发和零售业也不在一个量级上。当然，这也是由这些产业的服务对象与服务特性决定的，邮政业、住宿和餐饮业的输出与输入性毕竟都要远远地低于交通运输及仓储业、批发和零售业。

表 8-6　流通业各细分产业开放经济中上游度指数与封闭经济中上游度
指数的比较及开放经济中上游度指数与净出口、存货增加的关系

产业	2002 年	2007 年	2010 年	2012 年	平均值
交通运输及仓储业（封闭）	3.005228	3.203276	3.605681		3.271395
交通运输及仓储业（开放）	3.231936	3.627806	3.795611		3.551784
上游度变化	↑7.54%	↑13.25%	↑5.27%		↑8.57%
净出口值	+	+	+		
存货增加	+	+			
邮政业（封闭）	2.311673	3.197989	3.462823	3.245412	3.054474
邮政业（开放）	2.395620	3.435962	3.588506	3.237507	3.164399
上游度变化	↑3.63%	↑7.44%	↑3.63%	↓ -0.24%	↑3.60%
净出口值	+	+	-	+	
存货增加					
批发和零售贸易业（封闭）	2.621427	2.506618	2.637309	2.675445	2.610200
批发和零售贸易业（开放）	2.961824	2.938520	3.033363	3.140233	3.018485
上游度变化	↑12.99%	↑17.23%	↑15.02%	↑17.37%	↑15.64%
净出口值	+	+	+	+	
存货增加	+	+		+	
住宿和餐饮业（封闭）	2.066840	2.538321	2.819430	2.479972	2.476141
住宿和餐饮业（开放）	2.163842	2.672597	2.860523	2.477155	2.543529
上游度变化	↑4.69%	↑5.29%	↑1.46%	↓ -0.11%	↑2.72%
净出口值	+	+	-	-	
存货增加					

鉴于存货增加与净出口对产业上游度值的影响方向相同，而且存货增加的数据缺失严重，因此，下面仅考察开放经济中四个产业上游度指数与净出口的关系。从表8-6可以看出，参与国际分工广度和深度较大、可贸易性较强的交通运输及仓储业、批发和零售业，净出口增加对它们上游度指数的上升影响较大，其净出口变化方向与上游度变化方向是相同的；参与国际分工广度和深度相对较小、可贸易性相对较弱的邮政业、住宿和餐饮业，净出口增加对它们上游度指数的上升影响相对较小，虽然其净出口变化方向与上游度变化方向基本相同，但也出现了部分年份相反情况。邮政业2012年净出口值为正（+），但其开放经济下上游度相对于封闭经济下上游度却略微下降（↓，-0.24%），2010年净出口值为负（-），但其开放经济下上游度相对于封闭经济下上游度却明显上升（↑，3.63%）。住宿和餐饮业2010年净出口值为负（-），但其开放经济下上游度相对于封闭经济下上游度却稍稍上升（↑，1.46%）。这说明两个产业净进口变化（正或负）通过直接中间投入对其上游度变化（上升或下降）的影响要小于通过间接中间投入对其上游度变化的影响，而且这两个产业净进口变化（正或负）通过间接中间投入对其上游度变化的影响方向（下降或上升）与通过直接中间投入对其上游度变化的影响方向（上升或下降）相反。

2. 开放经济体系和封闭经济体系中流通业各细分产业上游度指数增长（上升）速度及其时序比较和体系间比较

表8-7是开放经济体系中和封闭经济体系中流通业各细分产业上游度指数增长速度及其时序比较和体系间比较。2007年与2002年相比较，交通运输及仓储业、邮政业、住宿和餐饮业三个流通业细分产业开放经济中的上游度指数和封闭经济中的上游度指数都是明显上升的，这主要是因为随着我国经济体制改革，上述三个细分产业越来越多地参与国内生产过程（活动），并且随着我国加入世贸组织和扩大对外开放，这三个细分产业也越来越多地融入全球产业链，越来越多地参与全球生产过程与环节。2007年与2002年相比较，交通运输及仓储业、邮政业、住宿和餐饮业三个流通业细分产业开放经济中的上游度指数上升速度都明显地大于其各自封闭经济中上游度指数上升速度，主要是因为在2002~2007年这一时期，中国刚刚加入世界贸易组织，经济快速发展，产业参与国际分工的广度和深度都在提高，产业提供的服务产品越来越多地通过出口形成国（地区）外产业的中间投入品，导致开

放经济中的产业上游度指数上升速度较快。这一时期，对外出口对交通运输及仓储业、邮政业、住宿和餐饮业上游度指数提升贡献明显。

2007 年与 2002 年相比，批发和零售业的开放经济上游度指数和封闭经济上游度指数都是下降的，这主要是因为，我国批发和零售业是最早改革和向国（地区）外开放的服务业，受国（地区）外大型跨国（地区）零售商竞争的冲击较大，在这一时期，我国批发和零售业实际上处于发展滑坡阶段，在国内参与生产过程（活动）的程度和水平都在降低，在全球产业链上的位置也在下降。但是，这一时期，批发和零售业开放经济上游度指数下降的速度（-0.79%）明显低于封闭经济上游度指数下降的速度（-4.38%），这便说明加入世界贸易组织、对外开放和扩大服务产品出口（2002 年净出口 25333495 万元，2007 年净出口 40075644 万元）对阻止批发和零售业上游度指数下降作用比较显著。

2010 年与 2007 年相比，交通运输及仓储业、邮政业、批发和零售业、住宿和餐饮业四个流通业细分产业开放经济中的上游度指数和封闭经济中的上游度指数都是显著上升的，这主要是因为从 2007~2010 年上述四个细分产业参与国内生产过程（活动）的程度和水平是在上升的，为国内产业链提供越来越多的中间品，而且参与国际分工的程度与水平也是在上升的，也为全球产业链提供越来越多的中间品。2010 年与 2007 年相比较，交通运输及仓储业、邮政业、批发和零售业、住宿和餐饮业四个流通业细分产业开放经济中的上游度指数上升速度都明显地小于其各自封闭经济中的上游度指数上升速度，主要是因为 2010 年全球经济处于 2008 年美国次贷危机引起的宏观经济严重下行期，全球供应链扩张速度大幅放缓，新兴市场国家劳动力成本上升和跨国生产活动内包（onshoring）缩短了全球价值链，非关税壁垒也增加了贸易成本，抑制了全球价值链扩张。这一时期，中国出口增速下滑，出口对产业上游度提升的贡献下降。

2012 年与 2010 年相比较，邮政业、住宿和餐饮业两个细分产业开放经济中的上游度指数和封闭经济中的上游度指数都是明显下降的，这主要是因为 2012 年相对于 2010 年宏观经济仍然持续下行，国内生产活动、生产过程和生产环节对邮政业、住宿和餐饮业两个细分产业服务产品的需求下降，产业系统对这两个产业的中间品需求下降。此外，由于在全球宏观经济严重下行时期，出口增速明显放缓，从而引起全球产业链上产业对我国邮政业、住宿和餐饮业产品的中间需求增速明显下滑。2012 年与 2010 年相比，邮政业、住宿和餐饮业两个细分产业，开放经济中的上游度指数下降速度都明显地大于其各自封闭经济中的上游度指数下降速度，这说明在中国产业整体正在从产业链下游向上游移动的背景下，全球经济增速普遍和严重放缓，中国服务贸易出口增速显著下降对邮政业、住宿和餐饮业这两个产业开放经济体系下的上游度的影响较大。

2012 年与 2010 年相比较，批发和零售业开放经济中的上游度指数是明显上升的（3.52%），而封闭经济中的上游度指数则呈现小幅上升（1.45%）。批发和零售业开放经济中的上游度指数上升较明显，主要是因为2010～2012 年批发和零售业服务贸易净出口增幅比较明显（从 67141887 万元到 117731419 万元）。在全球贸易中，中间商品和服务贸易明显上升，约60% 的全球贸易来自中间商品，中国批发和零售业也高度参与到全球价值链中。批发和零售业封闭经济中的上游度指数表现为小幅上升，可以看出我国批发和零售业生产者服务业特性较为明显，也反映出我国批发和零售业经过调整与恢复，尤其是电子商务新零售业态较快发展，内生产业成长能力已逐步形成。2012 年与 2010 年相比，批发和零售业开放经济中的上游度指数上升速度明显地快于其封闭经济中的上游度指数上升速度，这主要是因为，我国批发和零售业经济体制改革与市场化较早，对外开放也较早较彻底，因而，尽管全球宏观经济处于下行期，但是我国批发和零售业参与全球分工的格局未改变，批发和零售业越来越融入全球产业链中去。

表 8-7   两类经济体系中流通业各细分产业上游度指数增长速度及其时序比较和体系间比较

产业	2002 年	2007 年	2010 年	2012 年	2007 年与2002 年比较	2010 年与2007 年比较	2012 年与2010 年比较
交通运输及仓储业（封闭）	3.005228	3.203276	3.605681		↑6.59%	↑12.56%	
交通运输及仓储业（开放）	3.231936	3.627806	3.795611		↑12.25%	↑4.63%	
邮政业（封闭）	2.311673	3.197989	3.462823	3.245412	↑38.34%	↑8.28%	↓-6.28%
邮政业（开放）	2.395620	3.435962	3.588506	3.237507	↑43.43%	↑4.44%	↓-9.78%
批发和零售贸易业（封闭）	2.621427	2.506618	2.637309	2.675445	↓-4.38%	↑5.21%	↑1.45%

产业	2002 年	2007 年	2010 年	2012 年	2007 年与2002 年比较	2010 年与2007 年比较	2012 年与2010 年比较
批发和零售贸易业（开放）	2.961824	2.938520	3.033363	3.140233	↓ -0.79%	↑3.23%	↑3.52%
住宿和餐饮业（封闭）	2.066840	2.538321	2.819430	2.479972	↑22.81%	↑11.07%	↓ -12.04%
住宿和餐饮业（开放）	2.163842	2.672597	2.860523	2.477155	↑23.51%	↑7.03%	↓ -13.40%

（四）两类经济体系中流通业细分产业上游度增长（上升）速度及其产业间差异

1. 封闭经济体系中流通业细分产业上游度增长（上升）速度及其产业间差异

图 8 - 4 是封闭经济中流通业四个细分产业上游度的增长速度曲线。在 2002～2010 年样本期内，封闭经济中交通运输及仓储业的上游度增长速度呈现上升趋势。在 2002～2012 年样本期内，封闭经济中邮政业的上游度增长速度呈现下降趋势。在 2002～2012 年样本期内，封闭经济中批发和零售业的上游度变化速度呈现先上升后下降趋势，最高点在 2010 年。在 2002～2012 年样本期内，封闭经济中住宿和餐饮业的上游度增长速度呈现下降趋势。所以总体来看，在封闭经济中，交通运输及仓储业上游度增长速度呈上升态势，邮政业、住宿和餐饮业两个细分产业的上游度增长速度呈下降态势，而批发和零售业的上游度增长速度呈现波动态势。

2007 年，封闭经济中流通业细分产业上游度增长速度（2007 年与 2002 年比较）的产业差异表现为：邮政业 > 住宿和餐饮业 > 交通运输及仓储业 > 批发和零售业。2010 年，封闭经济中流通业细分产业上游度增长速度（2010 年与 2007 年比较）的产业差异表现为：交通运输及仓储业 > 住宿和餐饮业 > 邮政业 > 批发和零售业。2012 年，封闭经济中流通业细分产业上游度增长速度（2012 年与 2010 年比较）的产业差异表现为：批发和零售业 > 邮政业 >

住宿和餐饮业。从图8-4曲线波动情况可以看出，在封闭经济体系中，交通运输及仓储业、批发和零售业两个细分产业系统相对稳定，在国内产业链上的位置波动速度相对较小，而邮政业、住宿和餐饮业两个细分产业系统较不稳定，在国内产业链上的位置波动速度较大。

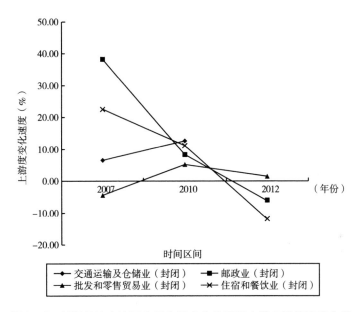

图8-4　封闭经济中流通业四个子产业分区间上游度增长速度曲线

2. 开放经济体系中流通业细分产业上游度增长（上升）速度及其产业间差异

图8-5是开放经济中流通业四个细分产业上游度的增长速度曲线。在2002~2010年样本期内，开放经济中交通运输及仓储业的上游度增长速度呈现下降趋势。在2002~2012年样本期内，开放经济中邮政业的上游度增长速度呈现下降趋势。在2002~2012年样本期内，开放经济中批发和零售业的上游度增长速度呈现上升趋势。在2002~2012年样本期内，开放经济中住宿和餐饮业的上游度增长速度呈现下降趋势。总体来看，在开放经济全球宏观经济下行的背景下，交通运输及仓储业的上游度增长速度呈现下降态势；开放经济中邮政业、住宿和餐饮业两个产业的上游度增长速度呈下降态势；开放经济中批发和零售业的产业上游度增长速度呈上升态势。

　　2007 年，开放经济中流通业细分产业上游度增长速度（2007 年与 2002 年比较）的产业差异表现为：邮政业＞住宿和餐饮业＞交通运输及仓储业＞批发和零售业。2010 年，开放经济中流通业细分产业上游度增长速度（2010 年与 2007 年比较）的产业差异表现为：住宿和餐饮业＞交通运输及仓储业＞邮政业＞批发和零售业。2012 年，开放经济中流通业细分产业上游度增长速度（2012 年与 2010 年比较）的产业差异表现为：批发和零售业＞邮政业＞住宿和餐饮业。从图 8－5 曲线波动情况可以看出，在开放经济体系中，交通运输及仓储业、批发和零售业两个细分产业系统相对稳定，在全球产业链上的位置波动速度相对较小，而邮政业、住宿和餐饮业两个细分产业系统较不稳定，在全球产业链上的位置波动速度较大。

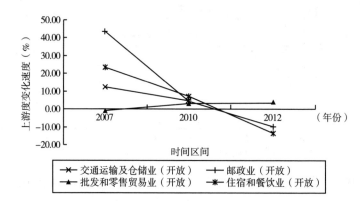

图 8－5　开放经济中流通业四个子产业分区间上游度增长速度曲线

　　从前面分析知道，在封闭经济体系中，流通业四个细分产业三组上游度增长速度按降序排序产业顺序分别为：邮政业、住宿和餐饮业、交通运输及仓储业、批发和零售业（2007 年）；交通运输及仓储业、住宿和餐饮业、邮政业、批发和零售业（2010 年）；批发和零售业、邮政业、住宿和餐饮业（2012 年）。在开放经济体系中，流通业四个细分产业三组上游度增长速度按降序排序产业顺序分别为：邮政业、住宿和餐饮业、交通运输及仓储业、批发和零售业（2007 年）；住宿和餐饮业、交通运输及仓储业、邮政业、批发和零售业（2010 年）；批发和零售业、邮政业、住宿和餐饮业（2012 年）。由此可以看出，在封闭经济体系中与在开放经济体系中流通业细分产业上游度增长速度的产业排序基本相同，其产业间差异也基本相似。

3. 流通业四个细分产业在封闭经济体系中和在开放经济体系中的上游度增长速度变化趋势比较

图8－6是开放经济与封闭经济中交通运输及仓储业上游度增长速度曲线。交通运输及仓储业开放经济中的上游度增长速度变化趋势与封闭经济中的上游度增长速度变化趋势方向是相反的。封闭经济中的上游度增长速度变化趋势是上升的，说明交通运输及仓储业在国内产业链上的位置向上游移动速度加快，交通运输及仓储业在国内产业系统中服务生产过程的功能和能力逐步增强，这种变化是在国内经济系统中内生形成的。开放经济中的上游度增长速度变化趋势是下降的，说明交通运输及仓储业在全球产业链上的位置向上游移动速度放慢，这种变化受国际宏观经济影响较大，尤其在全球宏观经济下行时期产品和服务出口增速急剧下滑，中间品出口贸易增速也急剧下滑。

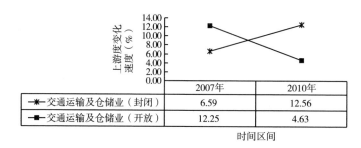

	2007年	2010年
—＊— 交通运输及仓储业（封闭）	6.59	12.56
—■— 交通运输及仓储业（开放）	12.25	4.63

时间区间

图8－6　开放经济与封闭经济中交通运输及仓储业上游度增长速度曲线

图8－7是开放经济与封闭经济中邮政业上游度增长速度曲线。邮政业开放经济中的上游度增长速度变化趋势与封闭经济中的上游度增长速度变化趋势方向是相同的。在两种经济体系中，邮政业的上游度增长速度变化趋势都是下降的。封闭经济中上游度增长速度变化趋势下降，说明邮政业在国内产业链上的位置向上游移动速度放缓，邮政业在国内产业系统中服务生产过程的作用和能力提升放慢，这种变化也反映出邮政业在这一时期发展衰落的事实。开放经济中的上游度增长速度变化趋势是下降的，说明邮政业在全球产业链上的位置向上游移动速度放慢，这种变化也受国际宏观经济的影响，因为全球宏观经济下行，产品和服务出口增速下降，中间品出口贸易增速下滑。但是，邮政业封闭经济中和开放经济中上游度增长速度变化趋势一致，说明

邮政业受国（地区）外经济波动影响较小。

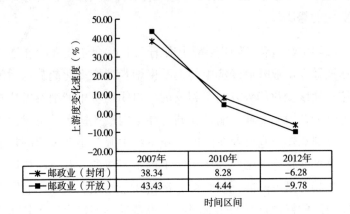

图8-7 开放经济与封闭经济中邮政业上游度增长速度曲线

图8-8是开放经济与封闭经济中批发和零售业上游度增长速度曲线。批发和零售业开放经济中的上游度增长速度变化趋势与封闭经济中的上游度增长速度变化趋势方向是不同的。封闭经济中上游度增长速度变化趋势是先上升后下降，说明批发和零售业在国内产业链上的位置向上游移动速度存在着波动。尽管批发和零售业在国内产业系统中服务生产过程的功能和能力在逐步增强，但是这种变化受国内宏观经济影响较大，受国内产业系统的影响较大。

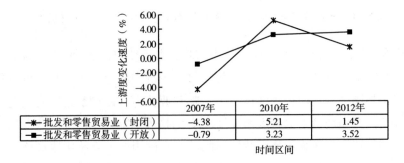

图8-8 开放经济与封闭经济中批发和零售业上游度增长速度曲线

开放经济中上游度增长速度变化趋势是上升的，说明批发和零售业在全球产业链上的位置向上游移动速度加快，这种变化受已经形成的全球产业分工格局影响较大，受短期国际宏观经济影响反而较小。批发和零售业是我国最早经受经济体制改革和对外开放冲击的服务业，较早地融入了全球经济，参与国际分工较深。批发和零售业封闭经济中上游度增长速度曲线较陡峭，说明其上游度增长速度波动幅度较大，受国内宏观经济影响较大。批发和零售业开放经济中上游度增长速度曲线较平缓，说明其上游度增长速度波动幅度较小，受全球宏观经济波动的影响较小。批发和零售业两种经济体系中上游度增长速度变化趋势不同，说明批发和零售业受全球产业分工格局的影响较大，受全球产业链分工规律的作用更大。

图8-9是开放经济与封闭经济中住宿和餐饮业上游度增长速度曲线。住宿和餐饮业开放经济中的上游度增长速度变化趋势与封闭经济中的上游度增长速度变化趋势方向是相同的。在两种经济体系中，住宿和餐饮业的上游度增长速度变化趋势都是下降的。封闭经济中上游度增长速度变化趋势下降，说明住宿和餐饮业在国内产业链上的位置向上游移动速度放缓，住宿和餐饮业在国内产业系统中服务生产过程的功能和能力提升放慢，这种变化也反映了住宿和餐饮业在这一时期受国内宏观经济下行影响的事实。

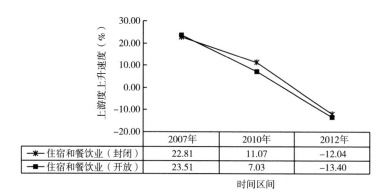

	2007年	2010年	2012年
✳ 住宿和餐饮业（封闭）	22.81	11.07	-12.04
■ 住宿和餐饮业（开放）	23.51	7.03	-13.40

时间区间

图8-9 开放经济与封闭经济中住宿和餐饮业上游度增长速度曲线

开放经济中的上游度增长速度变化趋势是下降的，说明住宿和餐饮业在全球产业链上的位置向上游移动速度放缓，这种变化受国际宏观经济的影响，这一时期全球宏观经济下行，产品和服务出口增速下降，中间品出口贸易增速下降。但是，封闭经济中和开放经济中住宿和餐饮业的上游度增长速度变化趋势一致，这说明住宿和餐饮业受国（地区）外经济波动影响较小，受国内宏观经济波动的影响较大，受其自身发展阶段特征的影响较大。而且，随着我国居民收入水平提高，消费结构升级，生活质量提升，住宿和餐饮在产业链上向上游移动的速度会放缓。

五、本章小结

虽然本章结构较简单，但是其内容相对琐细，因此，在这一部分本章小结里仅仅概述最重要的结论。在封闭经济中，流通业在产业链上位置的动态变迁表现出如下特征：①在 2002～2010 年样本期内，交通运输及仓储业上游度呈上升趋势，在产业链上的位置向上游移动，越来越靠近产业链的中间投入端，对生产活动的服务能力逐步提升。②在 2002～2012 年样本期内，邮政业上游度呈现倒 "U" 形变化趋势，在 2010 年达到最高，此后在产业链上的位置向下游移动，越来越向产业链的最终使用端靠近，对生产活动的服务功能逐步下降，对消费活动的服务功能逐步增强。③在 2002～2012 年样本期内，批发和零售业上游度则呈现 "U" 形变化趋势，在 2007 年达到最低点，但是波动不大，此后产业上游度上升，在产业链上的位置向上游移动，越来越靠近产业链的中间投入端，对生产活动的服务能力逐步提升。④在 2002～2012 年样本期内，住宿和餐饮业上游度呈现倒 "U" 形变化趋势，在 2010 年达最高点，此后在产业链上的位置向下游移动，越来越靠近产业链的最终使用端，对消费活动的服务功能逐步增强，而对生产活动的服务功能逐步下降。

开放经济中流通业在产业链上位置的动态变迁表现出以下特征：①在 2002～2010 年样本期内，交通运输及仓储业上游度也呈上升态势，在产业链上的位置也向上游移动，即越来越靠近产业链的中间投入端，对全球生产活动的服务能力也表现为逐步提升。②在 2002～2012 年样本期内，邮政业上游度也是呈现倒 "U" 形变化趋势，也在 2010 年达到最高点，此后在产业链上的位置便向下游移动，越来越靠近产业链的最终使用端，对生产活动的服务功能逐步下降，对消费活动的服务功能逐步提升。③在 2002～2012 年样本期内，批发和零售业上游度也呈现 "U" 形变化趋势，只是 "U" 形的左边较短，在 2007 年即达到最低点，此后产业上游度上升，在产业链上的位置向上游移动，越来越靠近产业链的中间投入端，对生产活动的服务能力逐步提升。但是批发和零售业上游度的波动并不大，明显地要小于交通运输及仓储业和邮政业两个物流服务业。④在 2002～2012 年样本期内，住宿和餐饮业上游度也呈现倒"U"形变化态势，也在 2010 年达到最高点，此后在产业链上的位置趋向下游，向产业链最终使用端靠近，对消费活动的服务功能逐步增强，对生产活动的服务功能逐步下降。通过本章研究可以发现，我国流通产业在产业链上的位置（上游度）变迁表现出较强的规律性，呈现出一定的理论高度，具有较有意义的理论价值，对于指导我国流通产业发展实践，促进我国流通产业健康、快速和可持续成长，具有较好的现实意义。

第九章

中国流通业在产业链上位置的
地区比较

——基于行业上游度测算视角*

本章研究有助于对我国流通服务业在产业链上位置的地区差异也有一个整体认识。在本研究中中国 31 个省区市被分为东部、中部和西部三个地区。东部地区包括 11 个省市，分别为：北京、天津、河北、辽宁、上海、江苏、浙江、福建、山东、广东、海南。中部地区包括 8 个省，分别为：山西、吉林、黑龙江、安徽、江西、河南、湖北、湖南。西部地区包括 12 个省区市，分别为：四川、重庆、贵州、云南、西藏、陕西、甘肃、青海、宁夏、新疆、广西、内蒙古。

前面研究中分析了流通业子产业的上游度，通过上游度的大小判断流通业在产业链上的位置。一般来讲，一个产业生产的产品中作为中间产品的部分会分配流入产业系统中的各个产业的生产过程中去，因此，根据上游度测算理论，可以计算出产业系统中各产业对这一产业上游度的"贡献"，即可把上游度"分解"到产业系统中各个产业中去。为了观察具有相似属性的大类产业对流通业的中间品需求情况，或者说流通业对具有相似属性的大类产业的中间产品供给和分配情况，这里把投入产出表中的 42 个部门归类为三大类，即农业（a）、工业与建筑业（m）、服务业（s）。

在这一部分的研究中，首先要把流通业 3 个子产业的上游度分解到农业、工业与建筑业、服务业三个大类产业中去，即 $U_i = U_{ia} + U_{im} + U_{is}$，其中，$U_i$ 表示流通业 3 个子产业的上游度，U_{ia}、U_{im}、U_{is} 分别表示流通业 3 个子产业的

---

* 本章主要内容已经发表在《产业组织评论》杂志 2019 年第 2 期。

上游度分解到农业、工业与建筑业、服务业中的部分；然后分别计算流通业3个子产业上游度分别分配（分解）到农业、工业与建筑业、服务业三个大类产业中去的比例，即农业分配占比（U_{ia}/U_i）、工业与建筑业分配占比（U_{im}/U_i）、服务业分配占比（U_{is}/U_i）。

一、封闭经济中东中西部地区流通业在产业链上位置差异

（一）封闭经济中东中西部地区交通运输、仓储和邮政业在产业链上位置差异

表9－1是封闭经济中东中西部三大地区交通运输、仓储和邮政业上游度在农业、工业与建筑业、服务业三个大类产业上的分解情况及交通运输、仓储和邮政业产品对三个大类产业的中间投入品分配比例。由表9－1可以看出，交通运输、仓储和邮政业上游度地区差异表现为：东部地区（3.580991）＞中部地区（3.470184）＞全国整体（3.357531）＞西部地区（2.808561）。这也就说明，东部地区各省市交通运输、仓储和邮政业在产业链上的平均位置要比中部地区在产业链更上游位置，中部地区平均位置要比全国整体在产业链更上游位置，全国整体位置要比西部地区在产业链更上游位置。东部地区，山东交通运输、仓储和邮政业在产业链上位置最高，海南在产业链上位置最低。中部地区，江西交通运输、仓储和邮政业在产业链上位置最高，山西在产业链上位置最低。西部地区，甘肃交通运输、仓储和邮政业在产业链上位置最高，内蒙古在产业链上位置最低。

一般来讲，工业与建筑业生产链条多、生产环节多，因此交通运输、仓储和邮政业产品作为中间品投入工业和建筑业的比例越大，即工业与建筑业分配占比越高，交通运输、仓储和邮政业在产业链上的位置可能越高，上游度可能越大。表9－1中的数据大部分呈现出这一规律，但有些省区市则出现了波动，因此，经验数据能够部分（并非完全）地反映出这一弱规律，主要是因为工业和建筑业、服务业两个大类产业都包含很多子产业，而各省区市这两个大类产业的结构不尽相同。

表9-1 封闭经济中东中西部地区交通运输、仓储和邮政业上游度分解
及分配占比（2012年基准年度）

省区市	上游度（U_i）	分解到农业中的部分（U_{ia}）	分解到工业与建筑业中的部分（U_{im}）	分解到服务业中的部分（U_{is}）	农业分配占比（%）	工业与建筑业分配占比（%）	服务业分配占比（%）
山东	4.571571	0.078460	2.979142	1.513969	1.72	65.17	33.12
浙江	4.271403	0.024449	2.352924	1.894031	0.57	55.09	44.34
江苏	4.093679	0.042962	2.239496	1.811221	1.05	54.71	44.24
福建	3.892092	0.073353	2.494175	1.324564	1.88	64.08	34.03
辽宁	3.864949	0.072173	2.223092	1.569684	1.87	57.52	40.61
上海	3.589015	0.005876	0.981702	2.601437	0.16	27.35	72.48
北京	3.475816	0.016927	1.171136	2.287754	0.49	33.69	65.82
广东	3.339376	0.027698	1.716661	1.595018	0.83	51.41	47.76
天津	2.817364	0.015149	1.143184	1.659031	0.54	40.58	58.89
河北	2.768021	0.049492	1.359416	1.359113	1.79	49.11	49.10
海南	2.707611	0.123506	0.876168	1.707937	4.56	32.36	63.08
东部平均	**3.580991**	**0.048186**	**1.776100**	**1.756705**	**1.41**	**48.28**	**50.32**
江西	5.755376	0.102225	3.781952	1.871199	1.78	65.71	32.51
吉林	3.949437	0.098299	2.174620	1.676518	2.49	55.06	42.45
安徽	3.756271	0.118159	1.964792	1.673320	3.15	52.31	44.55
河南	3.720791	0.078221	2.181757	1.460813	2.10	58.64	39.26
湖南	3.322450	0.100454	1.506449	1.715548	3.02	45.34	51.64
黑龙江	2.808783	0.152790	1.134117	1.521876	5.44	40.38	54.18
湖北	2.226832	0.037101	0.765026	1.424705	1.67	34.35	63.98
山西	2.221533	0.020721	0.991288	1.209524	0.93	44.62	54.45
中部平均	**3.470184**	**0.088496**	**1.812500**	**1.569188**	**2.57**	**49.55**	**47.88**
甘肃	3.527214	0.104383	1.917286	1.505545	2.96	54.36	42.68
云南	3.521785	0.128291	1.655473	1.738021	3.64	47.01	49.35
重庆	3.095831	0.029240	1.680186	1.386406	0.94	54.27	44.78
新疆	3.086798	0.180536	1.396849	1.509414	5.85	45.25	48.90
宁夏	3.022772	0.061176	1.622109	1.339487	2.02	53.66	44.31

续表

省区市	上游度 (U_i)	分解到农业中的部分 (U_{ia})	分解到工业与建筑业中的部分 (U_{im})	分解到服务业中的部分 (U_{is})	农业分配占比 (%)	工业与建筑业分配占比 (%)	服务业分配占比 (%)
四川	2.941475	0.080917	1.368918	1.491639	2.75	46.54	50.71
西藏	2.866300	0.029728	1.128194	1.708378	1.04	39.36	59.60
陕西	2.707130	0.069385	1.227151	1.410594	2.56	45.33	52.11
贵州	2.556499	0.072419	1.007735	1.476346	2.83	39.42	57.75
广西	2.544598	0.059505	1.083268	1.401826	2.34	42.57	55.09
青海	2.252254	0.029310	0.685070	1.537875	1.30	30.42	68.28
内蒙古	1.580071	0.045717	0.366223	1.168131	2.89	23.18	73.93
西部平均	**2.808561**	**0.074217**	**1.261539**	**1.472805**	**2.59**	**43.45**	**53.96**
全国整体	**3.357531**	**0.063293**	**1.665182**	**1.629056**	**1.89**	**49.60**	**48.52**

（二）封闭经济中东中西部地区批发和零售业在产业链上位置差异

表9-2是封闭经济中东中西部三大地区批发和零售业上游度在农业、工业与建筑业、服务业三个大类产业上的分解情况及交通运输、仓储和邮政业产品对三个大类产业的中间投入品分配比例。由表9-2可以看出，批发和零售业上游度地区差异表现为：中部地区（3.302181）＞全国整体（2.675445）＞东部地区（2.558771）＞西部地区（2.431412）。这也就说明，中部地区各省批发和零售业在产业链上的平均位置要比全国整体在产业链更上游位置，全国整体位置要比东部地区在产业链更上游位置，东部地区平均位置要比西部地区在产业链更上游位置。东部地区，天津批发和零售业在产业链上位置最高，河北在产业链上位置最低。中部地区，河南批发和零售业在产业链上位置最高，湖北在产业链上位置最低。西部地区，新疆批发和零售业在产业链上位置最高，内蒙古在产业链上位置最低。

封闭经济中东中西部地区的批发和零售业上游度也部分地反映出"工业与建筑业分配占比越高，批发和零售业在产业链上的位置可能越高，上游度可能越大"这一弱规律，尤其是中部地区8省份对这一规律遵循得很好，西部地区12省区市对这一规律遵循得也较好。东部地区11省市对这一规律遵循得相对中西部差了一点，波动稍微大了一些，但还是能够部分地反映这一规律体现的关系的。在封闭经济系统中，地区批发和零售业产品向三个大类产业分配中间产品的比例（三个大类产业分配占比），基本上反映出地区的产业结构，即批发和零售业产品向产业结构占比较高的产业分配中间产品的比例一般也相对较高。这也可以反映出地区优势产业对地区生产性服务业需求较多、地区生产性服务业较多地服务于地区优势产业的规律。

表9－2　　　封闭经济中东中西部地区批发和零售业上游度分解
及分配占比（2012年基准年度）

省区市	上游度（U_i）	分解到农业中的部分（U_{ia}）	分解到工业与建筑业中的部分（U_{im}）	分解到服务业中的部分（U_{is}）	农业分配占比（%）	工业与建筑业分配占比（%）	服务业分配占比（%）
天津	3.070433	0.017560	1.672304	1.380569	0.57	54.46	44.96
北京	2.852502	0.010930	1.149269	1.692303	0.38	40.29	59.33
辽宁	2.817227	0.088342	1.444169	1.284715	3.14	51.26	45.60
浙江	2.759260	0.019863	1.505461	1.233936	0.72	54.56	44.72
江苏	2.687852	0.031523	1.160139	1.496190	1.17	43.16	55.66
福建	2.609422	0.049117	1.327487	1.232818	1.88	50.87	47.24
海南	2.573265	0.124587	1.085341	1.363336	4.84	42.18	52.98
广东	2.549155	0.025502	1.290684	1.232969	1.00	50.63	48.37
山东	2.164584	0.074844	0.985895	1.103845	3.46	45.55	51.00
上海	2.031537	0.005922	0.694834	1.330782	0.29	34.20	65.51
河北	2.031242	0.072132	0.828440	1.130670	3.55	40.78	55.66
东部平均	2.558771	0.047302	1.194911	1.316558	1.91	46.18	51.91
河南	6.238074	0.188396	4.667572	1.382106	3.02	74.82	22.16
安徽	4.623328	0.178828	2.903118	1.541382	3.87	62.79	33.34
湖南	3.427629	0.091370	2.041396	1.294863	2.67	59.56	37.78
江西	2.705385	0.073083	1.373629	1.258673	2.70	50.77	46.52
吉林	2.634267	0.083214	1.277887	1.273165	3.16	48.51	48.33
山西	2.450751	0.109512	1.018742	1.322496	4.47	41.57	53.96
黑龙江	2.174196	0.193356	0.745807	1.235033	8.89	34.30	56.80
湖北	2.163815	0.034492	0.917906	1.211418	1.59	42.42	55.99
中部平均	3.302181	0.119031	1.868257	1.314892	3.80	51.84	44.36

省区市	上游度 （U_i）	分解到农业 中的部分 （U_{ia}）	分解到工业 与建筑业中的 部分（U_{im}）	分解到服务 业中的部分 （U_{is}）	农业分配 占比 （％）	工业与建 筑业分配 占比（％）	服务业 分配占比 （％）
新疆	4.869426	0.413781	2.804297	1.651348	8.50	57.59	33.91
宁夏	2.889178	0.129493	1.447155	1.312531	4.48	50.09	45.43
四川	2.767721	0.095318	1.344505	1.327898	3.44	48.58	47.98
云南	2.558916	0.077274	1.156128	1.325514	3.02	45.18	51.80
广西	2.471822	0.106500	1.122052	1.243271	4.31	45.39	50.30
贵州	2.416187	0.111465	0.964730	1.339991	4.61	39.93	55.46
甘肃	2.364827	0.098174	1.005233	1.261420	4.15	42.51	53.34
重庆	2.211542	0.040046	1.009508	1.161987	1.81	45.65	52.54
陕西	1.929279	0.052851	0.681593	1.194836	2.74	35.33	61.93
西藏	1.735917	0.006505	0.584953	1.144460	0.37	33.70	65.93
青海	1.531938	0.010159	0.340160	1.181618	0.66	22.20	77.13
内蒙古	1.430194	0.089436	0.212695	1.128063	6.25	14.87	78.87
西部平均	**2.431412**	**0.102584**	**1.056084**	**1.272745**	**3.70**	**40.09**	**56.22**
全国整体	**2.675445**	**0.054612**	**1.250121**	**1.370712**	**2.04**	**46.73**	**51.23**

（三）封闭经济中东中西部地区住宿和餐饮业在产业链上位置差异

　　表9-3是封闭经济中东中西部三大地区住宿和餐饮业上游度在农业、工业与建筑业、服务业三个大类产业上的分解情况及住宿和餐饮业产品对三个大类产业的中间投入品分配比例。由表9-3可以看出，住宿和餐饮业上游度地区差异表现为：东部地区（2.610766）＞中部地区（2.609429）＞全国整体（2.479972）＞西部地区（2.248646）。这也就说明，东部地区各省市住宿和餐饮业在产业链上的平均位置要比中部地区在产业链更上游位置，中部地区平均位置要比全国整体在产业链更上游位置，全国整体位置要比西部地区在产业链更上游位置。东部地区，山东住宿和餐饮业在产业链上位置最高，天津在产业链上位置最低。中部地区，江西住宿和餐饮业在产业链上位置最高，黑龙江在产业链上位置最低。西部地区，青海住宿和餐饮业在产业链上位置最高，内蒙古在产业链上位置最低。

表 9 - 3　　　封闭经济中东中西部地区住宿和餐饮业上游度分解
及分配占比（2012 年基准年度）

省区市	上游度 (U_i)	分解到农业中的部分 (U_{ia})	分解到工业与建筑业中的部分 (U_{im})	分解到服务业中的部分 (U_{is})	农业分配占比（%）	工业与建筑业分配占比（%）	服务业分配占比（%）
山东	3.548584	0.034463	1.748693	1.765428	0.97	49.28	49.75
辽宁	3.005869	0.053831	1.343967	1.608071	1.79	44.71	53.50
福建	2.948706	0.044198	1.111900	1.792608	1.50	37.71	60.79
上海	2.756316	0.003529	0.755109	1.997678	0.13	27.40	72.48
江苏	2.625640	0.019606	1.068457	1.537578	0.75	40.69	58.56
河北	2.521738	0.035997	0.991300	1.494440	1.43	39.31	59.26
北京	2.492745	0.006713	0.548870	1.937163	0.27	22.02	77.71
广东	2.463955	0.012369	0.893138	1.558448	0.50	36.25	63.25
海南	2.268265	0.063038	0.555455	1.649772	2.78	24.49	72.73
浙江	2.110236	0.009637	0.744978	1.355621	0.46	35.30	64.24
天津	1.976377	0.004608	0.488035	1.483734	0.23	24.69	75.07
东部平均	**2.610766**	**0.026181**	**0.931809**	**1.652776**	**0.98**	**34.71**	**64.30**
江西	3.816195	0.061313	1.865928	1.888954	1.61	48.89	49.50
安徽	2.878097	0.053807	1.029596	1.794694	1.87	35.77	62.36
河南	2.860139	0.039491	1.316914	1.503733	1.38	46.04	52.58
山西	2.694150	0.032972	1.109566	1.551612	1.22	41.18	57.59
吉林	2.560996	0.038707	1.011473	1.510815	1.51	39.50	58.99
湖北	2.303365	0.047783	0.776743	1.478838	2.07	33.72	64.20
湖南	2.230471	0.035107	0.677253	1.518111	1.57	30.36	68.06
黑龙江	1.532016	0.029739	0.216311	1.285966	1.94	14.12	83.94
中部平均	**2.609429**	**0.042365**	**1.000473**	**1.566590**	**1.65**	**36.20**	**62.15**
青海	3.136890	0.048448	0.903100	2.185342	1.54	28.79	69.67
西藏	2.714781	0.014776	0.918380	1.781624	0.54	33.83	65.63
新疆	2.610781	0.093837	0.802074	1.714870	3.59	30.72	65.68
陕西	2.335172	0.029443	0.786417	1.519312	1.26	33.68	65.06
四川	2.296359	0.038565	0.807156	1.450638	1.68	35.15	63.17

省区市	上游度（U_i）	分解到农业中的部分（U_{ia}）	分解到工业与建筑业中的部分（U_{im}）	分解到服务业中的部分（U_{is}）	农业分配占比（%）	工业与建筑业分配占比（%）	服务业分配占比（%）
宁夏	2.227760	0.025182	0.637810	1.564769	1.13	28.63	70.24
重庆	2.216673	0.011022	0.766532	1.439118	0.50	34.58	64.92
贵州	2.150325	0.027901	0.459520	1.662903	1.30	21.37	77.33
广西	1.952428	0.033913	0.522289	1.396226	1.74	26.75	71.51
云南	1.875879	0.034454	0.439794	1.401632	1.84	23.44	74.72
甘肃	1.823514	0.018936	0.395942	1.408636	1.04	21.71	77.25
内蒙古	1.643189	0.030226	0.345992	1.266971	1.84	21.06	77.10
西部平均	2.248646	0.033892	0.648751	1.566003	1.50	28.31	70.19
全国整体	2.479972	0.027975	0.872105	1.579893	1.13	35.17	63.71

一般来讲，住宿和餐饮业的中间使用率要比交通运输、仓储和邮政业，批发和零售业低（据《2012 年中国 42 部门投入产出表》中数据计算，交通运输、仓储和邮政业，批发和零售业，住宿和餐饮业三个产业的中间使用率分别为 78.87%、58.68% 和 52.13%），因此，住宿和餐饮业产品分配到工业与建筑业生产过程中作为中间产品的比例一般较低，工业和建筑业对住宿和餐饮业上游度的影响程度一般较小。这就会造成"工业与建筑业分配占比越高，批发和零售业在产业链上的位置可能越高，上游度可能越大"这一弱规律变得又弱了一点，但是这一规律在住宿和餐饮业仍然存在，表 9-3 的数据也能体现出这一点。

（四）封闭经济中东中西部地区各省区市流通业三个子产业在产业链上的位置省区市间比较与产业间比较

1. 封闭经济中东部地区 11 省市流通业三个子产业在产业链上的位置省市间比较与产业间比较

表 9-4 为封闭经济中各省区市流通业三个子产业上游度在其所属地区中的排名情况。山东省、浙江省、江苏省、福建省的交通运输、仓储和邮政业在产业链上的位置较高，在东部地区 11 个省市中排在前 4 名，而广东、天

津、河北、海南这一产业在产业链上的位置较低，在东部地区 11 个省市中排在后 4 名。天津、北京、辽宁、浙江的批发和零售业在产业链上的位置较高，在东部地区 11 个省市中排在前 4 名，而广东、山东、上海、河北这一产业在产业链上的位置较低，在东部地区 11 个省市中排在后 4 名。山东、辽宁、福建、上海的住宿和餐饮业在产业链上的位置较高，在东部地区 11 个省市中排在前 4 名，而广东、海南、浙江、天津这一产业在产业链上的位置较低，在东部地区 11 个省市中排在后 4 名。

表 9 - 4　　　　封闭经济中各省区市流通业三个子产业上游度
在其所属地区中的排名情况

省区市	交通运输、仓储和邮政业	批发和零售业	住宿和餐饮业
北京	7	2	7
天津	9	1	11
河北	10	11	6
辽宁	5	3	2
上海	6	10	4
江苏	3	5	5
浙江	2	4	10
福建	4	6	3
山东	1	9	1
广东	8	8	8
海南	11	7	9
东部地区 11 个省市			
山西	8	6	4
吉林	2	5	5
黑龙江	6	7	8
安徽	3	2	2
江西	1	4	1
河南	4	1	3
湖北	7	8	6
湖南	5	3	7
中部地区 8 个省			

续表

省区市	交通运输、仓储和邮政业	批发和零售业	住宿和餐饮业
四川	6	3	5
重庆	3	8	7
贵州	9	6	8
云南	2	4	10
西藏	7	10	2
陕西	8	9	4
甘肃	1	7	11
青海	11	11	1
宁夏	5	2	6
新疆	4	1	3
广西	10	5	9
内蒙古	12	12	12
西部地区 12 省区市			

辽宁批发和零售业、住宿和餐饮业两个产业在产业链上的位置都较高，浙江交通运输、仓储和邮政业，批发和零售业两个产业在产业链上的位置都较高，福建交通运输、仓储和邮政业，住宿和餐饮业两个产业在产业链上的位置都较高，山东交通运输、仓储和邮政业，住宿和餐饮业两个产业在产业链上的位置都较高。天津交通运输、仓储和邮政业，住宿和餐饮业两个产业在产业链上的位置都较低，河北交通运输、仓储和邮政业，批发和零售业两个产业在产业链上的位置都较低，广东三个产业在产业链上的位置都较低，海南交通运输、仓储和邮政业，住宿和餐饮业两个产业在产业链上的位置都较低。

2. 封闭经济中中部地区 8 省流通业三个子产业在产业链上的位置省区市间比较与产业间比较

江西、吉林、安徽的交通运输、仓储和邮政业在产业链上的位置较高，在中部地区 8 个省中排在前 3 名，而黑龙江、湖北、山西这一产业在产业链上的位置较低，在中部地区 8 个省中排在后 3 名。河南、安徽、湖南的批发和零售业在产业链上的位置较高，在中部地区 8 个省中排在前 3 名，而山西、黑龙江、湖北这一产业在产业链上的位置较低，在中部地区 8 个省中排在后 3 名。江西、安徽、河南的住宿和餐饮业在产业链上的位置较高，在中部地区 8 个省中排在前 3 名，而湖北、湖南、黑龙江这一产业在产业链上的位置较低，在中部地区 8 个省中排在后 3 名。

安徽交通运输、仓储和邮政业，批发和零售业，住宿和餐饮业三个产业在产业链上的位置都较高，江西交通运输、仓储和邮政业，住宿和餐饮业两个产业在产业链上的位置都较高，河南批发和零售业、住宿和餐饮业两个产业在产业链上的位置都较高。山西交通运输、仓储和邮政业，批发和零售业两个产业在产业链上的位置都较低，黑龙江三个产业在产业链上的位置都较低，湖北三个产业在产业链上的位置都较低。

3. 封闭经济中西部地区 12 省区市流通业三个子产业在产业链上的位置省区市间比较与产业间比较

甘肃、云南、重庆、新疆的交通运输、仓储和邮政业在产业链上的位置较高，在西部地区 12 个省区市中排在前 4 名，而贵州、广西、青海、内蒙古这一产业在产业链上的位置较低，在西部地区 12 个省区市中排在后 4 名。新疆、宁夏、四川、云南的批发和零售业在产业链上的位置较高，在西部地区 12 个省区市中排在前 4 名，而陕西、西藏、青海、内蒙古这一产业在产业链上的位置较低，在西部地区 12 个省区市中排在后 4 名。青海、西藏、新疆、陕西的住宿和餐饮业在产业链上的位置较高，在西部地区 12 个省区市中排在前 4 名，而广西、云南、甘肃、内蒙古这一产业在产业链上的位置较低，在西部地区 12 个省区市中排在后 4 名。

云南交通运输、仓储和邮政业，批发和零售业两个产业在产业链上的位置都较高，新疆交通运输、仓储和邮政业，批发和零售业，住宿和餐饮业三个产业在产业链上的位置都较高。青海交通运输、仓储和邮政业，批发和零售业两个产业在产业链上的位置都较低，广西交通运输、仓储和邮政业，住宿和餐饮业两个产业在产业链上的位置都较低，内蒙古交通运输、仓储和邮政业，批发和零售业，住宿和餐饮业三个产业在产业链上的位置都较低，而且内蒙古三个产业的上游度在西部地区 12 个省区市中都排在最后一名。

二、开放经济中东中西部地区流通业 在产业链上位置差异

（一）开放经济中东中西部地区交通运输、仓储和邮政业在产业 链上位置差异

表 9 - 5 是开放经济中东中西部三大地区交通运输、仓储和邮政业上游度在农业、工业与建筑业、服务业三个大类产业上的分解情况及交通运输、仓储和邮政业产品对三个大类产业的中间投入品分配比例。由表 9 - 5 可以看出，交通运输、仓储和邮政业上游度地区差异表现为：东部地区（4.343256）> 全国整体（3.539775）> 中部地区（3.497879）> 西部地区（2.955291）。这也就说明，东部地区各省市交通运输、仓储和邮政业在产业链上的平均位置要比全国整体在产业链更上游位置，全国整体位置要比中部地区在产业链更上游位置，中部地区平均位置要比西部地区在产业链更上游位置。东部地区，上海交通运输、仓储和邮政业在产业链上位置最高，辽宁在产业链上位置最低。中部地区，山西交通运输、仓储和邮政业在产业链上位置最高，湖北在产业链上位置最低。西部地区，内蒙古交通运输、仓储和邮政业在产业链上位置最高，青海在产业链上位置最低。

表 9 - 5　开放经济中东中西部地区交通运输、仓储和邮政业上游度分解 及分配占比（2012 年基准年度）

省区市	上游度（U_i）	分解到农业中的部分（U_{ia}）	分解到工业与建筑业中的部分（U_{im}）	分解到服务业中的部分（U_{is}）	农业分配占比（%）	工业与建筑业分配占比（%）	服务业分配占比（%）
上海	5.475785	0.010622	2.064207	3.400956	0.19	37.70	62.11
天津	5.298366	0.033817	2.771502	2.493047	0.64	52.31	47.05
浙江	4.610753	0.027608	2.581121	2.002024	0.60	55.98	43.42
福建	4.274838	0.072293	2.847993	1.354553	1.69	66.62	31.69
山东	4.187495	0.087668	2.649627	1.450200	2.09	63.27	34.63
广东	4.179298	0.036446	2.350307	1.792546	0.87	56.24	42.89

续表

省区市	上游度（U_i）	分解到农业中的部分（U_{ia}）	分解到工业与建筑业中的部分（U_{im}）	分解到服务业中的部分（U_{is}）	农业分配占比（%）	工业与建筑业分配占比（%）	服务业分配占比（%）
江苏	4.172816	0.045460	2.322727	1.804629	1.09	55.66	43.25
北京	4.135484	0.019191	1.431032	2.685261	0.46	34.60	64.93
海南	3.939395	0.280026	1.374926	2.284443	7.11	34.90	57.99
河北	3.822263	0.090236	2.258876	1.473151	2.36	59.10	38.54
辽宁	3.679324	0.077317	2.067997	1.534010	2.10	56.21	41.69
东部平均	4.343256	0.070971	2.247301	2.024984	1.75	52.05	46.20
山西	4.602966	0.046605	3.071193	1.485168	1.01	66.72	32.27
江西	4.278889	0.084339	2.588646	1.605905	1.97	60.50	37.53
河南	3.930297	0.100115	2.333001	1.497181	2.55	59.36	38.09
安徽	3.429694	0.122234	1.707009	1.600451	3.56	49.77	46.66
湖南	3.289962	0.132010	1.460282	1.697669	4.01	44.39	51.60
黑龙江	3.171225	0.310738	1.274236	1.586251	9.80	40.18	50.02
吉林	3.053154	0.094538	1.512583	1.446034	3.10	49.54	47.36
湖北	2.226845	0.042617	0.764067	1.420161	1.91	34.31	63.77
中部平均	3.497879	0.116650	1.838877	1.542353	3.49	50.60	45.91
内蒙古	4.130459	0.276767	2.079098	1.774595	6.70	50.34	42.96
重庆	3.545503	0.035334	2.094744	1.415424	1.00	59.08	39.92
甘肃	3.329273	0.107740	1.768345	1.453188	3.24	53.12	43.65
云南	3.152234	0.125311	1.403945	1.622978	3.98	44.54	51.49
宁夏	3.148821	0.080050	1.709863	1.358907	2.54	54.30	43.16
新疆	3.078101	0.212511	1.344224	1.521366	6.90	43.67	49.43
陕西	3.008517	0.105968	1.428267	1.474282	3.52	47.47	49.00
四川	2.835812	0.083275	1.274813	1.477724	2.94	44.95	52.11
广西	2.792536	0.092859	1.225488	1.474189	3.33	43.88	52.79
贵州	2.560868	0.081294	1.060600	1.418974	3.17	41.42	55.41
西藏	2.051052	0.016648	0.572710	1.461694	0.81	27.92	71.27
青海	1.830313	0.021476	0.431173	1.377663	1.17	23.56	75.27
西部平均	2.955291	0.103269	1.366106	1.485915	3.28	44.52	52.21
全国整体	3.539775	0.067229	1.785362	1.687184	1.90	50.44	47.66

　　从交通运输、仓储和邮政业产品对三个大类产业的中间投入品分配比例，即三个大类产业对交通运输、仓储和邮政业产品的分配占比来看，工业与建筑业分配占比的地区差异表现为：东部地区（52.05%）>中部地区（50.60%）>全国整体（50.44%）>西部地区（44.52%）。这一地区差异情况基本上与交通运输、仓储和邮政业上游度地区差异情况相似，这说明，在开放经济中工业与建筑业分配占比对交通运输、仓储和邮政业在产业链上的位置影响仍然是较大的，这一点在中部地区的8个省份表现得也较为突出。由表9-5可知，中部地区交通运输、仓储和邮政业上游度的省份排序与其工业与建筑业分配占比的省份排序完全是相同的，这主要是因为中部地区8个省份产业结构中工业与建筑业占比较高。但是，对比东部和西部地区的交通运输、仓储和邮政业上游度的省份排序与其工业与建筑业分配占比的省份排序，两种排序的一致性就弱了很多，这主要是因为东部地区服务业分配占比（46.20%）和西部地区服务业分配占比（52.21%）都较高。因为东部地区的海南、中部地区的黑龙江、西部地区的内蒙古和新疆都是农业大省，农业占GDP的比例都较高，所以四个省区交通运输、仓储和邮政业的农业分配占比较高，分别为7.11%、9.80%、6.70%、6.90%，因此农业对这四个省区交通运输、仓储和邮政业在产业链上位置的影响相对重要。

　　虽然东部地区上海、北京和海南的工业与建筑业分配占比都比较低（分别为37.70%、34.60%和34.90%），服务业分配占比都比较高（分别为62.11%、64.93%和57.99%），但是这三个省市交通运输、仓储和邮政业的上游度却较高；而中部地区的湖北、西部地区的西藏和青海的工业与建筑业分配占比和服务业分配占比情况与上述东部地区三省市情况相似（两项占比分别为：34.31%、27.92%和23.56%；63.77%、71.27%和75.27%），但是这三个省区交通运输、仓储和邮政业的上游度却较低。上述状况出现的主要原因在于中西部地区三省区的工业与建筑业、服务业这两个大类产业的产业结构与东部地区三省市这两个大类产业的产业结构差别较大，中西部地区三省区的工业与建筑业、服务业基本上属于两个大类产业中的中低端产业，而东部地区三省市的工业与建筑业、服务业则基本上属于两个大类产业中的中高端产业。一般来讲，中高端产业链较长，交通运输、仓储和邮政业产品作为中间品嵌入中高端产业的产业链时其上游度会大于嵌入中低端产业的产业链时的上游度。

（二）开放经济中东中西部地区批发和零售业在产业链上位置差异

表 9 - 6 是开放经济中东中西部三大地区批发和零售业上游度在农业、工业与建筑业、服务业三个大类产业上的分解情况及批发和零售业产品对三个大类产业的中间投入品分配比例。由表 9 - 6 可以看出，批发和零售业上游度地区差异表现为：东部地区（3.718912）＞全国整体（3.140233）＞中部地区（2.928949）＞西部地区（2.709617）。这也就说明，东部地区各省市批发和零售业在产业链上的平均位置要比全国整体在产业链更上游位置，全国整体位置要比中部地区在产业链更上游位置，中部地区平均位置要比西部地区在产业链更上游位置。东部地区，天津批发和零售业在产业链上位置最高，辽宁在产业链上位置最低。中部地区，山西批发和零售业在产业链上位置最高，湖北在产业链上位置最低。西部地区，内蒙古批发和零售业在产业链上位置最高，青海在产业链上位置最低。

从批发和零售业产品对三个大类产业的中间投入品分配比例，即三个大类产业对批发和零售业产品的分配占比来看，工业与建筑业分配占比的地区差异表现为：东部地区（56.13%）＞中部地区（50.87%）＞全国整体（50.73%）＞西部地区（43.27%）。这一地区差异情况基本上与批发和零售业上游度地区差异情况相似，这也说明，在开放经济中工业与建筑业分配占比对批发和零售业在产业链上的位置影响也是较大的，这一点也是在中部地区的 8 个省份表现得较为明显，东部地区 11 省市和西部地区 12 省区市表现较弱一些。

从表 9 - 6 数据可以看出，批发和零售业的农业分配占比较高，这一指标东中西部地区的数据分别为 2.45%、4.62% 和 4.71%，而东中西部地区交通运输、仓储和邮政业的农业分配占比数据分别仅为 1.75%、3.49% 和 3.28%，这说明批发和零售业在农业中具有独特的地位。东部地区的山东、海南、河北、辽宁四省批发和零售业的农业分配占比都超过 3%，尤其是海南达到了 7.29%；中部地区除了河南和湖北外，其余 6 个省份批发和零售业的农业分配占比都超过 3%，尤其是黑龙江达到了 14.76%；西部地区除了重庆、西藏和青海外，其余批发和零售业的农业分配占比都超过 3%，尤其是内蒙古达到了 13.31%。上述省区市基本上是我国重要的农业省区市，这也说明批发和零售业服务地区优势产业的功能。农业向工业提供原材料，向居民提供最终消费品，农产品的市场分配是通过批发和零售业完成的，因此，在批发和零售业农业分配占比较高的省区市，农业对批发和零售业的上游度、对批发和零售业在产业链上位置的影响值得重视。

表9－6　　开放经济中东中西部地区批发和零售业上游度分解及分配占比（2012年基准年度）

省区市	上游度（U_i）	分解到农业中的部分（U_{ia}）	分解到工业与建筑业中的部分（U_{im}）	分解到服务业中的部分（U_{is}）	农业分配占比（％）	工业与建筑业分配占比（％）	服务业分配占比（％）
天津	4.604536	0.028160	2.879276	1.697099	0.61	62.53	36.86
上海	4.401761	0.014369	2.462033	1.925359	0.33	55.93	43.74
福建	4.148184	0.078426	2.665725	1.404033	1.89	64.26	33.85
浙江	4.019236	0.029473	2.594050	1.395714	0.73	64.54	34.73
山东	3.729284	0.170377	2.310927	1.247980	4.57	61.97	33.46
广东	3.711449	0.039247	2.264655	1.407548	1.06	61.02	37.92
北京	3.577992	0.013721	1.614587	1.949685	0.38	45.13	54.49
海南	3.306773	0.240926	1.453311	1.612535	7.29	43.95	48.76
江苏	3.216690	0.040570	1.580803	1.595318	1.26	49.14	49.59
河北	3.164017	0.167314	1.773386	1.223317	5.29	56.05	38.66
辽宁	3.028108	0.106013	1.601509	1.320585	3.50	52.89	43.61
东部平均	**3.718912**	**0.084418**	**2.109115**	**1.525379**	**2.45**	**56.13**	**41.42**
山西	3.819368	0.119635	2.237823	1.461910	3.13	58.59	38.28
湖南	3.329821	0.123978	1.941973	1.263871	3.72	58.32	37.96
河南	3.278095	0.094316	2.004014	1.179765	2.88	61.13	35.99
江西	2.952466	0.093555	1.576415	1.282496	3.17	53.39	43.44
黑龙江	2.832708	0.418065	1.089536	1.325107	14.76	38.46	46.78
安徽	2.746306	0.103954	1.387208	1.255144	3.79	50.51	45.70
吉林	2.318159	0.086594	1.024543	1.207022	3.74	44.20	52.07
湖北	2.154672	0.038653	0.912619	1.203399	1.79	42.36	55.85
中部平均	**2.928949**	**0.134844**	**1.521766**	**1.272339**	**4.62**	**50.87**	**44.51**
内蒙古	4.534614	0.603625	1.972552	1.958438	13.31	43.50	43.19

续表

省区市	上游度（U_i）	分解到农业中的部分（U_{ia}）	分解到工业与建筑业中的部分（U_{im}）	分解到服务业中的部分（U_{is}）	农业分配占比（%）	工业与建筑业分配占比（%）	服务业分配占比（%）
重庆	3.677275	0.062250	2.338820	1.276205	1.69	63.60	34.71
新疆	2.979786	0.253758	1.377513	1.348516	8.52	46.23	45.26
陕西	2.889096	0.135282	1.364903	1.388910	4.68	47.24	48.07
甘肃	2.765189	0.136094	1.319446	1.309649	4.92	47.72	47.36
广西	2.739938	0.160785	1.294545	1.284609	5.87	47.25	46.88
四川	2.726823	0.101418	1.296425	1.328981	3.72	47.54	48.74
宁夏	2.573743	0.118047	1.207816	1.247880	4.59	46.93	48.49
贵州	2.329238	0.119865	0.950741	1.258632	5.15	40.82	54.04
云南	2.306701	0.075522	0.997761	1.233418	3.27	43.25	53.47
西藏	1.656953	0.004686	0.530273	1.121994	0.28	32.00	67.71
青海	1.336046	0.007012	0.176041	1.152993	0.52	13.18	86.30
西部平均	**2.709617**	**0.148195**	**1.235570**	**1.325852**	**4.71**	**43.27**	**52.02**
全国整体	**3.140233**	**0.067271**	**1.592990**	**1.479973**	**2.14**	**50.73**	**47.13**

（三）开放经济中东中西部地区住宿和餐饮业在产业链上位置差异

表9-7是开放经济中东中西部三大地区住宿和餐饮业上游度在农业、工业与建筑业、服务业三个大类产业上的分解情况及住宿和餐饮业产品对三个大类产业的中间投入品分配比例。由表9-7可以看出，住宿和餐饮业上游度地区差异表现为：东部地区（2.918610）>中部地区（2.572960）>全国整体（2.477155）>西部地区（2.238227）。这也就说明，东部地区各省市住宿和餐饮业在产业链上的平均位置要比中部地区在产业链更上游位置，中部地区平均位置要比全国整体在产业链更上游位置，全国整体位置要比西部地区在产业链更上游位置。东部地区，福建住宿和餐饮业在产业链上位置最高，浙江在产业链上位置最低。中部地区，江西住宿和餐饮业在产业链上位置最高，黑龙江在产业链上位置最低。西部地区，内蒙古住宿和餐饮业在产业链上位置最高，甘肃在产业链上位置最低。

表9-7　　　开放经济中东中西部地区住宿和餐饮业上游度分解

及分配占比（2012 年基准年度）

省区市	上游度（U_i）	分解到农业中的部分（U_{ia}）	分解到工业与建筑业中的部分（U_{im}）	分解到服务业中的部分（U_{is}）	农业分配占比（%）	工业与建筑业分配占比（%）	服务业分配占比（%）
福建	3.580353	0.053137	1.642314	1.884902	1.48	45.87	52.65
山东	3.294716	0.044541	1.580383	1.669792	1.35	47.97	50.68
上海	3.286525	0.005140	1.178290	2.103094	0.16	35.85	63.99
江苏	3.065686	0.026124	1.380259	1.659303	0.85	45.02	54.13
辽宁	2.990839	0.060785	1.324539	1.605515	2.03	44.29	53.68
河北	2.792164	0.050027	1.225125	1.517013	1.79	43.88	54.33
海南	2.707293	0.117438	0.663259	1.926596	4.34	24.50	71.16
天津	2.701214	0.008786	0.930023	1.762406	0.33	34.43	65.24
北京	2.649226	0.006977	0.587791	2.054458	0.26	22.19	77.55
广东	2.636141	0.013833	1.040148	1.582160	0.52	39.46	60.02
浙江	2.400549	0.011989	0.967605	1.420955	0.50	40.31	59.19
东部平均	**2.918610**	**0.036252**	**1.138158**	**1.744199**	**1.24**	**38.52**	**60.24**
江西	3.308317	0.060912	1.484330	1.763075	1.84	44.87	53.29
山西	3.059145	0.029945	1.469759	1.559441	0.98	48.04	50.98
河南	2.968804	0.050202	1.391316	1.527287	1.69	46.86	51.44
吉林	2.407484	0.047129	0.889248	1.471107	1.96	36.94	61.11
安徽	2.363164	0.043560	0.679722	1.639882	1.84	28.76	69.39
湖北	2.302261	0.053058	0.777116	1.472087	2.30	33.75	63.94
湖南	2.279975	0.052014	0.698145	1.529816	2.28	30.62	67.10
黑龙江	1.894526	0.088604	0.356698	1.449224	4.68	18.83	76.50
中部平均	**2.572960**	**0.053178**	**0.968292**	**1.551490**	**2.20**	**36.08**	**61.72**
内蒙古	2.659338	0.115642	0.989137	1.554559	4.35	37.19	58.46
青海	2.564307	0.034946	0.607396	1.921965	1.36	23.69	74.95
贵州	2.378036	0.038830	0.569846	1.769360	1.63	23.96	74.40
四川	2.359577	0.045063	0.829902	1.484612	1.91	35.17	62.92
西藏	2.333575	0.008194	0.683951	1.641430	0.35	29.31	70.34
新疆	2.254541	0.087462	0.579069	1.588010	3.88	25.68	70.44
重庆	2.144392	0.011936	0.768033	1.364423	0.56	35.82	63.63

省区市	上游度（U_i）	分解到农业中的部分（U_{ia}）	分解到工业与建筑业中的部分（U_{im}）	分解到服务业中的部分（U_{is}）	农业分配占比（%）	工业与建筑业分配占比（%）	服务业分配占比（%）
宁夏	2.097140	0.024964	0.537544	1.534632	1.19	25.63	73.18
陕西	2.076090	0.031435	0.605322	1.439332	1.51	29.16	69.33
广西	2.028854	0.047921	0.538143	1.442791	2.36	26.52	71.11
云南	2.005549	0.045200	0.485668	1.474680	2.25	24.22	73.53
甘肃	1.957329	0.023489	0.428764	1.505076	1.20	21.91	76.89
西部平均	2.238227	0.042924	0.635231	1.560073	1.88	28.19	69.93
全国整体	2.477155	0.027727	0.869006	1.580422	1.12	35.08	63.80

从住宿和餐饮业产品对三个大类产业的中间投入品分配比例，即三个大类产业对住宿和餐饮业产品的分配占比来看，工业与建筑业分配占比的地区差异表现为：东部地区（38.52%）＞中部地区（36.08%）＞全国整体（35.08%）＞西部地区（28.19%）。这一地区差异情况与住宿和餐饮业上游度地区差异情况完全相同，这说明，在开放经济中工业与建筑业分配占比对地区住宿和餐饮业在产业链上的位置影响较为显著。一般来讲，工业与建筑业分配占比越大，住宿和餐饮业在产业链上的位置越靠近上游。然而，住宿和餐饮业上游度与其对工业与建筑业分配占比间的这种关联，在东中西部地区各省区市间显现得却较微弱（相对来讲，中部地区8省较强一点），这可能因为东中西部地区各省区市住宿和餐饮业对工业与建筑业分配占比较低，基本上远远小于交通运输、仓储和邮政业，批发和零售业的相应数据。

东部地区的海南、中部地区的黑龙江、西部地区的内蒙古和新疆住宿和餐饮业对农业分配占比都相对较高，分别达到4.34%、4.68%、4.35%、3.88%，都超过了3%，这说明这四个省区农业对其住宿和餐饮业在产业链上位置的影响相对重要，住宿和餐饮业对农业分配占比较高的省区，其住宿和餐饮业在产业链较上游。由表9-5、表9-6、表9-7数据可以看出，在开放经济中，东中西部三大地区及各省区市住宿和餐饮业上游度普遍小于交通运输、仓储和邮政业、批发和零售业，住宿和餐饮业在产业链上的位置普遍低于上述两个产业，这主要是因为住宿和餐饮业的中间使用率一般小于交通运输、仓储和邮政业、批发和零售业，住宿和餐饮业产品中形成最终消费品的比例要高于上述两个产业，而这部分产品在产业链的最下游，到最终消费者的距离为1，对住宿和餐饮业上游度的提升没有贡献。

（四）开放经济中东中西部地区各省区市流通业三个子产业在产业链上的位置省区市间比较与产业间比较

1. 开放经济中东部地区11省市流通业三个子产业在产业链上的位置省市间比较与产业间比较

表9-8为开放经济中各省区市流通业三个子产业上游度在其所属地区中的排名情况。上海、天津、浙江、福建的交通运输、仓储和邮政业在产业链上的位置较高，在东部地区11个省市中排在前4名，而北京、海南、河北、辽宁这一产业在产业链上的位置较低，在东部地区11个省市中排在后4名。天津、上海、福建、浙江的批发和零售业在产业链上的位置较高，在东部地区11个省市中排在前4名，而海南、江苏、河北、辽宁这一产业在产业链上的位置较低，在东部地区11个省市中排在后4名。福建、山东、上海、江苏的住宿和餐饮业在产业链上的位置较高，在东部地区11个省市中排在前4名，而天津、北京、广东、浙江这一产业在产业链上的位置较低，在东部地区11个省市中排在后4名。

天津交通运输、仓储和邮政业，批发和零售业两个产业在产业链上的位置都较高，上海交通运输、仓储和邮政业，批发和零售业，住宿和餐饮业三个产业在产业链上的位置都较高，浙江交通运输、仓储和邮政业，批发和零售业两个产业在产业链上的位置都较高，福建交通运输、仓储和邮政业，批发和零售业，住宿和餐饮业三个产业在产业链上的位置都较高。北京交通运输、仓储和邮政业，住宿和餐饮业两个产业在产业链上的位置都较低，河北交通运输、仓储和邮政业，批发和零售业两个产业在产业链上的位置都较低，辽宁交通运输、仓储和邮政业，批发和零售业两个产业在产业链上的位置都较低，海南交通运输、仓储和邮政业，批发和零售业两个产业在产业链上的位置都较低。

2. 开放经济中中部地区8省流通业三个子产业在产业链上的位置省间比较与产业间比较

山西、江西、河南的交通运输、仓储和邮政业在产业链上的位置较高，在中部地区 8 个省中排在前 3 名，而黑龙江、吉林、湖北这一产业在产业链上的位置较低，在中部地区 8 个省中排在后 3 名。山西、湖南、河南的批发和零售业在产业链上的位置较高，在中部地区 8 个省中排在前 3 名，而安徽、吉林、湖北这一产业在产业链上的位置较低，在中部地区 8 个省中排在后 3 名。江西、山西、河南的住宿和餐饮业在产业链上的位置较高，在中部地区 8 个省中排在前 3 名，而湖北、湖南、黑龙江这一产业在产业链上的位置较低，在中部地区 8 个省中排在后 3 名。

山西交通运输、仓储和邮政业，批发和零售业，住宿和餐饮业三个产业在产业链上的位置都较高，江西交通运输、仓储和邮政业，住宿和餐饮业两个产业在产业链上的位置都较高，河南交通运输、仓储和邮政业，批发和零售业，住宿和餐饮业三个产业在产业链上的位置都较高。吉林交通运输、仓储和邮政业，批发和零售业两个产业在产业链上的位置都较低，黑龙江交通运输、仓储和邮政业，住宿和餐饮业两个产业在产业链上的位置都较低，湖北交通运输、仓储和邮政业，批发和零售业，住宿和餐饮业三个产业在产业链上的位置都较低。

表 9-8 　　　　　开放经济中各省区市流通业三个子产业上游度
在其所属地区中的排名情况

省区市	交通运输、仓储和邮政业	批发和零售业	住宿和餐饮业
北京	8	7	9
天津	2	1	8
河北	10	10	6
辽宁	11	11	5
上海	1	2	3
江苏	7	9	4
浙江	3	4	11
福建	4	3	1
山东	5	5	2
广东	6	6	10
海南	9	8	7
东部地区 11 个省市			
山西	1	1	2

省区市	交通运输、仓储和邮政业	批发和零售业	住宿和餐饮业
吉林	7	7	4
黑龙江	6	5	8
安徽	4	6	5
江西	2	4	1
河南	3	3	3
湖北	8	8	6
湖南	5	2	7
中部地区 8 个省			
四川	8	7	4
重庆	2	2	7
贵州	10	9	3
云南	4	10	11
西藏	11	11	5
陕西	7	4	9
甘肃	3	5	12
青海	12	12	2
宁夏	5	8	8
新疆	6	3	6
广西	9	6	10
内蒙古	1	1	1
西部地区 12 省区市			

3. 开放经济中西部地区 12 省区市流通业三个子产业在产业链上的位置省区市间比较与产业间比较

内蒙古、重庆、甘肃、云南的交通运输、仓储和邮政业在产业链上的位置较高，在西部地区 12 个省区市中排在前 4 名，而广西、贵州、西藏、青海这一产业在产业链上的位置较低，在西部地区 12 个省区市中排在后 4 名。内蒙古、重庆、新疆、陕西的批发和零售业在产业链上的位置较高，在西部地区 12 个省区市中排在前 4 名，而贵州、云南、西藏、青海这一产业在产业链上的位置较低，在西部地区 12 个省区市中排在后 4 名。内蒙古、青海、贵州、四川的住宿和餐饮业在产业链上的位置较高，在西部地区 12 个省区市中排在前 4 名，而陕西、广西、云南、甘肃这一产业在产业链上的位置较低，在西部地区 12 个省区市中排在后 4 名。

重庆交通运输、仓储和邮政业，批发和零售业两个产业在产业链上的位置都较高，内蒙古交通运输、仓储和邮政业，批发和零售业，住宿和餐饮业三个产业在产业链上的位置都较高。贵州交通运输、仓储和邮政业，批发和零售业两个产业在产业链上的位置都较低，云南批发和零售业、住宿和餐饮业两个产业在产业链上的位置都较低，西藏交通运输、仓储和邮政业，批发和零售业两个产业在产业链上的位置都较低，青海交通运输、仓储和邮政业，批发和零售业两个产业在产业链上的位置都较低，广西交通运输、仓储和邮政业，住宿和餐饮业两个产业在产业链上的位置都较低。

三、封闭经济中与开放经济中流通业在产业链上位置差异的地区比较

（一）封闭经济体系和开放经济体系中流通业三个子产业在产业链上位置的体系间比较和省区市间比较

1. 流通业三个子产业上游度在两种经济体系中在所属区域都排名较高和都排名较低的省区市分布

（1）东部地区情况。

由表 9-9 可以看出，天津批发和零售业上游度在封闭经济体系和开放经济体系中在东部地区 11 省市中都排名较高。上海住宿和餐饮业上游度在封闭经济体系和开放经济体系中在东部地区 11 省市中都排名较高。浙江交通运输、仓储和邮政业、批发和零售业上游度在封闭经济体系和开放经济体系中在东部地区 11 省市中都排名较高。福建交通运输、仓储和邮政业，住宿和餐饮业上游度在封闭经济体系和开放经济体系中在东部地区 11 省市中都排名较高。山东住宿和餐饮业上游度在封闭经济体系和开放经济体系中在东部地区 11 省市中都排名较高。

天津住宿和餐饮业上游度在封闭经济体系和开放经济体系中在东部地区
11 省市中都排名较低。河北交通运输、仓储和邮政业，批发和零售业上游度
在封闭经济体系和开放经济体系中在东部地区 11 省市中都排名较低。浙江住
宿和餐饮业上游度在封闭经济体系和开放经济体系中在东部地区 11 省市中都
排名较低。广东住宿和餐饮业上游度在封闭经济体系和开放经济体系中在东
部地区 11 省市中都排名较低。海南交通运输、仓储和邮政业上游度在封闭经
济体系和开放经济体系中在东部地区 11 省市中都排名较低。

（2）中部地区情况。

江西交通运输、仓储和邮政业、住宿和餐饮业上游度在封闭经济体系和
开放经济体系中在中部地区 8 省中都排名较高。河南批发和零售业、住宿和
餐饮业上游度在封闭经济体系和开放经济体系中在中部地区 8 省中都排名较
高。湖南批发和零售业上游度在封闭经济体系和开放经济体系中在中部地区
8 省中都排名较高。

黑龙江交通运输、仓储和邮政业、住宿和餐饮业上游度在封闭经济体系
和开放经济体系中在中部地区 8 省中都排名较低。湖北交通运输、仓储和邮
政业，批发和零售业，住宿和餐饮业上游度在封闭经济体系和开放经济体系
中在中部地区 8 省中都排名较低。湖北住宿和餐饮业上游度在封闭经济体系
和开放经济体系中在中部地区 8 省中都排名较低。

表 9 - 9　各省区市流通业三个子产业在封闭经济和开放经济两种体系中
产业上游度在其所属地区中的排名比较

省区市	交通运输、仓储和邮政业			批发和零售业			住宿和餐饮业		
	封闭经济	开放经济	排名变化	封闭经济	开放经济	排名变化	封闭经济	开放经济	排名变化
北京	7	8	↓1	2	7	↓5	7	9	↓2
天津	9	2	↑7	1	1		11	8	↑2
河北	10	10		11	10	↑1	6	6	
辽宁	5	11	↓6	4	11	↓7	2	5	↓3
上海	6	1	↑5	10	2	↑8	4	3	↑1
江苏	3	7	↓4	5	9	↓4	5	4	↑1
浙江	2	3	↓1	4	4		10	11	↓1
福建	4	4		6	3	↑3	3	1	↑2

省区市	交通运输、仓储和邮政业			批发和零售业			住宿和餐饮业		
	封闭经济	开放经济	排名变化	封闭经济	开放经济	排名变化	封闭经济	开放经济	排名变化
山东	1	5	↓4	9	5	↑4	1	2	↓1
广东	8	6	↑2	8	6	↑2	8	10	↓2
海南	11	9	↑2	7	8	↓1	9	7	↑2
东部地区11个省市									
山西	8	1	↑7	6	1	↑5	4	2	↑2
吉林	2	7	↓5	5	7	↓5	5	4	↑1
黑龙江	6	6		7	5	↑2	8	8	
安徽	3	4	↓1	2	6	↓4	2	5	↓3
江西	1	2	↓1	4	4		1	1	
河南	4	3	↑1	1	3	↓2	3	3	
湖北	7	8	↓1	8	8		6	6	
湖南	5	5		3	2	↑1	7	7	
中部地区8个省									
四川	6	8	↓2	3	7	↓4	5	4	↑1
重庆	3	2	↑1	8	2	↑6	7	7	
贵州	9	10	↓1	6	9	↓3	8	3	↑5
云南	2	4	↓2	4	10	↓6	10	11	↓1
西藏	7	11	↓3	10	11	↓1	2	5	↓3
陕西	8	7	↑1	9	4	↑5	4	9	↓5
甘肃	1	3	↓2	7	5	↑2	11	12	↓1
青海	11	12	↓1	11	12	↓1	1	2	↓1
宁夏	5	5		2	8	↓6	6	8	↓2
新疆	4	6	↓2	1	3	↓2	3	6	↓3
广西	10	9	↓1	5	6	↓1	9	10	↓1
内蒙古	12	1	↑11	12	1	↑11	12	1	↑11
西部地区12省区市									

（3）西部地区情况。

重庆交通运输、仓储和邮政业上游度在封闭经济体系和开放经济体系中在西部地区12省区市中都排名较高。云南交通运输、仓储和邮政业上游度在封闭经济体系和开放经济体系中在西部地区 12 省区市中都排名较高。甘肃交通运输、仓储和邮政业上游度在封闭经济体系和开放经济体系中在西部地区 12 省区市中都排名较高。青海住宿和餐饮业上游度在封闭经济体系和开放经济体系中在西部地区 12 省区市中都排名较高。新疆批发和零售业上游度在封闭经济体系和开放经济体系中在西部地区 12 省区市中都排名较高。

贵州交通运输、仓储和邮政业上游度在封闭经济体系和开放经济体系中在西部地区 12 省区市中都排名较低。云南住宿和餐饮业上游度在封闭经济体系和开放经济体系中在西部地区 12 省区市中都排名较低。西藏批发和零售业上游度在封闭经济体系和开放经济体系中在西部地区 12 省区市中都排名较低。甘肃住宿和餐饮业上游度在封闭经济体系和开放经济体系中在西部地区 12 省区市中都排名较低。青海省交通运输、仓储和邮政业，批发和零售业上游度在封闭经济体系和开放经济体系中在西部地区 12 省区市中都排名较低。广西交通运输、仓储和邮政业，住宿和餐饮业上游度在封闭经济体系和开放经济体系中在西部地区 12 省区市中都排名较低。

2. 东中西部各地区所属省区市流通业三个子产业在产业链上的位置受开放经济的影响程度差异

如表 9 – 9 所示，各省区市流通业三个子产业在封闭经济和开放经济两种体系中产业上游度在其所属地区中排名的名次变化波动情况，可以从侧面反映出各省区市三个子产业在产业链上位置受开放经济影响的程度，名次波动较大，反映出产业在产业链上位置受开放经济影响较大，对外部经济系统依赖较大，三个子产业系统开放程度越大，产业与区域外经济系统联系较密切；名次波动较小，反映出产业在产业链上位置受开放经济影响较小，对外部经济系统依赖较小，三个子产业系统相对封闭，产业与区域外经济系统联系较弱。根据表 9 – 9 中数据，把名次波动（上升或下降）小于 3 的产业称为受开放经济影响较小的产业，把名次波动大于等于 3 小于等于 5 的产业称为受开放经济影响中等的产业，把名次波动大于 5 的产业称为受开放经济影响较大的产业。根据上述规则，各省区市流通业三个子产业在产业链上位置受开放经济影响程度的情况可以概括为表 9 – 10。

北京批发和零售业在产业链上位置受开放经济影响的程度表现为中等，产业开放性表现为中等。天津交通运输、仓储和邮政业在产业链上位置受开放经济影响的程度表现为较大，产业开放性表现为较大。辽宁交通运输、仓储和邮政业，批发和零售业在产业链上位置受开放经济影响的程度表现为较大，产业开放性表现为较大；住宿和餐饮业在产业链上位置受开放经济影响的程度表现为中等，产业开放性表现为中等。上海市交通运输、仓储和邮政业在产业链上位置受开放经济影响的程度表现为中等，产业开放性表现为中等；批发和零售业在产业链上位置受开放经济影响的程度表现为较大，产业开放性表现为较大。江苏交通运输、仓储和邮政业，批发和零售业在产业链上位置受开放经济影响的程度表现为中等，产业开放性表现为中等。福建批发和零售业在产业链上位置受开放经济影响的程度表现为中等，产业开放性表现为中等。山东交通运输、仓储和邮政业，批发和零售业在产业链上位置受开放经济影响的程度表现为中等，产业开放性表现为中等。

山西交通运输、仓储和邮政业在产业链上位置受开放经济影响的程度表现为较大，产业开放性表现为较大；批发和零售业在产业链上位置受开放经济影响的程度表现为中等，产业开放性表现为中等。吉林交通运输、仓储和邮政业，批发和零售业在产业链上位置受开放经济影响的程度表现为中等，产业开放性表现为中等。安徽批发和零售业、住宿和餐饮业在产业链上位置受开放经济影响的程度表现为中等，产业开放性表现为中等。

四川批发和零售业在产业链上位置受开放经济影响的程度表现为中等，产业开放性表现为中等。重庆批发和零售业在产业链上位置受开放经济影响的程度表现为较大，产业开放性表现为较大。贵州批发和零售业、住宿和餐饮业在产业链上位置受开放经济影响的程度表现为中等，产业开放性表现为中等。云南批发和零售业在产业链上位置受开放经济影响的程度表现为较大，产业开放性表现为较大。西藏交通运输、仓储和邮政业，住宿和餐饮业在产业链上位置受开放经济影响的程度表现为中等，产业开放性表现为中等。陕西批发和零售业、住宿和餐饮业在产业链上位置受开放经济影响的程度表现为中等，产业开放性表现为中等。宁夏批发和零售业在产业链上位置受开放经济影响的程度表现为较大，产业开放性表现为较大。新疆住宿和餐饮业在产业链上位置受开放经济影响的程度表现为中等，产业开放性表现为中等。内蒙古交通运输、仓储和邮政业，批发和零售业，住宿和餐饮业在产业链上位置受开放经济影响的程度都表现为较大，产业开放性都表现为较大。

表 9-10　东中西部各省区市流通业三个子产业在产业链上位置

受开放经济影响程度表现

省区市	交通运输、仓储和邮政业			批发和零售业			住宿和餐饮业		
	排名变化	受开放经济影响程度	产业开放性	排名变化	受开放经济影响程度	产业开放性	排名变化	受开放经济影响程度	产业开放性
北京	↓1	较小	小	↓5	中等	中	↓2	较小	小
天津	↑7	较大	大	0	较小	小	↑2	较小	小
河北	0	较小	小	↑1	较小	小	0	较小	小
辽宁	↓6	较大	大	↓7	较大	大	↓3	中等	中
上海	↑5	中等	中	↑8	较大	大	↑1	较小	小
江苏	↓4	中等	中	↓4	中等	中	↑1	较小	小
浙江	↓1	较小	小	0	较小	小	↓1	较小	小
福建	0	较小	小	↑3	中等	中	↑2	较小	小
山东	↓4	中等	中	↑4	中等	中	↓1	较小	小
广东	↑2	较小	小	↑2	较小	小	↓2	较小	小
海南	↑2	较小	小	↓1	较小	小	↑2	较小	小
东部 11 个省市			6 小			5 小			10 小
山西	↑7	较大	大	↑5	中等	中	↑2	较小	小
吉林	↓5	中等	中	↓5	中等	中	↑1	较小	小
黑龙江	0	较小	小	↑2	较小	小	0	较小	小
安徽	↓1	较小	小	↓4	中等	中	↓3	中等	中
江西	↓1	较小	小	0	较小	小	0	较小	小
河南	↑1	较小	小	↓2	较小	小	0	较小	小
湖北	↓1	较小	小	0	较小	小	0	较小	小
湖南	0	较小	小	↑1	较小	小	0	较小	小
中部 8 个省			6 小			5 小			7 小
四川	↓2	较小	小	↓4	中等	中	↑1	较小	小
重庆	↑1	较小	小	↑6	较大	大	0	较小	小
贵州	↓1	较小	小	↓3	中等	中	↑5	中等	中
云南	↓2	较小	小	↓6	较大	大	↓1	较小	小
西藏	↓3	中等	中	↓1	较小	小	↓3	中等	中
陕西	↑1	较小	小	↑5	中等	中	↓5	中等	中

续表

省区市	交通运输、仓储和邮政业			批发和零售业			住宿和餐饮业		
	排名变化	受开放经济影响程度	产业开放性	排名变化	受开放经济影响程度	产业开放性	排名变化	受开放经济影响程度	产业开放性
甘肃	↓2	较小	小	↑2	较小	小	↓1	较小	小
青海	↓1	较小	小	↓1	较小	小	↓1	较小	小
宁夏	0	较小	小	↓6	较大	大	↓2	较小	小
新疆	↓2	较小	小	↓2	较小	小	↓3	中等	中
广西	↓1	较小	小	↓1	较小	小	↓1	较小	小
内蒙古	↑11	较大	大	↑11	较大	大	↑11	较大	大
西部12省区市			10小			5小			7小

东部地区11个省市中有6个省市交通运输、仓储和邮政业在产业链上位置受开放经济影响程度表现为较小，有5个省市批发和零售业在产业链上位置受开放经济影响程度表现为较小，有10个省市住宿和餐饮业在产业链上位置受开放经济影响程度表现为较小。上述情况说明，在东部地区，流通业三个子产业相比较，一般来讲，交通运输、仓储和邮政业、批发和零售业在产业链上位置受开放经济影响程度相对较大，这两个产业与地区外部经济系统联系相对密切，住宿和餐饮业在产业链上位置受开放经济影响程度相对较小，与地区外部经济系统联系相对稀疏。这主要是因为东部地区交通运输、仓储和邮政业服务及批发和零售业服务跨地区可交易性相对较强，服务区域外消费者的能力较强，而住宿和餐饮业跨地区可交易性相对较弱，服务区域外消费者的能力较弱。另外，东部地区各省市住宿和餐饮业自身经济体量较大，与地区外部经济系统互通的量相对较小，这也会引起住宿和餐饮业在产业链上位置受开放经济影响程度相对较小。

中部地区8个省中有6个省份交通运输、仓储和邮政业在产业链上位置受开放经济影响程度表现为较小，有5个省份批发和零售业在产业链上位置受开放经济影响程度表现为较小，有7个省份住宿和餐饮业在产业链上位置受开放经济影响程度表现为较小。上述情况说明，在中部地区，流通业三个子产业相比较，一般来讲，批发和零售业在产业链上位置受开放经济影响程度相对较大，与地区外部经济系统联系相对密切，交通运输、仓储和邮政业，住宿和餐饮业在产业链上位置受开放经济影响程度相对较小，与地区外部经济系统联系相对稀疏。这主要是因为中部地区生产资料和生活物品与地区外流通较多，导致批发和零售业与地区外部经济系统联系相对密切，而中部地区交通运输、仓储和邮政业，住宿和餐饮业两个产业服务供给受空间影响较大，服务地区外的能力相对弱，主要为本地区提供服务。另外，中部地区各省交通运输、仓储和邮政业，住宿和餐饮业两个产业自身经济体量相对较大，而与地区外部经济系统交流的量相对较小，这也会造成这两个产业在产业链上位置受开放经济影响程度相对较小。

西部地区 12 个省区市中有 10 个省区市交通运输、仓储和邮政业在产业链上位置受开放经济影响程度表现为较小，有 5 个省区市批发和零售业在产业链上位置受开放经济影响程度表现为较小，有 7 个省区市住宿和餐饮业在产业链上位置受开放经济影响程度表现为较小。上述情况说明，在西部地区，流通业三个子产业相比较，一般来讲，批发和零售业在产业链上位置受开放经济影响程度最大，与地区外部经济系统联系最密切，住宿和餐饮业在产业链上位置受开放经济影响程度其次，与地区外部经济系统联系密切性第三，交通运输、仓储和邮政业在产业链上位置受开放经济影响程度相对较小，与地区外部经济系统联系最稀疏。这主要是因为西部地区生产物品和消费商品与地区外部互通量较大，因此批发和零售业与地区外部经济联系较为密切；西部地区住宿和餐饮业自身经济体量并不像东中部地区那么大，因此这些省区市住宿和餐饮业与地区外经济系统交流的体量与西部地区住宿和餐饮业自身经济体量的比相对较大，这会造成开放经济对住宿和餐饮业在产业链上位置影响较大；西部地区多为山区，交通运输、仓储和邮政业服务供给受空间影响较大，服务地区外的能力相对较弱，并且地区外服务需求相对较少，主要为本地区提供服务。

全国整体 31 个省区市中有 22 个省区市交通运输、仓储和邮政业在产业链上位置受开放经济影响程度表现为较小，有 15 个省区市批发和零售业在产业链上位置受开放经济影响程度表现为较小，有 24 个省区市住宿和餐饮业在产业链上位置受开放经济影响程度表现为较小。上述情况说明，在全国整体，流通业三个子产业相比较，一般来讲，批发和零售业在产业链上位置受开放经济影响程度最大，与地区外部经济系统联系最密切，交通运输、仓储和邮政业、住宿和餐饮业在产业链上位置受开放经济影响程度相对较小，与地区外部经济系统联系较稀疏。东中西部三大地区相比较，东部地区交通运输、仓储和邮政业在产业链上位置受开放经济影响程度要大于中部地区和西部地区，东中西部三大地区批发和零售业在产业链上位置受开放经济影响程度都较大，西部地区住宿和餐饮业在产业链上位置受开放经济影响程度要大于东部地区和中部地区。住宿和餐饮业是人口规模和密度决定型的服务业，东部和中部地区住宿和餐饮业经济系统规模较大，较为稳定，受地区外部经济影响较小，而西部地区住宿和餐饮业经济系统规模较小，较为不稳定，受地区外部经济影响较大，所以西部地区经济开放对其住宿和餐饮业发展至关重要。

（二）东中西部各省封闭经济体系和开放经济体系中流通业三个子产业在产业链上的相对位置及其稳定性

1. 东中西部各省封闭经济体系中流通业三个子产业在产业链上的相对位置差异

所谓流通业三个子产业在产业链上的相对位置是根据交通运输、仓储和邮政业，批发和零售业，住宿和餐饮业三个子产业上游度的大小来判断三个产业在产业链上的位置，产业上游度大的产业被认为在产业链的较上游位置，产业上游度小的产业被认为在产业链的较下游位置。如果产业 A 的上游度大于产业 B 的上游度，产业 B 的上游度大于产业 C 的上游度，则认为在产业链上产业 A 在产业 B 的上游，产业 B 在产业 C 的上游，同理产业 B 在产业 A 的下游，产业 C 在产业 B 的下游，这时产业 A、产业 B 和产业 C 在产业链上的相对位置为：A→B→C（"→"表示从产业上游到产业下游）。根据排列理论，三个产业在产业链上位置的组合有 6 种情况：交仓邮→批零→住餐 a；交仓邮→住餐→批零 b；批零→交仓邮→住餐 c；住餐→批零→交仓邮 d；住餐→交仓邮→批零 e；批零→住餐→交仓邮 f。而现实中没有出现"批零→住餐→交仓邮 f"这一情况，封闭经济中东中西部地区流通业三个子产业在产业链上的相对位置表现情况见表 9 - 11。

在封闭经济体系中，东部地区 11 个省市三个子产业在产业链上相对位置呈现"交仓邮→批零→住餐 a"情况的有 5 个省市：北京、江苏、浙江、广东、海南；呈现"交仓邮→住餐→批零 b"情况的有 5 个省市：河北、辽宁、上海、福建、山东；呈现"批零→交仓邮→住餐 c"情况的有 1 个市：天津。在封闭经济体系中，东部地区 11 个省市平均来看三个子产业在产业链上相对位置为：交仓邮→住餐→批零 b。

在封闭经济体系中，中部地区8个省份三个子产业在产业链上相对位置呈现"交仓邮→批零→住餐 a"情况的有2个省份：吉林、黑龙江；呈现"交仓邮→住餐→批零 b"情况的有1个省份：江西；呈现"批零→交仓邮→住餐 c"情况的有3个省份：安徽、河南、湖南；呈现"住餐→批零→交仓邮 d"情况的有1个省份：山西；呈现"住餐→交仓邮→批零 e"情况的有1个省份：湖北。在封闭经济体系中，中部地区8个省份平均来看三个子产业在产业链上相对位置为：交仓邮→批零→住餐 a。

在封闭经济体系中，西部地区12个省区市三个子产业在产业链上相对位置呈现"交仓邮→批零→住餐 a"情况的有6个省区：四川、贵州、云南、甘肃、宁夏、广西；呈现"交仓邮→住餐→批零 b"情况的有3个省区市：重庆、西藏、陕西；呈现"批零→交仓邮→住餐 c"情况的有1个区：新疆；呈现"住餐→交仓邮→批零 e"情况的有2个省区：青海、内蒙古。在封闭经济体系中，西部地区12个省区市平均来看三个子产业在产业链上相对位置为：交仓邮→批零→住餐 a。

表9-11　　　　封闭经济中东中西部地区流通业三个子产业

（TSP、WR、HC）上游度比较

省区市	交通运输、仓储和邮政业（TSP）	批发和零售业（WR）	住宿和餐饮业（HC）	三个子产业上游度比较	三产业在产业链上相对位置（上游→下游）
北京	3.475816	2.852502	2.492745	TSP > WR > HC	交仓邮→批零→住餐 a
天津	2.817364	3.070433	1.976377	WR > TSP > HC	批零→交仓邮→住餐 c
河北	2.768021	2.031242	2.521738	TSP > HC > WR	交仓邮→住餐→批零 b
辽宁	3.864949	2.817227	3.005869	TSP > HC > WR	交仓邮→住餐→批零 b
上海	3.589015	2.031537	2.756316	TSP > HC > WR	交仓邮→住餐→批零 b
江苏	4.093679	2.687852	2.625640	TSP > WR > HC	交仓邮→批零→住餐 a
浙江	4.271403	2.759260	2.110236	TSP > WR > HC	交仓邮→批零→住餐 a
福建	3.892092	2.609422	2.948706	TSP > HC > WR	交仓邮→住餐→批零 b
山东	4.571571	2.164584	3.548584	TSP > HC > WR	交仓邮→住餐→批零 b
广东	3.339376	2.549155	2.463955	TSP > WR > HC	交仓邮→批零→住餐 a
海南	2.707611	2.573265	2.268265	TSP > WR > HC	交仓邮→批零→住餐 a
东部平均	**3.580991**	**2.558771**	**2.610766**	**TSP > HC > WR**	交仓邮→住餐→批零 b

续表

省区市	交通运输、仓储和邮政业（TSP）	批发和零售业（WR）	住宿和餐饮业（HC）	三个子产业上游度比较	三产业在产业链上相对位置（上游→下游）
山西	2.221533	2.450751	2.694150	HC > WR > TSP	住餐→批零→交仓邮 d
吉林	3.949437	2.634267	2.560996	TSP > WR > HC	**交仓邮→批零→住餐 a**
黑龙江	2.808783	2.174196	1.532016	TSP > WR > HC	**交仓邮→批零→住餐 a**
安徽	3.756271	4.623328	2.878097	WR > TSP > HC	批零→交仓邮→住餐 c
江西	5.755376	2.705385	3.816195	TSP > HC > WR	交仓邮→住餐→批零 b
河南	3.720791	6.238074	2.860139	WR > TSP > HC	批零→交仓邮→住餐 c
湖北	2.226832	2.163815	2.303365	HC > TSP > WR	住餐→交仓邮→批零 e
湖南	3.322450	3.427629	2.230471	WR > TSP > HC	批零→交仓邮→住餐 c
中部平均	**3.470184**	**3.302181**	**2.609429**	**TSP > WR > HC**	**交仓邮→批零→住餐 a**
四川	2.941475	2.767721	2.296359	TSP > WR > HC	**交仓邮→批零→住餐 a**
重庆	3.095831	2.211542	2.216673	TSP > HC > WR	交仓邮→住餐→批零 b
贵州	2.556499	2.416187	2.150325	TSP > WR > HC	**交仓邮→批零→住餐 a**
云南	3.521785	2.558916	1.875879	TSP > WR > HC	**交仓邮→批零→住餐 a**
西藏	2.866300	1.735917	2.714781	TSP > HC > WR	交仓邮→住餐→批零 b
陕西	2.707130	1.929279	2.335172	TSP > HC > WR	交仓邮→住餐→批零 b
甘肃	3.527214	2.364827	1.823514	TSP > WR > HC	**交仓邮→批零→住餐 a**
青海	2.252254	1.531938	3.136890	HC > TSP > WR	住餐→交仓邮→批零 e
宁夏	3.022772	2.889178	2.227760	TSP > WR > HC	**交仓邮→批零→住餐 a**
新疆	3.086798	4.869426	2.610781	WR > TSP > HC	批零→交仓邮→住餐 c
广西	2.544598	2.471822	1.952428	TSP > WR > HC	**交仓邮→批零→住餐 a**
内蒙古	1.580071	1.430194	1.643189	HC > TSP > WR	住餐→交仓邮→批零 e
西部平均	**2.808561**	**2.431412**	**2.248646**	**TSP > WR > HC**	**交仓邮→批零→住餐 a**
全国整体	**3.357531**	**2.675445**	**2.479972**	**TSP > WR > HC**	**交仓邮→批零→住餐 a**

在封闭经济体系中，考察样本 31 个省区市，三个子产业在产业链上相对位置呈现"交仓邮→批零→住餐 a"情况的有 13 个省区市；呈现"交仓邮→住餐→批零 b"情况的有 9 个省区市；呈现"批零→交仓邮→住餐 c"情况的有 5 个省区市；呈现"住餐→批零→交仓邮 d"情况的有 1 个省区市；呈

现"住餐→交仓邮→批零 e"情况的有 3 个省区市。在封闭经济体系中，全国整体，三个子产业在产业链上相对位置呈现"交仓邮→批零→住餐 a"顺序。

因此，在封闭经济体系中，交通运输、仓储和邮政业在产业链上排在第一上游位置的省区市有 22 个，排在第二上游位置的省区市有 8 个，排在第三上游位置的省区市有 1 个；批发和零售业在产业链上排在第一上游位置的省区市有 5 个，排在第二上游位置的省区市有 14 个，排在第三上游位置的省区市有 12 个；住宿和餐饮业在产业链上排在第一上游位置的省区市有 4 个，排在第二上游位置的省区市有 9 个，排在第三上游位置的省区市有 18 个。因此，在封闭经济体系中，交通运输、仓储和邮政业在产业链上排在第一上游位置的省区市居多（22/31），排在第一上游位置占优势；批发和零售业在产业链上排在第二上游位置的省区市居多（14/31），排在第二上游位置略占优势；住宿和餐饮业在产业链上排在第三上游位置的省区市居多（18/31），排在第三上游位置略占优势。

2. 东中西部各省区市开放经济体系中流通业三个子产业在产业链上的相对位置差异

在开放经济体系中，东部地区 11 个省市三个子产业在产业链上相对位置呈现"交仓邮→批零→住餐 a"情况的有 11 个省市，东部地区全部省市三个子产业在产业链上相对位置都呈现"交仓邮→批零→住餐 a"情况。而且，在开放经济体系中，东部地区 11 个省市平均来看三个子产业在产业链上相对位置也表现为：交仓邮→批零→住餐 a。

在开放经济体系中，中部地区 8 个省三个子产业在产业链上相对位置呈现"交仓邮→批零→住餐 a"情况的有 4 个省份：山西、黑龙江、安徽、河南；呈现"交仓邮→住餐→批零 b"情况的有 2 个省份：吉林、江西；呈现"批零→交仓邮→住餐 c"情况的有 1 个省份：湖南；呈现"住餐→交仓邮→批零 e"情况的有 1 个省份：湖北。在开放经济体系中，中部地区 8 个省份平均来看，三个子产业在产业链上相对位置为：交仓邮→批零→住餐 a。

在开放经济体系中，西部地区 12 个省区市三个子产业在产业链上相对位置呈现"交仓邮→批零→住餐 a"情况的有 7 个省区：四川、云南、陕西、甘肃、宁夏、新疆、广西；呈现"交仓邮→住餐→批零 b"情况的有 1 个省份：贵州；呈现"批零→交仓邮→住餐 c"情况的有 2 个区市：重庆、内蒙古；呈现"住餐→交仓邮→批零 e"情况的有 2 个省区：西藏、青海。在开放经济体系中，西部地区 12 个省区市平均来看，三个子产业在产业链上相对位置为：交仓邮→批零→住餐 a（见表 9 - 12）。

表 9 - 12 　　　　开放经济中东中西部地区流通业三个子产业
（TSP、WR、HC）上游度比较

省区市	交通运输、仓储和邮政业（TSP）	批发和零售业（WR）	住宿和餐饮业（HC）	三个子产业上游度比较	三产业在产业链上相对位置（上游→下游）
北京	4.135484	3.577992	2.649226	TSP > WR > HC	交仓邮→批零→住餐 a
天津	5.298366	4.604536	2.701214	TSP > WR > HC	交仓邮→批零→住餐 a
河北	3.822263	3.164017	2.792164	TSP > WR > HC	交仓邮→批零→住餐 a
辽宁	3.679324	3.028108	2.990839	TSP > WR > HC	交仓邮→批零→住餐 a
上海	5.475785	4.401761	3.286525	TSP > WR > HC	交仓邮→批零→住餐 a
江苏	4.172816	3.216690	3.065686	TSP > WR > HC	交仓邮→批零→住餐 a
浙江	4.610753	4.019236	2.400549	TSP > WR > HC	交仓邮→批零→住餐 a
福建	4.274838	4.148184	3.580353	TSP > WR > HC	交仓邮→批零→住餐 a
山东	4.187495	3.729284	3.294716	TSP > WR > HC	交仓邮→批零→住餐 a
广东	4.179298	3.711449	2.636141	TSP > WR > HC	交仓邮→批零→住餐 a
海南	3.939395	3.306773	2.707293	TSP > WR > HC	交仓邮→批零→住餐 a
东部平均	**4.343256**	**3.718912**	**2.918610**	**TSP > WR > HC**	交仓邮→批零→住餐 a
山西	4.602966	3.819368	3.059145	TSP > WR > HC	交仓邮→批零→住餐 a
吉林	3.053154	2.318159	2.407484	TSP > HC > WR	交仓邮→住餐→批零 b
黑龙江	3.171225	2.832708	1.894526	TSP > WR > HC	交仓邮→批零→住餐 a
安徽	3.429694	2.746306	2.363164	TSP > WR > HC	交仓邮→批零→住餐 a
江西	4.278889	2.952466	3.308317	TSP > HC > WR	交仓邮→住餐→批零 b
河南	3.930297	3.278095	2.968804	TSP > WR > HC	交仓邮→批零→住餐 a
湖北	2.226845	2.154672	2.302261	HC > TSP > WR	住餐→交仓邮→批零 e
湖南	3.289962	3.329821	2.279975	WR > TSP > HC	批零→交仓邮→住餐 c
中部平均	**3.497879**	**2.928949**	**2.572960**	**TSP > WR > HC**	交仓邮→批零→住餐 a
四川	2.835812	2.726823	2.359577	TSP > WR > HC	交仓邮→批零→住餐 a
重庆	3.545503	3.677275	2.144392	WR > TSP > HC	批零→交仓邮→住餐 c
贵州	2.560868	2.329238	2.378036	TSP > HC > WR	交仓邮→住餐→批零 b
云南	3.152234	2.306701	2.005549	TSP > WR > HC	交仓邮→批零→住餐 a

续表

省区市	交通运输、仓储和邮政业（TSP）	批发和零售业（WR）	住宿和餐饮业（HC）	三个子产业上游度比较	三产业在产业链上相对位置（上游→下游）
西藏	2.051052	1.656953	2.333575	HC > TSP > WR	住餐→交仓邮→批零 e
陕西	3.008517	2.889096	2.076090	TSP > WR > HC	交仓邮→批零→住餐 a
甘肃	3.329273	2.765189	1.957329	TSP > WR > HC	交仓邮→批零→住餐 a
青海	1.830313	1.336046	2.564307	HC > TSP > WR	住餐→交仓邮→批零 e
宁夏	3.148821	2.573743	2.097140	TSP > WR > HC	交仓邮→批零→住餐 a
新疆	3.078101	2.979786	2.254541	TSP > WR > HC	交仓邮→批零→住餐 a
广西	2.792536	2.739938	2.028854	TSP > WR > HC	交仓邮→批零→住餐 a
内蒙古	4.130459	4.534614	2.659338	WR > TSP > HC	批零→交仓邮→住餐 c
西部平均	**2.955291**	**2.709617**	**2.238227**	**TSP > WR > HC**	**交仓邮→批零→住餐 a**
全国整体	**3.539775**	**3.140233**	**2.477155**	**TSP > WR > HC**	**交仓邮→批零→住餐 a**

　　在开放经济体系中，考察样本 31 个省区市，三个子产业在产业链上相对位置呈现"交仓邮→批零→住餐 a"情况的有 22 个省区市；呈现"交仓邮→住餐→批零 b"情况的有 3 个省区市；呈现"批零→交仓邮→住餐 c"情况的有 3 个省区市；呈现"住餐→交仓邮→批零 e"情况的有 3 个省区市。在开放经济体系中，全国整体，三个子产业在产业链上相对位置呈现"交仓邮→批零→住餐 a"顺序。

　　因此，在开放经济体系中，交通运输、仓储和邮政业在产业链上排在第一上游位置的省区市有 25 个，排在第二上游位置的省区市有 6 个；批发和零售业在产业链上排在第一上游位置的省区市有 3 个，排在第二上游位置的省区市有 22 个，排在第三上游位置的省区市有 6 个；住宿和餐饮业在产业链上排在第一上游位置的省区市有 3 个，排在第二上游位置的省区市有 3 个，排在第三上游位置的省区市有 25 个。可以看出，在开放经济体系中，交通运输、仓储和邮政业在产业链上排在第一上游位置的省区市居多（25/31），排在第一上游位置占优势；批发和零售业在产业链上排在第二上游位置的省区市居多（22/31），排在第二上游位置占优势；住宿和餐饮业在产业链上排在第三上游位置的省区市居多（25/31），排在第三上游位置占优势。

3. 从封闭经济体系到开放经济体系东中西部各省区市流通业三个子产业在产业链上的相对位置的稳定性

如表 9－13 所示，我们可以通过从封闭经济体系到开放经济体系东中西部各省区市流通业三个子产业（TSP、WR、HC）在产业链上的相对位置变化来侧面观察三个产业在产业链上的相对位置的稳定性。如果从封闭经济体系到开放经济体系某一省区市或地区流通业三个子产业在产业链上的相对位置没有发生变化，即三个子产业在产业链上的相对位置较稳定，那么可以认为这一省区市或地区三个子产业构成的流通业产业系统较稳定，受开放经济（外部经济）的影响程度较小，不易受开放经济的影响；如果从封闭经济体系到开放经济体系某一省区市或地区流通业三个子产业在产业链上的相对位置发生了变化，那么可以认为这一省区市或地区三个子产业构成的流通业产业系统较不稳定，受开放经济（外部经济）的影响程度较大，容易受开放经济的影响。

某一省区市或地区流通业三个子产业在产业链上的相对位置较稳定，这说明这一省区市或地区三个子产业构成的流通业产业系统较稳定。这种稳定性对地区流通业产业系统的影响是"双刃"的，一方面，地区或省区市流通业产业系统较稳定，当外部经济系统发生突变时，对地区或省区市流通业系统的冲击则较小，这种稳定性带来的影响是积极的；另一方面，当外部经济系统由于技术创新而变化时，地区或省区市流通业系统反映却较为迟缓，则可能阻滞地区或省区市流通业与技术协调演化，这种稳定性带来的影响却是负面的。

从封闭经济体系到开放经济体系，东部地区 11 个省市，流通业三个子产业在产业链上相对位置未发生变化，呈现出稳定性的有 5 个省市：北京、江苏、浙江、广东、海南；三个子产业在产业链上相对位置发生变化，呈现出不稳定性的有 6 个省市：天津、河北、辽宁、上海、福建、山东。东部地区 11 个省区市平均来看，流通业三个子产业在产业链上相对位置也发生了变化，呈现出不稳定性。

从封闭经济体系到开放经济体系，中部地区 8 个省份，流通业三个子产业在产业链上相对位置未发生变化，呈现出稳定性的有 4 个省份：黑龙江、江西、湖北、湖南；三个子产业在产业链上相对位置发生变化，呈现出不稳定性的有 4 个省份：山西、吉林、安徽、河南。中部地区 8 个省份平均来看，流通业三个子产业在产业链上相对位置也未发生变化，呈现出相对稳定性。

从封闭经济体系到开放经济体系，西部地区 12 个省区市，流通业三个子产业在产业链上相对位置未发生变化，呈现出稳定性的有 6 个省区：四川、云南、甘肃、青海、宁夏、广西；三个子产业在产业链上相对位置发生变化，呈现出不稳定性的有 6 个省区市：重庆、贵州、西藏、陕西、新疆、内蒙古。西部地区 12 个省区市平均来看，流通业三个子产业在产业链上相对位置也未发生变化，呈现出相对稳定性。

考察样本 31 个省区市，从封闭经济体系到开放经济体系，流通业三个子产业在产业链上相对位置未发生变化，呈现出稳定性的有 15 个省区市；流通业三个子产业在产业链上相对位置发生变化，呈现出不稳定性的有 16 个省区市。从封闭经济体系到开放经济体系，从全国整体来看，流通业三个子产业在产业链上相对位置也未发生变化，呈现出相对稳定性。因此，从封闭经济体系到开放经济体系，流通业三个子产业在产业链上相对位置未发生变化，呈现出稳定性的省区市占一半稍少一点（15/31），相对位置呈现出稳定性略占劣势；流通业三个子产业在产业链上相对位置发生变化，呈现出不稳定性的省区市占一半稍多一点（16/31），相对位置呈现出不稳定性略占优势。

表 9 - 13　　　从封闭经济到开放经济东中西部流通业三个子产业
（TSP、WR、HC）在产业链上相对位置变化

省区市	封闭经济中流通业三个子产业上游度比较	开放经济中流通业三个子产业上游度比较	从封闭经济到开放经济，三个子产业上游度排序变化	三个子产业在产业链上相对位置（从上游到下游）及稳定性
北京	TSP > WR > HC	TSP > WR > HC	未变化	TSP WR HC；稳定
天津	WR > TSP > HC	TSP > WR > HC	WR（1→2）；TSP（2→1）	WR ⟷ TSP HC；不稳
河北	TSP > HC > WR	TSP > WR > HC	HC（2→3）；WR（3→2）	TSP HC ⟷ WR；不稳
辽宁	TSP > HC > WR	TSP > WR > HC	HC（2→3）；WR（3→2）	TSP HC ⟷ WR；不稳
上海	TSP > HC > WR	TSP > WR > HC	HC（2→3）；WR（3→2）	TSP HC ⟷ WR；不稳
江苏	TSP > WR > HC	TSP > WR > HC	未变化	TSP WR HC；稳定
浙江	TSP > WR > HC	TSP > WR > HC	未变化	TSP WR HC；稳定

续表

省区市	封闭经济中流通业三个子产业上游度比较	开放经济中流通业三个子产业上游度比较	从封闭经济到开放经济，三个子产业上游度排序变化	三个子产业在产业链上相对位置（从上游到下游）及稳定性
福建	TSP > HC > WR	TSP > WR > HC	HC（2→3）；WR（3→2）	TSP HC←→WR；不稳
山东	TSP > HC > WR	TSP > WR > HC	HC（2→3）；WR（3→2）	TSP HC←→WR；不稳
广东	TSP > WR > HC	TSP > WR > HC	未变化	TSP WR HC；稳定
海南	TSP > WR > HC	TSP > WR > HC	未变化	TSP WR HC；稳定
东部平均	**TSP > HC > WR**	**TSP > WR > HC**	**HC（2→3）；WR（3→2）**	**TSP HC←→WR；不稳**
山西	HC > WR > TSP	TSP > WR > HC	HC（1→3）；TSP（3→1）	HC（TSP）WR TSP（HC）；不稳
吉林	TSP > WR > HC	TSP > HC > WR	WR（2→3）；HC（3→2）	TSP WR←→HC；不稳
黑龙江	TSP > WR > HC	TSP > WR > HC	未变化	TSP WR HC；稳定
安徽	WR > TSP > HC	TSP > WR > HC	WR（1→2）；TSP（2→1）	WR←→TSP HC；不稳
江西	TSP > HC > WR	TSP > HC > WR	未变化	TSP HC WR；稳定
河南	WR > TSP > HC	TSP > WR > HC	WR（1→2）；TSP（2→1）	WR←→TSP HC；不稳
湖北	HC > TSP > WR	HC > TSP > WR	未变化	HC TSP WR；稳定
湖南	WR > TSP > HC	WR > TSP > HC	未变化	WR TSP HC；稳定
中部平均	**TSP > WR > HC**	**TSP > WR > HC**	**未变化**	**TSP WR HC；稳定**
四川	TSP > WR > HC	TSP > WR > HC	未变化	TSP WR HC；稳定
重庆	TSP > HC > WR	WR > TSP > HC	TSP（1→2）；HC（2→3）；WR（3→1）	TSP（WR）HC（TSP）WR（HC）；不稳
贵州	TSP > WR > HC	TSP > HC > WR	WR（2→3）；HC（3→2）	TSP WR←→HC；不稳
云南	TSP > WR > HC	TSP > WR > HC	未变化	TSP WR HC；稳定
西藏	TSP > HC > WR	HC > TSP > WR	TSP（1→2）；HC（2→1）	TSP←→HC WR；不稳

省区市	封闭经济中流通业三个子产业上游度比较	开放经济中流通业三个子产业上游度比较	从封闭经济到开放经济，三个子产业上游度排序变化	三个子产业在产业链上相对位置（从上游到下游）及稳定性
陕西	TSP > HC > WR	TSP > WR > HC	HC（2→3）；WR（3→2）	TSP HC⟷WR；不稳
甘肃	TSP > WR > HC	TSP > WR > HC	未变化	TSP WR HC；稳定
青海	HC > TSP > WR	HC > TSP > WR	未变化	HC TSP WR；稳定
宁夏	TSP > WR > HC	TSP > WR > HC	未变化	TSP WR HC；稳定
新疆	WR > TSP > HC	TSP > WR > HC	WR（1→2）；TSP（2→1）	WR⟷TSP HC；不稳
广西	TSP > WR > HC	TSP > WR > HC	未变化	TSP WR HC；稳定
内蒙古	HC > TSP > WR	WR > TSP > HC	HC（1→3）；WR（3→1）	HC（WR）TSP WR（HC）；不稳
西部平均	**TSP > WR > HC**	**TSP > WR > HC**	**未变化**	**TSP WR HC；稳定**
全国整体	**TSP > WR > HC**	**TSP > WR > HC**	**未变化**	**TSP WR HC；稳定**

四、本章小结

　　尽管本章结构较简单，但是其内容比较繁杂，因此，把本章框架和主要标题列表式概括显示，则可以更直观更简洁，方便阅读，提高阅读效率（本章研究框架和主要标题概括见表 9 - 14）。本章主要对封闭经济中我国东部、中部、西部三个地区流通产业细分子产业在产业链上的位置的差异进行研究，研究发现，一般来讲，在封闭经济体系中，东部地区和中部地区流通产业在产业链上的位置相对较高，西部地区流通产业在产业链上的位置相对较低。本章也对开放经济中我国东部、中部、西部三个地区流通产业细分子产业在产业链上的位置的差异进行研究，研究发现，一般来讲，在开放经济中，东部地区和中部地区流通产业在产业链上的位置还是相对较高，西部地区流通产业在产业链上的位置还是相对较低。本章还对封闭经济中与开放经济中流通业在产业链上位置差异进行地区比较，以考察从封闭经济到开放经济的流通业在产业链上位置的稳定性以及这种稳定性的地区差异。可以发现，流通业在产业链上的一些关系表现出较强的规律性，呈现出一定的理论高度，具有较高的理论价值，对于指导我国流通业发展实践、促进流通业健康成长，具有较好的现实意义。

表 9 – 14　　　　　　　　　　　　本章研究框架和主要标题

封闭经济中东中西部地区流通业在产业链上位置差异	（1）封闭经济中东中西部地区交通运输、仓储和邮政业在产业链上位置差异
	（2）封闭经济中东中西部地区批发和零售业在产业链上位置差异
	（3）封闭经济中东中西部地区住宿和餐饮业在产业链上位置差异
	（4）封闭经济中东中西部地区各省区市流通业三个子产业在产业链上的位置省区市间比较与产业间比较
开放经济中东中西部地区流通业在产业链上位置差异	（1）开放经济中东中西部地区交通运输、仓储和邮政业在产业链上位置差异
	（2）开放经济中东中西部地区批发和零售业在产业链上位置差异
	（3）开放经济中东中西部地区住宿和餐饮业在产业链上位置差异
	（4）开放经济中东中西部地区各省区市流通业三个子产业在产业链上的位置省区市间比较与产业间比较
封闭经济中与开放经济中流通业在产业链上位置差异的地区比较	（1）封闭经济体系和开放经济体系中流通业三个子产业在产业链上位置的体系间比较和省区市间比较
	（2）东中西部各省区市封闭经济体系和开放经济体系中流通业三个子产业在产业链上的相对位置及其稳定性

第十章

中国流通业在产业链上位置的
省际比较

——基于行业上游度测算视角

本研究有助于对我国流通服务业在产业链上位置的省际差异也有一个整体认识。在本研究中，中国 31 个省区市被分为东部、中部和西部三个地区。东部地区包括 11 个省市，分别为：北京、天津、河北、辽宁、上海、江苏、浙江、福建、山东、广东、海南。中部地区包括 8 个省，分别为：山西、吉林、黑龙江、安徽、江西、河南、湖北、湖南。西部地区包括 12 个省区市，分别为：四川、重庆、贵州、云南、西藏、陕西、甘肃、青海、宁夏、新疆、广西、内蒙古。

前面研究中分析了流通业子产业的上游度，通过上游度的大小判断流通业在产业链上的位置。一般来讲，一个产业生产的产品中作为中间产品的部分会分配流入产业系统中的各个产业的生产过程中去，因此，根据上游度测算理论，可以计算出产业系统中各产业对这一产业上游度的"贡献"，即可把上游度"分解"到产业系统中各个产业中去。为了观察具有相似属性的大类产业对流通业的中间品需求情况，或者说流通业对具有相似属性的大类产业的中间产品供给和分配情况，这里把投入产出表中的 42 个部门归类为三大类，即农业（a）、工业与建筑业（m）、服务业（s）。

首先，在这一部分的研究中把流通业 3 个子产业的上游度分解到农业、工业与建筑业、服务业三个大类产业中去，即 $U_i = U_{ia} + U_{im} + U_{is}$，其中，$U_i$ 表示流通业 3 个子产业的上游度，U_{ia}、U_{im}、U_{is} 分别表示流通业 3 个子产业的上游度分解到农业、工业与建筑业、服务业中的部分；分别计算流通业 3 个子产业上游度分配（分解）到农业、工业与建筑业、服务业三个大类产业中去的比例，即农业分配占比（U_{ia}/U_i）、工业与建筑业分配占比（U_{im}/U_i）、服务业分配占比（U_{is}/U_i）。

其次，在这部分要使用产业中间使用率概念。中间使用率是国民经济各产业对 i 产业产品的中间需求量与第 i 产业产品的总需求量的比值，计算公式为：

$$L_{Fi} = Z_i/Y_i = Z_i/(Z_i + F_i) = \sum_{j=1}^{n} x_{ij} \Big/ \Big(\sum_{j=1}^{n} x_{ij} + F_i \Big)$$

$$= \sum_{j=1}^{n} a_{ij} Y_j \Big/ \Big(\sum_{j=1}^{n} x_{ij} + F_i \Big) (i = 1,2\cdots,n) \qquad (10-1)$$

其中，a_{ij} 是产业 j 的 1 单位产出中产业 i 产品的投入比例（a_{ij} 又称直接消耗系数），x_{ij} 产业 j 消耗的产业 i 产品的投入，Y_j 产业 j 的总产出、Z_i （$\sum_{j=1}^{n} x_{ij}$、$\sum_{j=1}^{n} a_{ij} Y_j$）为产业 i 作为其他产业中间投入品的部分，F_i 为产业 i 用于最终消费的部分，Y_i 为产业 i 的总产出。中间使用率大于 50% 的产业称为以提供生产产品为主的产业；中间使用率小于 50% 的产业称为以提供生活产品为主的产业。中间使用率越高，说明该产业对其他产业的影响和制约性越强，越带有原材料等基础产业的性质。

上述公式计算出的 L_{Fi} 是封闭经济中产业 i 产品的中间使用率。开放经济中产业 i 产品的中间使用率计算公式为：

$$L_{Fi} = \sum_{j=1}^{n} a_{ij} Y_j / (Y_i - X_{i1} - X_{i2} + M_{i1} + M_{i2} - I_i)(i = 1,2\cdots,n) \quad (10-2)$$

其中，X_{i1} 为产业 i 产品的出口额，X_{i2} 为产业 i 产品向省外流出额，M_{i1} 为进口的产业 i 的产品额，M_{i2} 为省外流入的产业 i 的产品额，I_i 为产业 i 的存货增加。

一、封闭经济中 31 个省区市流通业在产业链上位置分布及差异

（一）封闭经济中 31 个省区市交通运输、仓储和邮政业在产业链上位置分布及差异

1. 各省区市交通运输、仓储和邮政业在产业链上位置分布情况及差异表现

由图 10-1 封闭经济中 31 个省区市交通运输、仓储和邮政业上游度分布

可知，江西省交通运输、仓储和邮政业在产业链上位置上游度最大，内蒙古交通运输、仓储和邮政业在产业链上位置上游度最小。在产业链上位置上游度前五位的省分别是江西、山东、浙江、江苏和吉林，在产业链上位置上游度后五位的省区市分别是广西、青海、湖北、山西和内蒙古。上游度大于5的省只有江西省1个，上游度在4和5之间的省区市有3个，上游度在3和4之间的省区市有14个，上游度在2和3之间的省区市有12个，上游度在1和2之间的省区市有1个。可见，在产业链上位置上游度在2和4之间的省区市数量最多。

在产业链上位置上游度前10位的省区市，东部地区有6个省区市，中部地区有4个省区市；在产业链上位置上游度中间11位的省区市，东部地区有3个省区市，中部地区有1个省区市，西部地区有7个省区市；在产业链上位置上游度后10位的省区市，东部地区有2个省区市，中部地区有3个省区市，西部地区有5个省区市。在产业链上位置上游度大于全国整体水平（3.357531）的有13个省区市，小于全国整体水平（3.357531）的有18个省区市。因此，总体来看，东部地区和中部地区的交通运输、仓储和邮政业在产业链上位置上游度相对较大，而西部地区的交通运输、仓储和邮政业在产业链上位置上游度相对较小。

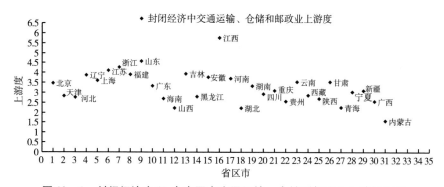

图10-1　封闭经济中31个省区市交通运输、仓储和邮政业上游度分布

2. 交通运输、仓储和邮政业在产业链上位置上游度与其工业与建筑业分配占比的关系

由表10-1封闭经济中31省区市交通运输、仓储和邮政业上游度分解及分配占比可知，交通运输、仓储和邮政业在产业链上位置上游度与其工业与

建筑业分配占比基本上呈正向关系。例如，江西和山东交通运输、仓储和邮政业在产业链上位置上游度在 31 个省区市中分别排第 1 位和第 2 位，其工业与建筑业分配占比在 31 个省区市中也分别排第 1 位和第 2 位。这主要是因为，工业与建筑业产业链较长，交通运输、仓储和邮政业在工业与建筑业上分配比例（分配占比）越大，交通运输、仓储和邮政业离最终消费者的距离就越远，交通运输、仓储和邮政业在产业链上位置上游度就越大。

由表 10 - 1 看出，交通运输、仓储和邮政业在产业链上位置上游度与其工业与建筑业分配占比间的正向关系在上海和北京则出现了例外，上海和北京交通运输、仓储和邮政业的工业与建筑业分配占比并不大，仅分别为 27.35% 和 33.69%，但其在产业链上位置上游度（产业上游度）并不低（分别为 3.589015 和 3.475816），这主要是因为上海和北京交通运输、仓储和邮政业的服务业分配占比较高（分别为 72.48% 和 65.82%），而且上海和北京的服务业中生产者服务业比重较大，生产者服务业的产业链较长，北京和上海交通运输、仓储和邮政业在生产者服务业上分配比例（分配占比）较大，其交通运输、仓储和邮政业在产业链上位置上游度也就较大。在表 10 - 1 中，福建的交通运输、仓储和邮政业的工业与建筑业分配占比较大（64.08%），但是其在产业链上位置上游度相对较小（主要是相对于上游度名次相近的浙江、江苏和吉林），这主要是因为福建的工业中轻工业占比较高，而轻工业具有产业链较短的特点，因而尽管福建交通运输、仓储和邮政业的工业与建筑业分配占比较大，但是相对于浙江、江苏和吉林三省其交通运输、仓储和邮政业的产业上游度较小。

表 10 - 1　　封闭经济中 31 个省区市交通运输、仓储和邮政业上游度
分解及分配占比（2012 年基准年度）

省区市	上游度 (U_i)	分解到农业中的部分 (U_{ia})	分解到工业与建筑业中的部分 (U_{im})	分解到服务业中的部分 (U_{is})	农业分配占比（%）	工业与建筑业分配占比（%）	服务业分配占比（%）
江西	5.755376	0.102225	3.781952	1.871199	1.78	65.71	32.51
山东	4.571571	0.078460	2.979142	1.513969	1.72	65.17	33.12
浙江	4.271403	0.024449	2.352924	1.894031	0.57	55.09	44.34
江苏	4.093679	0.042962	2.239496	1.811221	1.05	54.71	44.24
吉林	3.949437	0.098299	2.174620	1.676518	2.49	55.06	42.45

省区市	上游度（U_i）	分解到农业中的部分（U_{ia}）	分解到工业与建筑业中的部分（U_{im}）	分解到服务业中的部分（U_{is}）	农业分配占比（%）	工业与建筑业分配占比（%）	服务业分配占比（%）
福建	3.892092	0.073353	2.494175	1.324564	1.88	64.08	34.03
辽宁	3.864949	0.072173	2.223092	1.569684	1.87	57.52	40.61
安徽	3.756271	0.118159	1.964792	1.673320	3.15	52.31	44.55
河南	3.720791	0.078221	2.181757	1.460813	2.10	58.64	39.26
上海	3.589015	0.005876	0.981702	2.601437	0.16	27.35	72.48
甘肃	3.527214	0.104383	1.917286	1.505545	2.96	54.36	42.68
云南	3.521785	0.128291	1.655473	1.738021	3.64	47.01	49.35
北京	3.475816	0.016927	1.171136	2.287754	0.49	33.69	65.82
全国	**3.357531**	**0.063293**	**1.665182**	**1.629056**	**1.89**	**49.60**	**48.52**
广东	3.339376	0.027698	1.716661	1.595018	0.83	51.41	47.76
湖南	3.322450	0.100454	1.506449	1.715548	3.02	45.34	51.64
重庆	3.095831	0.029240	1.680186	1.386406	0.94	54.27	44.78
新疆	3.086798	0.180536	1.396849	1.509414	5.85	45.25	48.90
宁夏	3.022772	0.061176	1.622109	1.339487	2.02	53.66	44.31
四川	2.941475	0.080917	1.368918	1.491639	2.75	46.54	50.71
西藏	2.866300	0.029728	1.128194	1.708378	1.04	39.36	59.60
天津	2.817364	0.015149	1.143184	1.659031	0.54	40.58	58.89
黑龙江	2.808783	0.152790	1.134117	1.521876	5.44	40.38	54.18
河北	2.768021	0.049492	1.359416	1.359113	1.79	49.11	49.10
海南	2.707611	0.123506	0.876168	1.707937	4.56	32.36	63.08
陕西	2.707130	0.069385	1.227151	1.410594	2.56	45.33	52.11
贵州	2.556499	0.072419	1.007735	1.476346	2.83	39.42	57.75
广西	2.544598	0.059505	1.083268	1.401826	2.34	42.57	55.09
青海	2.252254	0.029310	0.685070	1.537875	1.30	30.42	68.28
湖北	2.226832	0.037101	0.765026	1.424705	1.67	34.35	63.98
山西	2.221533	0.020721	0.991288	1.209524	0.93	44.62	54.45
内蒙古	1.580071	0.045717	0.366223	1.168131	2.89	23.18	73.93

3. 交通运输、仓储和邮政业在产业链上位置上游度与其中间使用率的关系

由中间使用率的概念可知，一般来讲，某一产业的中间使用率越大，其在产业链上位置上游度可能越高，因为这一产业的产出有更大比例用于作为中间产品，而中间产品离消费者距离较远。但是，某一产业在产业链上位置上游度除了受其中间使用率影响之外，还受这一产业产品在产业系统中的间接使用的影响，间接使用越多，也会引起这一产业在产业链上上游度越高。由表 10 - 2 封闭经济中 31 个省区市交通运输、仓储和邮政业上游度与其中间使用率的关系可知，31 个省区市交通运输、仓储和邮政业在产业链上上游度与其中间使用率的关系整体上呈现近似的正向关系，这说明交通运输、仓储和邮政业中间使用率对其在产业链上上游度的影响较大。表 10 - 2 中，有几个比较例外的省份，如吉林、辽宁、云南的交通运输、仓储和邮政业中间使用率较大，但是其在产业链上上游度偏小，主要是因为这三个省份产业系统较为单一，交通运输、仓储和邮政业产品在产业系统中的间接使用较少。

表 10 - 2　　封闭经济中 31 个省区市交通运输、仓储和邮政业上游度
与其中间使用率（2012 年基准年度）

省区市	上游度（U_i）	中间使用率（%）
江西	5. 755376	114. 39
山东	4. 571571	96. 62
浙江	4. 271403	84. 61
江苏	4. 093679	90. 08
吉林	3. 949437	99. 32
福建	3. 892092	91. 15
辽宁	3. 864949	95. 49
安徽	3. 756271	90. 71
河南	3. 720791	83. 09
上海	3. 589015	77. 96
甘肃	3. 527214	83. 80
云南	3. 521785	99. 38
北京	3. 475816	73. 92
全国	**3. 357531**	**78. 87**

省区市	上游度（U_i）	中间使用率（%）
广东	3.339376	74.79
湖南	3.322450	86.99
重庆	3.095831	78.28
新疆	3.086798	73.97
宁夏	3.022772	77.92
四川	2.941475	73.19
西藏	2.866300	80.22
天津	2.817364	58.28
黑龙江	2.808783	71.71
河北	2.768021	60.47
海南	2.707611	61.64
陕西	2.707130	62.31
贵州	2.556499	59.11
广西	2.544598	68.07
青海	2.252254	49.39
湖北	2.226832	50.38
山西	2.221533	55.13
内蒙古	1.580071	24.26

4. 各省区市交通运输、仓储和邮政业在产业链上位置上游度与其三次产业占比的关系

由表 10 - 3 封闭经济中 31 个省区市交通运输、仓储和邮政业上游度的表现情况与这些地区三次产业占比的表现情况来看，一般来讲，东中部地区部分省区市交通运输、仓储和邮政业上游度较大，其第二产业的占比也较高。例如，交通运输、仓储和邮政业上游度前 9 位的省区市（江西至河南），其第二产业的占比都在 50% 以上。这主要是因为，第二产业占比较高的省区市，其交通运输、仓储和邮政业有较大的为第二产业服务的市场，而且第二产业一般来讲产业链较长，交通运输、仓储和邮政业在服务第二产业的过程中在产业链上的上游度就较大。

但在表 10 - 3 中，东部地区的天津和河北，以及中西部地区的湖北、山

西、重庆、四川、陕西、青海、内蒙古这9个省区市第二产业的占比都在
50%以上，但是其交通运输、仓储和邮政业在产业链上上游度都偏小，这是
为何？其实这主要是因为后面这9个交通运输、仓储和邮政业上游度偏小的
省区市的第二产业结构与上面那9个交通运输、仓储和邮政业上游度较大的
省区市的第二产业结构不同。后面这9个省区市第二产业中原材料、资源和
能源加工类产业占的比重较高，一般来讲原材料、资源和能源加工类产业的
产业链较短，交通运输、仓储和邮政业被这些产业消耗，其在产业链位置上
游度便较小。前面那9个省区市第二产业中资本品制造业占的比重较高，一
般来讲资本品制造业的产业链较长，交通运输、仓储和邮政业被这些产业消
耗，其在产业链上游度便较大。如表10-3所示，上海和北京第二产业占比
都比较低，分别为38.9%和22.7%，但是，两市交通运输、仓储和邮政业的
上游度都在全国整体水平之上，这主要是因为两市的第二产业中资本品制造
业占的比重较高，而且第三产业占比较高，并且第三产业中生产者服务业较
多。前面我们分析，生产者服务业产业链也较长，交通运输、仓储和邮政业
较多地被生产者服务业消耗，因而其在产业链上位置上游度也相对较大。

表10-3　　封闭经济中31个省区市交通运输、仓储和邮政业上游度
与其三次产业占比（2012年基准年度）

省区市	上游度（U_i）	第一产业占比（%）	第二产业占比（%）	第三产业占比（%）
江西	5.755376	11.7	53.6	34.6
山东	4.571571	8.6	51.5	40.0
浙江	4.271403	4.8	50.0	45.2
江苏	4.093679	6.3	50.2	43.5
吉林	3.949437	11.8	53.4	34.8
福建	3.892092	9.0	51.7	39.3
辽宁	3.864949	8.7	53.2	38.1
安徽	3.756271	12.7	54.6	32.7
河南	3.720791	12.7	56.3	30.9
上海	3.589015	0.6	38.9	60.4
甘肃	3.527214	13.8	46.0	40.2
云南	3.521785	16.0	42.9	41.1
北京	3.475816	0.8	22.7	76.5
全国	3.357531	—	—	—

省区市	上游度（U_i）	第一产业占比（%）	第二产业占比（%）	第三产业占比（%）
广东	3.339376	5.0	48.5	46.5
湖南	3.322450	13.6	47.4	39.0
重庆	3.095831	8.2	52.4	39.4
新疆	3.086798	17.6	46.4	36.0
宁夏	3.022772	8.5	49.5	42.0
四川	2.941475	13.8	51.7	34.5
西藏	2.866300	11.5	34.6	53.9
天津	2.817364	1.3	51.7	47.0
黑龙江	2.808783	15.4	44.1	40.5
河北	2.768021	12.0	52.7	35.3
海南	2.707611	24.9	28.2	46.9
陕西	2.707130	9.5	55.9	34.7
贵州	2.556499	13.0	39.1	47.9
广西	2.544598	16.7	47.9	35.4
青海	2.252254	9.3	57.7	33.0
湖北	2.226832	12.8	50.3	36.9
山西	2.221533	5.8	55.6	38.7
内蒙古	1.580071	9.1	55.4	35.5

5. 各省区市交通运输、仓储和邮政业在产业链上位置上游度与其人均 GDP 的关系

由表 10 - 4 封闭经济中 31 个省区市交通运输、仓储和邮政业上游度与其人均 GDP 的表现情况可以看出，人均 GDP 较高的东部经济较发达的 8 个省市（山东、浙江、江苏、福建、辽宁、上海、北京、广东）交通运输、仓储和邮政业在产业链位置上上游度也较大。而人均 GDP 较高的天津市和内蒙古，其交通运输、仓储和邮政业在产业链位置上上游度并不大，这主要是因为其第二产业中原材料、资源和能源加工业所占比例较高，并且第三产业中生产者服务业所占比例偏低。其他省区市人均 GDP 较小，其交通运输、仓储和邮政业在产业链位置上上游度也较小，这也都是由其产业结构所决定的，尤其是第二产业中原材料、资源和能源加工业所占比例较高，第三产业中生

产者服务业所占比例偏低。

表 10 - 4　　封闭经济中 31 个省区市交通运输、仓储和邮政业上游度
与其人均 GDP（2012 年基准年度）

省区市	上游度（U_i）	人均 GDP（元）
江西	5.755376	28800
山东	4.571571	51768
浙江	4.271403	63374
江苏	4.093679	68347
吉林	3.949437	43415
福建	3.892092	52763
辽宁	3.864949	56649
安徽	3.756271	28792
河南	3.720791	31499
上海	3.589015	85373
甘肃	3.527214	21978
云南	3.521785	22195
北京	3.475816	87475
全国	**3.357531**	—
广东	3.339376	54095
湖南	3.322450	33480
重庆	3.095831	38914
新疆	3.086798	33796
宁夏	3.022772	36394
四川	2.941475	29608
西藏	2.866300	22936
天津	2.817364	93173
黑龙江	2.808783	35711
河北	2.768021	36584
海南	2.707611	32377
陕西	2.707130	38564
贵州	2.556499	19710

续表

省区市	上游度（U_i）	人均 GDP（元）
广西	2.544598	27952
青海	2.252254	33181
湖北	2.226832	38572
山西	2.221533	33628
内蒙古	1.580071	63886

（二）封闭经济中 31 个省区市批发和零售业在产业链上位置分布及差异

1. 各省区市批发和零售业在产业链上位置分布情况及差异表现

由图 10-2 封闭经济中 31 个省区市批发和零售业上游度分布可知，河南批发和零售业在产业链上位置上游度最大，内蒙古批发和零售业在产业链上位置上游度最小。在产业链上位置上游度前五位的省区市分别是河南、新疆、安徽、湖南和天津，在产业链上位置上游度后五位的省区分别是河北、陕西、西藏、青海和内蒙古。上游度大于 6 的省区市只有河南省 1 个，上游度在 4 和 5 之间的省区市有 2 个，上游度在 3 和 4 之间的省区市有 2 个，上游度在 2 和 3 之间的省区市有 22 个，上游度在 1 和 2 之间的省区市有 4 个。可见，在产业链上位置上游度在 2 和 3 之间的省区市数量最多。

在产业链上位置上游度前 10 位的省区市，东部地区有 4 个省区市，中部地区有 3 个省区市，西部地区有 3 个省区市；在产业链上位置上游度中间 11 位的省区市，东部地区有 4 个省区市，中部地区有 3 个省区市，西部地区有 4 个省区市；在产业链上位置上游度后 10 位的省区市，东部地区有 3 个省区市，中部地区有 2 个省区市，西部地区有 5 个省区市。在产业链上位置上游度大于全国整体水平（2.675445）的有 12 个省区市，小于全国整体水平（2.675445）的有 19 个省区市。因此，总体来看，东部地区和中部地区的批发和零售业在产业链上位置上游度相对较大，而西部地区的批发和零售业在产业链上位置上游度相对较小。在产业链上位置上游度前四位的省区市分别是河南、新疆、安徽、湖南，主要是因为这些省区市都是原材料、资源和能源大省，在这些省区市批发和零售业生产服务性较强，尤其是批发业更多地为生产者服务。

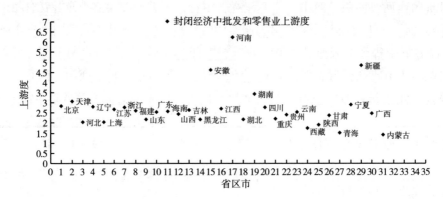

图 10 - 2　封闭经济中 31 个省区市批发和零售业上游度分布

2. 批发和零售业在产业链上位置上游度与其工业与建筑业分配占比的关系

由表 10 - 5 封闭经济中 31 个省区市批发和零售业上游度分解及分配占比可知，批发和零售业在产业链上位置上游度与其工业与建筑业分配占比基本上呈正向关系。例如，河南和新疆批发和零售业在产业链上位置上游度在 31 个省区市中分别排第 1 位和第 2 位，其工业与建筑业分配占比在 31 个省区市中也分别排第 1 位和第 4 位。这主要是因为，工业与建筑业产业链较长，批发和零售业在工业与建筑业上分配比例（分配占比）越大，批发和零售业离最终消费者的距离就越远，批发和零售业在产业链上位置上游度就越大。

由表 10 - 5 看出，在产业链上上游度水平大于全国整体水平（2.675445）的 12 个省区市中，北京批发和零售业的工业与建筑业分配占比是最低的（第 12 位，40.29%），但其批发和零售业在产业链上上游度却是第 7 位，这主要是因为北京批发和零售业的服务业分配占比最高（59.33%），而且北京的服务业中生产者服务业比重较大，生产者服务业的产业链较长，北京批发和零售业在生产者服务业上分配比例（分配占比）较大，其批发和零售业在产业链上位置上游度也就较大。

在表 10 - 5 中，批发和零售业上游度在全国整体水平（2.675445）以下的东部两个省份福建和广东，福建和广东的批发和零售业的工业与建筑业分配占比较大（分别为 50.87% 和 50.63%），但是其在产业链上位置上游度相对较小（主要是相对于工业与建筑业分配占比相近的宁夏、江西和工业与建筑业分配占比较小的江苏），这主要是因为福建和广东的工业中轻工业占比较高，而轻工业具有产业链较短的特点，因而尽管福建和广东批发和零售业的工业与建筑业分配占比较大，但是相对于宁夏、江西和江苏三省区其批发和零售业的产业上游度较小。

表 10 – 5　　　封闭经济中 31 个省区市批发和零售业上游度分解
及分配占比（2012 年基准年度）

省区市	上游度（U_i）	分解到农业中的部分（U_{ia}）	分解到工业与建筑业中的部分（U_{im}）	分解到服务业中的部分（U_{is}）	农业分配占比（%）	工业与建筑业分配占比（%）	服务业分配占比（%）
河南	6.238074	0.188396	4.667572	1.382106	3.02	74.82	22.16
新疆	4.869426	0.413781	2.804297	1.651348	8.50	57.59	33.91
安徽	4.623328	0.178828	2.903118	1.541382	3.87	62.79	33.34
湖南	3.427629	0.091370	2.041396	1.294863	2.67	59.56	37.78
天津	3.070433	0.017560	1.672304	1.380569	0.57	54.46	44.96
宁夏	2.889178	0.129493	1.447155	1.312531	4.48	50.09	45.43
北京	2.852502	0.010930	1.149269	1.692303	0.38	40.29	59.33
辽宁	2.817227	0.088342	1.444169	1.284715	3.14	51.26	45.60
四川	2.767721	0.095318	1.344505	1.327898	3.44	48.58	47.98
浙江	2.759260	0.019863	1.505461	1.233936	0.72	54.56	44.72
江西	2.705385	0.073083	1.373629	1.258673	2.70	50.77	46.52
江苏	2.687852	0.031523	1.160139	1.496190	1.17	43.16	55.66
全国	**2.675445**	**0.054612**	**1.250121**	**1.370712**	**2.04**	**46.73**	**51.23**
吉林	2.634267	0.083214	1.277887	1.273165	3.16	48.51	48.33
福建	2.609422	0.049117	1.327487	1.232818	1.88	50.87	47.24
海南	2.573265	0.124587	1.085341	1.363336	4.84	42.18	52.98
云南	2.558916	0.077274	1.156128	1.325514	3.02	45.18	51.80
广东	2.549155	0.025502	1.290684	1.232969	1.00	50.63	48.37
广西	2.471822	0.106500	1.122052	1.243271	4.31	45.39	50.30
山西	2.450751	0.109512	1.018742	1.322496	4.47	41.57	53.96
贵州	2.416187	0.111465	0.964730	1.339991	4.61	39.93	55.46

续表

省区市	上游度（U_i）	分解到农业中的部分（U_{ia}）	分解到工业与建筑业中的部分（U_{im}）	分解到服务业中的部分（U_{is}）	农业分配占比（%）	工业与建筑业分配占比（%）	服务业分配占比（%）
甘肃	2.364827	0.098174	1.005233	1.261420	4.15	42.51	53.34
重庆	2.211542	0.040046	1.009508	1.161987	1.81	45.65	52.54
黑龙江	2.174196	0.193356	0.745807	1.235033	8.89	34.30	56.80
山东	2.164584	0.074844	0.985895	1.103845	3.46	45.55	51.00
湖北	2.163815	0.034492	0.917906	1.211418	1.59	42.42	55.99
上海	2.031537	0.005922	0.694834	1.330782	0.29	34.20	65.51
河北	2.031242	0.072132	0.828440	1.130670	3.55	40.78	55.66
陕西	1.929279	0.052851	0.681593	1.194836	2.74	35.33	61.93
西藏	1.735917	0.006505	0.584953	1.144460	0.37	33.70	65.93
青海	1.531938	0.010159	0.340160	1.181618	0.66	22.20	77.13
内蒙古	1.430194	0.089436	0.212695	1.128063	6.25	14.87	78.87

3. 批发和零售业在产业链上位置上游度与其中间使用率的关系

由中间使用率概念知道，一般来讲，某一产业的中间使用率越大，其在产业链上位置上游度可能越高，因为这一产业的产出有更大比例用于作为中间产品，而中间产品离消费者距离较远。由表 10 - 6 封闭经济中 31 个省区市批发和零售业上游度与其中间使用率的关系可知，31 个省区市批发和零售业在产业链上上游度与其中间使用率的关系整体上也呈现近似的正向关系，这说明批发和零售业中间使用率对其在产业链上上游度的影响较大。例如，河南、新疆、安徽三个批发和零售业产业上游度前 3 位的省区，其批发和零售业中间使用率也比较高，分别为 186.41%、154.78% 和 144.81%，而青海和内蒙古自治区两个批发和零售业产业上游度最后 2 位的省区，其批发和零售业中间使用率仅分别为 16.35% 和 17.86%。

但是，某一产业在产业链上位置上游度除了受其中间使用率影响之外，还受这一产业产品在产业系统中的间接使用的影响，间接使用越多，也会引起这一产业在产业链上上游度越高。在表 10 - 6 中，北京和江苏批发和零售业中间使用率并不大（分别为 54.32% 和 50.15%），但是其在产业链上上游度相对来讲并不低（分别为 2.852502 和 2.687852），主要是因为这两个省市产业系统较为复杂，批发和零售业产品（服务）在产业系统中的间接使用较多。

表 10 – 6　　封闭经济中 31 个省区市批发和零售业上游度

与其中间使用率（2012 年基准年度）

省区市	上游度（U_i）	中间使用率（%）
河南	6.238074	186.41
新疆	4.869426	154.78
安徽	4.623328	144.81
湖南	3.427629	88.38
天津	3.070433	61.13
宁夏	2.889178	109.07
北京	2.852502	54.32
辽宁	2.817227	62.39
四川	2.767721	67.04
浙江	2.759260	62.40
江西	2.705385	57.25
江苏	2.687852	50.15
全国	**2.675445**	**58.68**
吉林	2.634267	61.57
福建	2.609422	55.68
海南	2.573265	56.55
云南	2.558916	56.25
广东	2.549155	54.99
广西	2.471822	73.69
山西	2.450751	63.27
贵州	2.416187	56.92
甘肃	2.364827	49.31
重庆	2.211542	51.10
黑龙江	2.174196	50.46
山东	2.164584	31.76
湖北	2.163815	48.19

省区市	上游度（U_i）	中间使用率（%）
上海	2.031537	41.32
河北	2.031242	37.88
陕西	1.929279	35.78
西藏	1.735917	45.85
青海	1.531938	16.35
内蒙古	1.430194	17.86

4. 各省区市批发和零售业在产业链上位置上游度与其三次产业占比的关系

由表 10－7 封闭经济中 31 个省区市批发和零售业上游度的表现情况与这些地区三次产业占比的表现情况来看，一般来讲东中部部分省区市批发和零售业上游度较大，其第一和第二产业的占比之和也较高。例如，有 12 个省区市（河南至江苏）批发和零售业上游度高于全国整体水平，其第一和第二产业的占比之和除北京市外都在 50% 以上。这主要是因为，第一和第二产业的占比之和较高的省区市，其批发和零售业有较大的服务市场，而且第二产业一般来讲产业链较长，批发和零售业在服务第二产业的过程中在产业链上的上游度就较大。第一产业和第二产业对批发业和零售业的依赖程度较大，尤其第一产业中的农业和原材料产业对批发业的依赖较大。如河南、新疆、安徽、湖南、四川和江西 6 个省区，第一产业占比都超过了 10%。

但在表 10－7 中，批发和零售业上游度低于全国整体水平的 19 个省区市，有些省区市的第一和第二产业的占比之和也明显地大于 50%，但是其批发和零售业在产业链上上游度都偏小，这是何原因？这主要是因为后面这 19 个批发和零售业上游度偏小的省区市的第二产业结构与前面那 12 个批发和零售业上游度较大的省区市的第二产业结构不同。后面这 19 个省区市第二产业中原材料、资源和能源加工类产业占的比重较高，一般来讲原材料、资源和能源加工类产业的产业链相对较短，批发和零售业被这些产业消耗，其在产业链位置上游度便较小。前面那 12 个省区市第二产业中资本品制造业占的比重较高，一般来讲资本品制造业的产业链较长，批发和零售业被这些产业消耗，其在产业链上上游度便较大。如表 10－7 所示，北京第二产业占比比较低，仅为22.7%，但是，其批发和零售业的上游度却在全国整体水平之上，这主要是因为北京第二产业中资本品制造业占的比重较高，而且第三产业占比较高，并且第三产业中生产者服务业较多。前面我们分析，生产者服务业产业链也较长，批发和零售业较多地被生产者服务业消耗，因而其在产业链上位置上游度也相对较大。

表10-7 封闭经济中31个省区市批发和零售业上游度
与其三次产业占比（2012年基准年度）

省区市	上游度（U_i）	第一产业占比（%）	第二产业占比（%）	第三产业占比（%）
河南	6.238074	12.7	56.3	30.9
新疆	4.869426	17.6	46.4	36.0
安徽	4.623328	12.7	54.6	32.7
湖南	3.427629	13.6	47.4	39.0
天津	3.070433	1.3	51.7	47.0
宁夏	2.889178	8.5	49.5	42.0
北京	2.852502	0.8	22.7	76.5
辽宁	2.817227	8.7	53.2	38.1
四川	2.767721	13.8	51.7	34.5
浙江	2.759260	4.8	50.0	45.2
江西	2.705385	11.7	53.6	34.6
江苏	2.687852	6.3	50.2	43.5
全国	**2.675445**	—	—	—
吉林	2.634267	11.8	53.4	34.8
福建	2.609422	9.0	51.7	39.3
海南	2.573265	24.9	28.2	46.9
云南	2.558916	16.0	42.9	41.1
广东	2.549155	5.0	48.5	46.5
广西	2.471822	16.7	47.9	35.4
山西	2.450751	5.8	55.6	38.7
贵州	2.416187	13.0	39.1	47.9
甘肃	2.364827	13.8	46.0	40.2
重庆	2.211542	8.2	52.4	39.4
黑龙江	2.174196	15.4	44.1	40.5

续表

省区市	上游度（U_i）	第一产业占比（%）	第二产业占比（%）	第三产业占比（%）
山东	2.164584	8.6	51.5	40.0
湖北	2.163815	12.8	50.3	36.9
上海	2.031537	0.6	38.9	60.4
河北	2.031242	12.0	52.7	35.3
陕西	1.929279	9.5	55.9	34.7
西藏	1.735917	11.5	34.6	53.9
青海	1.531938	9.3	57.7	33.0
内蒙古	1.430194	9.1	55.4	35.5

5. 各省区市批发和零售业在产业链上位置上游度与其人均 GDP 的关系

由表 10-8 封闭经济中 31 个省区市批发和零售业上游度与其人均 GDP 的表现情况可以看出，各省区市批发和零售业上游度与其人均 GDP 之间并无明显的线性关系。河南、新疆、安徽、湖南四省区批发和零售业上游度居前 4 位，但是这 4 个省区人均 GDP 都远远小于全国平均水平（43387 元）。这 4 个省区都是我国主要的原材料（自然资源）产区，对批发业依赖程度明显较高，因而批发和零售业在产业链上上游度较大。2012 年，天津人均 GDP 在全国排在首位（93173 元），其批发和零售业上游度也较大，在全国排在第 5 位（3.070433），这主要是因为天津第二产业占比（51.7）和第三产业占比（47.0）比较平衡，而且天津批发和零售业的中间使用率为 61.13%，也是比较高的。

2012 年，内蒙古人均 GDP 为 63886 元，在全国排在第 5 位，前 4 位分别是天津（93173 元）、北京（87475 元）、上海（85373 元）、江苏（68347 元），后面四个省份分别是浙江（63374 元）、辽宁（56649 元）、广东（54095 元）和山东（51768 元）。内蒙古人均 GDP 较高，主要是内蒙古人口较少。内蒙古人均 GDP 在全国排在第 5 位，但是其批发和零售业上游度较低（1.430194），排在全国末位，这主要是因为内蒙古批发和零售业中间使用率较低，仅为 17.86%。其他省区市批发和零售业上游度在 1 和 3 之间，这些省区市的批发和零售业上游度与其人均 GDP 之间没有呈现出明显的线性关系。

表 10 - 8　　　　封闭经济中 31 个省区市批发和零售业上游度

与其人均 GDP（2012 年基准年度）

省区市	上游度（U_i）	人均 GDP（元）
河南	6.238074	31499
新疆	4.869426	33796
安徽	4.623328	28792
湖南	3.427629	33480
天津	3.070433	93173
宁夏	2.889178	36394
北京	2.852502	87475
辽宁	2.817227	56649
四川	2.767721	29608
浙江	2.759260	63374
江西	2.705385	28800
江苏	2.687852	68347
全国	**2.675445**	**43387**
吉林	2.634267	43415
福建	2.609422	52763
海南	2.573265	32377
云南	2.558916	22195
广东	2.549155	54095
广西	2.471822	27952
山西	2.450751	33628
贵州	2.416187	19710
甘肃	2.364827	21978
重庆	2.211542	38914
黑龙江	2.174196	35711
山东	2.164584	51768
湖北	2.163815	38572
上海	2.031537	85373

续表

省区市	上游度（U_i）	人均GDP（元）
河北	2.031242	36584
陕西	1.929279	38564
西藏	1.735917	22936
青海	1.531938	33181
内蒙古	1.430194	63886

（三）封闭经济中31个省区市住宿和餐饮业在产业链上位置分布及差异

1. 各省区市住宿和餐饮业在产业链上位置分布情况及差异表现

由图10-3封闭经济中31个省区市住宿和餐饮业上游度分布可知，江西住宿和餐饮业在产业链上位置上游度最大，黑龙江住宿和餐饮业在产业链上位置上游度最小。在产业链上位置上游度前5位的省分别是江西、山东、青海、辽宁和福建，在产业链上位置上游度后5位的省区分别是广西、云南、甘肃、内蒙古和黑龙江。上游度大于3的省有江西、山东、青海和辽宁4个，上游度在2和3之间的省区市有21个，上游度在1和2之间的省区市有6个。可见，在产业链上位置上游度在2和3之间的省区市数量最多。

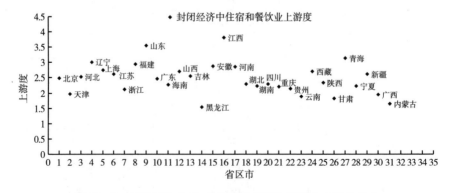

图10-3 封闭经济中31个省区市住宿和餐饮业上游度分布

在产业链上位置上游度前 10 位的省区市，东部地区有 4 个省区市，中部地区有 4 个省区市，西部地区有 2 个省区市；在产业链上位置上游度中间 11 位的省区市，东部地区有 5 个省区市，中部地区有 3 个省区市，西部地区有 3 个省区市；在产业链上位置上游度后 10 位的省区市，东部地区有 2 个省区市，中部地区有 1 个省区市，西部地区有 7 个省区市。在产业链上位置上游度大于全国整体水平（2.479972）的有 15 个省区市，其中东部地区 7 个省区市，中部地区有 5 个省区市，西部地区有 3 个省区市；小于全国整体水平（2.479972）的有 16 个省区市，其中东部地区 4 个省区市，中部地区有 3 个省区市，西部地区有 9 个省区市。因此，总体来看，东部地区和中部地区的住宿和餐饮业在产业链上位置上游度相对较大，而西部地区的住宿和餐饮业在产业链上位置上游度相对较小。在产业链上位置上游度前 4 位的省分别是江西、山东、青海、辽宁，主要是因为这些省或者是原材料、资源和能源大省（江西和青海），或者是制造业大省（山东和辽宁），在这些省份住宿和餐饮业生产服务性较强，尤其是住宿和餐饮业更多地为生产者服务。

2. 住宿和餐饮业在产业链上位置上游度与其工业与建筑业分配占比的关系

由表 10 - 9 封闭经济中 31 个省区市住宿和餐饮业上游度分解及分配占比可知，住宿和餐饮业在产业链上位置上游度与其工业与建筑业分配占比整体上呈正向关系。例如，江西和山东住宿和餐饮业在产业链上位置上游度在 31 个省区市中分别排第 1 位和第 2 位，其工业与建筑业分配占比在 31 个省区市中也分别排第 2 位和第 1 位。这主要是因为，工业与建筑业产业链较长，住宿和餐饮业在工业与建筑业上分配比例（分配占比）越大，住宿和餐饮业离最终消费者的距离就越远，住宿和餐饮业在产业链上位置上游度就越大。

由表 10 - 9 看出，在产业链上上游度水平大于全国整体水平（2.479972）的 15 个省区市中，青海住宿和餐饮业在产业链上位置上游度是第 3 位（3.136890），但其住宿和餐饮业的工业与建筑业分配占比是较低的（在 15 个省区市中排第 13 位，在 31 个省区市中第 20 位，28.79%），这主要是因为青海住宿和餐饮业的服务业分配占比较高（69.67%），而且青海的服务业中生产者服务业比重较大，生产者服务业的产业链较长，青海住宿和餐饮业在生产者服务业上分配比例（分配占比）较大，其住宿和餐饮业在产业链上位置上游度也就较大。

在表 10 - 9 中，住宿和餐饮业上游度在全国整体水平（2.479972）以下的东部 4 个省市分别是广东、海南、浙江和天津。广东和浙江的住宿和餐饮业的工业与建筑业分配占比相对来讲并不低（分别为 36.25% 和 35.30%，在 31 个省区市中分别排在第 10 位和第 12 位），但是其住宿和餐饮业的产业链上位置上游度相对较低（在 31 个省区市中分别排在第 16 位和第 25 位），这主要是因为广东和浙江的工业中轻工业占比较高，而轻工业具有产业链较短的特点，另外这两个省服务业中消费者服务业（终端服务业）比例相对较高，住宿和餐饮业服务消费者服务业的比例较高，而消费者服务业也具有产业链较短特点。因而尽管广东和浙江住宿和餐饮业工业与建筑业分配占比较大，但是其住宿和餐饮业产业链位置上游度较小。

表 10 - 9　　　　封闭经济中 31 个省区市住宿和餐饮业上游度分解

及分配占比（2012 年基准年度）

省区市	上游度（U_i）	分解到农业中的部分（U_{ia}）	分解到工业与建筑业中的部分（U_{im}）	分解到服务业中的部分（U_{is}）	农业分配占比（%）	工业与建筑业分配占比（%）	服务业分配占比（%）
江西	3.816195	0.061313	1.865928	1.888954	1.61	48.89	49.50
山东	3.548584	0.034463	1.748693	1.765428	0.97	49.28	49.75
青海	3.136890	0.048448	0.903100	2.185342	1.54	28.79	69.67
辽宁	3.005869	0.053831	1.343967	1.608071	1.79	44.71	53.50
福建	2.948706	0.044198	1.111900	1.792608	1.50	37.71	60.79
安徽	2.878097	0.053807	1.029596	1.794694	1.87	35.77	62.36
河南	2.860139	0.039491	1.316914	1.503733	1.38	46.04	52.58
上海	2.756316	0.003529	0.755109	1.997678	0.13	27.40	72.48
西藏	2.714781	0.014776	0.918380	1.781624	0.54	33.83	65.63
山西	2.694150	0.032972	1.109566	1.551612	1.22	41.18	57.59
江苏	2.625640	0.019606	1.068457	1.537578	0.75	40.69	58.56
新疆	2.610781	0.093837	0.802074	1.714870	3.59	30.72	65.68
吉林	2.560996	0.038707	1.011473	1.510815	1.51	39.50	58.99
河北	2.521738	0.035997	0.991300	1.494440	1.43	39.31	59.26
北京	2.492745	0.006713	0.548870	1.937163	0.27	22.02	77.71
全国	**2.479972**	**0.027975**	**0.872105**	**1.579893**	**1.13**	**35.17**	**63.71**
广东	2.463955	0.012369	0.893138	1.558448	0.50	36.25	63.25

省区市	上游度（U_i）	分解到农业中的部分（U_{ia}）	分解到工业与建筑业中的部分（U_{im}）	分解到服务业中的部分（U_{is}）	农业分配占比（%）	工业与建筑业分配占比（%）	服务业分配占比（%）
陕西	2.335172	0.029443	0.786417	1.519312	1.26	33.68	65.06
湖北	2.303365	0.047783	0.776743	1.478838	2.07	33.72	64.20
四川	2.296359	0.038565	0.807156	1.450638	1.68	35.15	63.17
海南	2.268265	0.063038	0.555455	1.649772	2.78	24.49	72.73
湖南	2.230471	0.035107	0.677253	1.518111	1.57	30.36	68.06
宁夏	2.227760	0.025182	0.637810	1.564769	1.13	28.63	70.24
重庆	2.216673	0.011022	0.766532	1.439118	0.50	34.58	64.92
贵州	2.150325	0.027901	0.459520	1.662903	1.30	21.37	77.33
浙江	2.110236	0.009637	0.744978	1.355621	0.46	35.30	64.24
天津	1.976377	0.004608	0.488035	1.483734	0.23	24.69	75.07
广西	1.952428	0.033913	0.522289	1.396226	1.74	26.75	71.51
云南	1.875879	0.034454	0.439794	1.401632	1.84	23.44	74.72
甘肃	1.823514	0.018936	0.395942	1.408636	1.04	21.71	77.25
内蒙古	1.643189	0.030226	0.345992	1.266971	1.84	21.06	77.10
黑龙江	1.532016	0.029739	0.216311	1.285966	1.94	14.12	83.94

3. 住宿和餐饮业在产业链上位置上游度与其中间使用率的关系

由中间使用率概念知道，一般来讲，某一产业的中间使用率越大，其在产业链上位置上游度可能越高，因为这一产业的产出有更大比例用于作为中间产品，而中间产品离消费者距离较远。由表 10-10 封闭经济中 31 个省区市住宿和餐饮业上游度与其中间使用率的关系可知，31 个省区市住宿和餐饮业在产业链上上游度与其中间使用率的关系整体上也呈现近似的正向关系，这说明住宿和餐饮业中间使用率对其在产业链上上游度的影响较大。例如，江西、山东、青海三个住宿和餐饮业产业上游度前 3 位的省份，其住宿和餐饮业中间使用率也比较高，分别为 86.18%、78.43% 和 87.46%，而内蒙古和黑龙江两个住宿和餐饮业上游度最后 2 位的省区，其住宿和餐饮业中间使用率仅分别为 29.23% 和 25.67%。但是，某一产业在产业链上位置上游度除了受其中间使用率影响之外，还受这一产业产品在产业系统中间接使用的影响，间接使用越多，也会引起这一产业在产业链上上游度越高。在表 10－10 中，新疆和北京住宿和餐饮业中间使用率较大（分别为 67.99% 和 61.51%），但是其在产业链上上游度相对来讲并不高（分别为 2.610781 和 2.492745），主要是因为其产业系统较为简单，住宿和餐饮业产品（服务）在产业系统中的间接使用较少。

表 10－10 　　　　　封闭经济中 31 个省区市住宿和餐饮业上游度
与其中间使用率（2012 年基准年度）

省区市	上游度（U_i）	中间使用率（%）
江西	3.816195	86.18
山东	3.548584	78.43
青海	3.136890	87.46
辽宁	3.005869	66.97
福建	2.948706	64.95
安徽	2.878097	61.61
河南	2.860139	65.89
上海	2.756316	60.99
西藏	2.714781	90.35
山西	2.694150	64.31
江苏	2.625640	59.59
新疆	2.610781	67.99
吉林	2.560996	50.75
河北	2.521738	51.07
北京	2.492745	61.51
全国	**2.479972**	**52.13**
广东	2.463955	55.14
陕西	2.335172	44.54
湖北	2.303365	55.52
四川	2.296359	51.05
海南	2.268265	41.74
湖南	2.230471	52.30
宁夏	2.227760	51.63
重庆	2.216673	50.07

省区市	上游度（U_i）	中间使用率（%）
贵州	2.150325	50.93
浙江	2.110236	36.40
天津	1.976377	35.85
广西	1.952428	41.09
云南	1.875879	39.87
甘肃	1.823514	37.09
内蒙古	1.643189	29.23
黑龙江	1.532016	25.67

4. 各省区市住宿和餐饮业在产业链上位置上游度与其三次产业占比的关系

由表 10-11 封闭经济中 31 个省区市住宿和餐饮业上游度的表现情况与这些地区三次产业占比的表现情况来看，一般来讲，东中部部分省区市住宿和餐饮业上游度较大，其第一和第二产业的占比之和也较高。例如，有 15 个省区市（江西至北京）住宿和餐饮业上游度高于全国整体水平，其第一和第二产业的占比之和除上海、西藏和北京外都在 50% 以上。这主要是因为，第一和第二产业的占比之和较高的省区市，其住宿和餐饮业有较大的服务市场，而且第二产业一般来讲产业链较长，住宿和餐饮业在服务第二产业的过程中在产业链上的上游度就较大。而且第一产业和第二产业对住宿和餐饮业的依赖程度较大，尤其第一产业中的农业和原材料产业对住宿和餐饮业的依赖较大。如江西、安徽、河南、西藏、新疆、吉林和河北 7 个省区，第一产业占比都超过了 10%。

表 10-11　　　　封闭经济中 31 个省区市住宿和餐饮业上游度
与其三次产业占比（2012 年基准年度）

省区市	上游度（U_i）	第一产业占比（%）	第二产业占比（%）	第三产业占比（%）
江西	3.816195	11.7	53.6	34.6
山东	3.548584	8.6	51.5	40.0
青海	3.136890	9.3	57.7	33.0
辽宁	3.005869	8.7	53.2	38.1

续表

省区市	上游度（U_i）	第一产业占比（%）	第二产业占比（%）	第三产业占比（%）
福建	2.948706	9.0	51.7	39.3
安徽	2.878097	12.7	54.6	32.7
河南	2.860139	12.7	56.3	30.9
上海	2.756316	0.6	38.9	60.4
西藏	2.714781	11.5	34.6	53.9
山西	2.694150	5.8	55.6	38.7
江苏	2.625640	6.3	50.2	43.5
新疆	2.610781	17.6	46.4	36.0
吉林	2.560996	11.8	53.4	34.8
河北	2.521738	12.0	52.7	35.3
北京	2.492745	0.8	22.7	76.5
全国	**2.479972**	—	—	—
广东	2.463955	5.0	48.5	46.5
陕西	2.335172	9.5	55.9	34.7
湖北	2.303365	12.8	50.3	36.9
四川	2.296359	13.8	51.7	34.5
海南	2.268265	24.9	28.2	46.9
湖南	2.230471	13.6	47.4	39.0
宁夏	2.227760	8.5	49.5	42.0
重庆	2.216673	8.2	52.4	39.4
贵州	2.150325	13.0	39.1	47.9
浙江	2.110236	4.8	50.0	45.2
天津	1.976377	1.3	51.7	47.0
广西	1.952428	16.7	47.9	35.4
云南	1.875879	16.0	42.9	41.1
甘肃	1.823514	13.8	46.0	40.2
内蒙古	1.643189	9.1	55.4	35.5
黑龙江	1.532016	15.4	44.1	40.5

但在表 10-11 中，住宿和餐饮业上游度低于全国整体水平的 16 个省区市，所有省区市的第一和第二产业的占比之和也明显地大于 50%，但是其住宿和餐饮业在产业链上上游度都偏小，这是何原因？这主要是因为后面这 16

个住宿和餐饮业上游度偏小的省区市的第二产业结构与前面那 15 个住宿和餐饮业上游度较大的省区市的第二产业结构不同。后面这 16 个省区市第二产业中原材料、资源和能源加工类产业占的比重较高，一般来讲原材料、资源和能源加工类产业的产业链相对较短，住宿和餐饮业被这些产业消耗，其在产业链位置上游度便较小。前面那 15 个省区市第二产业中资本品制造业占的比重较高，一般来讲资本品制造业的产业链较长，住宿和餐饮业被这些产业消耗，其在产业链上上游度便较大。如表 10－11 所示，北京第二产业占比比较低，仅为 22.7%，但是，其住宿和餐饮业的上游度却在全国整体水平之上，这主要是因为北京第二产业中资本品制造业占的比重较高，而且第三产业占比较高，并且第三产业中生产者服务业较多。前面我们分析，生产者服务业产业链也较长，住宿和餐饮业较多地被生产者服务业消耗，因而其在产业链上位置上游度也相对较大。而且上海也是上述情况。

5. 各省区市住宿和餐饮业在产业链上位置上游度与其人均 GDP 的关系

由表 10－12 封闭经济中 31 个省区市住宿和餐饮业上游度与其人均 GDP 的表现情况可以看出，各省区市住宿和餐饮业上游度与其人均 GDP 之间并无明显的线性关系。江西、山东、青海、辽宁住宿和餐饮业上游度居前 4 位，但是这 4 个省人均 GDP 差异较大（江西为 28800 元、山东为 51768 元、青海为 33181 元、辽宁为 56649 元）。这 4 个省都是我国主要的原材料（自然资源）产区或重工业基地，对住宿和餐饮业依赖程度明显较高，因而住宿和餐饮业在产业链上上游度较大。

表 10－12　　　封闭经济中 31 个省区市住宿和餐饮业上游度
与其人均 GDP（2012 年基准年度）

省区市	上游度（U_i）	人均 GDP（元）
江西	3.816195	28800
山东	3.548584	51768
青海	3.136890	33181
辽宁	3.005869	56649
福建	2.948706	52763
安徽	2.878097	28792
河南	2.860139	31499

省区市	上游度（U_i）	人均 GDP（元）
上海	2.756316	85373
西藏	2.714781	22936
山西	2.694150	33628
江苏	2.625640	68347
新疆	2.610781	33796
吉林	2.560996	43415
河北	2.521738	36584
北京	2.492745	87475
全国	**2.479972**	**43387**
广东	2.463955	54095
陕西	2.335172	38564
湖北	2.303365	38572
四川	2.296359	29608
海南	2.268265	32377
湖南	2.230471	33480
宁夏	2.227760	36394
重庆	2.216673	38914
贵州	2.150325	19710
浙江	2.110236	63374
天津	1.976377	93173
广西	1.952428	27952
云南	1.875879	22195
甘肃	1.823514	21978
内蒙古	1.643189	63886
黑龙江	1.532016	35711

2012 年，天津人均 GDP 在全国排在首位（93173 元），但其住宿和餐饮业上游度较小（1.976377），在全国 31 个省区市排在倒数第 6 位，这主要是因为天津住宿和餐饮业的中间使用率为 35.85%，这一比率显然较低。2012年，内蒙古人均 GDP 为 63886 元，在全国排在第 5 位，前 4 位分别是天津（93173 元）、北京（87475 元）、上海（85373 元）、江苏（68347 元），后面 4 位分别是浙江（63374 元）、辽宁（56649 元）、广东（54095 元）和山东

（51768 元）。内蒙古人均 GDP 较高，主要是内蒙古人口较少。内蒙古人均 GDP 在全国排在第 5，但是其住宿和餐饮业上游度较低（1. 643189），排在全国倒数第二位，这主要是因为内蒙古住宿和餐饮业中间使用率较低，仅为 29. 23%。各省区市住宿和餐饮业上游度在 1 和 4 之间，各省区市住宿和餐饮业上游度与其人均 GDP 之间没有呈现出明显的线性关系。

二、开放经济中 31 个省区市流通业在产业链上位置分布及差异

（一）开放经济中 31 个省区市交通运输、仓储和邮政业在产业链上位置分布及差异

1. 各省区市交通运输、仓储和邮政业在产业链上位置分布情况及差异表现

由图 10 - 4 开放经济中 31 个省区市交通运输、仓储和邮政业上游度分布可知，上海交通运输、仓储和邮政业在产业链上位置上游度最大，青海交通运输、仓储和邮政业在产业链上位置上游度最小。在产业链上位置上游度前 5 位的省市分别是上海、天津、浙江、山西和江西，在产业链上位置上游度后 5 位的省区市分别是广西、贵州、湖北、西藏和青海。

上游度大于 5 的市有上海和天津 2 个，上游度在 4 和 5 之间的省区市有 9 个，上游度在 3 和 4 之间的省区市有 14 个，上游度在 2 和 3 之间的省区市有 5 个，上游度在 1 和 2 之间的省区市有 1 个。可见，在产业链上位置上游度在 3 和 5 之间的省区市数量最多。在产业链上位置上游度前 10 位的省区市，东部地区有 8 个省区市，中部地区有 2 个省区市；在产业链上位置上游度中间 11 位的省区市，东部地区有 3 个省区市，中部地区有 4 个省区市，西部地区有 4 个省区市；在产业链上位置上游度后 10 位的省区市，中部地区有 2 个省区市，西部地区有 8 个省区市。在产业链上位置上游度大于全国整体水平（3. 539775）的有 16 个省区市，小于全国整体水平（3. 539775）的有 15 个省区市。因此，总体来看，东部地区和中部地区的交通运输、仓储和邮政业在产业链上位置上游度相对较大，而西部地区的交通运输、仓储和邮政业在

产业链上位置上游度相对较小。

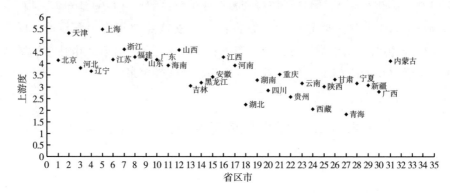

图 10 - 4　开放经济中 31 个省区市交通运输、仓储和邮政业上游度分布

2. 交通运输、仓储和邮政业在产业链上位置上游度与其工业与建筑业分配占比的关系

由表 10 - 13 开放经济中 31 个省区市交通运输、仓储和邮政业上游度分解及分配占比可知，交通运输、仓储和邮政业在产业链上位置上游度与其工业与建筑业分配占比基本上呈正向关系。例如，山西和福建交通运输、仓储和邮政业在产业链上位置上游度在 31 个省区市中分别排第 4 位和第 6 位，其工业与建筑业分配占比在 31 个省区市中也分别排第 1 位和第 2 位。这主要是因为，工业与建筑业产业链较长，交通运输、仓储和邮政业在工业与建筑业上分配比例（分配占比）越大，交通运输、仓储和邮政业离最终消费者的距离就越远，交通运输、仓储和邮政业在产业链上位置上游度就越大。

由表 10 - 13 看出，交通运输、仓储和邮政业在产业链上位置上游度与其工业与建筑业分配占比间的正向关系在上海和北京则出现了例外，上海和北京交通运输、仓储和邮政业的工业与建筑业分配占比并不大，仅分别为37.70% 和 34.60%，但其在产业链上位置上游度（产业上游度）并不低（分别为 5.475785 和 4.135484），这主要是因为上海和北京交通运输、仓储和邮政业的服务业分配占比较高（分别为 62.11% 和 64.93%），而且上海和北京的服务业中生产者服务业比重较大，生产者服务业的产业链较长，北京和上海交通运输、仓储和邮政业在生产者服务业上分配比例（分配占比）较大，其交通运输、仓储和邮政业在产业链上位置上游度也就较大。

表 10 - 13 　开放经济中 31 个省区市交通运输、仓储和邮政业上游度

分解及分配占比 （2012 年基准年度）

省区市	上游度（U_i）	分解到农业中的部分（U_{ia}）	分解到工业与建筑业中的部分（U_{im}）	分解到服务业中的部分（U_{is}）	农业分配占比（%）	工业与建筑业分配占比（%）	服务业分配占比（%）
上海	5.475785	0.010622	2.064207	3.400956	0.19	37.70	62.11
天津	5.298366	0.033817	2.771502	2.493047	0.64	52.31	47.05
浙江	4.610753	0.027608	2.581121	2.002024	0.60	55.98	43.42
山西	4.602966	0.046605	3.071193	1.485168	1.01	66.72	32.27
江西	4.278889	0.084339	2.588646	1.605905	1.97	60.50	37.53
福建	4.274838	0.072293	2.847993	1.354553	1.69	66.62	31.69
山东	4.187495	0.087668	2.649627	1.450200	2.09	63.27	34.63
广东	4.179298	0.036446	2.350307	1.792546	0.87	56.24	42.89
江苏	4.172816	0.045460	2.322727	1.804629	1.09	55.66	43.25
北京	4.135484	0.019191	1.431032	2.685261	0.46	34.60	64.93
内蒙古	4.130459	0.276767	2.079098	1.774595	6.70	50.34	42.96
海南	3.939395	0.280026	1.374926	2.284443	7.11	34.90	57.99
河南	3.930297	0.100115	2.333001	1.497181	2.55	59.36	38.09
河北	3.822263	0.090236	2.258876	1.473151	2.36	59.10	38.54
辽宁	3.679324	0.077317	2.067997	1.534010	2.10	56.21	41.69
重庆	3.545503	0.035334	2.094744	1.415424	1.00	59.08	39.92
全国	**3.539775**	**0.067229**	**1.785362**	**1.687184**	**1.90**	**50.44**	**47.66**
安徽	3.429694	0.122234	1.707009	1.600451	3.56	49.77	46.66
甘肃	3.329273	0.107740	1.768345	1.453188	3.24	53.12	43.65
湖南	3.289962	0.132010	1.460282	1.697669	4.01	44.39	51.60
黑龙江	3.171225	0.310738	1.274236	1.586251	9.80	40.18	50.02
云南	3.152234	0.125311	1.403945	1.622978	3.98	44.54	51.49
宁夏	3.148821	0.080050	1.709863	1.358907	2.54	54.30	43.16
新疆	3.078101	0.212511	1.344224	1.521366	6.90	43.67	49.43
吉林	3.053154	0.094538	1.512583	1.446034	3.10	49.54	47.36
陕西	3.008517	0.105968	1.428267	1.474282	3.52	47.47	49.00
四川	2.835812	0.083275	1.274813	1.477724	2.94	44.95	52.11
广西	2.792536	0.092859	1.225488	1.474189	3.33	43.88	52.79

省区市	上游度（U_i）	分解到农业中的部分（U_{ia}）	分解到工业与建筑业中的部分（U_{im}）	分解到服务业中的部分（U_{is}）	农业分配占比（%）	工业与建筑业分配占比（%）	服务业分配占比（%）
贵州	2.560868	0.081294	1.060600	1.418974	3.17	41.42	55.41
湖北	2.226845	0.042617	0.764067	1.420161	1.91	34.31	63.77
西藏	2.051052	0.016648	0.572710	1.461694	0.81	27.92	71.27
青海	1.830313	0.021476	0.431173	1.377663	1.17	23.56	75.27

在表 10 – 13 中，福建的交通运输、仓储和邮政业的工业与建筑业分配占比较大（66.62%），但是其在产业链上位置上游度相对较小（主要是相对于上游度名次相近的天津和浙江），这主要是因为福建的工业中轻工业占比较高，而轻工业具有产业链较短的特点，因而尽管福建交通运输、仓储和邮政业的工业与建筑业分配占比较大，但是相对于天津和浙江其交通运输、仓储和邮政业的产业上游度较小。山东情况也是如此，其交通运输、仓储和邮政业的工业与建筑业分配占比较大（63.27%），但是其在产业链上位置上游度相对较小（主要也是相对于天津和浙江），这主要是因为山东服务业分配占比（34.63%）明显低于天津（47.05%）和浙江（43.42%），尤其是生产者服务业分配占比相对较低，生产者服务业产业链较长的效应没有发挥出来。另外，天津和浙江经济开放程度要大于山东，开放效应也会拉长这两个省市的交通运输、仓储和邮政业的产业链。

3. 交通运输、仓储和邮政业在产业链上位置上游度与其中间使用率的关系

由中间使用率的概念可知，一般来讲，某一产业的中间使用率越大，其在产业链上位置上游度可能越高，因为这一产业的产出有更大比例用于作为中间产品，而中间产品离消费者距离相对较远。但是，某一产业在产业链上位置上游度除了受其中间使用率影响之外，还受这一产业产品在产业系统间接使用的影响，间接使用越多，也会引起这一产业在产业链上上游度越高。

由表 10 – 14 开放经济中 31 个省区市交通运输、仓储和邮政业上游度与其中间使用率的关系可知，31 个省区市交通运输、仓储和邮政业在产业链上上游度与其中间使用率的关系整体上呈现近似的正向关系，这说明交通运输、仓储和邮政业中间使用率对其在产业链上上游度的影响较大。表 10 – 14 中，

有几个比较例外的省区市，如云南、宁夏、广西的交通运输、仓储和邮政业中间使用率较大（分别为94.43%、81.76%和80.83%），但是其在产业链上上游度偏小（分别为3.152234、3.148821和2.792536），主要是因为这三个省区产业系统较为单一，交通运输、仓储和邮政业产品在产业系统中的间接使用较少。

表 10 – 14　　开放经济中 31 个省区市交通运输、仓储和邮政业上游度
与其中间使用率（2012 年基准年度）

省区市	上游度（U_i）	中间使用率（%）
上海	5.475785	93.19
天津	5.298366	93.99
浙江	4.610753	88.98
山西	4.602966	72.30
江西	4.278889	90.20
福建	4.274838	86.89
山东	4.187495	81.55
广东	4.179298	87.47
江苏	4.172816	85.63
北京	4.135484	90.76
内蒙古	4.130459	86.99
海南	3.939395	89.05
河南	3.930297	87.14
河北	3.822263	76.06
辽宁	3.679324	88.38
重庆	3.545503	80.68
全国	**3.539775**	**82.51**
安徽	3.429694	55.51
甘肃	3.329273	80.87
湖南	3.289962	84.99
黑龙江	3.171225	78.78
云南	3.152234	94.43
宁夏	3.148821	81.76
新疆	3.078101	74.46

省区市	上游度（U_i）	中间使用率（%）
吉林	3.053154	69.96
陕西	3.008517	76.23
四川	2.835812	71.62
广西	2.792536	80.83
贵州	2.560868	58.40
湖北	2.226845	50.57
西藏	2.051052	63.47
青海	1.830313	39.96

在表 10-14 中，也有几个省区市相反，例如，山西和安徽的交通运输、仓储和邮政业中间使用率较小（分别为 72.30% 和 55.51%），但是其在产业链上上游度偏大（分别为 4.602966 和 3.429694），主要是因为这两个省份第二产业占比较高（分别为 55.6% 和 54.6%），而且这两个省份交通运输、仓储和邮政业的工业与建筑业分配占比较大（分别为 66.72% 和 49.77%）。工业与建筑业产业链较长，地区第二产业占比越高，交通运输、仓储和邮政业在工业与建筑业上分配比例（分配占比）越大，交通运输、仓储和邮政业离最终消费者的距离就越远，交通运输、仓储和邮政业在产业链上位置上游度就越大。

4. 各省区市交通运输、仓储和邮政业在产业链上位置上游度与其三次产业占比的关系

表 10-15 是基于 2012 年基准年度的开放经济中 31 个省区市交通运输、仓储和邮政业上游度情况与其三次产业占比表现。从表 10-15 来看，一般来讲东中部部分省区市交通运输、仓储和邮政业上游度较大，其第二产业的占比也较高。例如，交通运输、仓储和邮政业上游度大于 4 的省区市（上海至内蒙古），其第二产业占比大多在 50% 以上或 50% 左右。这主要是因为，第二产业占比较高的省区市，其交通运输、仓储和邮政业有较大地为第二产业服务的市场，而且第二产业一般来讲产业链较长，交通运输、仓储和邮政业在服务第二产业的过程中在产业链上的上游度就较大。

但在表 10-15 中，交通运输、仓储和邮政业上游度在（1~4）的省区市（海南至青海），有些省区市第二产业的占比也都在 50% 以上，但是其交

通运输、仓储和邮政业在产业链上上游度都偏小，这是为何？其实这主要是因为这些交通运输、仓储和邮政业上游度偏小的省区市的第二产业结构与上述那些交通运输、仓储和邮政业上游度较大（大于 4）的省区市的第二产业结构不同。在产业链上上游度都偏小的省区市第二产业中原材料、资源和能源加工类产业占的比重较高，一般来讲原材料、资源和能源加工类产业的产业链较短，交通运输、仓储和邮政业被这些产业消耗，其在产业链位置上游度便较小。

前面那 9 个省区市第二产业中资本品制造业占的比重较高，一般来讲资本品制造业的产业链较长，交通运输、仓储和邮政业被这些产业消耗，其在产业链上游度便较大。如表 10 - 15 所示，上海、北京和海南第二产业占比都比较低，分别为 38.9%、22.7% 和 28.2%，但是，三省市交通运输、仓储和邮政业的上游度都在全国整体水平之上，这主要是因为三省市的第二产业中资本品制造业占的比重较高，而且第三产业占比较高，并且第三产业中生产者服务业较多。一般来讲，生产者服务业产业链也较长，交通运输、仓储和邮政业较多地被生产者服务业消耗，因而其在产业链上位置上游度也相对较大。

表 10 - 15　　开放经济中 31 个省区市交通运输、仓储和邮政业上游度
与其三次产业占比（2012 年基准年度）

省区市	上游度（U_i）	第一产业占比（%）	第二产业占比（%）	第三产业占比（%）
上海	5.475785	0.6	38.9	60.4
天津	5.298366	1.3	51.7	47.0
浙江	4.610753	4.8	50.0	45.2
山西	4.602966	5.8	55.6	38.7
江西	4.278889	11.7	53.6	34.6
福建	4.274838	9.0	51.7	39.3
山东	4.187495	8.6	51.5	40.0
广东	4.179298	5.0	48.5	46.5
江苏	4.172816	6.3	50.2	43.5
北京	4.135484	0.8	22.7	76.5
内蒙古	4.130459	9.1	55.4	35.5
海南	3.939395	24.9	28.2	46.9

续表

省区市	上游度（U_i）	第一产业占比（%）	第二产业占比（%）	第三产业占比（%）
河南	3.930297	12.7	56.3	30.9
河北	3.822263	12.0	52.7	35.3
辽宁	3.679324	8.7	53.2	38.1
重庆	3.545503	8.2	52.4	39.4
全国	**3.539775**	——	——	——
安徽	3.429694	12.7	54.6	32.7
甘肃	3.329273	13.8	46.0	40.2
湖南	3.289962	13.6	47.4	39.0
黑龙江	3.171225	15.4	44.1	40.5
云南	3.152234	16.0	42.9	41.1
宁夏	3.148821	8.5	49.5	42.0
新疆	3.078101	17.6	46.4	36.0
吉林	3.053154	11.8	53.4	34.8
陕西	3.008517	9.5	55.9	34.7
四川	2.835812	13.8	51.7	34.5
广西	2.792536	16.7	47.9	35.4
贵州	2.560868	13.0	39.1	47.9
湖北	2.226845	12.8	50.3	36.9
西藏	2.051052	11.5	34.6	53.9
青海	1.830313	9.3	57.7	33.0

5. 各省区市交通运输、仓储和邮政业在产业链上位置上游度与其人均 GDP 的关系

由表 10 - 16 开放经济中 31 个省区市交通运输、仓储和邮政业上游度与其人均 GDP 的表现情况可以看出，人均 GDP 较高的东部经济较发达的 9 个省区市（上海、天津、浙江、福建、山东、广东、江苏、北京、内蒙古）交通运输、仓储和邮政业在产业链位置上上游度也较大。而人均 GDP 并不算低的辽宁（56649 元）和吉林（43415 元），其交通运输、仓储和邮政业在产业链位置上上游度并不大（分别为 3.679324 和 3.053154），这主要是因为这两个省份第二产业中原材料、资源和能源加工业等重化工业所占比例较高，并

且第三产业中生产者服务业所占比例偏低。其他省区市人均 GDP 较小，其交通运输、仓储和邮政业在产业链位置上上游度也较小，这也都是由其产业结构所决定的，尤其是第二产业中原材料、资源和能源加工业所占比例较高，第三产业中生产者服务业所占比例偏低。

表 10-16　　开放经济中 31 个省区市交通运输、仓储和邮政业上游度
与其人均 GDP（2012 年基准年度）

省区市	上游度（U_i）	人均 GDP（元）
上海	5.475785	85373
天津	5.298366	93173
浙江	4.610753	63374
山西	4.602966	33628
江西	4.278889	28800
福建	4.274838	52763
山东	4.187495	51768
广东	4.179298	54095
江苏	4.172816	68347
北京	4.135484	87475
内蒙古	4.130459	63886
海南	3.939395	32377
河南	3.930297	31499
河北	3.822263	36584
辽宁	3.679324	56649
重庆	3.545503	38914
全国	**3.539775**	—
安徽	3.429694	28792
甘肃	3.329273	21978
湖南	3.289962	33480
黑龙江	3.171225	35711
云南	3.152234	22195
宁夏	3.148821	36394
新疆	3.078101	33796
吉林	3.053154	43415

续表

省区市	上游度（U_i）	人均 GDP（元）
陕西	3.008517	38564
四川	2.835812	29608
广西	2.792536	27952
贵州	2.560868	19710
湖北	2.226845	38572
西藏	2.051052	22936
青海	1.830313	33181

（二）开放经济中 31 个省区市批发和零售业在产业链上位置分布及差异

1. 各省区市批发和零售业在产业链上位置分布情况及差异表现

由图 10-5 开放经济中 31 个省区市批发和零售业上游度分布可知，天津市批发和零售业在产业链上位置上游度最大，青海省批发和零售业在产业链上位置上游度最小。在产业链上位置上游度前 5 位的省区市分别是天津、内蒙古、上海、福建和浙江，在产业链上位置上游度后 5 位的省区市分别是吉林、云南、湖北、西藏和青海。上游度大于 4 的省区市有 5 个，上游度在 3 和 4 之间的省区市有 11 个，上游度在 2 和 3 之间的省区市有 13 个，上游度在 1 和 2 之间的省区市有 2 个。可见，在产业链上位置上游度在 2 和 4 之间的省区市数量最多。

在产业链上位置上游度前 10 位的省区市，东部地区有 7 个省区市，中部地区有 1 个省区市，西部地区有 2 个省区市；在产业链上位置上游度中间 11 位的省区市，东部地区有 4 个省区市，中部地区有 4 个省区市，西部地区有 3 个省区市；在产业链上位置上游度后 10 位的省区市，中部地区有 3 个省区市，西部地区有 7 个省区市。在产业链上位置上游度大于全国整体水平（3.140233）的有 15 个省区市，小于全国整体水平（3.140233）的有 16 个省区市。因此，总体来看，东部地区和中部地区的批发和零售业在产业链上位置上游度相对较大，而西部地区的批发和零售业在产业链上位置上游度相对较小。在产业链上位置上游度前 4 位的省区市分别是天津、内蒙古、上海、福建，其中上海是我国商贸中心城市，天津和福建是重要的工业省市，内蒙古是原材料、资源和能源大省区。在这些省区市批发和零售业生产服务性较强，尤其是批发业更多地为生产者服务。

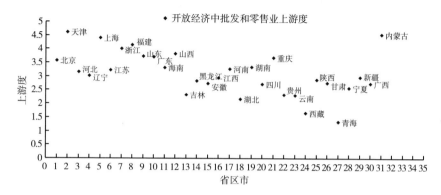

图 10 - 5　开放经济中 31 个省区市批发和零售业上游度分布

2. 批发和零售业在产业链上位置上游度与其工业与建筑业分配占比的关系

由表 10 - 17 开放经济中 31 个省区市批发和零售业上游度分解及分配占比可知，批发和零售业在产业链上位置上游度与其工业与建筑业分配占比基本上呈正向关系。例如，天津、福建和浙江批发和零售业在产业链上位置上游度在 31 个省区市中分别排第 1 位、第 4 位和第 5 位，其工业与建筑业分配占比在 31 个省区市中也分别排第 4 位、第 2 位和第 1 位。这主要是因为，工业与建筑业产业链较长，批发和零售业在工业与建筑业上分配比例（分配占比）越大，批发和零售业离最终消费者的距离就越远，批发和零售业在产业链上位置上游度就越大。

由表 10 - 17 看出，在产业链上上游度水平大于全国整体水平（3.140233）的 15 个省区市中，北京批发和零售业的工业与建筑业分配占比较低（45.13%），但是其批发和零售业在产业链上上游度却是第 10 位，这主要是因为北京批发和零售业的服务业分配占比较高（54.49%），而且北京的服务业中生产者服务业比重较大，生产者服务业的产业链较长，北京批发和零售业在生产者服务业上分配比例（分配占比）较大，其批发和零售业在产业链上位置上游度也就较大。

在表 10 – 17 中，批发和零售业上游度在全国整体水平（3.140233）以下的两个省份辽宁和江西，这两个省的批发和零售业的工业与建筑业分配占比较大（分别为 52.89% 和 53.39%），但是其在产业链上位置上游度相对较小[主要是相对于工业与建筑业分配占比相对较低的内蒙古（43.50%）和江苏（49.14%）]，这主要是因为辽宁和江西工业中资源加工业占比较高，而资源加工业相对资本品制造业（江苏）具有产业链较短的特点，因而尽管辽宁和江西批发和零售业的工业与建筑业分配占比较大，但是相对于江苏其批发和零售业的产业上游度较小。内蒙古是能源和资源大省，能源和资源产业对批发和零售业依赖程度较高，因而尽管其批发和零售业的工业与建筑业分配占比并不高（43.50%），但是其批发和零售业在产业链上位置上游度较大。因此，辽宁和江西两省批发和零售业产业上游度相对于内蒙古较低。

表 10 – 17　　开放经济中 31 个省区市批发和零售业上游度分解及分配占比（2012 年基准年度）

省区市	上游度（U_i）	分解到农业中的部分（U_{ia}）	分解到工业与建筑业中的部分（U_{im}）	分解到服务业中的部分（U_{is}）	农业分配占比（%）	工业与建筑业分配占比（%）	服务业分配占比（%）
天津	4.604536	0.028160	2.879276	1.697099	0.61	62.53	36.86
内蒙古	4.534614	0.603625	1.972552	1.958438	13.31	43.50	43.19
上海	4.401761	0.014369	2.462033	1.925359	0.33	55.93	43.74
福建	4.148184	0.078426	2.665725	1.404033	1.89	64.26	33.85
浙江	4.019236	0.029473	2.594050	1.395714	0.73	64.54	34.73
山西	3.819368	0.119635	2.237823	1.461910	3.13	58.59	38.28
山东	3.729284	0.170377	2.310927	1.247980	4.57	61.97	33.46
广东	3.711449	0.039247	2.264655	1.407548	1.06	61.02	37.92
重庆	3.677275	0.062250	2.338820	1.276205	1.69	63.60	34.71
北京	3.577992	0.013721	1.614587	1.949685	0.38	45.13	54.49
湖南	3.329821	0.123978	1.941973	1.263871	3.72	58.32	37.96
海南	3.306773	0.240926	1.453311	1.612535	7.29	43.95	48.76
河南	3.278095	0.094316	2.004014	1.179765	2.88	61.13	35.99
江苏	3.216690	0.040570	1.580803	1.595318	1.26	49.14	49.59
河北	3.164017	0.167314	1.773386	1.223317	5.29	56.13	38.66
全国	**3.140233**	**0.067271**	**1.592990**	**1.479973**	**2.14**	**50.73**	**47.13**

省区市	上游度 （U_i）	分解到农业 中的部分 （U_{ia}）	分解到工业与 建筑业中的 部分（U_{im}）	分解到服务 业中的部分 （U_{is}）	农业分配 占比 （％）	工业与建 筑业分配 占比（％）	服务业 分配占比 （％）
辽宁	3.028108	0.106013	1.601509	1.320585	3.50	52.89	43.61
新疆	2.979786	0.253758	1.377513	1.348516	8.52	46.23	45.26
江西	2.952466	0.093555	1.576415	1.282496	3.17	53.39	43.44
陕西	2.889096	0.135282	1.364903	1.388910	4.68	47.24	48.07
黑龙江	2.832708	0.418065	1.089536	1.325107	14.76	38.46	46.78
甘肃	2.765189	0.136094	1.319446	1.309649	4.92	47.72	47.36
安徽	2.746306	0.103954	1.387208	1.255144	3.79	50.51	45.70
广西	2.739938	0.160785	1.294545	1.284609	5.87	47.25	46.88
四川	2.726823	0.101418	1.296425	1.328981	3.72	47.54	48.74
宁夏	2.573743	0.118047	1.207816	1.247880	4.59	46.93	48.49
贵州	2.329238	0.119865	0.950741	1.258632	5.15	40.82	54.04
吉林	2.318159	0.086594	1.024543	1.207022	3.74	44.20	52.07
云南	2.306701	0.075522	0.997761	1.233418	3.27	43.25	53.47
湖北	2.154672	0.038653	0.912619	1.203399	1.79	42.36	55.85
西藏	1.656953	0.004686	0.530273	1.121994	0.28	32.00	67.71
青海	1.336046	0.007012	0.176041	1.152993	0.52	13.18	86.30

3. 批发和零售业在产业链上位置上游度与其中间使用率的关系

由中间使用率概念知道，一般来讲，某一产业的中间使用率越大，其在产业链上位置上游度可能越高，因为这一产业的产出有更大比例用于作为中间产品，而中间产品离消费者距离较远。由表 10 - 18 开放经济中 31 个省区市批发和零售业上游度与其中间使用率的关系可知，31 个省区市批发和零售业在产业链上上游度与其中间使用率的关系整体上也呈现近似的正向关系，这说明批发和零售业中间使用率对其在产业链上上游度的影响较大。例如，天津、内蒙古、上海三个批发和零售业产业上游度前 3 位的市区，其批发和零售业中间使用率也比较高，分别为 84.67％、93.35％ 和 82.95％，而西藏和青海两个批发和零售业产业上游度最后 2 位的省区，其批发和零售业中间使用率仅分别为 48.88％ 和 16.87％。

但是，某一产业在产业链上位置上游度除了受其中间使用率影响之外，还受这一产业产品在产业系统中的间接使用的影响，间接使用越多，也会引起这一产业在产业链上上游度越高。在表 10 - 18 中，山西、江苏和河北批发和零售业中间使用率并不大（分别为 61.34%、58.54% 和 64.75%），但是其在产业链上上游度相对来讲并不低（分别为 3.819368、3.216690 和 3.164017），主要是因为这三个省份产业系统较为复杂，批发和零售业产品（服务）在产业系统中的间接使用较多。

表 10 - 18　　　　　　开放经济中 31 个省区市批发和零售业上游度
与其中间使用率（2012 年基准年度）

省区市	上游度（U_i）	中间使用率（%）
天津	4.604536	84.67
内蒙古	4.534614	93.35
上海	4.401761	82.95
福建	4.148184	75.87
浙江	4.019236	81.32
山西	3.819368	61.34
山东	3.729284	69.03
广东	3.711449	77.76
重庆	3.677275	66.88
北京	3.577992	81.23
湖南	3.329821	84.86
海南	3.306773	81.19
河南	3.278095	75.32
江苏	3.216690	58.54
河北	3.164017	64.75
全国	**3.140233**	**71.16**
辽宁	3.028108	67.04
新疆	2.979786	72.15
江西	2.952466	60.41
陕西	2.889096	75.00
黑龙江	2.832708	62.88
甘肃	2.765189	65.09

续表

省区市	上游度（U_i）	中间使用率（%）
安徽	2.746306	85.63
广西	2.739938	81.31
四川	2.726823	66.84
宁夏	2.573743	93.14
贵州	2.329238	58.26
吉林	2.318159	43.54
云南	2.306701	56.22
湖北	2.154672	49.42
西藏	1.656953	48.88
青海	1.336046	16.87

4. 各省区市批发和零售业在产业链上位置上游度与其三次产业占比的关系

由表 10 - 19 开放经济中 31 个省区市批发和零售业上游度的表现情况与这些地区三次产业占比的表现情况来看，一般来讲，东中部部分省区市批发和零售业上游度较大，其第一和第二产业的占比之和也较高。例如，有 15 个省区市（天津至河北）批发和零售业上游度高于全国整体水平，其第一和第二产业的占比之和除上海市和北京市外都在 50% 以上。这主要是因为，第一和第二产业的占比之和较高的省区市，其批发和零售业有较大的服务市场，而且第二产业一般来讲产业链较长，批发和零售业在服务第二产业的过程中在产业链上的上游度就较大。而且第一产业和第二产业对批发业和零售业的依赖程度较大，尤其第一产业中的农业和原材料产业对批发业的依赖较大。如湖南、海南、河南、河北等 6 个省，第一产业占比都超过了 10%。

但在表 10 - 19 中，批发和零售业上游度低于全国整体水平的 16 个省区市，除了西藏外，15 个省区市的第一和第二产业的占比之和也明显地大于 50%，但是其批发和零售业在产业链上上游度都偏小，这是何原因？这主要是因为后面这 16 个批发和零售业上游度偏小的省区市的第二产业结构与前面那 16 个批发和零售业上游度较大的省区市的第二产业结构不同。后面这 15 个省区市第二产业中原材料、资源和能源加工类产业占的比重较高，一般来讲，原材料、资源和能源加工类产业的产业链相对较短，批发和零售业被这些产业消耗，其在产业链位置上游度便较小。前面那 16 个省区市第二产业中资本品制造业占的比重较高，一般来讲，资本品制造业的产业链较长，批发和零售业被这些产业消耗，其在产业链上上游度便较大。

如表 10 - 19 所示，上海和北京第二产业占比比较低，仅分别为 38.9% 和 22.7%，但是，其批发和零售业的上游度却在全国整体水平之上，这主要是因为上海和北京第二产业中资本品制造业占的比重较高，而且第三产业占比较高，并且第三产业中生产者服务业较多。一般来讲，生产者服务业产业链也较长，批发和零售业较多地被生产者服务业消耗，因而其在产业链上位置上游度也相对较大。

表 10 - 19　　　　开放经济中 31 个省区市批发和零售业上游度
与其三次产业占比（2012 年基准年度）

省区市	上游度（U_i）	第一产业占比（%）	第二产业占比（%）	第三产业占比（%）
天津	4.604536	1.3	51.7	47.0
内蒙古	4.534614	9.1	55.4	35.5
上海	4.401761	0.6	38.9	60.4
福建	4.148184	9.0	51.7	39.3
浙江	4.019236	4.8	50.0	45.2
山西	3.819368	5.8	55.6	38.7
山东	3.729284	8.6	51.5	40.0
广东	3.711449	5.0	48.5	46.5
重庆	3.677275	8.2	52.4	39.4
北京	3.577992	0.8	22.7	76.5
湖南	3.329821	13.6	47.4	39.0
海南	3.306773	24.9	28.2	46.9
河南	3.278095	12.7	56.3	30.9
江苏	3.216690	6.3	50.2	43.5
河北	3.164017	12.0	52.7	35.3
全国	3.140233	—	—	—
辽宁	3.028108	8.7	53.2	38.1
新疆	2.979786	17.6	46.4	36.0
江西	2.952466	11.7	53.6	34.6
陕西	2.889096	9.5	55.9	34.7

省区市	上游度（U_i）	第一产业占比（%）	第二产业占比（%）	第三产业占比（%）
黑龙江	2.832708	15.4	44.1	40.5
甘肃	2.765189	13.8	46.0	40.2
安徽	2.746306	12.7	54.6	32.7
广西	2.739938	16.7	47.9	35.4
四川	2.726823	13.8	51.7	34.5
宁夏	2.573743	8.5	49.5	42.0
贵州	2.329238	13.0	39.1	47.9
吉林	2.318159	11.8	53.4	34.8
云南	2.306701	16.0	42.9	41.1
湖北	2.154672	12.8	50.3	36.9
西藏	1.656953	11.5	34.6	53.9
青海	1.336046	9.3	57.7	33.0

5. 各省区市批发和零售业在产业链上位置上游度与其人均GDP的关系

由表 10 - 20 开放经济中 31 个省区市批发和零售业上游度与其人均 GDP 的表现情况可以看出，开放经济中各省区市批发和零售业上游度与其人均 GDP 之间存在一定的正向关系。例如，批发和零售业上游度大于 4 的 5 个省区市，其人均 GDP 都较大，最小的福建人均 GDP 还达到 52763 元；批发和零售业上游度最后 4 位的省区市，其人均 GDP 都较小。山西、重庆、湖南、海南、河南和河北 6 个省市，其人均 GDP 都不算大（在 30000 元至 40000 元之间），但是这 6 个省市批发和零售业上游度相对来讲并不小（大于 3 小于 4），这主要是因为这 6 个省市第一和第二产业之和的占比都较大，都远远超过 50%，而且湖南、海南、河南和河北 4 省份第一产业占比都明显较大（大于 10%）。

相比较，辽宁和吉林人均 GDP 都不算小（分别为 56649 元和 43415 元），但是这 2 个省份批发和零售业上游度相对来讲并不大（分别为 3.028108 和 2.318159），这主要是因为这 2 个省份第二产业中重化工业占比较高，一般来讲，重化工业对住宿和餐饮业依赖程度较低，而且这 2 个省份批发和零售业中间使用率相对较低。新疆、陕西、黑龙江和宁夏 4 个省区，其人均 GDP 也都在 30000 元至 40000 元之间，但是其批发和零售业上游度相对来讲较小

（在 2 至 3 之间），这主要是因为这 4 个省区第二产业中能源类产业和资源类产业占比较高，而这些产业的产业链一般较短，对批发和零售业需求空间有限，因而这 4 个省区批发和零售业上游度相对较小。湖北和青海 2 个省份人均 GDP 也都在 30000 元至 40000 元之间，但是其批发和零售业上游度相对来讲较小（分别为 2.154672 和 1.336046），这主要是因为这 2 个省份批发和零售业的中间使用率较低，仅分别为 49.42% 和 16.87%。

表 10 - 20 　　　　　开放经济中 31 个省区市批发和零售业上游度
与其人均 GDP（2012 年基准年度）

省区市	上游度（U_i）	人均 GDP（元）
天津	4.604536	93173
内蒙古	4.534614	63886
上海	4.401761	85373
福建	4.148184	52763
浙江	4.019236	63374
山西	3.819368	33628
山东	3.729284	51768
广东	3.711449	54095
重庆	3.677275	38914
北京	3.577992	87475
湖南	3.329821	33480
海南	3.306773	32377
河南	3.278095	31499
江苏	3.216690	68347
河北	3.164017	36584
全国	**3.140233**	**43387**
辽宁	3.028108	56649
新疆	2.979786	33796
江西	2.952466	28800
陕西	2.889096	38564
黑龙江	2.832708	35711
甘肃	2.765189	21978
安徽	2.746306	28792

省区市	上游度（U_i）	人均 GDP（元）
广西	2.739938	27952
四川	2.726823	29608
宁夏	2.573743	36394
贵州	2.329238	19710
吉林	2.318159	43415
云南	2.306701	22195
湖北	2.154672	38572
西藏	1.656953	22936
青海	1.336046	33181

（三）开放经济中 31 个省区市住宿和餐饮业在产业链上位置分布及差异

1. 各省区市住宿和餐饮业在产业链上位置分布情况及差异表现

由图 10-6 开放经济中 31 个省区市住宿和餐饮业上游度分布可知，福建住宿和餐饮业在产业链上位置上游度最大，黑龙江住宿和餐饮业在产业链上位置上游度最小。在产业链上位置上游度前 5 位的省市分别是福建、江西、山东、上海和江苏，在产业链上位置上游度后 5 位的省区分别是陕西、广西、云南、甘肃和黑龙江。上游度大于 3 的省市有福建、江西、山东、上海、江苏和山西 6 个，上游度在 2 和 3 之间的省区市有 23 个，上游度在 1 和 2 之间的省区市有 2 个。可见，在产业链上位置上游度在 2 和 3 之间的省区市数量最多。

在产业链上位置上游度前 10 位的省区市，东部地区有 7 个，中部地区有 3 个；在产业链上位置上游度中间 11 位的省区市，东部地区有 4 个，中部地区有 2 个，西部地区有 5 个；在产业链上位置上游度后 10 位的省区市，中部地区有 3 个，西部地区有 7 个。在产业链上位置上游度大于全国整体水平（2.477155）的有 15 个省区市，其中东部地区 10 个，中部地区有 3 个，西部地区有 2 个；小于全国整体水平（2.477155）的有 16 个省区市，其中东部地区 1 个，中部地区有 5 个，西部地区有 10 个。因此，总体来看，东部地区和中部地区的住宿和餐饮业在产业链上位置上游度相对较大，而西部地区的住宿和餐饮业在产业链上位置上游度相对较小。在产业链上位置上游度前4位的省区市分别是福建、江西、山东、上海，主要是因为这些省或者是原材料、资源和能源大省（江西），或者是制造业大省（福建和山东），或者是服务业大省（上海），在这些省区市住宿和餐饮业生产服务性较强，尤其是住宿和餐饮业更多地为生产者服务。

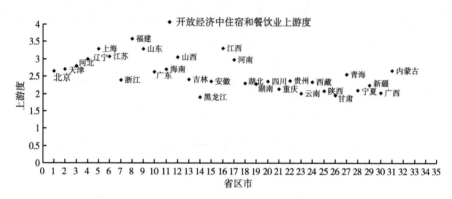

图10－6　开放经济中31个省区市住宿和餐饮业上游度分布

2. 住宿和餐饮业在产业链上位置上游度与其工业与建筑业分配占比的关系

由表10－21开放经济中31个省区市住宿和餐饮业上游度分解及分配占比可知，住宿和餐饮业在产业链上位置上游度与其工业与建筑业分配占比整体上呈正向关系。例如，福建和江西住宿和餐饮业在产业链上位置上游度在31个省区市中分别排第1位和第2位，其工业与建筑业分配占比在31个省区市中也分别排第4位和第6位。这主要是因为，工业与建筑业产业链较长，住宿和餐饮业在工业与建筑业上分配比例（分配占比）越大，住宿和餐饮业离最终消费者的距离就越远，住宿和餐饮业在产业链上位置上游度就越大。

由表10－21看出，在产业链上上游度水平大于全国整体水平（2.477155）的15个省区市中，上海、海南、天津、北京和青海5省市住宿和餐饮业的工业与建筑业分配占比是较低（分别为35.85％、24.50％、34.43％、22.19％和23.69％），但是其住宿和餐饮业在产业链上位置上游度相对较高（在31个省区市中排序分别为第4位、第10位、第11位、第13位和第15位），这主要是因为这 5 个省市住宿和餐饮业的服务业分配占比较高，而且服务业中生产者服务业比重较大，生产者服务业的产业链较长，这 5 个省市住宿和餐饮业在生产者服务业上分配比例（分配占比）较大，其住宿和餐饮业在产业链上位置上游度也就较大。

在表 10 - 21 中，住宿和餐饮业上游度在全国整体水平（2.477155）以下的 16 个省区市中，浙江是东部地区，其住宿和餐饮业的工业与建筑业分配占比相对来讲并不低（为 40.31%，在 31 个省区市中排在第 9 位），但是其住宿和餐饮业产业链上位置上游度相对较低（在 31 个省区市中排在第 17 位），这主要是因为浙江的工业中轻工业占比较高，而轻工业具有产业链较短的特点，浙江服务业中消费者服务业（终端服务业）比例相对较高，住宿和餐饮业服务消费者服务业的比例较高，而消费者服务业也具有产业链较短的特点。因而尽管浙江住宿和餐饮业的工业与建筑业分配占比较大，但是其住宿和餐饮业产业链位置上游度较小。

表 10 - 21　　开放经济中 31 个省区市住宿和餐饮业上游度分解
及分配占比（2012 年基准年度）

省区市	上游度（U_i）	分解到农业中的部分（U_{ia}）	分解到工业与建筑业中的部分（U_{im}）	分解到服务业中的部分（U_{is}）	农业分配占比（%）	工业与建筑业分配占比（%）	服务业分配占比（%）
福建	3.580353	0.053137	1.642314	1.884902	1.48	45.87	52.65
江西	3.308317	0.060912	1.484330	1.763075	1.84	44.87	53.29
山东	3.294716	0.044541	1.580383	1.669792	1.35	47.97	50.68
上海	3.286525	0.005140	1.178290	2.103094	0.16	35.85	63.99
江苏	3.065686	0.026124	1.380259	1.659303	0.85	45.02	54.13
山西	3.059145	0.029945	1.469759	1.559441	0.98	48.04	50.98
辽宁	2.990839	0.060785	1.324539	1.605515	2.03	44.29	53.68
河南	2.968804	0.050202	1.391316	1.527287	1.69	46.86	51.44
河北	2.792164	0.050027	1.225125	1.517013	1.79	43.88	54.33
海南	2.707293	0.117438	0.663259	1.926596	4.34	24.50	71.16
天津	2.701214	0.008786	0.930023	1.762406	0.33	34.43	65.24
内蒙古	2.659338	0.115642	0.989137	1.554559	4.35	37.19	58.46
北京	2.649226	0.006977	0.587791	2.054458	0.26	22.19	77.55
广东	2.636141	0.013833	1.040148	1.582160	0.52	39.46	60.02

续表

省区市	上游度（U_i）	分解到农业中的部分（U_{ia}）	分解到工业与建筑业中的部分（U_{im}）	分解到服务业中的部分（U_{is}）	农业分配占比（%）	工业与建筑业分配占比（%）	服务业分配占比（%）
青海	2.564307	0.034946	0.607396	1.921965	1.36	23.69	74.95
全国	**2.477155**	**0.027727**	**0.869006**	**1.580422**	**1.12**	**35.08**	**63.80**
吉林	2.407484	0.047129	0.889248	1.471107	1.96	36.94	61.11
浙江	2.400549	0.011989	0.967605	1.420955	0.50	40.31	59.19
贵州	2.378036	0.038830	0.569846	1.769360	1.63	23.96	74.40
安徽	2.363164	0.043560	0.679722	1.639882	1.84	28.76	69.39
四川	2.359577	0.045063	0.829902	1.484612	1.91	35.17	62.92
西藏	2.333575	0.008194	0.683951	1.641430	0.35	29.31	70.34
湖北	2.302261	0.053058	0.777116	1.472087	2.30	33.75	63.94
湖南	2.279975	0.052014	0.698145	1.529816	2.28	30.62	67.10
新疆	2.254541	0.087462	0.579069	1.588010	3.88	25.68	70.44
重庆	2.144392	0.011936	0.768033	1.364423	0.56	35.82	63.63
宁夏	2.097140	0.024964	0.537544	1.534632	1.19	25.63	73.18
陕西	2.076090	0.031435	0.605322	1.439332	1.51	29.16	69.33
广西	2.028854	0.047921	0.538143	1.442791	2.36	26.52	71.11
云南	2.005549	0.045200	0.485668	1.474680	2.25	24.22	73.53
甘肃	1.957329	0.023489	0.428764	1.505076	1.20	21.91	76.89
黑龙江	1.894526	0.088604	0.356698	1.449224	4.68	18.83	76.50

3. 住宿和餐饮业在产业链上位置上游度与其中间使用率的关系

根据中间使用率概念知道，一般来讲，某一产业的中间使用率越大，其在产业链上位置上游度可能越高，因为这一产业的产出有更大比例用于作为中间产品，而中间产品离消费者距离较远。据表 10 – 22 开放经济中 31 个省区市住宿和餐饮业上游度与其中间使用率的关系可知，31 个省区市住宿和餐饮业在产业链上上游度与其中间使用率的关系整体上也呈现近似的正向关系，这说明住宿和餐饮业的中间使用率对其在产业链上上游度的影响较大。例如，福建、江西、山东、上海、江苏和山西住宿和餐饮业产业上游度排在前 6 位的省市（产业上游度都大于 3），其住宿和餐饮业的中间使用率也比较高，分别为 68.17%、77.17%、68.49%、59.10%、69.41% 和 61.47%。而甘肃和黑龙江住宿和餐饮业上游度排在最后 2 位的省份（产业上游度都小于 2），其住宿和餐饮业的中间使用率则分别为 48.63% 和 40.67%。

但是，通常来讲，某一产业在产业链上位置上游度除了受其中间使用率影响之外，还受这一产业产品在产业系统中的间接使用的影响，间接使用越多，也会引起这一产业在产业链上上游度越高。在表 10 - 22 中，青海和西藏住宿和餐饮业中间使用率较大（分别为 77.94% 和 84.94%），但是其在产业链上上游度相对来讲并不高（分别为 2.564307 和 2.333575，在 31 个省区市中分别排名在第 15 位和第 21 位），主要是因为这两个省区住宿和餐饮业关联的产业网络较为简单，住宿和餐饮业产品（服务）在产业系统中的间接使用较少。

表 10 - 22   开放经济中 31 个省区市住宿和餐饮业上游度与其中间使用率（2012 年基准年度）

省区市	上游度（U_i）	中间使用率（%）
福建	3.580353	68.17
江西	3.308317	77.17
山东	3.294716	68.49
上海	3.286525	59.10
江苏	3.065686	69.41
山西	3.059145	61.47
辽宁	2.990839	66.28
河南	2.968804	68.79
河北	2.792164	57.34
海南	2.707293	62.05
天津	2.701214	49.83
内蒙古	2.659338	50.07
北京	2.649226	63.91
广东	2.636141	53.22
青海	2.564307	77.94
全国	**2.477155**	**50.85**
吉林	2.407484	52.29
浙江	2.400549	39.86
贵州	2.378036	62.63

续表

省区市	上游度（U_i）	中间使用率（%）
安徽	2.363164	44.71
四川	2.359577	54.89
西藏	2.333575	84.94
湖北	2.302261	55.52
湖南	2.279975	52.40
新疆	2.254541	56.11
重庆	2.144392	38.91
宁夏	2.097140	50.96
陕西	2.076090	42.47
广西	2.028854	47.30
云南	2.005549	48.91
甘肃	1.957329	48.63
黑龙江	1.894526	40.67

4. 各省区市住宿和餐饮业在产业链上位置上游度与其三次产业占比的关系

由表 10 - 23 开放经济中 31 个省区市住宿和餐饮业上游度的表现情况与这些地区三次产业占比的表现情况来看，一般来讲，东中部部分省区市住宿和餐饮业上游度较大，其第一和第二产业的占比之和也较高。例如，有 15 个省区市（福建至青海）住宿和餐饮业上游度高于全国整体水平，其第一产业和第二产业的占比之和除上海和北京外都在 50% 以上。这主要是因为，第一和第二产业的占比之和较高的省区市，其住宿和餐饮业有较大的服务空间和市场，而且第二产业一般来讲产业链较长，住宿和餐饮业在服务第二产业的过程中在产业链上的上游度就较大。而且第一产业和第二产业对住宿和餐饮业的依赖程度较大，尤其第一产业中的农业和原材料产业对住宿和餐饮业的依赖较大。如福建、江西、河南、河北、海南、内蒙古、青海 7 个省区，其第一产业占比十分接近 10% 或远超过 10% 。

但在表 10 - 23 中，住宿和餐饮业上游度低于全国整体水平的 16 个省区市，绝大多数省区市（除西藏外）的第一和第二产业的占比之和也明显地大于 50% ，但是其住宿和餐饮业在产业链上上游度都偏小，这是何原因？这主要是因为后面这 16 个住宿和餐饮业上游度相对较小的省区市的第二产业结构与前面那 15 个住宿和餐饮业上游度相对较大的省区市的第二产业结构不同。后面这 16 个省区市第二产业中原材料、资源和能源加工类产业占的比重较高。一般来讲，原材料、资源和能源加工类产业的产业链相对较短，住宿和餐饮业被这些产业消耗，其在产业链位置上游度便较小。

前面那 15 个省区市第二产业中资本品制造业占的比重较高，一般来讲资本品制造业的产业链较长，住宿和餐饮业被这些产业消耗，其在产业链上上游度便较大。如表 10 - 23 所示，上海和北京第二产业占比较低，仅分别为 38.9% 和 22.7%，但是，其住宿和餐饮业的上游度却在全国整体水平之上，这主要是因为上海和北京第二产业中资本品制造业占的比重较高，而且第三产业占比较高，并且第三产业中生产者服务业较多。一般来讲，生产者服务业产业链也相对较长，住宿和餐饮业较多地被生产者服务业消耗，因而其在产业链上位置上游度也相对较大。海南第二产业占比较低，仅为 28.2%，但是，其住宿和餐饮业的上游度却在全国整体水平之上（在 31 个省区市中排在第 10 位），这主要是因为海南住宿和餐饮业的中间使用率较高（为 62.05%），而且海南服务业占比相对较高（为 46.9%），服务业对住宿和餐饮业依赖程度较大。

表 10 - 23　　　　开放经济中 31 个省区市住宿和餐饮业上游度
与其三次产业占比（2012 年基准年度）

省区市	上游度（U_i）	第一产业占比（%）	第二产业占比（%）	第三产业占比（%）
福建	3.580353	9.0	51.7	39.3
江西	3.308317	11.7	53.6	34.6
山东	3.294716	8.6	51.5	40.0
上海	3.286525	0.6	38.9	60.4
江苏	3.065686	6.3	50.2	43.5
山西	3.059145	5.8	55.6	38.7
辽宁	2.990839	8.7	53.2	38.1
河南	2.968804	12.7	56.3	30.9
河北	2.792164	12.0	52.7	35.3
海南	2.707293	24.9	28.2	46.9
天津	2.701214	1.3	51.7	47.0

省区市	上游度（U_i）	第一产业占比（%）	第二产业占比（%）	第三产业占比（%）
内蒙古	2.659338	9.1	55.4	35.5
北京	2.649226	0.8	22.7	76.5
广东	2.636141	5.0	48.5	46.5
青海	2.564307	9.3	57.7	33.0
全国	**2.477155**	—	—	—
吉林	2.407484	11.8	53.4	34.8
浙江	2.400549	4.8	50.0	45.2
贵州	2.378036	13.0	39.1	47.9
安徽	2.363164	12.7	54.6	32.7
四川	2.359577	13.8	51.7	34.5
西藏	2.333575	11.5	34.6	53.9
湖北	2.302261	12.8	50.3	36.9
湖南	2.279975	13.6	47.4	39.0
新疆	2.254541	17.6	46.4	36.0
重庆	2.144392	8.2	52.4	39.4
宁夏	2.097140	8.5	49.5	42.0
陕西	2.076090	9.5	55.9	34.7
广西	2.028854	16.7	47.9	35.4
云南	2.005549	16.0	42.9	41.1
甘肃	1.957329	13.8	46.0	40.2
黑龙江	1.894526	15.4	44.1	40.5

5. 各省区市住宿和餐饮业在产业链上位置上游度与其人均 GDP 的关系

由表 10 - 24 开放经济中 31 个省区市住宿和餐饮业上游度与其人均 GDP 的表现情况可以看出，各省区市住宿和餐饮业上游度与其人均 GDP 之间呈现微弱的正向关系。福建、江西、山东、上海、江苏、山西 6 省市住宿和餐饮业上游度居前 6 位，这 6 个省市人均 GDP 也较大（除了江西为 28800 元和山西为 33628 元外）。江西省和山西省是我国主要的原材料（自然资源）产区或重化工业基地，对住宿和餐饮业依赖程度明显较高，因而，住宿和餐饮业在产业链上上游度较大。2012 年，天津人均 GDP 在全国排在首位（93173

元），但其住宿和餐饮业上游度相对较低（2.701214），在全国31个省区市排在第11位，这主要是因为天津住宿和餐饮业的中间使用率为49.83%，这一比率显然相对较低。

2012年，内蒙古人均GDP为63886元，在全国排在第5位，前4位分别是天津（93173元）、北京（87475元）、上海（85373元）、江苏（68347元），后面4个省份分别是浙江（63374元）、辽宁（56649元）、广东（54095元）和山东（51768元）。内蒙古人均GDP较高，主要是内蒙古是我国资源和能源大省，而且内蒙古人口较少。内蒙古人均GDP在全国排在第5，但是其住宿和餐饮业上游度相对较低（2.659338），排在31个省区市第12位，这主要是因为内蒙古住宿和餐饮业中间使用率相对较低，仅仅为50.07%。内蒙古是我国资源和能源主要省级行政区，资源产业和能源产业对住宿和餐饮业依赖程度较低，因而内蒙古的住宿和餐饮业上游度相对较低。各省区市住宿和餐饮业上游度在1和4之间，其中住宿和餐饮业上游度大于3的省区市有6个，大于2小于3的省区市有23个，大于1小于2的省区市有2个。

表 10 - 24　　　　　　开放经济中31个省区市住宿和餐饮业上游度
与其人均 GDP（2012 年基准年度）

省区市	上游度（U_i）	人均 GDP（元）
福建	3.580353	52763
江西	3.308317	28800
山东	3.294716	51768
上海	3.286525	85373
江苏	3.065686	68347
山西	3.059145	33628
辽宁	2.990839	56649
河南	2.968804	31499
河北	2.792164	36584
海南	2.707293	32377
天津	2.701214	93173
内蒙古	2.659338	63886
北京	2.649226	87475

续表

省区市	上游度（U_i）	人均 GDP（元）
广东	2.636141	54095
青海	2.564307	33181
全国	**2.477155**	**43387**
吉林	2.407484	43415
浙江	2.400549	63374
贵州	2.378036	19710
安徽	2.363164	28792
四川	2.359577	29608
西藏	2.333575	22936
湖北	2.302261	38572
湖南	2.279975	33480
新疆	2.254541	33796
重庆	2.144392	38914
宁夏	2.097140	36394
陕西	2.076090	38564
广西	2.028854	27952
云南	2.005549	22195
甘肃	1.957329	21978
黑龙江	1.894526	35711

三、从封闭经济到开放经济流通产业在产业链上位置变化与净流出的关系

（一）从封闭经济系统到开放经济系统"净流出"对中国流通产业在产业链上位置变化的影响

1.2002 年基准年度中国流通业四个细分产业净流出对其在产业链上位置变化的影响

由开放经济中产业上游度的计算方法中调整后的投入产出系数 δ_{ij} 的计算

公式①可知，净出口②［X_i（出口）减去 M_i（进口）］如果为正，在计算产业上游度的过程中会使 Y_i 变小，从而会使直接分配系数 r_{ij} 变大，然后使（$1-r_{ij}$）变小，最终使（$1-r_{ij}$）的倒数变大。即净出口为正，会使开放经济中产业上游度变大。如表 10 – 25 所示，中国流通业四个细分产业"交通运输及仓储业""邮政业""批发和零售贸易业"和"住宿和餐饮业"的"净出口"都表现为正，这四个细分产业从封闭经济到开放经济上游度变化也都呈现为上升状态。因而，2002 年基准年度中国流通业四个细分产业净流出会促进这四个产业上游度上升。可见，增加中国流通业服务的出口可以使中国流通业更多地参与到全球产业链分工中去，使中国流通业产业上游度增大，提升中国流通业在全球产业链上的位置。

表 10 – 25　　　从封闭经济到开放经济中国流通业产业上游度变化
与其净出口表现（2002 年基准年度）

部门	封闭经济产业上游度	开放经济产业上游度	开放经济产业上游度减封闭经济产业上游度	X_i（出口）（万元）	M_i（进口）（万元）	净出口（万元）	净出口符号
交通运输及仓储业	3.005228	3.231936	0.226708	14164689	2723030	11441659	正
邮政业	2.311673	2.395620	0.083947	354137	196872	157265	正
批发和零售贸易业	2.621427	2.961824	0.340397	25333495	0	25333495	正
住宿和餐饮业	2.066840	2.163842	0.097002	3545279	37981	3507298	正

注：净出口 = X_i（出口）- M_i（进口）。

2. 2007 年基准年度中国流通业四个细分产业净流出对其在产业链上位置变化的影响

如表 10 – 26 从封闭经济到开放经济中国流通业产业上游度变化与其净出

---

①　投入产出系数 δ_{ij} 的计算公式为 $\delta_{ij} = a_{ij}[Y_j/(Y_i - X_i + M_i - I_i)]$。

②　在国家层面的投入产出表中，由于不存在"国内省外流出"和"国内省外流入"这两个项目，因此"净出口"就是"净流出"。

口表现所示，中国流通业四个子产业"交通运输及仓储业""邮政业""批发和零售贸易业"和"住宿和餐饮业"的"净出口"都是正数，而且可以看出，这四个子产业从封闭经济到开放经济过程中上游度变化也都呈现为上升态势。这说明，在 2007 年基准年度中，中国流通业四个子产业的净流出会促进这四个产业上游度的增长。这两组数据的同向变化，能够验证一个规律，即增加一个国家（或地区）某一产业的产品（或服务）出口，可以增加这一产业的产业上游度，提升这一产业在全球产业链上的位置。这主要是因为，这一产业的产品（或服务）出口增加，意味着这一产业的产品（或服务）更多地被作为中间产品投入全球产品（或服务）的生产过程中去，从而提高了这一国家这一产业的产业上游度，提升了这一国家这一产业在全球产业上的位置。可见，增加产品（或服务）出口是提高国家产品在全球产业链上分工地位的一个途径。因此，增加流通业产品的出口可以使中国流通业更多地参与到全球产业链分工中去，使中国流通业产业上游度增大，使中国流通业在全球产业链上的位置得到提升。

表 10 - 26　　　　从封闭经济到开放经济中国流通业产业上游度变化
与其净出口表现（2007 年基准年度）

部门	封闭经济产业上游度	开放经济产业上游度	开放经济产业上游度减封闭经济产业上游度	X_i（出口）（万元）	M_i（进口）（万元）	净出口（万元）	净出口符号
交通运输及仓储业	3.203276	3.627806	0.424530	39829759	10631808	29197951	正
邮政业	3.197989	3.435962	0.237973	485691	407114	78577	正
批发和零售业	2.506618	2.938520	0.431902	40075644	0	40075644	正
住宿和餐饮业	2.538321	2.672597	0.134276	7365234	5233456	2131778	正

注：净出口 = X_i（出口）- M_i（进口）。

3. 2010 年度中国流通业四个细分产业净流出对其在产业链上位置变化的影响

如表 10 - 27 所示，是以《2010 年中国投入产出表延长表》中数据为基础，根据封闭经济体系产业上游度计算方法和开放经济体系产业上游度计算方法，计算两个体系下流通业四个细分产业的产业上游度，然后考察从封闭经济体系到开放经济体系中国流通业四个子产业上游度的变化与其净出口的关系。从表 10 - 27 可以看出，2010 年度中国流通业四个细分产业中的"交通运输及仓储业"和"批发和零售业"的净出口为正，这两个产业从封闭经济体系到开放经济体系其产业上游度都是上升的，这与开放经济产业上游度计算原理相符。

在表 10 - 27 中，"邮政业"和"住宿和餐饮业"的净出口为负，而这两个产业从封闭经济体系到开放经济体系其产业上游度却是上升的，这是为何？其实，在开放经济体系的产业上游度计算方法中，引起从封闭经济到开放经济产业上游度变化的变量还有一个"存货增加"。"存货增加"这一变量对产业上游度变化的影响方向与"净出口"变量一样，即某一产业"存货增加"为正，会引起这一产业开放经济的产业上游度提高。因为某一产业的产出（产品）中以"存货"形式存在的未使用（未销售）部分，一般是作为这一产业的中间投入品看待的。因而某一产业的"存货增加"若是正数，会增加这一产业产出（产品）使用（用途）的中间品部分的比例，从而引起这一产业上游度的增加。

但是，考察《2010 年中国投入产出表延长表》数据，2010 年"邮政业"和"住宿和餐饮业"两个产业的"存货增加"均为 0（投入产出表中服务业的"存货增加"一般为 0），因此，"存货增加"这一变量对两种经济体系下"邮政业"和"住宿和餐饮业"两个产业的产业上游度变化并没有影响。从封闭经济到开放经济"邮政业"和"住宿和餐饮业"产业上游度上升源于这两个产业在产业系统中的间接使用（又称间接分配）的影响①。从封闭经济到开放经济，负的"净出口"使"邮政业"和"住宿和餐饮业"两个产业的产业上游度下降，而这两个产业在产业系统中的间接使用却使其产业上游度上升，因而这两个产业的产业上游度变化最终表现为上升。

---

① 可以参阅投入产出理论中的完全分配系数概念。在投入产出理论中，完全分配系数 = 直接分配系数 + 间接分配系数。

表 10 - 27　　　　从封闭经济到开放经济中国流通业产业上游度变化

与其净出口表现（基于 2010 年延长表）

部门	封闭经济产业上游度	开放经济产业上游度	开放经济产业上游度减封闭经济产业上游度	X_i（出口）（万元）	M_i（进口）（万元）	净出口（万元）	净出口符号
交通运输及仓储业	3.605681	3.795611	0.189930	36963221	16928136	20035085	正
邮政业	3.462823	3.588506	0.125683	511140	539824	-28684	负
批发和零售业	2.637309	3.033363	0.396054	67141887	0	67141887	正
住宿和餐饮业	2.819430	2.860523	0.041093	6302405	7549573	-1247169	负

注：净出口 = X_i（出口）- M_i（进口）。

4. 2012 年基准年度中国流通业四个细分产业净流出对其在产业链上位置变化的影响

如表 10 - 28 所示，描述了从封闭经济系统到开放经济系统中国流通业四个细分子产业上游度变化情况及其净出口情况。表 10 - 28 数据显示，流通业四个细分子产业中的"交通运输、仓储和邮政业""批发和零售业"的净出口为正，其产业上游度变化也为正；流通业四个细分子产业中的"住宿和餐饮业"的净出口为负，其产业上游度变化也为负。因此，流通业四个细分子产业中的"交通运输、仓储和邮政业""批发和零售业"和"住宿和餐饮业"的净出口符号都与其产业上游度变化符号一致，显然，这种一致性关系是与开放经济产业上游度计算理论相符合的。

但是，由表 10 - 28 数据可知，流通业四个细分子产业中的"邮政业"的净出口符号为正，而其产业上游度变化为负，即"邮政业"的净出口符号与其产业上游度变化符号不一致，这是与开放经济产业上游度计算理论不相符的。由于"邮政业"的"存货增加"项目数据为 0，因此"存货增加"项目对这种不相符情况没有影响，这种不相符情况主要是由"邮政业"在产业系统中的间接使用引起的。从封闭经济系统到开放经济系统，正的"净出口"使"邮政业"的产业上游度上升，而"邮政业"在产业系统中的间接使用却使其产业上游度下降。一般来讲，某一产业的产业系统中的产业关联网络越稠密越复杂，这一产业在产业系统中的间接使用越多。由于"间接使用"的"下降"影响作用大于"净出口"的"上升"影响作用，因而"邮政业"的产业上游度变化最终表现为微弱下降。因此，可以得出结论，扩大中国流通产业服务出口可以提升流通业在全球产业链上的位置。

表 10－28　　从封闭经济到开放经济中国流通业产业上游度变化
与其净出口表现（2012 年基准年度）

部门	封闭经济产业上游度	开放经济产业上游度	开放经济产业上游度减封闭经济产业上游度	X_i（出口）（万元）	M_i（进口）（万元）	净出口（万元）	净出口符号
交通运输、仓储和邮政业	3.357531	3.539775	0.182244	56946262	32662159	24284103	正
批发和零售业	2.675445	3.140233	0.464788	117731419	0	117731419	正
住宿和餐饮业	2.479972	2.477155	－0.00282	5654922	11526917	－5871996	负
邮政业	3.245412	3.237507	－0.00791	385538	279827	105712	正

注：净出口 ＝ X_i（出口）－ M_i（进口）。

5. 2015 年度中国流通业三个细分产业净流出对其在产业链上位置变化的影响

表 10－29 是基于 2015 年投入产出延长表数据所得到的从封闭经济系统到开放经济系统中国流通业产业上游度变化情况与其净出口表现情况。由表 10－29 数据可知，中国流通产业三个细分子产业中的"交通运输、仓储和邮政业"和"住宿和餐饮业"的净出口符号为负号，其从封闭经济系统到开放经济系统产业上游度变化符号也为负号；中国流通产业三个细分子产业中的"批发和零售业"的净出口符号为正号，其从封闭经济系统到开放经济系统产业上游度变化符号也为正号。这说明，流通产业三个细分子产业中的"交通运输、仓储和邮政业""批发和零售业"和"住宿和餐饮业"的净出口符号都与其产业上游度变化符号一致，因此，这与开放经济产业上游度计算理论相符合。也就是说，2015 年度数据也论证了这一结论：增加我国流通产业

产品（服务）出口能够增大流通产业的产业上游度，提高我国流通产业在全球产业链上的位置。

因此，要提升我国流通产业为生产者服务业服务的能力，增强我国流通产业的生产者服务业特性，使我国流通产业更多地为全球生产系统服务，使我国流通产业更多地融入全球生产链和全球生产网络中去，必须通过扩大我国流通产业产品（服务）出口这一路径，提升我国流通产业的产业上游度，提高我国流通产业在全球产业链上的位置。所以要拓展我国流通产业产品（服务）出口渠道，扩大其出口规模，增加其出口数量，提高我国流通产业在全球产业链上的位置，提升其在全球产业系统中的地位。

表10-29　　　　从封闭经济到开放经济中国流通业产业上游度变化
与其净出口表现（基于2015年延长表）

部门	封闭经济产业上游度	开放经济产业上游度	开放经济产业上游度减封闭经济产业上游度	X_i（出口）（万元）	M_i（进口）（万元）	净出口（万元）	净出口符号
交通运输、仓储和邮政业	3.765172	3.755628	-0.00954	54827185	74595311	-19768126	负
批发和零售业	2.864634	3.378337	0.513703	173058193	0	173058193	正
住宿和餐饮业	3.067531	2.949518	-0.11801	5321580	29564847	-24243267	负

注：净出口 = X_i（出口） - M_i（进口）。

（二）从封闭经济系统到开放经济系统"净流出"对31个省区市流通产业在产业链上位置变化的影响

1. 从封闭经济系统到开放经济系统"净流出"对31个省区市交通运输、仓储和邮政业在产业链上位置变化的影响

表10-30是基于2012年基准年度，从封闭经济系统到开放经济系统31个省区市交通运输、仓储和邮政业的产业上游度变化情况与其净流出表现情况。由表10-30可以看出，从封闭经济系统到开放经济系统，有15个省区

市交通运输、仓储和邮政业的"净流出"符号为正号，其产业上游度变化也为正号；有 12 个省区市交通运输、仓储和邮政业的"净流出"符号为负号，其产业上游度变化也为负号；1 个省（湖北）交通运输、仓储和邮政业的"净流出"0，其产业上游度变化也为 0。因此，有 28 个省区市交通运输、仓储和邮政业的"净流出"符号与其产业上游度变化符号相同。很显然，这种一致与开放经济产业上游度计算理论相符合。

根据表 10-30 可以知道，有 3 个省（江苏、福建和贵州）交通运输、仓储和邮政业的"净流出"符号为负号，但是其产业上游度变化符号为正号，即这 3 个省交通运输、仓储和邮政业的"净流出"符号与其产业上游度变化符号不一致，很明显，这与开放经济产业上游度计算理论不相符。由《2012年江苏省投入产出表》中数据可知，2012 年江苏交通运输、仓储和邮政业的"存货增加"项目数据为 0，因此，"存货增加"项目对江苏交通运输、仓储和邮政业产业上游度变化没有影响。江苏交通运输、仓储和邮政业的"净流出"符号与其产业上游度变化符号不一致是由其在产业系统中的"间接使用"引起的。江苏交通运输、仓储和邮政业的"净流出"符号为负会使其产业上游度下降，其在产业系统中的"间接使用"会使其产业上游度上升，最终结果是产业上游度上升。

由《2012 年福建省投入产出表》中数据可知，2012 年福建交通运输、仓储和邮政业的"存货增加"项目数据为 965988 万元。由于在开放经济产业上游度计算公式中"存货增加"项目对产业上游度变化的影响方向与"净流出"项目对产业上游度变化的影响方向相同，因此，可以把"存货增加"项目对产业上游度变化的影响合并到"净流出"项目对产业上游度变化的影响中去。由于"净流出"项目数据为 -2210350 万元，这样"净流出"项目加上"存货增加"项目，共计为 -1244362 万元（-2210350+965988），因此，"净流出"项目和"存货增加"项目加在一起对产业上游度变化的影响是使产业上游度下降。可见，福建交通运输、仓储和邮政业的"净流出"符号（负号）与其产业上游度变化符号（产业上游度上升，为正号）不一致是由其在产业系统中的"间接使用"引起的。福建交通运输、仓储和邮政业的"净流出"符号为负会使其产业上游度下降，"净流出"项目和"存货增加"项目合并在一起对产业上游度变化的影响仍然是使产业上游度下降，但其在产业系统中的"间接使用"会使其产业上游度上升，最终结果便是产业上游度上升。

由《2012 年贵州省投入产出表》中数据可知，2012 年贵州交通运输、仓储和邮政业的"存货增加"项目数据为 38617 万元。由于在开放经济产业上游度计算公式中"存货增加"项目对产业上游度变化的影响方向与"净流出"项目对产业上游度变化的影响方向相同，因此，可以把"存货增加"项目对产业上游度变化的影响合并到"净流出"项目对产业上游度变化的影响中去。由于"净流出"项目数据为 - 217955 万元，这样"净流出"项目加上"存货增加"项目，共计为 - 179338 万元（ - 217955 + 38617），因此，"净流出"项目和"存货增加"项目加在一起对产业上游度变化的影响是使产业上游度下降。可见，贵州交通运输、仓储和邮政业的"净流出"符号（负号）与其产业上游度变化符号（产业上游度上升，为正号）不一致也是由其在产业系统中的"间接使用"引起的。贵州交通运输、仓储和邮政业的"净流出"符号为负会使其产业上游度下降，"净流出"项目和"存货增加"项目合并在一起对产业上游度变化的影响仍然是使产业上游度下降，但其在产业系统中的"间接使用"会使其产业上游度上升，所以最终结果便是产业上游度上升。

表 10 - 30　　　从封闭经济到开放经济 31 个省区市交通运输、仓储和邮政业的产业上游度变化与其"净流出"表现（2012 年基准年度）

省区市	封闭经济中产业上游度	开放经济中产业上游度	开放经济产业上游度减封闭经济产业上游度	产业上游度上涨百分比（％）	X_i（流出）（万元）	M_i（流入）（万元）	净流出（万元）	净流出符号
北京	3.475816	4.135484	0.659668	18.98	33303786	27482517	5821268	正
天津	2.817364	5.298366	2.481002	88.06	14994446	4382696	10611750	正
河北	2.768021	3.822263	1.054242	38.09	17517885	7796854	9721031	正
辽宁	3.864949	3.679324	- 0.185625	- 4.80	5740315	8486228	- 2745914	负
上海	3.589015	5.475785	1.88677	52.57	56207858	47721105	8486752	正
江苏	4.093679	4.172816	0.079137	1.93	8504718	11299001	- 2794283	负
浙江	4.271403	4.610753	0.33935	7.94	8113592	6420872	1692720	正
福建	3.892092	4.274838	0.382746	9.83	3298968	5509318	- 2210350	负
山东	4.571571	4.187495	- 0.384076	- 8.40	631886	16766187	- 16134301	负
广东	3.339376	4.179298	0.839922	25.15	15033505	6355597	8677908	正

续表

省区市	封闭经济中产业上游度	开放经济中产业上游度	开放经济产业上游度减封闭经济产业上游度	产业上游度上涨百分比（％）	X_i（流出）（万元）	M_i（流入）（万元）	净流出（万元）	净流出符号
海南	2.707611	3.939395	1.231784	45.49	4219552	2524381	1695171	正
山西	2.221533	4.602966	2.381433	107.20	6362297	1229243	5133054	正
吉林	3.949437	3.053154	-0.896283	-22.69	56884	4379494	-4322610	负
黑龙江	2.808783	3.171225	0.362442	12.90	2002435	700811	1301624	正
安徽	3.756271	3.429694	-0.326577	-8.69	14595402	15806538	-1211137	负
江西	5.755376	4.278889	-1.476487	-25.65	3604433	7203180	-3598747	负
河南	3.720791	3.930297	0.209506	5.63	9075002	7790055	1284947	正
湖北	2.226832	2.226845	1.3E-05	0.00	0	0	0	零
湖南	3.32245	3.289962	-0.032488	-0.98	488417	1283230	-794813	负
四川	2.941475	2.835812	-0.105663	-3.59	156729	598597	-441868	负
重庆	3.095831	3.545503	0.449672	14.53	2716499	2461384	255116	正
贵州	2.556499	2.560868	0.004369	0.17	1860794	2078749	-217955	负
云南	3.521785	3.152234	-0.369551	-10.49	1442350	1852727	-410377	负
西藏	2.8663	2.051052	-0.815248	-28.44	28197	210300	-182103	负
陕西	2.70713	3.008517	0.301387	11.13	8330206	5884017	2446189	正
甘肃	3.527214	3.329273	-0.197941	-5.61	893445	1190943	-297498	负
青海	2.252254	1.830313	-0.421941	-18.73	21699	403036	-381336	负
宁夏	3.022772	3.148821	0.126049	4.17	599412	509494	89918	正
新疆	3.086798	3.078101	-0.008697	-0.28	1552466	1754853	-202387	负
广西	2.544598	2.792536	0.247938	9.74	3241866	1054634	2187233	正
内蒙古	1.580071	4.130459	2.550388	161.41	24357806	553108	23804697	正

注：X_i（流出）＝ X_i（出口）＋ X_i（国内省外流出）；M_i（流入）＝ M_i（进口）＋ M_i（国内省外流入）；净流出 ＝ X_i（出口）＋ X_i（国内省外流出）－ M_i（进口）－ M_i（国内省外流入）。

2. 从封闭经济系统到开放经济系统"净流出"对31个省区市批发和零售业在产业链上位置变化的影响

表10-31是基于2012年基准年度，从封闭经济系统到开放经济系统31个省区市批发和零售业的产业上游度变化情况与其净流出表现情况。由表10-31

可以看出，从封闭经济系统到开放经济系统，有 18 个省区市批发和零售业的"净流出"符号为正号，其产业上游度变化也为正号；有 9 个省区市批发和零售业的"净流出"符号为负号，其产业上游度变化也为负号。因此，有 27 个省区市批发和零售业的"净流出"符号与其产业上游度变化符号相同。可以看出，这种一致与开放经济产业上游度计算理论相符合。

由表 10 - 31 可以知道，有 1 个省（山西）批发和零售业的"净流出"符号为负号，但是其产业上游度变化符号为正号，即山西批发和零售业的"净流出"符号与其产业上游度变化符号不一致，显然，这与开放经济产业上游度计算理论不相符合。由《2012 年山西省投入产出表》中数据可知，2012 年山西批发和零售业的"存货增加"项目数据为 - 160843。由于在开放经济产业上游度计算公式中"存货增加"项目对产业上游度变化的影响方向与"净流出"项目对产业上游度变化的影响方向相同，在这里山西批发和零售业的"净流出"符号为负号，"存货增加"项目符号也为负号，因此"净流出"项目和"存货增加"项目都使批发和零售业产业上游度下降（变化符号为负）。可见，山西批发和零售业的"净流出"符号与其产业上游度变化符号不一致是由其在产业系统中的"间接使用"引起的。山西批发和零售业的"净流出"符号为负会使其产业上游度下降，"存货增加"项目符号为负也会使其产业上游度下降，但是，其在产业系统中的"间接使用"会使其产业上游度上升，最终结果是产业上游度上升。

表 10 - 31　　从封闭经济到开放经济 31 个省区市批发和零售业的产业
上游度变化与其"净流出"表现（2012 年基准年度）

省区市	封闭经济中产业上游度	开放经济中产业上游度	开放经济产业上游度减封闭经济产业上游度	产业上游度上涨百分比（%）	X_i（流出）（万元）	M_i（流入）（万元）	净流出（万元）	净流出符号
北京	2.852502	3.577992	0.72549	25.43	49730499	36941417	12789081	正
天津	3.070433	4.604536	1.534103	49.96	7902079	2140517	5761562	正
河北	2.031242	3.164017	1.132775	55.77	11551722	1789085	9762637	正
辽宁	2.817227	3.028108	0.210881	7.49	2782895	1311775	1471119	正
上海	2.031537	4.401761	2.370224	116.67	34550251	1032883	33517368	正
江苏	2.687852	3.21669	0.528838	19.68	10411675	0	10411675	正

续表

省区市	封闭经济中产业上游度	开放经济中产业上游度	开放经济产业上游度减封闭经济产业上游度	产业上游度上涨百分比（％）	X_i（流出）（万元）	M_i（流入）（万元）	净流出（万元）	净流出符号
浙江	2.75926	4.019236	1.259976	45.66	24232524	12052629	12179895	正
福建	2.609422	4.148184	1.538762	58.97	6628095	1327969	5300126	正
山东	2.164584	3.729284	1.5647	72.29	44948384	551551	44396833	正
广东	2.549155	3.711449	1.162294	45.60	31321569	8709329	22612240	正
海南	2.573265	3.306773	0.733508	28.50	2144226	832802	1311424	正
山西	2.450751	3.819368	1.368617	55.84	208071	468438	−260367	负
吉林	2.634267	2.318159	−0.316108	−12.00	245257	6497486	−6252229	负
黑龙江	2.174196	2.832708	0.658512	30.29	4731401	1339536	3391865	正
安徽	4.623328	2.746306	−1.877022	−40.60	22381656	43827262	−21445606	负
江西	2.705385	2.952466	0.247081	9.13	4248755	3326167	922588	正
河南	6.238074	3.278095	−2.959979	−47.45	9078069	40655175	−31577106	负
湖北	2.163815	2.154672	−0.009143	−0.42	0	0	0	零
湖南	3.427629	3.329821	−0.097808	−2.85	91205	1726237	−1635031	负
四川	2.767721	2.726823	−0.040898	−1.48	737755	1285117	−547362	负
重庆	2.211542	3.677275	1.465733	66.28	2537597	44402	2493195	正
贵州	2.416187	2.329238	−0.086949	−3.60	505326	379217	126109	正
云南	2.558916	2.306701	−0.252215	−9.86	1250470	1650365	−399895	负
西藏	1.735917	1.656953	−0.078964	−4.55	122791	78110	44681	正
陕西	1.929279	2.889096	0.959817	49.75	18750210	10820803	7929407	正
甘肃	2.364827	2.765189	0.400362	16.93	1818842	56251	1762592	正
青海	1.531938	1.336046	−0.195892	−12.79	10687	74860	−64173	负
宁夏	2.889178	2.573743	−0.315435	−10.92	122984	394757	−271774	负
新疆	4.869426	2.979786	−1.88964	−38.81	851994	8257915	−7405921	负
广西	2.471822	2.739938	0.268116	10.85	3043984	2706621	337363	正
内蒙古	1.430194	4.534614	3.10442	217.06	15896341	0	15896341	正

注：X_i（流出）＝X_i（出口）＋X_i（国内省外流出）；M_i（流入）＝M_i（进口）＋M_i（国内省外流入）；净流出＝X_i（出口）＋X_i（国内省外流出）−M_i（进口）−M_i（国内省外流入）。

根据表 10-31 可知,有 1 个省(湖北)批发和零售业的"净流出"为0,但是其产业上游度变化符号为负号,即湖北省批发和零售业的"净流出"符号与其产业上游度变化符号不一致,很明显,这与开放经济产业上游度计算理论不相符。2012 年湖北批发和零售业的"净流出"为 0,说明"净流出"对湖北批发和零售业上游度变化没有影响。由《2012 年湖北省投入产出表》中数据可知,2012 年湖北批发和零售业的"存货增加"项目数据为572014 万元。由于在开放经济产业上游度计算公式中"存货增加"项目对产业上游度变化的影响方向与"净流出"项目对产业上游度变化的影响方向相同,因此,湖北批发和零售业的"存货增加"项目使其产业上游度上升。湖北批发和零售业的"净流出"符号与其产业上游度变化符号不一致是由其在产业系统中的"间接使用"引起的。湖北批发和零售业的"净流出"为 0 对其产业上游度变化没有影响,"存货增加"项目符号为正,则使批发和零售业的产业上游度上升,其在产业系统中的"间接使用"会使其产业上游度下降,最终结果是产业上游度性下降。

根据表 10-31,贵州批发和零售业的"净流出"符号为正,但是其产业上游度变化符号为负号,即贵州批发和零售业的"净流出"符号与其产业上游度变化符号不一致,明显地,这与开放经济产业上游度计算理论不相符。由《2012 年贵州省投入产出表》中数据可知,2012 年贵州批发和零售业的"存货增加"项目数据为 30598 万元。在这里,贵州批发和零售业的"净流出"符号为正号,"存货增加"项目符号也为正号。由于在开放经济产业上游度计算公式中"存货增加"项目对产业上游度变化的影响方向与"净流出"项目对产业上游度变化的影响方向相同,因此"净流出"项目和"存货增加"项目都使批发和零售业产业上游度上升(变化符号为正)。可见,贵州批发和零售业的"净流出"符号与其产业上游度变化符号不一致是由其在产业系统中的"间接使用"引起的。贵州批发和零售业的"净流出"符号为正会使其产业上游度上升,"存货增加"项目符号为正也会使其产业上游度上升,但是,其在产业系统中的"间接使用"会使其产业上游度下降,因此,最终结果是使产业上游度下降。

根据表 10-31 数据,西藏批发和零售业的"净流出"符号为正,但是其产业上游度变化符号为负号,即西藏批发和零售业的"净流出"符号与其产业上游度变化符号不一致,可见,这与开放经济产业上游度计算理论不相符。由《2012 年西藏投入产出表》中数据可知,2012 年西藏批发和零售业的"存货增加"项目数据为5400万元。在这里，西藏批发和零售业的"净流出"符号为正号，"存货增加"项目符号也为正号。由于在开放经济产业上游度计算公式中"存货增加"项目对产业上游度变化的影响方向与"净流出"项目对产业上游度变化的影响方向相同，因此"净流出"项目和"存货增加"项目都使批发和零售业产业上游度上升，因此使产业上游度变化符号为正。可见，西藏批发和零售业的"净流出"符号与其产业上游度变化符号不一致是由其在产业系统中的"间接使用"引起的。西藏批发和零售业的"净流出"符号为正会使其产业上游度上升，"存货增加"项目符号为正也会使其产业上游度上升，然而，其在产业系统中的"间接使用"却使其产业上游度下降，因此，产业上游度变化最终结果是下降。

3. 从封闭经济系统到开放经济系统"净流出"对31个省区市住宿和餐饮业在产业链上位置变化的影响

表 10 - 32 是基于 2012 年基准年度，从封闭经济系统到开放经济系统 31 个省区市住宿和餐饮业的产业上游度变化情况与其净流出表现情况。由表 10 - 32 可以看出，从封闭经济系统到开放经济系统，有 16 个省区市住宿和餐饮业的"净流出"符号为正号，其产业上游度变化也为正号；有 10 个省区市住宿和餐饮业的"净流出"符号为负号，其产业上游度变化也为负号。因此，有 26 个省区市住宿和餐饮业的"净流出"符号与其产业上游度变化符号相同。可以看出，这种一致与开放经济产业上游度计算理论相符合。

由表 10 - 32 可知，上海住宿和餐饮业的"净流出"符号为负号，但是其产业上游度变化符号为正号，即上海住宿和餐饮业的"净流出"符号与其产业上游度变化符号不一致，很明显，这与开放经济产业上游度计算理论不相符合。由《2012 年上海市投入产出表》中数据可知，2012 年上海住宿和餐饮业的"存货增加"项目数据为 0。因此，"存货增加"项目对上海住宿和餐饮业产业上游度变化没有影响。可见，上海住宿和餐饮业的"净流出"符号与其产业上游度变化符号不一致是由其在产业系统中的"间接使用"引起的。上海住宿和餐饮业的"净流出"符号为负会使其产业上游度下降，但是，其在产业系统中的"间接使用"会使其产业上游度上升，最终结果是产业上游度上升，变化符号为正号。

由表 10 - 32 数据可知，广东住宿和餐饮业的"净流出"符号为负号，但是其产业上游度变化符号为正号，即广东住宿和餐饮业的"净流出"符号与其产业上游度变化符号不一致，因此，这与开放经济产业上游度计算理论不相符合。由《2012 年广东省投入产出表》中数据可知，2012 年广东住宿和餐饮业的"存货增加"项目数据为 0。因此，"存货增加"项目对广东住宿和餐饮业的产业上游度变化没有影响。由此可知，广东住宿和餐饮业的"净流出"符号与其产业上游度变化符号不一致是由其在产业系统中的"间接使用"引起的。广东住宿和餐饮业的"净流出"符号为负会使其产业上游度下降，但是，住宿和餐饮业在产业系统中的"间接使用"会使其产业上游度上升，然而，最终结果是使住宿和餐饮业产业上游度上升，其变化符号为正号。

由表 10 - 32 数据可知，山西住宿和餐饮业的"净流出"符号为负号，但是其产业上游度变化符号为正号，即山西住宿和餐饮业的"净流出"符号与其产业上游度变化符号不一致，因此，这与开放经济产业上游度计算理论不相符合。由《2012 年山西省投入产出表》中数据可知，2012 年山西住宿和餐饮业的"存货增加"项目数据为 0。因此，"存货增加"项目对山西住宿和餐饮业的产业上游度变化没有影响。由此可知，山西省住宿和餐饮业的"净流出"符号与其产业上游度变化符号不一致是由其在产业系统中的"间接使用"引起的。山西住宿和餐饮业的"净流出"符号为负号会使其产业上游度下降（符号为负），但是，住宿和餐饮业在产业系统中的"间接使用"会使其产业上游度上升（符号为正），这样，最终结果是使住宿和餐饮业产业上游度上升，其变化符号为正号。

由表 10 - 32 数据可知，吉林住宿和餐饮业的"净流出"符号为正号，但是其产业上游度变化符号为负号，即吉林住宿和餐饮业的"净流出"符号与其产业上游度变化符号不一致，因此，这与开放经济产业上游度计算理论不相符合。由《2012 年吉林省投入产出表》中数据可知，2012 年吉林住宿和餐饮业的"存货增加"项目数据为 0。可见，"存货增加"项目对吉林住宿和餐饮业的产业上游度变化没有影响。因此，吉林住宿和餐饮业的"净流出"符号与其产业上游度变化符号不一致是由其在产业系统中的"间接使用"引起的。吉林住宿和餐饮业的"净流出"符号为正号会使其产业上游度上升（符号为正），但是，住宿和餐饮业在产业系统中的"间接使用"会使其产业上游度下降（符号为负），因此，最终结果是使住宿和餐饮业产业上游度下降，其变化符号为负号。

表 10 - 32 数据显示，湖北住宿和餐饮业的"净流出"数据为 0，但是其

产业上游度变化符号为负号，产业上游度略微下降，即湖北住宿和餐饮业的"净流出"符号与其产业上游度变化符号不一致，显然，这与开放经济产业上游度计算理论不相符合。由《2012 年湖北省投入产出表》中数据可知，2012 年湖北住宿和餐饮业的"存货增加"项目数据为 0。可见，"存货增加"项目对湖北住宿和餐饮业的产业上游度变化没有影响。因此，湖北住宿和餐饮业的"净流出"符号与其产业上游度变化符号不一致是由其在产业系统中的"间接使用"引起的。湖北住宿和餐饮业的"净流出"数据为 0，"净流出"项目对湖北住宿和餐饮业的产业上游度变化没有影响，然而，住宿和餐饮业在产业系统中的"间接使用"会使其产业上游度下降，符号为负号，因此，最终结果会使住宿和餐饮业产业上游度下降，其变化符号为负号。

表 10 - 32 　从封闭经济到开放经济 31 个省区市住宿和餐饮业的产业

上游度变化与其"净流出"表现（2012 年基准年度）

省区市	封闭经济中产业上游度	开放经济中产业上游度	开放经济产业上游度减封闭经济产业上游度	产业上游度上涨百分比（%）	X_i（流出）（万元）	M_i（流入）（万元）	净流出（万元）	净流出符号
北京	2.492745	2.649226	0.156481	6.28	8189081	7742085	446997	正
天津	1.976377	2.701214	0.724837	36.68	2046871	187150	1859721	正
河北	2.521738	2.792164	0.270426	10.72	967342	59306	908036	正
辽宁	3.005869	2.990839	- 0.01503	- 0.50	835217	966975	- 131758	负
上海	2.756316	3.286525	0.530209	19.24	5655634	5982386	- 326752	负
江苏	2.625640	3.065686	0.440046	16.76	3556991	33426	3523565	正
浙江	2.110236	2.400549	0.290313	13.76	9717379	7985335	1732044	正
福建	2.948706	3.580353	0.631647	21.42	660548	188848	471700	正
山东	3.548584	3.294716	- 0.253868	- 7.15	85397	2656500	- 2571103	负
广东	2.463955	2.636141	0.172186	6.99	2327367	3461364	- 1133997	负
海南	2.268265	2.707293	0.439028	19.36	1255807	484565	771242	正
山西	2.69415	3.059145	0.364995	13.55	205640	600046	- 394406	负
吉林	2.560996	2.407484	- 0.153512	- 5.99	185247	0	185247	正

续表

省区市	封闭经济中产业上游度	开放经济中产业上游度	开放经济产业上游度减封闭经济产业上游度	产业上游度上涨百分比（%）	X_i（流出）（万元）	M_i（流入）（万元）	净流出（万元）	净流出符号
黑龙江	1.532016	1.894526	0.36251	23.66	2638296	627	2637669	正
安徽	2.878097	2.363164	-0.514933	-17.89	1274885	2107466	-832582	负
江西	3.816195	3.308317	-0.507878	-13.31	1788829	2581580	-792751	负
河南	2.860139	2.968804	0.108665	3.80	1245003	382457	862546	正
湖北	2.303365	2.302261	-0.001104	-0.05	0	0	0	零
湖南	2.230471	2.279975	0.049504	2.22	92983	72655	20327	正
四川	2.296359	2.359577	0.063218	2.75	1309979	25087	1284892	正
重庆	2.216673	2.144392	-0.072281	-3.26	215524	1327470	-1111946	负
贵州	2.150325	2.378036	0.227711	10.59	1582580	737680	844900	正
云南	1.875879	2.005549	0.12967	6.91	2201001	851227	1349774	正
西藏	2.714781	2.333575	-0.381206	-14.04	16774	48434	-31660	负
陕西	2.335172	2.07609	-0.259082	-11.09	272163	585933	-313770	负
甘肃	1.823514	1.957329	0.133815	7.34	935005	93570	841435	正
青海	3.13689	2.564307	-0.572583	-18.25	12903	76182	-63279	负
宁夏	2.22776	2.09714	-0.13062	-5.86	0	14101	-14101	负
新疆	2.610781	2.254541	-0.35624	-13.64	90179	567176	-476996	负
广西	1.952428	2.028854	0.076426	3.91	1420008	417632	1002376	正
内蒙古	1.643189	2.659338	1.016149	61.84	3380380	133387	3246993	正

注：X_i（流出）= X_i（出口）+ X_i（国内省外流出）；M_i（流入）= M_i（进口）+ M_i（国内省外流入）；净流出 = X_i（出口）+ X_i（国内省外流出）- M_i（进口）- M_i（国内省外流入）。

四、本章小结

尽管本章结构较简单，但是其内容较多较复杂（较庞杂），篇幅较大，因此，把本章框架和主要标题列表式概括显示，则可以更直观更简洁，可以提高阅读效率（本章研究框架和主要标题概括见表 10 - 33）。本章对 31 个省区市流通业细分子产业上游度与其常见的一些经济变量的关系做了详尽的考察工作。本章首先研究我国 31 个省区市流通业三个细分子产业在封闭经济和开放经济两种状态下，在产业链上的位置（产业上游度的大小）与 5 个因素之间的关系，然后考察从封闭经济系统到开放经济系统 31 个省区市流通产业在产业链上位置变化与净流出之间的关系。由于包含 2 个经济系统、31 个省区市和 3 个细分子产业，包含关系较多，而且不同经济系统、不同省区市和不同细分子产业间组成的关系个体表现出较大的差异性，因而在这里就不把得出的各种组合关系进行结论性概括，读者若对相关问题感兴趣，可以回头阅读本章前面详细分析的章节与内容。可以肯定的是，许多经济关系表现出较强的规律性，呈现出一定的理论高度，具有较有意义的理论价值，对于指导我国流通产业发展实践，促进我国流通产业健康可持续成长，具有较好的现实意义。

表 10 - 33　　　　　　　　　　本章研究框架和主要标题

封闭经济中 31 个省区市流通业在产业链上位置分布及差异	封闭经济中 31 个省区市交通运输、仓储和邮政业在产业链上位置分布及差异	1. 各省区市交通运输、仓储和邮政业在产业链上位置分布情况及差异表现
		2. 交通运输、仓储和邮政业在产业链上位置上游度与其工业与建筑业分配占比的关系
		3. 交通运输、仓储和邮政业在产业链上位置上游度与其中间使用率的关系
		4. 各省区市交通运输、仓储和邮政业在产业链上位置上游度与其三次产业占比的关系
		5. 各省区市交通运输、仓储和邮政业在产业链上位置上游度与其人均 GDP 的关系
	封闭经济中 31 个省区市批发和零售业在产业链上位置分布及差异	1. 各省区市批发和零售业在产业链上位置分布情况及差异表现
		2. 批发和零售业在产业链上位置上游度与其工业与建筑业分配占比的关系
		3. 批发和零售业在产业链上位置上游度与其中间使用率的关系
		4. 各省区市批发和零售业在产业链上位置上游度与其三次产业占比的关系
		5. 各省区市批发和零售业在产业链上位置上游度与其人均 GDP 的关系

续表

封闭经济中31个省区市流通业在产业链上位置分布及差异	封闭经济中31个省区市住宿和餐饮业在产业链上位置分布及差异	1. 各省区市住宿和餐饮业在产业链上位置分布情况及差异表现
		2. 住宿和餐饮业在产业链上位置上游度与其工业与建筑业分配占比的关系
		3. 住宿和餐饮业在产业链上位置上游度与其中间使用率的关系
		4. 各省区市住宿和餐饮业在产业链上位置上游度与其三次产业占比的关系
		5. 各省区市住宿和餐饮业在产业链上位置上游度与其人均 GDP 的关系
开放经济中31个省区市流通业在产业链上位置分布及差异	开放经济中31个省区市交通运输、仓储和邮政业在产业链上位置分布及差异	1. 各省区市交通运输、仓储和邮政业在产业链上位置分布情况及差异表现
		2. 交通运输、仓储和邮政业在产业链上位置上游度与其工业与建筑业分配占比的关系
		3. 交通运输、仓储和邮政业在产业链上位置上游度与其中间使用率的关系
		4. 各省区市交通运输、仓储和邮政业在产业链上位置上游度与其三次产业占比的关系
		5. 各省区市交通运输、仓储和邮政业在产业链上位置上游度与其人均 GDP 的关系
	开放经济中31个省区市批发和零售业在产业链上位置分布及差异	1. 各省区市批发和零售业在产业链上位置分布情况及差异表现
		2. 批发和零售业在产业链上位置上游度与其工业与建筑业分配占比的关系
		3. 批发和零售业在产业链上位置上游度与其中间使用率的关系
		4. 各省区市批发和零售业在产业链上位置上游度与其三次产业占比的关系
		5. 各省区市批发和零售业在产业链上位置上游度与其人均 GDP 的关系
	开放经济中31个省区市住宿和餐饮业在产业链上位置分布及差异	1. 各省区市住宿和餐饮业在产业链上位置分布情况及差异表现
		2. 住宿和餐饮业在产业链上位置上游度与其工业与建筑业分配占比的关系
		3. 住宿和餐饮业在产业链上位置上游度与其中间使用率的关系
		4. 各省区市住宿和餐饮业在产业链上位置上游度与其三次产业占比的关系
		5. 各省区市住宿和餐饮业在产业链上位置上游度与其人均 GDP 的关系

从封闭经济到开放经济流通产业在产业链上位置变化与净流出的关系	从封闭经济系统到开放经济系统"净流出"对中国流通产业在产业链上位置变化的影响	1. 2002 年基准年度中国流通业四个细分产业净流出对其在产业链上位置变化的影响
		2. 2007 年基准年度中国流通业四个细分产业净流出对其在产业链上位置变化的影响
		3. 2010 年度中国流通业四个细分产业净流出对其在产业链上位置变化的影响
		4. 2012 年基准年度中国流通业四个细分产业净流出对其在产业链上位置变化的影响
		5. 2015 年度中国流通业三个细分产业净流出对其在产业链上位置变化的影响
	从封闭经济系统到开放经济系统"净流出"对 31 个省区市流通产业在产业链上位置变化的影响	1. 从封闭经济系统到开放经济系统"净流出"对 31 个省区市交通运输、仓储和邮政业在产业链上位置变化的影响
		2. 从封闭经济系统到开放经济系统"净流出"对 31 个省区市批发和零售业在产业链上位置变化的影响
		3. 从封闭经济系统到开放经济系统"净流出"对 31 个省区市住宿和餐饮业在产业链上位置变化的影响

第六部分

流通产业效率测度与电子商务发展模式

第十一章

东部经济较发达省市流通业成长的
因素决定与效率测度

——基于随机前沿生产函数以北京、上海、江苏、浙江、山东、广东为例的研究*

一、问题提出与文献综述

内贸流通业是国民经济的基础性和先导性产业。新形势下，发展好内贸流通对于稳增长、促改革、调结构、惠民生具有重要意义。来自《中国统计年鉴》的统计数据表明：2009～2016年，中国社会消费品零售总额由132678.4亿元稳步增长至332316.3亿元，净增长了1.5倍，年均增长21.50%。但从总体变化趋势来看，中国社会消费品内贸流通除了2009～2010年增速呈现上升趋势外，其余年份均呈现下降态势。这说明，当前中国流通业发展正面临增长疲软、增速下滑等压力。由此看来，对中国流通业成长的效率与影响因素进行分析就显得尤为重要。然而，遗憾的是，虽然目前已经有不少学者认识到中国流通业成长中存在的诸多效率问题，并就此做了一些研究，但鲜有学者从随机前沿面对中国流通产业成长的效率与影响因素做出充分、细致、深入的研究。

具体来看，相关对中国流通业效率问题的研究主要分为两类：一类是基于流通业与经济系统互动效率视角的定性分析。杜丹清（2008）基于制造业商业化倾向视角，梳理了生产—流通环节下的专业化分工效率问题，并指出

＊ 本章主要内容已经发表在《商业经济研究》杂志2018年第15期。

分工协调效率低下是导致现阶段中国生产和流通两大领域产销关系失调、专业化分工效率滞后的直接原因，为此作者提出整合产业链与构建和谐的生产—流通关系，并探索出一条与产业链整合有关的流通业规模化发展路径。张宏和刘林清（2010）从创新视角出发，分析指出效率问题是中国流通业存在的固有问题，中国流通业在形态上并不落后，因此与中国流通业相关的政策规划应注重流通业与国家经济发展的联动性。林英泽和石桥（2012）分析指出中国经济发展仍处于转折期、生产方式与商业运作模式落后、现代物流起步晚且水平低、消费方式较为传统、生产要素市场发育不完善等是影响中国流通业成本高、效率低的主要原因，而要实现中国现代流通体系重大变革，应从真正确定流通业的基础性与先导性地位、优化市场匹配机制、大力发展电子商务、加快发展商贸物流、优化供应链这几个方面入手。魏迎霞（2015）从科斯与威廉姆森第一代交易费用理论的中间组织理论视角出发，以"传统困境—创新贡献"为主线，深入剖析了中间组织理论在解释新时期流通经济问题上的优越性与创新性。闫佳（2015）基于中国与美德日三国流通业与制造业的产业关联度差异比较，指出现阶段中国流通业与制造业联动发展效率要远低于发达国家，为此作者认为中国流通业应从政府引导、技术创新、集群发展和人才培养这四个方面入手，着重提高中国流通产业与制造业的联动效率。

另一类则是基于不同视角对中国流通业效率的定量分析。王良举和王永培（2011）基于超越对数生产函数的随机前沿模型考察了中国农村流通业技术效率及其影响因素，认为技术非效率现象在中国农村流通业中显著存在，并且这种技术非效率呈现出弱化的态势，而注重建设与完善农村基础设施与农村公共服务可以有效提高中国农村流通产业的技术效率。冯鑫永（2013）利用数据包络分析方法预测了中国31个省区市的经济效率，随后基于相关分析指出中国流通业发展水平与经济效率间呈现显著的正相关，而加大流通业发展能显著提高中国的经济效率。郭守亭和俞彤晖（2013）先是通过对流通效率的内涵进行界定，然后从市场、企业、资本、人员4个层面出发，构建出了一个包含15个指标的复合型流通效率测度体系，并利用因子分析法对中国流通效率进行相关测度与分析，作者指出中国流通效率整体可分为持平发展、加速上升和平稳上升三个阶段，中国流通效率总体表现为上升态势。钟伟萍和方莹（2015）基于市场、企业、投资及劳动供给四个维度对中国流通业的效率进行测度，利用因子分析法对中国流通业运行效率进行实证分析，作者认为开展好产业发展观念创新、国家政策扶持、流通业人力资源队伍建设等方面工作是维持并提高中国流通业运行效率的关键。

总的来看，上述文献为本章研究提供了重要的参考价值，但仍有一些不足：一是以往文献大多注重于中国流通业与经济效率视角下的定性分析，而对流通业自身效率进行定量分析的较少；二是从定量视角对中国流通业发展的效率与影响因素进行实证分析的相关文献，大多研究不够深入与细致。事实上，仅从几个较为简单的层面出发很难揭示出影响中国流通业发展的效率与深层次影响因素，不能对中国流通业运行体系做出科学评价，更无法对中国流通业改革提供合理的参考建议。

基于此，本章的研究贡献在于：第一，在研究方法上，本章选取在处理行业运行效率方面更为规范与科学的随机前沿生产函数法；第二，区别已有研究，在处理影响中国流通业技术非效率因素时，本章构建出一个较为完整的指标体系，这主要包括市场自我调控、地区制度变迁、产业经营环境、产业经营效益等因素；第三，在样本设定方面，本章主要选择了北京、上海、江苏、浙江、山东、广东6个流通与市场大省（市），以突出本章研究的现实意义；第四，利用核密度估计对本章所得6省市流通产业效率进行动态演进分析，以从更深层次揭示这6个省市流通业效率的时空演变特征。

二、理论框架

随机前沿方法最早是由一些学者（Meeusen & Broeck，1977；Aigner Lovell & Schmidt，1977；Battese & Corra，1977）提出的，最初用于分析生产函数中的技术效率。该方法将传统随机扰动项分解为相互独立的两个部分：随机误差项 v，表示生产过程中面临的外界随机冲击；非负的技术无效项 u，表示所有不可观测的技术非效率因素，估算 u 就能分析生产效率的状况。

（一）随机前沿流通业生产模型的一般形式及估计方法

从现有研究来看，随机前沿方法在行业运行效率研究中被广泛使用。借鉴余泳泽和武鹏（2010）、王良举和王永培（2011）等人的做法，本章设定 a 地区在 t 时期流通业的产出为：

$$C_{at}{}^* = f(x_{at}\beta)\exp(v_{at}) \ (x = 1,2,\cdots N; t = 1,2,\cdots,T) \qquad (11-1)$$

其中，$C_{at}{}^*$ 表示 a 地区在 t 时期流通业能实现的最优产出；x_{at} 表示 a 地区在 t 时期影响流通业产出的各种生产投入因素，如人力资本、财力资本；β 为 $k \times 1$ 阶的待估参数向量；v_{at} 表示 a 地区在 t 时期流通业生产活动中的随机性冲击或随机度量误差。在存在流通业产出阻力的情况下，流通产业产出并未达到最优，此时其实际产出应为：

$$C_{at} = f(x_{at}\beta)\exp(v_{at} - u_{at}) \ u_{at} \geq 0 \qquad (11-2)$$

其中，C_{at} 表示 a 地区在 t 时期流通业能实现的实际产出；u_{at} 表示 a 地区在 t 时期流通业生产活动中的技术非效率因素，它决定流通业产出效率参数的大小。v_{at} 与 u_{at} 相互独立，且 $v_{at} \sim iidN(0, \delta^2 v)$，$u_{at} \geq 0$，$cov(v_{at}, u_{at}) = 0$。通常 u 的分布包括：半正态分布、对数分布、截尾的正态分布或者 Gamma 分布等。将式（11-2）两边同时取对数可得：

$$\ln C_{at} = \ln f(x_{at}\beta) + v_{at} - u_{at} \qquad (11-3)$$

式（11-3）即为随机前沿流通业生产方程的对数形式，各变量含义不变。

基于流通业的生产前沿，本章进一步引入流通业的生产效率：

$$TE_{at} = C_{at}/C_{at}{}^* = \exp(-u_{at}) \qquad (11-4)$$

其中，TE_{at} 表示 a 地区在 t 时期流通业的生产效率，也就是该地区流通业实际产出与其最优产出的比值。根据式（11-4）可以发现样本地区流通业的生产效率与技术非效率因素有关：当 $u_{at} = 0$ 时，即该地区在 t 时期不存在影响流通业生产活动的技术非效率因素，此时 $TE_{at} = 1$，流通业产出达到最优；当 $u_{at} > 0$ 时，即该地区在 t 时期存在影响流通业生产活动的技术非效率因素，此时 $TE_{at} \in (0，1)$，流通业的实际产出小于其最优产出。

（二）随机前沿流通业生产模型的具体设定

基于随机前沿流通业生产模型的一般形式，本章根据研究需要引入劳动（L）与资本（K）这两项生产要素，并将其拓展为以下超越对数函数形式：

$$\ln C_{at} = \beta_0 + \beta_1 \ln L_{at} + \beta_2 \ln K_{at} + \beta_3 t + \frac{1}{2}\beta_4(\ln L_{at})^2 + \frac{1}{2}\beta_5(\ln K_{at})^2$$

$$+ \frac{1}{2}\beta_6 t^2 + \beta_7 \ln L_{at}\ln K_{at} + \beta_8 t\ln L_{at} + \beta_9 t\ln K_{at} + v_{at} - u_{at}$$

$$u_{at} = \delta_0 + \delta_1 MI_{at} + \delta_2 \pi_{at} + \delta_3 UNEMP_{at} + \delta_4 TPR_{at} + \delta_5 IPR_{at} + \delta_6 BB_{at} + \delta_7 TEM_{at}$$
$$+ \delta_8 CL_{at} + \delta_9 RAF_{at} + \delta_{10} ROF_{at} + \delta_{11} RAP_{at} + \delta_{12} ROP_{at} + \omega_{at} \qquad (11-5)$$

其中，C_{at} 表示 a 地区在 t 时期流通业的实际产出；L_{at} 和 K_{at} 分别表示 a 地区在 t 时期流通业投入的劳动与资本；t 表示时期；MI_{at} 表示 a 地区在 t 时期的市场化指数；π_{at} 表示 a 地区在 t 时期的通货膨胀率；$UNEMP_{at}$ 表示 a 地区在 t 时期的失业率；TPR_{at} 表示 a 地区在 t 时期的电话普及率；IPR_{at} 表示 a 地区在 t 时期的互联网普及率；BB_{at} 表示 a 地区在 t 时期的经营效益；TEM_{at} 表示 a 地区在 t 时期的技术市场成交额；CL_{at} 表示 a 地区在 t 时期的居民消费水平；RAF_{at} 表示 a 地区在 t 时期的单位铁路货运；ROF_{at} 表示 a 地区在 t 时期的单位公路货运；RAP_{at} 表示 a 地区在 t 时期的单位铁路客运；ROP_{at} 表示 a 地区在 t 时期的单位公路客运。

（三）数据来源及变量说明

本章选择的样本为 2009～2016 年北京、上海、江苏、浙江、山东、广东这 6 个省市的省级面板数据。数据来源于国家统计局网站、《中国分省份市场化指数报告（2016）》《中国统计年鉴（2010～2017）》以及各省区市统计年鉴。需要注意的是，本章对流通业的范围界定仅限批发业、零售业、住宿业以及餐饮业。鉴于部分数据缺失，本章对所得相关数据进行了处理，各指标数据选取及相关处理如下：

（1）产出指标：借鉴王良举和王永培（2011）等人的做法，本章用各省区市社会消费品零售总额（单位：亿元）作为本地区流通业的实际产出。其中，本章研究时，北京统计年鉴最新统计仅到 2015 年，因此对于 2015 年和 2016 年北京的社会消费品零售总额，本章是按照北京近几年社会消费品零售总额的增长率进行线性预测而得。

（2）投入指标：①劳动（L）是由各省区市流通业年末从业人员构成（单位：万人）。②资本（K）是由各省区市流通业每年的固定资产投资（单位：亿元）构成。其中，《中国统计年鉴（2017）》中的批发业和零售业年度固定资产投资缺失，因此对于 2016 年各省区市批发业和零售业的固定资产投资，本章是按照其前几年的增长率预测而得。

（3）技术非效率因素：①市场调节是本章较为感兴趣的一个重要因素，

在这里本章主要选择了各省区市通货膨胀率和失业率。其中，通货膨胀率用各省区市消费物价指数（CPI）的变化率来表示。②制度变迁决定地区吸收先进技术、改善资源配置和提高劳动效率的能力，更是影响地区技术效率最重要的因素。诺斯（1994）、刘小玄和郑京海（1998）、姚洋（1998）、孔翔等（1999）都考察了制度因素对技术效率的影响，这为本章研究奠定了良好的理论基础。因此，在参照余泳泽和武鹏（2010）等人做法的基础上，本章利用由王小鲁、樊纲和余静文编著的《中国分省份市场化指数报告（2016）》中各省区市市场化总指数评分来作为各省区市地区制度变迁指标。其中，鉴于该报告中的最新年份仅到 2014 年，因此对于 2015 年和 2016 年各省区市的市场化指数，本章根据其在前几年的变化趋势预测而得。③产业经营环境是影响流通业生产活动效率的一个重要因素，参照王世进等（2013）的做法，本章选择了电话普及率（单位：部/百人）、互联网普及率、交通基础设施这 3 个指标。其中，鉴于 2009 年各地区电话普及率和互联网普及率数据缺失，本章根据全国电话普及率和互联网普及率的变化率预测得到所需数据。此外，交通基础设施由单位铁路货运（单位：万吨/公里）、单位铁路客运（单位：万人/公里）、单位公路货运（单位：万吨/公里）以及单位公路客运（单位：万人/公里）这 4 个指标构成。④产业经营效益往往是影响其自身生产活动效率水平的一个内在因素，借鉴王世进等（2013）的做法，本章利用流通业的主营业务利润与其所有者权益的比值来表示。⑤其他因素主要包括居民消费水平（单位：元）、技术市场发展水平。其中，技术市场发展水平用技术市场成交额（单位：亿元）来表示。

三、实证分析

（一）模型设定的检验及分析

随机前沿方法对函数模型形式的设定要求极其严格，因此在设定完本研究所需的随机前沿流通业生产函数模型后，还需要对该模型的合理性进行检验。通常而言，对模型检验的方法有两步法估计、一步法估计（广义似然比检验）以及 γ 值估计。但王志刚等（2006）、谭秀杰和周茂荣（2015）等人在研究过程中指出两步法估计结果在实际研究中可能存在较大的有偏性与不合理性，而由巴蒂斯和科利（Battese & Coelli，1995）提出的一步法估计和 γ 值估计则可以有效地避免这种情况。基于此，本章在此对一步法估计和 γ 值估计做出相关解释：

一步法估计主要是验证随机前沿流通业生产函数模型中技术非效率项这一零假设是否存在。其中，LR 检验的原假设为 H_0，备择假设为 H_1，含有约束条件模型的似然函数值为 $L(H_0)$，不含约束条件模型的似然函数值为 $L(H_1)$，则广义似然比的统计量 LR 为：

$$LR = -2\left[\ln L(H_0) - \ln L(H_1)\right] \tag{11-6}$$

γ 值估计方法较为简单直观，主要是用来分析随机前沿流通业生产函数模型中的技术非效率项在随机扰动项中所占的比重，也就是检验式（11-7）中的 γ 值：

$$\gamma = \frac{\delta_u^2}{\delta_u^2 + \delta_v^2} \tag{11-7}$$

一般而言，γ 的值越接近 1，说明技术非效率项在随机扰动项中所占的比重就越大，这时就越需要用随机前沿方法将干扰项剔除出来进行分析。反之，γ 的值越接近 0，说明技术非效率项在随机扰动项中所占的比重就越小，这时就不需要用随机前沿方法来将干扰项剔除出来进行分析，此时用普通最小二乘法更合适。鉴于本章设定的随机前沿流通业生产函数模型为超越对数函数形式，且在技术非效率障碍模型中设定的影响因素多而复杂，因此在对模型设定进行检验时，为充分考虑时间、投入指标交叉项以及技术非效率项对产出指标的影响，本章决定采用 γ 值估计方法来检验上文中的随机前沿流通业生产模型。

（二）模型回归结果

基于前面设定的随机前沿流通业生产函数模型，通过对各变量的限制约束，本章依次得到研究所需的 4 个模型。各模型回归结果具体见表 11-1。从表 11-1 可以发现，在模型 1 中，尽管 γ 值达到了 0.9431，但是投入指标的交叉项并未通过模型检验，因此本章原本设定的随机前沿流通业生产模型还需要进行进一步调整。为此，本章决定剔除时间变量以及其他投入指标的交叉项以进一步观察。而模型 2 与模型 3 的回归结果表明，在剔除这些变量后，本章依旧未得到合理的随机前沿流通业生产模型，但是劳动与资本对产出指标的影响已显著。进一步地，本章决定对技术非效率项中的影响因素进行适当调整。经过一系列的调整与检验，本章最终获得模型4。在模型4的回归结果中，不仅 γ 值显著达到了0.8608，各解释变量也均显著地通过了检验。接下来，本章就利用模型4的回归结果来给予相关解释。

首先，从投入指标的影响结果来看，劳动与资本的弹性系数分别为0.9697和0.2879，这充分显示出商贸流通业劳动密集型特点。一方面，这说明在各省区市流通业的生产活动中，每增加1%的劳动与资本，流通业的产出结果就会相应地增加0.9697%与0.2879%；另一方面，这也说明劳动投入对流通业产出的影响要显著地高于资本投入。这意味着就某种程度而言，各地区要想显著提高自身流通业的产出水平，通过增加劳动投入是最优选择。这是因为增加劳动投入的效果要显著高于增加资本投入，不仅如此，增加劳动投入带来的一个直接外部性就是能减少当地居民的失业率。而随着当地居民就业率上升，居民收入水平会得到显著改善，这又会进一步地提高当地流通业的消费水平，最终形成良性发展循环。

其次，从技术非效率指标的影响结果来看，市场化指数、失业率、单位铁路货运对流通业的产出活动具有显著的抑制作用，而流通业自身经营效益、居民消费水平、单位公路货运、单位铁路客运以及单位公路客运对流通业的产出活动具有显著的促进作用。具体来看，市场化指数、失业率以及单位铁路货运每增加1%，流通业产出就会相应地减少0.1018%、0.1988%和0.0705%，这说明，随着地区制度变迁不断演进，地区市场化水平会得到显著提升，与此同时该地区流通业的经营规模与经营成本都会迅速上升。具体到北京、上海、江苏、浙江、山东、广东6个流通与市场大省市，当其流通业经营成本上升的速率快于其经营效益上升的速率时，制度变迁就会抑制流通业的发展。此时，流通业要想进一步发展，只能通过转型升级来提升其产业竞争力，或者转移到制度变迁水平较低的地区中去。对流通业而言，这一过程无疑是漫长且痛苦的。

谈及这一时期的流通业制度变迁，有一些事实要介绍，中国商贸流通业是我国第一个市场化、推向市场的服务业。20世纪90年代初，我国就尝试把商贸流通业推向市场，进行市场化改革。占商贸流通业半壁江山的批发和零售业则是我国第一个向国外开放的服务业。中国商贸流通业对外开放从加入世界贸易组织前就已经开始，尤其是2001年加入世界贸易组织后，流通业对外开放就更如同溃堤的江河，规模和速度都迅速扩大。北京、上海、江苏、浙江、山东、广东是中国东部经济较发达的 6 个省市，流通业制度变迁和市场化水平都居我国前列，当然也是欧美等发达国家零售业巨头抢滩中国的首选地区。在中国商贸流通业没有经过市场化适应过程和几乎没有一点能力准备的情况下，在把商贸流通业完全推向市场和零售业跨国公司抢滩中国"攻城略地"的内外双重压力挤压下，作为中国流通业主体的国有商贸流通企业几乎全线溃退。国有商贸流通企业未能经过充分市场化发展便衰败，而民营商贸流通企业成长则刚刚起步，中国流通业，尤其是零售业几乎成了大型跨国零售商的"天下"，不少专家呼吁"中国流通业面临产业安全问题"。中国的市场化过程和地区市场化水平提高并未使没有经过市场化准备的国有流通企业市场交易成本降低，反而使其市场交易成本显著上升，因为中国国有流通企业以前从未遇到过如此复杂的市场环境。这就不难理解前面得到的计量结果"反映制度变迁的市场化指数对流通业的产出活动具有显著的抑制作用"。

表 11-1　　　　　　　　　　　模型回归结果

变量	模型 1		模型 2		模型 3		模型 4	
β_0	-107.0677 ***	-96.8032	1.9637	0.2572	4.6687 ***	8.7768	3.5605 ***	5.2286
$\ln L_{at}$	-4.7314 ***	-4.2362	4.9642 **	2.2439	0.8703 ***	9.5685	0.9697 ***	12.1944
$\ln K_{at}$	36.1045 ***	48.6639	-1.7008	-0.5462	0.2019 *	1.7993	0.2879 ***	3.5735
t	-3.0186 ***	-13.7826						
$(\ln L_{at})^2$	0.2142	0.4716	0.8169	1.2721				
$(\ln K_{at})^2$	-2.7404 ***	-11.7184	0.6712	1.6229				
t^2	-0.0209 ***	-5.0382						
$\ln L_{at} \ln K_{at}$	0.4731	0.7471	-1.6359 *	-1.7957				
$t \ln L_{at}$	-0.1006 ***	-3.3911						
$t \ln K_{at}$	0.5125 ***	10.7458						
δ_0	3.0175 **	2.2779	3.1514 ***	7.6829	2.6508 ***	4.9095	2.3796 **	2.6662
MI_{at}	-0.1860 *	-1.7810	-0.1365 ***	-5.5148	-0.1214 ***	-3.3193	-0.1018 ***	-7.3398
π_{at}	0.0306	1.0476	0.0110	1.5508	0.0113	1.4390		
$UNEMP_{at}$	-0.0052	-0.0401	-0.1972 ***	-3.9318	-0.1737 ***	-3.5656	-0.1988 ***	-6.0148
TPR_{at}	0.0071	1.6450	0.0039 ***	3.2009	0.0046 ***	3.9858		
IPR_{at}	-0.0224	-1.3697	-0.0121 **	-2.3690	-0.0142 ***	-3.7757		

变量	模型1		模型2		模型3		模型4	
BB_{at}	-0.0895*	-1.8211	0.0848**	2.3625	0.0862**	2.6450	0.0778**	2.3250
TEM_{at}	-0.0001	-0.6691	-0.0001**	-2.1119	-0.0001	-1.1025		
CL_{at}	0.0001	0.9207	0.0001	-0.1815	0.0001	-0.8035	0.0001***	-3.7578
RAF_{at}	-0.3419***	-3.9116	-0.0929***	-3.2237	-0.0993***	-3.3252	-0.0705***	-3.0804
ROF_{at}	-0.0052	-0.0369	0.0607	1.2630	0.0993	1.5320	0.1108***	4.4883
RAP_{at}	0.0020	0.0913	0.0556***	6.2278	0.0560***	7.3929	0.0591***	7.8824
ROP_{at}	0.0117**	0.2475	0.0259	1.5268	0.0316**	2.1262	0.0285**	2.3265
δ^2	0.0089***	4.3582	0.0022***	4.8653	0.0026***	4.7574	0.0037***	5.5215
γ	0.9431***	98.5419	0.8122***	25.4924	0.9626***	1.4605	0.8608***	4.3943
对数似然值	76.2741		78.4225		74.8873		66.1782	

注："***"、"**"和"*"分别表示1%、5%和10%的显著性水平，右侧的值为t值。

　　失业率上升会显著降低居民的收入水平，而随着居民收入水平不断降低，当地经济活动就会受到抑制，流通业的生产产出活动自然也不例外。考虑到制造业是国民经济的主体，而流通业只是国民经济的一个重要组成部分。因此，制造业在北京、上海、江苏、浙江、山东、广东6个省市经济活动中的比重要显著高于流通业，而制造业的生产活动对铁路的依赖度又显著地高于流通业。因此，当单位铁路的货运量增加时，流通业的产出活动则会受到相对抑制，在铁路运输方面，制造业对流通业呈现出挤出效应。

　　流通业自身经营效益、居民消费水平、单位公路货运、单位铁路客运以及单位公路客运每增加1%，流通业的产出就会相应地增加0.0778%、0.0001%、0.1108%、0.0591%和0.0285%。这说明，当流通业自身经营效益提高时，其产出活动水平也会得到显著提高。居民消费水平增加会提高居民对流通业的消费能力并拓展其消费潜力，从而会对流通业的生产活动产生促进作用。考虑到流通业对单位公路货运的依赖度要高于单位铁路货运，因此单位公路货运水平提高会显著促进流通业的生产经营活动。相对于货运，客运量增加会显著促进当地流通业的生产经营活动，因为客运能力增加可以促进居民的空间流动性，增加居民对生活消费品的需求，增加居民商贸流通服务的需求，促进居民对商贸流通服务的消费。因此，单位铁路客运与单位公路客运增加都会对流通业的生产活动呈现出显著的促进作用。

（三）六省市流通业成长的效率测度

根据表 11-1 中模型 4 的回归结果，本章得到 6 个省市 2009~2016 年流通业的效率。各省市流通业历年效率值具体见表 11-2。

表 11-2　　　　　　　　2009~2016 年 6 省市流通业效率值

年份	北京	上海	江苏	浙江	山东	广东	各年效率6省市均值
2009	0.2399	0.3159	0.5394	0.5572	0.5220	0.4574	0.4386
2010	0.2632	0.3529	0.5847	0.5722	0.5263	0.4839	0.4639
2011	0.2735	0.3451	0.6084	0.5968	0.6590	0.5030	0.4976
2012	0.2934	0.3518	0.6358	0.6400	0.6774	0.4796	0.5130
2013	0.3209	0.3438	0.5836	0.6684	0.6481	0.4857	0.5084
2014	0.3380	0.3419	0.6796	0.7117	0.7279	0.5325	0.5553
2015	0.3811	0.3750	0.7687	0.7632	0.8347	0.5897	0.6187
2016	0.4139	0.4056	0.8540	0.8359	0.9385	0.6188	0.6778
各省市效率8年均值	0.3155	0.3540	0.6568	0.6682	0.6917	0.5188	0.5342
各省市效率8年增速	0.7253	0.2840	0.5832	0.5002	0.7979	0.3529	0.5406

注：各省市效率 8 年增速，就是各省市效率 8 年增长速度，是反映社会经济现象增长程度的相对指标，它是报告期增长量与基期发展水平之比。在本表中，增速 =（TE_{2016} - TE_{2009}）/TE_{2009}。

通过表 11-2 可以发现，从各省市流通业效率均值的表现情况来看，2009~2016 年，6 个省市流通业 8 年效率均值的平均值为 0.5342。其中，平均效率水平最高的是山东，流通业平均效率为 0.6917，浙江次之，为 0.6682，而平均效率水平最低的是北京，流通业平均效率仅为 0.3155，上海倒数第二，为 0.3540。北京、上海和广东 3 个省市流通业效率要显著低于江苏、浙江和山东，这与模型 4 回归结果中市场化指数对流通业具有显著的抑制作用相吻合，说明制度变迁在某种程度上反而抑制了流通业成长。另外，反映出商贸流通业发展较为成熟的北京、上海和广东，其商贸流通业产出水平相对于其投入水平来讲效率明显偏低。尤其是北京和上海，作为中国两大商贸中心和经济中心，其商贸流通业产出水平严重偏低，实际产出仅仅达到能实现的最优产出（潜在产出）的 31.55% 和 35.40%。相对于北京和上海居民的实际需求来讲，两市商贸流通业服务供给能力严重过剩，商贸流通业服务全国乃至全球的功能未能得到应有发挥。也可以说，尽管北京和上海两市商贸流通业向消费者提供了全国最优质的商贸流通服务，但是在投入要素较多的条件下完成的，商贸流通业生产运营效率较低，提升空间和潜力较大。

江苏、浙江和山东 3 省流通业的效率水平相对于其他 3 省市较高，而且 3 省效率水平也较接近，其 8 年均值分别为 0.6568、0.6682 和 0.6917，主要是因为江苏、浙江、山东 3 省都是工业大省。一般来讲，工业占比较高的省份对流通服务需求较大，流通业的产出就会越多，流通业效率则相对较高。从各年流通业效率 6 省市的平均值表现来看，2009～2016 年，6 省市流通业效率呈现明显的稳步增加态势。从 2009 年的流通业效率 6 省市平均值 0.4386，到 2016 年的 6 省市平均值 0.6778，总体上增加了 54.54%。从 6 省市流通业效率的增速来看，6 省市流通业效率增速的平均值 54.06%。其中，增速最高的是山东，达到了 79.79%，北京次之，为 72.53%；而增速最低是上海，仅达到了 28.40%，广东倒数第二，为 35.29%。这样一来，在这 6 个省市中，上海流通业的表现无疑是最差的，这是因为上海流通业不仅效率水平较低，而且其增速水平更是垫底。相比而言，尽管北京流通业的平均效率最低，但是到 2015 年时其流通业效率已经超过上海（0.3750），达到了 0.3811。此外，广东流通业效率的增速水平虽然只有 35.29%，但到 2015 年其流通业效率已超过平均水平（6 省市 8 年均值的平均值 0.5342），达到 0.5897。总体而言，6 省市流通业的总体效率水平并不高，各省市间的流通业效率差异较大。

为深入刻画这 6 个省市流通业效率的时空演进特征，本章进一步采用核密度估计技术来分析 2009～2016 年北京、上海、江苏、浙江、山东、广东 6 个省市流通业效率值的动态演进。在这里，本章使用的软件是 MATLAB R2016a。具体的核密度估计动态演进见图 11 - 1。

从图 11 - 1 可以发现，从 2009～2016 年，6 省市流通业效率的核密度动态演进图来看，曲线整体水平向右发生了移动。2009 年波峰数量是两个，由一个主波峰和一个侧波峰组成，而到 2016 年左右，波峰数量明显出现了进一步增加的态势。这说明，6 省市流通业效率的整体水平在逐年提高，但在其发展过程中出现了两极或多极化现象。这主要表现为：流通业发展速度快的省市，其速度越来越快，而流通业发展速度慢的省市，其速度越来越慢，地区流通业发展的累积循环效应比较明显。其结果就是流通业发展速度较快的省市与流通业发展速度较慢的省市间的差距变得越来越大。

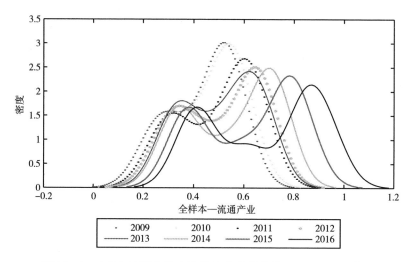

图 11 - 1 **6 省市流通业效率的核密度动态演进（2009~2016 年）**

注：鉴于默认最优宽窗下的核密度曲线高度辨识度较差，因此本章使用固定宽窗下的核密度估计。

四、主要结论及启示

根据上述计量分析，可以得出以下主要结论与启示：

（1）从投入指标的影响结果来看，各省市劳动与资本与流通业的生产活动呈现正相关，单位劳动与单位资本的增加会显著提高流通业产出。此外，劳动投入对流通业产出的影响要显著高于资本投入。这给我们的启示是：各地区要想显著提高其流通业的产出水平，通过增大劳动投入是最优选择，应遵循商贸流通业是劳动密集型产业这一规律。这是因为增加劳动投入的效果要显著高于增加资本投入效果，不仅如此，增加劳动投入带来的一个直接外部性就是能降低当地居民的失业率。随着居民就业率上升，居民收入水平会得到显著提高，这又会进一步提高当地流通业的消费水平，最终形成一个良性的循环。事实上，一直以来，流通业在稀释社会劳动力方面都扮演着极其重要的作用。当市场因摩擦性失业或结构性失业产生大量闲置的劳动力时，人们总能在流通业中找到一份适宜自己的工作。尽管这种工作可能只是暂时的，但足以凸显流通业在调节劳动力市场结构，提高流通业自身效率方面具有独特的优势，而这种优势是其他产业所不具备的。

（2）从技术非效率指标的影响结果来看，各省市市场化指数、失业率、单位铁路货运与流通业的生产活动产出呈现负相关，而流通业自身经营效益、居民消费水平、单位公路货运、单位铁路客运以及单位公路客运则与流通业的生产活动产出呈现正相关。需要注意的是，随着地区制度变迁不断演进，地区的市场化水平会得到显著提升，与此同时，该地区流通业的经营规模与经营成本都会迅速上升。当流通业经营成本上升的速率高于其经营收益上升的速率时，制度变迁的结果可能会抑制流通业发展。此时，流通业要想进一步发展，只能通过转型升级来提升其产业竞争力，或者转移到制度变迁水平较低的地区中去。对流通业自身而言，这一过程无疑是漫长且痛苦的。这给我们的启示是，流通业在其发展过程中既要发挥好稀释社会劳动力的作用，又要注重自我转型升级。此外，制度变迁要有利于降低流通业的社会成本，向着有利于降低流通业社会成本的方向创新流通业成长的制度系统，只有这样，流通业才能在制度变迁的过程中实现可持续发展。

（3）从各省市流通业的效率层面来看，2009～2016年，6省市流通业效率均值为0.5342，总体效率水平不高。各省市流通业效率差异较大，北京、上海、广东3个省市流通业的效率值要显著低于江苏、浙江和山东3省。此外，来自2009～2016年6省市流通业效率的核密度动态演进证据表明，6省市流通业效率的整体水平在逐年提高，但在其发展过程中出现了两极或多极化现象。这主要表现为：流通业发展速度较快的省市，其速度越来越快，而流通业发展速度较慢的省市，其速度越来越慢。其结果就是流通业发展速度较快省市与流通业发展速度较慢省市间的差距变得越来越大。这给我们的启示是：流通业的发展必须因地制宜，结合地区的经济发展水平、产业结构、人口结构、收入分配结构等特征制定促进流通业发展壮大的政策。提高流通业效率的关键是降低流通成本。一般而言，流通成本主要由体制性成本与经济性成本组成。不论是体制性成本还是经济性成本，只要其上升速度高于企业经营效益提高的速度时，企业就要权衡由流通成本上升导致的流通效率问题。不同地区的流通业具有不同的流通成本，因此，各省市流通业在其成长过程中应注重因地制宜。如此引导流通业成长，既可解决流通业发展的效率与效益问题，又能凸显其区域性色彩，从而有利于当地流通业的长远及可持续发展。

第十二章

农民合作社农产品电子商务
模式分析*

2016 年中央一号文件《关于落实发展新理念加快农业现代化，实现全面小康目标的若干意见》中提出："促进农村电子商务发展，形成线上线下融合、农产品进城与农资和消费品下乡双向流动格局。鼓励大型电商平台企业开展农村电商服务，支持地方和行业健全农村电商服务体系。建立健全适应农村电商发展的农产品质量分级、采后处理、包装配送等标准体系。深入开展电子商务进农村综合示范。加大信息进村入户试点力度。"农村需要一股新经济来改革它的面貌，而现在这股新经济力量正扑面而来，它就是农村电子商务。

农村电子商务为农民合作社与农产品电子商务融合共生提供了互惠互利平台。农民合作社是农产品电子商务快速发展的组织载体和主要推动力，农产品电子商务发展为农民合作社成长提供了良好机遇与广阔空间。信息化时代下，农民合作社和农产品电子商务的完美结合创新了农村集体经济的实现形式，为农村发展带来了新的活力，促进了农民增收。"橘生淮南则为橘，生于淮北则为枳"，我国农产品种类繁多，不同地区拥有不同的资源优势，形成的产品分布情况各有侧重，因而农民合作社农产品电子商务模式也应有所不同，这里针对几种主要类型农产品，探讨其可行的电子商务模式。

---

* 本章主要内容已经发表在《江苏农村经济》杂志 2016 年第 4 期。

一、粮食作物型农产品——信息平台模式和龙头企业带动下的供销整合模式

（一）粮食作物农产品特点

粮食作物主要包括谷类作物、薯类作物和豆类作物，如水稻、玉米、小麦等就是占粮食总产量最大的三种。这些作物含水量比较少，相比较生鲜蔬菜耐储存，方便运输，这也决定了这些农产品在较好的信息流和物流配送下可以销售更远，销售方式更加广泛。

（二）"农户+合作社+电子商务信息平台"模式

以北方种植玉米为主的某些农户为例，这些地区种植玉米并不是为了销售市场上即食的玉米，而是以销售丰收季的玉米颗粒为主。因此，相比较小型的消费者市场，农户往往需要回收玉米的大市场，"农户+合作社+电子商务信息平台"模式就是一种较好的选择。合作社建立电子商务信息平台，将合作社下的农产品销售信息进行发布，并自主联络买家，不断更新平台上的买方信息，增加交易和获利概率；同时，各个合作社之间互联互通也为拓展产品销售途径提供可能，从而促使合作社中的农户自主选择买家，自愿交易，充分实现合作社机制下农户经营的自主性。当然，这种模式的发展需要建立在合作社强大的资金流和人才基础上，合作社需要借助资金流和人员的流动促进自身发展，才有能力为农户实现利益。

（三）"农户+合作社+龙头企业"模式

仍以种植玉米农户为例，玉米这种农作物的一项用途就是作为饲料供给养鸡场等类型的养殖企业。因此，考虑将农户和这些龙头企业联合，通过电子商务和合作社减少流通环节，降低流通成本和交易成本是必要的也是可能的，它可以促进产业链互联和供销整合化。农户通过合作社在种植之前联系龙头企业，以签订契约和下订单方式事前了解并规范农产品生产，确定农产

品销路，减低风险；农户合作社也可以收获农产品后联系龙头企业，借助电子商务信息优势，以最满意价格更多途径销售给较远买方。这种模式不足在于，农民合作社面临龙头企业交易过程中的毁约风险，受制于龙头企业集约化生产而缺乏主体地位，自主决策的被动性以及与潜在买家交易获得更大收益的机会成本等。

二、生鲜型农产品——小社区电商模式和网上商店模式

（一）生鲜型农产品特点

生鲜农产品主要包括蔬菜、水果、花卉、肉、蛋、奶以及水产品等，常讲的"生鲜三品"主要是果蔬、肉类和水产品。生鲜农产品主要特征是易腐易损性，而且生鲜农产品鲜活程度是决定这些生鲜农产品价值的重要指标。在流通过程中，生鲜产品储运、保鲜技术要求严格，资产专用性高，目前生鲜电子商务市场受制于物流技术、冷链技术等限制仍主要以"农超对接"模式为主。

（二）"农户＋合作社＋社区（邻村邻区）"模式

基于农民合作社的生鲜电子商务，首先在生鲜产品质量保证和产品品牌确立上有很大优势。对于广大生鲜消费者来说，买得放心和吃得放心远比生鲜产品价格更能决定其购买意愿。在食品安全隐忧严重的情况下，越来越多消费者愿意花贵价格购买质量高食品。农民合作社基于农户自愿原则将该地区产品集中起来，统一规范质量，打造该地区专一品牌的特色产品，统一规范化销售，首先赢得了消费者的关注优势。其次，由于生鲜物流配送的严格要求，结合电子商务信息推广的优势，合作社可以建立以该地区或该村为核心的覆盖一定范围的邻村邻区社区网购平台，从而创新"农超对接"模式，将潜在交易转化为现实交易。同时，这种销售模式不需要强大物流配送体系和保鲜技术，在当前农产品技术运输不完善情况下较可行，并且在更完善的体系下和更大的市场中更容易复制和推广。但这种模式也有其发展局限，它要求农民合作社有较强领导能力、管理能力、资金运作能力，打造高质量品

牌产品，另外，社区网购模式覆盖面不广，更大市场推广需要各方面技术支持。

（三）"农户＋合作社＋网店"模式

传统产品加工技术的限制在很大程度上限制了农产品流通，对生鲜农产品尤其如此。目前，随着消费者需求和需求方式变化，各类加工类企业层出不穷，生鲜成品也可以经过层层加工和保鲜延长其保质期，这就为将产品推向更多消费者提供了可能。在这种模式下，农民合作社首先要发展优秀的加工作坊，实现对产品的初级加工和深层加工，并借鉴电子商务技术形成对生鲜农产品从生产到加工到销售到售后等一系列过程的信息化监督，建立高质量品牌化的生鲜产品店。在此过程中，严格规范管理和时效性强的追溯体系都是非常必要的。

三、特产型农产品——第三方平台模式和自营平台模式

（一）特产型农产品特点

特产型农产品是指具有地域特性，受制于某个地区独有气候、资源和环境所产的独特性的产品，如"新疆大红枣""新疆葡萄干""老北京糖葫芦""阳澄湖大闸蟹"等，也包括食材、药材等作物。这些产品往往经过相关部门认定和审核，质量好、市场占有率高、效益也比较显著，已经成为当地农村经济的主导产业。

（二）"农户＋合作社＋自营平台"模式

自营平台和网上商店差别不大，两者都是基于本地独有的产品开拓产品的销售。但是自营平台相比网上商店更侧重要自建自营，农户加入合作社集体生产，形成某一地区生产的规模经济效应，可以根据自家产量的多少参与最终整个平台的利益分红。农户积极性高，创造性也高，收入提高可能性也大，合作社更易打造自己产品的品牌效应。但是，自营模式同样需要严格规

范的管理体系和监督体系，对合作社管理经营能力要求较高。在农产品电子商务发展初期、价格竞争激烈情况下，不断降低合作社生产和经营成本，靠其良好的决策能力和资源整合能力为合作社品牌争得市场至关重要。

（三）"农户＋合作社＋第三方平台"模式

第三方平台模式就是合作社带领农户选择独立的第三方电子商务平台售卖本地产品，这种第三方平台可以是综合型电商大平台，如天猫，京东等；也可以是专门经营特产的专业性质电商平台，不同之处，前者消费者市场更加广泛，可能带来潜在收益，而后者所面对的消费者更加精确，店铺促销策略的定位性更精准。合作社选择独立的第三方平台经销自己特产，可以节省大量时间成本和人力成本，专注于提高特产质量和品牌影响，但第三方平台的知名度、管理能力、收益能力和对销售产品的限制均会影响到合作社自身和农户的收益。

四、经济林产品——农产品拍卖模式和大型采购模式

（一）经济林产品特点

经济林产品主要包括木本油料、木本粮食、特用型经济林产品和林副产品等，这些产品大多都具有很大的经济意义和科研价值，也是我国劳动人民长久以来经营的一大类产品，其中用于出口的也很多。

（二）"农户＋合作社＋大型采购商＋网上拍卖平台"模式

由于经济林产品价值较高，一般其产量受该地自然条件影响较大，产量一般不会变化很大。这些地区的农民合作社首先需要为农户联系大型采购商，为本地产品找销路，这是由于农民合作社组成人员大部分毕竟是农民，能力水平的限制使其不能完全跳过国内采购市场直接联系到国外的大型采购商。这类产品中出口绝大多数需要经营出口贸易的"海外淘"大型企业外销。大型采购商或者电子商务服务企业可以建立林产品网上拍卖平台，为林农或个人提供林产品网上拍卖标的原始信息搜集、展示、拍卖竞价过程到拍卖价款

的电子支付等一系列活动。随着农产品电子商务发展，大力地促进了经济林产品贸易，尤其是跨境电子商务快速成长，扩大了经济林产品市场空间。

（三）"当地基层政府＋农村电子商务行业协会＋第三方平台＋市场"模式

在一些有丰富特色林产品的农村，一些村民"靠山吃山"，积极自发开办网店，打破了传统的线下区域限制，实现了林产品走向全国的网络分布。当地基层政府（市、县、乡镇政府、村两委会）为了保证农村电子商务更好稳步发展，积极支持农村电商个体户成立村电子商务行业协会，壮大农村电商实力和规模，扩大林产品销售市场。当地基层政府积极牵线电商服务企业，在业务培训、活动策划、店面设计等方面开展合作，升级农村电商服务。当地基层政府积极联合第三方电商平台（淘宝、京东等）举办相关林产品节日，开展电商大促销活动。一些农村电商发展好的地区，地方政府计划通过打造农产品电商园区、成立专业合作社、培养本土化的电商人才、引入先进的电商管理体系，不断完善"政府＋平台＋市场"的三元培育发展模式，不断探索农村电商的升级发展之路。

五、四类农民合作社农产品电子商务模式比较

上述四类农民合作社农产品电子商务模式的形成是基于不同的产品特性，因此，这四类农产品电子商务模式适用于不同类型的农产品。概括来讲，这四类农产品电子商务模式各有优势，也各有劣势，其优势和局限比较整理如表12－1所示。

表12－1　　　　　四类农民合作社农产品电子商务模式比较

农产品类型	农产品主要特点	农民合作社电商模式	模式优势	模式限制
粮食作物型	含水量少、耐储存、易运输	"农户＋合作社＋信息平台"模式	销路广、农户经营自主性强	要求合作社强大的资金流和人才基础
		"农户＋合作社＋龙头企业"模式	降低农户生产风险和交易风险	毁约风险、机会成本、农户决策被动

农产品类型	农产品主要特点	农民合作社电商模式	模式优势	模式限制
生鲜型	易腐易损性、鲜活程度决定其价值、受制于冷链技术和保鲜技术等	"农户＋合作社＋社区"模式	对技术要求较低、创新农超对接、扩大市场、易复制易推广	覆盖面小、依仗于合作社打造专一品牌的能力
		"农户＋合作社＋网店"模式	覆盖面较大，消费客户多	需要较强的管理能力和具有时效的追溯体系、加工技术的限制
特产型	市场占有率高、质量好、地域特性较强	"农户＋合作社＋第三方平台"模式	节省成本、潜在消费多	利益与第三方平台的性质相关
		"农户＋合作社＋自营平台"模式	品牌独立性强、农民积极性高、创造性强	较强的经营管理和监督决策能力
经济林型	产量多、分布广泛、经济意义和科研价值高	"农户＋合作社＋大型采购商＋网上拍卖平台"模式	销量大，销路广，省时省力	需要借助中间商
		"当地基层政府＋农村电子商务行业协会＋第三方平台＋市场"模式	带动村镇人群创业就业，拓宽林产品销售渠道，打造以特色林产品为基础的产业链，实现统一生产、包装、发货和服务	对第三方电商服务平台过度依赖。第三方平台垄断势力较强，借卖流量对中小卖家进行盘剥

六、结论与启示

　　根据农产品的性质不同与差异，本章把适应不同类型农产品的电子商务平台分为四种类型：一是粮食作物型农产品电子商务平台，这是信息平台模式和龙头企业带动下的供销整合模式；二是生鲜型农产品电子商务平台，这是小社区电商模式和网上商店模式；三是特产型农产品电子商务平台，这是第三方平台模式和自营平台模式；四是经济林产品电子商务平台，这是农产品拍卖模式和大型采购模式。根据上述四种电子商务平台的性质以及这四种电子商务平台的比较分析，本章得出以下启示：①粮食作物是大宗商品，其贸易需要农产品龙头企业的带动，这种平台更多的是提供信息功能，真正的交易需要在线下完成；②生鲜农产品应该距离消费者较近，能够较快送达，因此小社区电商模式和网上商店模式比较适合生鲜型农产品电子商务平台；③特产型农产品一般是加工处理之后的产品，具有耐储存和方便运输的特性，一般适合第三方电子商务平台和自营电商平台销售；④经济林产品也是大宗商品，一般交易量比较大，大多是由商家组织交易，因此适合农产品拍卖模式和大型采购模式，由林产品流通企业来完成，然后再把林产品分装，批发给零售商销售。农业合作社是农村、农民和农业（"三农"）的公共组织载体，由农业合作社组织实施农产品电子商务活动，具有组织性强、互助性强、谈判能力强等特点，因此，应当积极倡导农村农产品电子商务平台的搭建与应用，这对于促进农业发展和农产品销售，帮助农村减少贫困都具有重要的现实意义。通过农业合作社组织实施农产品电商发展，也有利于农村集体经济发展壮大。

第七部分

流通业创新发展的地方情景与地方实践

第十三章

经济新常态下消费结构升级与城市营销平台打造

——2016年江苏省徐州市商贸流通产业调研*

一、在"顺应消费结构升级趋势，打造徐州城市营销平台"消费促进实践中政府主管部门主动力为

（一）打造城市品牌，展示商业魅力，营造徐州消费新氛围

1. 组织开展徐州2016春季商旅大联动，提升淮海经济区中心城市的辐射力和影响力

为进一步搭建徐州消费新平台，培育消费新热点，促进徐州市商贸、旅游有机结合和有效对接，不断提升徐州作为淮海经济区中心城市的辐射力和影响力，徐州市商务局联合徐州市旅游局、徐州报业传媒集团、徐州电视台于2016年4月，举办了"徐州2016春季商旅大联动·消费促进月"活动。此次活动着眼于城市营销、打造徐州城市名片，组织相关企业代表，赴淮海经济区周边城市举行宣传推介会，对重点活动进行互动式宣传推广、联合推介，吸引周边城市更多消费者来徐州旅游购物消费。组织发动市区各旅游景点、百货商场、徐州特产专卖店、家电卖场、特色餐饮店、电商、宾馆等相关行业企业互惠联动，以"购物季""美食节""旅游季""电商节"为切入点，涵盖吃穿住用旅娱购等诸多消费热点领域，建立商贸、旅游异界联盟，

---

* 本章主要内容来源于司增绰执笔的《2016年徐州市商务局课题调研报告》。

打通线上和线下壁垒，实现跨界营销，有力地促进了消费内需，激发了消费活力，营造了消费氛围，助力了商贸繁荣。

"徐州2016春季商旅大联动消费促进月"活动成效显著，精彩纷呈：第一，100余家商企、景区（点）参与活动；第二，"购物季""美食节""旅游季""电商节"引爆销售热潮；第三，开拓内贸市场，提升区域消费集聚能力；第四，借助互联网平台，创新活动形式；第五，创新宣传方式，营造消费新氛围；第六，线上线下共同发力，开拓新的发展空间；第七，活动影响力巨大，塑造了"徐州消费"名片，理顺了徐州商贸竞争氛围。经过此次活动，"徐州消费"已成为徐州在互联网时代下的新标签和新名片。徐州2016商旅大联动活动的开展，扩大了徐州商业的对外影响力，强化了徐州作为淮海经济区商贸中心城市的消费集聚和辐射带动作用，彰显了徐州商业"品牌高地"和"价格洼地"的优势，使"徐州消费"成为徐州在淮海经济区的新标签和新名片。

2. 积极推进文明商场、超市、农贸市场创建，打造徐州商业新形象，凝聚商业新魅力

立足外树形象、内强素质、提升环境、诚信经营，结合徐州市文明城市创建，大力推进商场、超市、农贸市场的文明创建，以市场经营主体的提档升级，挖掘市场潜力，促进市场消费。商务局积极组织机关相关处室和县市区商务、市场主管部门到周边文明创建领先的城市考察学习外地的成功经验和好的做法，结合徐州市实际，制订文明商场、超市、农贸市场创建标准，选择徐州市区几家有代表性的商场、超市、农贸市场进行试点，全程跟踪，现场指导，不断优化完善创建方案。通过文明商场、超市、农贸市场的创建，规范了经营场所的设置布局，文明用语、社会主义核心价值观的公益宣传随处可见，市场经营环境有了质的提升，让消费者始终在社会正能量的氛围中购物；通过在经营场所服务人员中广泛开展"我文明做示范、你文明我点赞""我文明、我快乐"等活动，极大地提升了服务人员的服务态度和服务质量，让消费者始终在开心愉悦中购物；通过设立休息处、读书角，设置引导语、引导员，提供免费茶水，提升购物软环境，让消费者始终在舒适温馨的感觉中购物；商务局统一制定印发了文明经营公约在商场、超市、农贸市场大力推广，商场、超市、农贸市场组织经营商户组织成立诚信联盟，以制度的形式约束经营商户文明、诚信经营，保证了商品质量，提升了信誉度，

让消费者始终在放心中购物。

（二）引导商贸企业转型、夯实运行检测和应急保障两项基础、密切监管三大行业，做实促进消费日常基础工作

1. 引导企业转型，助推消费升级

对徐州全市重点商贸企业进行摸底调查，结合当前经济形势和徐州市实际，思考以新办法、新途径来推动企业创新步伐，助推徐州市消费品市场持续发展，最终保持社会零售额稳定增长。例如，金鹰百货人民店将打造"全生活"购物体验。古彭大厦将从货品结构、商品价格、服务质量、购物环境等方面调整提升。金地百货将优化商业布局，增加场景式、体验式、互动化的商业业态，推进向互联网O2O全渠道经营转型及新的微信支付的方式，尝试开展自营业务。宣武市场坚持电子商务转型升级发展思路，加大"宣武商贸电商园"建设投入力度，全面推进电子商务产业发展，并将线上销售线下体验O2O模式列为发展重点，为推动转型升级奠定坚实基础。农副产品批发市场将继续完善市场信息化建设，实现农产品批发市场向现代农产品物流中心的转变，推进大宗农产品仓储物流园区项目建设，确保市场提档升级改造进度；加快周边果蔬基地建设。

2. 夯实两项基础，运行监测和应急保供细化深入

一是运行监测工作扎实推进。着力推动市场运行监测基础工作，取得显著成效。（1）优化样本结构，强化报表催报。新增6家样本企业进入商务部监测系统。（2）按照节点要求及时催报各类报表。（3）提高分析质量，做好节日监测。2016年上半年共撰写运行分析材料74篇；其中被商务部网站采纳4篇，省厅网站采纳55篇，各类媒体采纳9篇。在重大节假日时段，安排企业报送日报表以监测重点骨干商业企业销售动态，及时完成分析报告并进行上报和发布。（4）召开了全市市场运行监测专题培训会议，各县市区工作人员和信息员共计120余人参加，完善了运行监测网络体系，确保工作科学化和规范化。（5）与统计局联合举办全市重点商贸企业培训班，对150家重点企业信息员进行了培训。

二是应急保供制度日臻完善。（1）完成猪肉储备任务。根据市政府关于

同意在主城区建立猪肉储备制度有关精神，确定徐州市每年在元旦、春节期间（当年12月至次年2月）进行为期三个月的猪肉储备工作。按照"满足当地城镇人口每人每天2两肉，7~10天消费需求"的标准，徐州市共需储备猪肉1000吨。经与市财政局沟通，得到市财政局支持，2015年12月通过政府公开招标采购，确定了供应商优特农牧有限公司落实猪肉储备任务，共储备冻肉100吨，活体12000头；切实发挥储备的蓄水池调节作用和保供作用。（2）引导企业做好蔬菜果品储备工作。为保障徐州市蔬菜市场供应，商务局将淮海蔬菜批发市场、徐州农副产品中心批发市场和徐州雨润作为蔬菜重点储备基地，通过蔬菜、果品、水产基地储备生活必需品，保证市民日常生活供应。（3）完善市场保供应急预案。不断健全现有应急预案，将措施、责任、任务落实到具体部门、企业和人员，并加强平时应急演练。（4）完善市场应急供应网络。加强应急商品数据库建设，加强与企业的沟通、服务和支持，确保应急渠道通畅，确保需要时"找得到、调得动、用得上"。

3. 监管三大行业，确保行业有序管理，健康发展

一是严抓细管成品油市场。（1）制订"徐州市成品油'十三五'分销体系规划"。（2）及时完成年检工作。（3）做好日常审批工作。（4）做好成品油市场的安全检查工作。对主城区的加油站点进行了拉网式排查，对县区站点进行了抽查。（5）下放管理权限。把主城区加油站的监管权下放到所在区的商务主管部门。（6）严肃处理违法问题。2016年以来，接到成品油违法经营行为举报案件多起，主管处室高度重视，及时批转并指导属地商务部门认真调查核实，同时严肃认真对待举报信件和群众上访，依法合规地处理相关问题。二是规范完善酒类流通。继续强化落实备案登记和随附单制度。完善酒类商品经营企业索证、索票及购销台账制度，保证酒类流通过程的可追溯性。开展《酒类流通随附单》专项整治行动，进一步规范和净化徐州市酒类商品市场，维护生产者、经营者及消费者的合法权益。三是协调推进茧丝绸行业。根据江苏省商务厅要求，及时转发江苏省物价局和江苏省商务厅2014年度蚕茧收购指导价格通知，强化对蚕茧收购价格的监督检查，维护全市蚕茧收购秩序稳定。

（三）培养文化消费理念，引领文化消费意愿，激励文化消费行为，丰富城乡群众精神文化生活，培育和打造新的文化增长极，启动文化消费新引擎

2016 年 8 月 5 日，"文润彭城——徐州市文化惠民消费季"活动仪式启动。这是一场以"促文化消费，惠城乡百姓"为主题的文化惠民活动。从 2016 年 8 月至 10 月，由徐州市文广新局联合徐州市文化产业协会及各县（市）区文化部门在全市范围内县（市）区全覆盖举办，为城乡居民提供多种文化服务。

截至 2015 年底，徐州市全市文化产业法人单位 8300 多家，注册资金超过 50 亿元，从业人员 30 多万人，文化产业增加值达 180.3 亿元，达 GDP 比重 3.41%。举办此次文化惠民消费季活动，为城乡居民提供能看、能听、能玩、能体验的"文化盛宴"是启动徐州市文化消费引擎的新尝试，能够进一步培养民众文化消费习惯，激励文化消费行为，让文化消费真正"动起来""热起来"，进而营造良好的文化消费社会环境，让消费文化成为一生活方式，把文化消费培养成徐州市新的消费增长点。

"文润彭城——徐州市文化惠民消费季"活动主要遵循如下原则：（1）强化政府引导。积极引导消费者树立正确的文化消费理念，培育良好的文化消费习惯。鼓励文化企事业单位推出更多符合市场需求的优秀文化产品和服务。（2）坚持市场运作。突出市场导向，发挥市场主体作用，着力改善市场文化环境，增强文化产品供给能力，依靠企业提供丰富多样的文化产品和优质便捷的服务吸引消费者。（3）突出惠民惠企。强化文化销售与文化消费对接，打造一个文化企业与消费者之间"链接供需，拓展市场"的平台，拉近企业与消费者距离，带动潜在消费市场。（4）注重活动实效。坚持把社会效益放在首位，着力整合现有公共文化场馆和民间企业文化资源，合理利用暑期、中秋节、"十一黄金周"等有利时机，采取灵活有效的手段，开展丰富多彩的活动。

"文润彭城——徐州市文化惠民消费季"活动惠民方式主要有：（1）开展免费文化惠民系列活动。主要包括送戏送图书送电影下乡、名家名画展览、高雅艺术进校园、专题讲座、艺术品鉴定、博物馆参观及分时段免费讲解、戏曲周周看、城乡文化对对碰广场演出、徐州文化博览会等。（2）推出"文

化惠民卡"发放活动。在徐州市全市范围内发放 50 万张实名制和不计数虚拟电子"文化惠民卡",涉及看、听、学、读、感、娱、品、印等方面的千家文化企业单位,从 8 月至 10 月,活动期间给予持文化惠民卡的消费者年度最低优惠,一卡在手,立减打折。如果玩不转手机,也可以领取实体卡。

二、在经济下行压力下,为谋生存、稳发展,徐州市商贸服务业企业直面困境与问题,多方举措,积极主动应对

在经济下行压力下,全国商贸服务业企业,尤其是商贸服务业实体经济企业都面临重重发展困境,徐州市商贸服务业企业也是如此。为全面了解徐州市商贸业企业面临的困境及企业应对措施,向政府主管部门与决策部门提供真实情况和实用措施,调研选取了徐州市商务局监测的典型商贸企业作样本,采用研读相关企业工作汇报材料和召开企业座谈会形式,对这些企业进行调研。根据重要性原则和方便性原则,对既参加座谈会又递交工作汇报材料的企业,研究会综合这两个渠道的信息撰写调研总结,对只参加座谈会或只递交工作汇报的企业,研究就综合一个渠道的信息撰写调研总结。

(一)超市零售业企业面临的困境、存在的问题与采取的应对措施

1. 面临的困境、存在的问题

零售企业一直面临着高成本、高竞争、低回报、难扩张等难题,利润低下,业绩下滑,成本却越来越高,新兴渠道的冲击更是雪上加霜。

(1)受国家宏观调控政策影响,烟酒销售下降,食用油团购销售下降。

(2)采购进货成本逐渐增加;人工成本不断增加,员工流动性大;房租继续上涨,因租金上涨等因素带来的关闭潮仍在继续。

(3)市场和行业竞争越来越激烈,部分个体超市恶意扰乱市场价格,都对连锁企业造成冲击。

(4)网上购物成为青年人的主流,严重冲击传统零售业态。受电商等网

上购物的持续影响，2016 年实体经济仍然处于艰难前行阶段。

（5）跨国零售企业由于采用统采统配模式对商场进行配送，造成徐州本土品牌的引进方面存在不足，对于比较热衷于本土品牌的顾客群体，还不能满足。

（6）超市受到农贸市场、批发市场的竞争，压力较大。

（7）配送过程中多地段禁行配送车辆，营商环境不协调。

（8）内资超市相对外资超市来讲，劣势明显：超市企业同外资卖场相比，在市场竞争力上表现较弱；供应链资源太窄，仅限于当地供应商，做不到源头采购；自有品牌没有发展，商品采购完全依靠供应商，因而毛利空间相对较小；企业内部的资金压力依然没有得到根本缓解，造成付款不及时，因而供应商队伍不稳定，断货现象时有发生；卖场内部的设施设备老化，故障频发，购物环境较差。

在目前市场经济情况下，实体店如何减少亏损，保存实力，生存下去是一个短时间内无法回避的问题。

2. 采取的应对措施

（1）聆听顾客的意见与建议，采取有效措施，解决顾客所关心的问题，提高服务质量。

（2）把握产业发展趋势，抓住零售业增长点。超市业发展呈现以下趋势：①消费升级趋势明显，品质和品牌要求提高。进口食品、低温奶制品增长较快。在增长加快的品类中，中高端产品和品牌的推出成为主导因素。②健康、有机、非转基因、食品安全等概念崛起。③"互联网＋"发展迅猛、线上线下融合加快。④便利店和社区店成为新的增长点。⑤顾客年轻化，消费娱乐化。

（3）对生鲜、针纺织品等民生商品采取自营模式，实行"走出去"策略，向厂商直接采购，减少中间环节，以更优质的商品、更实惠的价格回报消费者。增加品项，生鲜冷链直接配货，给顾客最安全、新鲜的食品选择。

（4）在节假日期间，策划促销活动，纸质海报与电子信息宣传结合，加大宣传力度，加大活动力度，做到物美价廉，提高竞争力度。

（5）继续努力打造地方连锁企业品牌，做到优质服务，恪守物美价廉的经营理念，努力提高企业的美誉度和社会知名度。

（6）加快拓店步伐，开发社区超市，发展加盟店；进一步加大农超对接工作，争取在国家的政策指导下积极帮扶农户，加大农产品销售。

（7）政府应统筹安排新开超市，避免无序恶性竞争，提供一个更公平有序的竞争环境。

（二）百货业企业面临的困境、存在的问题与采取的应对措施

1. 面临的困境、存在的问题

（1）百货业建设速度快，同行业竞争激烈，在百货市场饱和状态下，供应商对市场拓展开发比较谨慎。

（2）百货业一般都在中心商圈，中心商圈顾客停车难，购物时间受到压缩，而且场外无法举行大型销售活动。

（3）百货公司间商品种类相似，档次差不多，柜台陈列摆设雷同，特色不突出。

（4）食品商场销售下降主要是烟酒两大类商品，由于中央限制"三公"消费政策下达，以烟酒为主要收入的食品商场，受到冲击巨大，而且是批发零售同时下降，虽然商场不断对烟酒的品种进行调整，但仍旧不能弥补高档烟酒损失的这部分销售。

（5）珠宝美妆商场销售下降主要原因是黄金饰品逐步降温，影响了整体销售，进入 2016 年上半年以来，黄金价格波动较大，老百姓除必须购买的情况下，基本以观望为主，使黄金饰品销售受到很大影响。

（6）电商对实体销售行业影响较大。

2. 采取的应对措施

（1）对商场整体布局进行调整，适时引进一些热门业态，努力做好销售，扩大在商圈的影响力。

（2）活跃气氛，提高士气，组织多项员工活动，如销售达人的评比、商品陈列大赛等活动。

（3）开展个性化、参与性强的企划活动。

（4）加大线上宣传。对于微信，不仅仅是宣传活动，而且还紧跟着社会热点，增加娱乐点，从而保持顾客对公司微信号的关注。

（5）对大促特卖活动进行整合，抓住节点，安排重点品牌的促销。在品牌上做好细节工作，根据季节、天气变化及时调整货品，保证质量，使消费者能挑选到合适商品。

（6）满足顾客购物之外的其他功能需要，丰富、新规划更多品类。

（7）向政府部门建议：①每到周末、节假日，停车场出入口均会堵车。希望能对中心商圈交通进行统筹协调，保持畅通。②望今后场外大型促销活动审批流程上简化。

（三）批发业企业面临的困境、存在的问题与采取的应对措施

1. 生活日用品批发市场

（1）面临的困境、存在的问题。从整体上看，影响消费增长的因素主要有两个方面：一是受经济大环境的影响。2008 年底以来经济持续走低，造成企业裁员、降薪情况较多，居民实际收入整体下降，消费更加理性，刚性消费成为主导。二是受到电子商务迅猛发展的冲击。因受各类因素制约，宣武市场电子商务发展还相对滞后，"传统"三种交易模式仍占较大比重，制约了交易能力的进一步提升。

（2）采取的应对措施。一是全力提升美誉度。进一步扩大实体销售的维权便捷和实体体验优势，提升市场的美誉度和吸引力。二是加大宣传推广力度。利用媒体和活动长阶段、高频次对市场行市和商品进行宣传，进一步增强消费群体对市场规模效应、品牌效应及价格优势认知，拉动销售增长。三是全力推进市场转型发展。根据考察情况制定市场发展战略调整规划，为市场不断适应市场的发展变化、持续增强驾驭新常态的能力提供强力的保证。同时，坚持电子商务转型升级发展思路，加大"商贸电商园"建设投入力度，全面推进电子商务产业发展，并将线上销售线下体验O2O模式列为发展重点，为推动转型升级奠定坚实基础。四是把"互联网＋批发市场"作为推动市场发展的新动力，加大业户电商培训引导和与有关机构合作力度，逐步提高业户电商经营比例和实效；另外，积极引导有实力的业户向自主设计加工、自主品牌方向发展，凸显市场经营商品的个性化特征，提增市场影响力的品牌孵化作用。实现线上线下的有机互动，进一步扩大辐射面，提高市场整体竞争力。

2. 农副产品批发市场

（1）面临的困境、存在的问题。①现有市场规模较小，设施陈旧，历经十余年发展，现有规模和设施已无法满足现有交易需求，市场运营与基本建设相冲突，制约了市场进一步做大做强，与现代化物流中心和国际物流配送水平有一定差距，因此，建设现代化、基础及配套设施完备的、信息化的农产品物流中心尤为必要。

②由于市场处于市迎宾大道，靠近汽车南站，是通往新区与观音市场的必由之路，车辆较多，受到交通管理限制比较严重，查车、限时等影响市场车辆通行。建议在农产品物流配送车辆的使用上，有关部门能结合实际工作需要，明确农产品物流配送车辆的使用范围和审批权限，解决农产品进城的老问题。

③农产品批发市场回报年限较长，投资人与投资农产品批发市场回报认识有差异，导致批发市场公益性较难实现。

④有关农批市场的国家政策落实较难，企业的融资、借款手续繁杂，水电费用较高，不能同工业用水用电标准一样，建议按照工业用水用电收费。

⑤农产品经纪人队伍门槛较低，农产品质量提升仍任重道远。

⑥恶性竞争，资源浪费严重。徐州地区农批市场恶意竞争严重，为了招商引资，个别农批市场违规操作，造成农批市场秩序失衡，为了招到客户和为了留住客户招留双方企业都需花费较大成本。

⑦市场场地规模受限，新市场建设势在必行。现有市场经营场地和设施已无法完全满足交易需求，制约了市场进一步做大做强，也逐渐无法完全满足市区及周边市民日益增长的供应需求，因此建设新市场尤为必要。目前新市场已经得到市政府相关部门批准，建议加快新市场地块规划建设审批手续，推动新市场建设步伐。

⑧批发市场中客户大多是农民，信息化意识淡薄，接受信息化技术较难。目前线下经营保障线上经营，成立了电子商务公司，但是电子商务公司还未处在盈利状态。

（2）采取的应对措施。①加强基地建设，推进经营创新。加强农产品生产基地建设，加大与生产基地、农民专业合作社、农产品经纪人等产销对接基地，切实保障农产品货源供应，建立了"批发市场＋基地＋专业合作社"经营模式，加快无公害农产品基地建设。

②加强管理服务，优化交易环境。市场积极落实基础设施整改工作，优化市场环境。市场对交易系统进行升级改造，建立到货登记系统，新系统的应用简化交易程序，提高交易效率，方便市场客户销售经营。另外，市场通过健全规章制度，从人事财务、车辆道路等方面提高管理水平，提升服务质量，完善服务功能，使市场管理和服务更加规范化、程序化和便捷化。

③为农民及市民服务，保质保量满足市民需求。2016年上半年市场举办第三届年货大集暨东北大米推介会、周末菜市场走进城市厨房社区服务中心、七里沟批发市场杯包粽子比赛暨第二届瓜果飘香七里沟摄影大赛等活动，活动的举办让老百姓购买到物美价廉的农产品，受到市区及周边群众广泛欢迎，解决了市民购物贵、购物难、成本高等问题，是实实在在的民生工程。在农产品异常波动或出现滞销情况时，市场及时组织客户收购滞销产品，先后组织收购沛县大白菜、丰县蒜薹、大沙河苹果、邓楼油桃、贾汪西红柿等，并在市场内设立专营区，减免手续费，真正体现市场为农服务、助农增收和公益性批发市场的龙头作用。

④创新经营方式，推进信息化发展。市场从2012年开始启动农产品电子商务的初步探索，发展网上交易，2014年已取得实质性突破，完成农产品网上交易平台——"城市厨房"研发、注册，已具备网上交易条件，并采取现代的信息化经营管理模式，有效整合农产品产、供、销全过程，细分用户群体并提供个性化生活、消费服务，为消费者提供及时、方便、简单的网购式消费平台。线上每天的交易额在万元以上，线下建设社区农产品直销店（点）。目前城市厨房除正常交易外，已多次举办大型促销活动，受到买方市场好评。

⑤注重食品质量安全，加强农产品检测。随着经济、社会的发展，以及人们消费能力不断提高，农产品的安全卫生、品牌诚信、营养保健已成为市民消费需求的热点。加强农产品质量安全管理，严格执行农产品质量安全市场准入制度，集合农产品的检测结果、产地来源以及流向等信息，逐步完善农产品质量安全监管系统。作为江苏省首批农产品市场准入试点单位，市场开展农产品质量安全检测、市场准入，检测能力覆盖蔬菜、果品、干调、水产品、冻品肉食。

⑥目前批发市场获批新市场场地，在铜山新区三堡南面，近五百亩土地。批发市场计划在新市场上重点发展物流配送服务。

（四）住宿餐饮业企业面临的困境、存在的问题与采取的应对措施

1. 面临的困境、存在的问题

（1）员工素质整体水平不高，特别是缺乏具有专业水平的管理人才，造成管理上的漏洞，服务质量时有低下，服务意识时有淡薄，客人投诉时有发生。

（2）管理费用和营业外费用仍然偏高，成本费用还有压缩的空间。需要进一步加强成本核算，节支增效。

（3）酒店招人难、留人难，好不容易找到一个人，却留不住，员工来来去去，队伍总是稳定不下来，员工的工作积极性也较低。

（4）各部门工作不协调制约了整个酒店运营节奏与效率。酒店产品质量不仅涉及酒店各部门的工作质量，而且取决于各部门之间、员工之间的密切配合和高度协调。酒店部门协调性差的首要原因在于员工缺乏协作意识、部门之间缺乏良好沟通，还导致员工连自己部门的产品、价格、服务要求都不知道。

（5）培训方式过于老旧，不能适应新时代发展。员工培训既是对员工素质的提高，也是对企业文化的升华，它对企业的生存与发展、经营与管理具有不可替代的重要性和必要性。

（6）在行业利润日益平均化的今天，社会餐饮以灵活多变、低廉的价格和丰富的菜肴，"冲击"酒店的餐饮业，这不能不使酒店餐饮引起重视并加以研究。而在社会餐饮日趋激烈的冲击面前，饭店餐饮所暴露出来的弊端和劣势是显而易见的。诸如酒店餐厅装饰成本的费用高，各种税费、管理费用摊销大，人工成本居高不下等，决定了社会餐饮和酒店餐饮两者之间在成本上的极大差异，星级酒店餐饮明显缺乏竞争力。

2. 采取的应对措施

（1）全方位加大管理力度，按照星级酒店的标准，继续完善各项规章制度、工作流程，逐步建立起以"制度管人"和"以工资拉开档次"为主要内容的奖罚激励管理机制。

（2）加大培训力度，采取"走出去、请进来"的办法进一步对广大员工进行在岗训练。个别中层骨干还要有计划地外派培训学习。同时要举行岗位大练兵，每月每季进行考核考试，以竞赛活动树立岗位标兵，巩固业务技能，提高服务质量。

（3）准确定位，转变观念，加大营销力度。根据不同季节制订营销计划。注意稳定老客户，发展新客源。重新整合营销队伍，建立起以专业营销人员为主，动员全员进行营销的大营销网络。并建立起相应的奖励机制，最大限度地调动每一个人的工作积极性。

（4）注意加强对设施设备的维护保养，认真抓好防火、防盗、防食物中毒、防车辆事故的安全防范工作；充分发挥酒店工会的作用，最大限度地调动每个员工的工作积极性。

（5）酒店的管理服务不是高科技，没有什么深奥的学问，关键是人的主观能动性，是人的精神状态，是对酒店的忠诚度和就业精神，是对管理和服务内涵真谛的理解及其应用。

（6）制订"四创目标"：一是服务创优；二是安全创稳定；三是经营创收；四是管理创利。

（7）提供个性化服务。人们的消费观念及消费需求不断向高级阶段发展，消费者已从原有的数量消费、质量消费转向个性化消费。

（8）强化人性化营销。特色服务的推出，其实对每一个酒店而言，都会随着不同时段而不断推陈出新。个性化的服务就要采用个性化的营销，真正抓住顾客的心。

（9）注重销售多元化。必须以创新和变革去应对个性化和多元化需求的发展，以新的理念、新的服务和新的文化，有针对性地充分满足酒店目标客源市场的一切需求。

（10）"酒店VIP俱乐部"计划。在运作策略上，完全以顾客需求为中心，充分利用好信息资源，从而准确地界定酒店市场定位，营造酒店的经营特色；强调酒店品牌效应，并完善激励机制；通过控制有力、行之高效的营销系统，帮助酒店挖掘一批具备高消费能力的忠实客户群体，这些也正是为酒店创造80%利润额的那20%的忠诚客户。

（11）节能降耗，节约成本。节约无小事，酒店各部门分别制定了各自的节能降耗措施，从一张纸的反复利用到人走关灯、关空调，将会严格执行节能降耗制度，节约能耗成本。

（12）打造团队建设，提高职工归属感。通过员工生日会和员工服务技能大赛，使酒店的凝聚力明显提升，员工通过这些群体活动充分展示了自己的优点，找到了自己的不足，使日后工作更加努力，找到了自己的归属感。

（五）建材家居批零业企业面临的困境、存在的问题与采取的应对措施

1. 面临的困境、存在的问题

近年来家居市场呈现国际化的趋势，竞争日益激烈，导致家居零售行业行情低迷，直接影响了商场的经营。

（1）整个家居行业消费处于整体下滑趋势，原因在于：①房地产的低迷状态。伴随着房地产行业进入寒冬，家居业也集体入冬。房地产与家居行业，就像牙齿和嘴唇一样，关系密不可分，全都进入了低迷状态。②网络销售影响实体销售，随着社会经济发展，市场不断扩大。目前，家居行业网络营销领域尚处于"跑马圈地"的初级阶段。随着现代网络对居民的生活影响越来越深入，电子商务几乎把触角伸向了人们的生活的各个领域，这种对终端市场的占有，无疑会极大影响实体卖场的销售。③竞争对手的增多使企业增长缓慢，对市场份额的争夺激烈。一是竞争者数量较多，竞争力量大体相当；二是竞争对手提供的产品或服务大致相同，或者至少体现不出明显差异；三是竞争对手的不正当竞争，打价格战，行业生产成本上升，市场竞争加剧，产品售价下降，行业利润较少。

（2）就建材行业而言，①受到上游地产行业的影响，刚需不足，建材行业受到波及，市场萎靡；现在消费者持观望态度，其买房的滞后在一定程度上延长了建材的低谷期。②人工成本的不断增加给企业带来了沉重的负担。③随着网络等各类新媒体的发展，建材品类的价格透明度也越来越高，而消费者的价格敏感度也越来越高，在建材选择方面，越来越理智，许多经销商开始抱怨产品利润下滑以及高端产品的销售难度不断加大。④作为房地产市场的下游行业，装饰建材行业受国家近年来对楼市宏观调控政策影响，加上油价上涨造成的运输成本的增加、不断上升的用工成本、精装房及家装公司的市场份额，建材市场目前正处在相对低潮阶段。

2. 采取的应对措施

（1）随着人们对环保的认识不断深入，环保低碳已经渗入社会各个角落，甚至已经成了一种生活方式，也是整个社会对可持续发展的战略方向，作为家居行业，企业一定要从绿色环保健康消费入手，挖掘潜在顾客。

（2）提供一流的卖场氛围、一流的服务，真正做到让顾客享受消费的快乐。

（3）政府要稳定并扩大中高收入群体的享受型消费。从当前居民收入分配格局及不同收入群体的消费行为看，中高收入群体既有消费能力，也有可供挖掘的消费潜力，扩大消费需求要支持并促进中高收入群体的享受型消费，形成满足不同层次需要的消费体系。

（六）电子家用电器批零业企业面临的困境、存在的问题与采取的应对措施

1. 面临的困境、存在的问题

（1）影响消费增长的主要原因有两个方面：①受经济大环境的影响。2008 年初，受 IT 业全面萎缩，造成行业内企业倒闭、转型等情况较多，剩下的企业经营情况也不容乐观。2016 年上半年，情况更加恶劣。②受电商冲击比较大。因为 IT 产品市场属于行业低端，以成品销售为主，没有生产型企业支撑，电子商务兴起导致传统型行业优势几乎丧失，转型困难。

（2）企业在消费者市场中占比下滑，为挽救企业活力，强刷企业存在感，企业在常规促销节点和非常规促销节点加大频次和力度，但效果并不理想。因市场购买力及消费预期下降，越来越频繁的促销活动对消费者而言习以为常。同时，线上购物持续走热，价格越来越透明，利润空间持续压缩。针对线上电商对线下实体店的冲击，曾经出现过的线上线下比价活动在面对实体店运营成本及经营费用等重重考验下也只能是昙花一现。

2. 采取的应对措施

（1）IT 产品批零企业对传统市场进行升级改造，改善服务模式和经营环境。尝试进行管理平台建设。启动招商模式，由市场管理向市场招商转变。

扩大业户经营范围，引导业户向互联网发展。

（2）对比 2013 年以前，电器销售市场的火热，很大因素与国家执行节能补贴、以旧换新、家电下乡等政策有很大关系，而在补贴结束以后，市场渐渐趋于平静，企业只有通过与供应商的博弈来谋求利益最大化，这种依靠市场销售份额来增加谈判砝码的对局中，在现行的经济环境下，对上游企业、中间商与下游终端都是度日如年的困局。

（3）电器销售企业通过重塑企业运作模式，践行企业文化等多方面的努力，朝着"回归零售本质，改善顾客体验"的方向稳步前进。

（七）汽车销售企业面临的困境、存在的问题与采取的应对措施

1. 面临的困境、存在的问题

（1）主要原因是汽车市场不稳定，仍处在调整阶段，总体市场状况不佳。

（2）汽车市场总体不景气，不同品牌和同品牌之间竞争激烈，产品和服务同质化严重，缺少营销思路和服务产品的创新开发，造成在竞争中被动地降低产品价格，造成收入和净利的较少。

（3）再加上同城同品牌店面的建立，客户被分流，价格竞争激烈，整车销售价格下滑，销售结构中大车比例较少，中小型车辆占比增加。

（4）企业面临的形势困难，市场竞争激烈，盈利能力下降，职工收入偏低。

（5）伴随着技术进步和宏观环境的改变，近几年的车市呈现的现象值得关注和思考。一方面，汽车销量增速减缓；另一方面众多科技企业涉入，用全新的理念和思维来改造传统的行业，对市场保持足够的乐观，两者相互矛盾的现象背后的逻辑是什么？除了新能源、自动驾驶、共享经济等概念之外，对比两方的差异可以发现，用户才是问题的根本，用户催生了新的需求，需求促进行业的变革和发展。

（6）受经济大环境的影响，2008 年底以来经济持续走低，造成企业裁员、降薪情况较多，居民实际收入整体下降，消费理性增加，刚需消费成为主导。

（7）随着徐州市区堵车情况日益加剧，消费者在购车方面也受到一些影响。很多客户考虑到堵车、油价因素购车积极性有所降低。

（8）同时，整体市场经济的不稳定，也影响了汽车市场的持续增长。目前，根据了解房地产、煤炭、钢材甚至百货业均出现了一定的下降。而各重点行业的下滑势必造成各行业从业人员收入预期的影响。加之消费者对未来预期的不确定，消费出现保守心理。尤其在大宗商品消费方面出现减缓。需要政府出台市场刺激政策来促进消费力释放。

（9）融资渠道不畅，融资成本增加，间接成本在增大。

（10）提升市场品牌占有率难度增大，市场愈加饱和，投入产出比下降幅度大。

（11）"营改增"后，地方财政短期内肯定吃紧，怎样服务市场、服务好市场，才是需要动脑筋的大问题。

2. 采取的应对措施

（1）坚持品质服务，用高标准要求自己，在同质化日趋严重的今天，用服务创造价值，用服务打动客户。

（2）注重网络营销，打破传统的实体店客流模式，建立和健全 DCC 电话营销以及网络营销模式，目前网络营销实现销售占总体销售 10% 以上，并有增加的趋势。

（3）在稳定徐州本地客户群体开发的前提下，增加周边对新沂、丰县等地区的开放，扩大销量。

（4）互联网发展战略。随着"互联网＋"时代到来，汽车行业的服务和营销模式急需变革转型。

（5）并购战略。立足主业，做大规模。利用行业低迷，资产价值相对较低的契机，整合传统汽车销售与售后业务，做大规模，实现"弯道超车"。

（6）新能源发展战略。把握国家新能源政策和新能源汽车市场高度需求的双重驱动下的商机，进一步扩大新能源汽车网络布局与经营规模，并向产业链上游拓展延伸。

（7）平行进口汽车发展战略。平行进口汽车是指未经品牌厂商授权，贸易商从海外市场购买，并引入中国市场进行销售的汽车。它有别于原有进口车总代理商模式，其对丰富进口车型品种和配置，满足顾客对车辆的个性化需求、拓展盈利新渠道等方面具有积极意义。

（8）汽车金融战略。通过整合渠道资源构建以汽车产品为核心涵盖经销商、客户和金融机构等各方的与战略目标相匹配的开放式金融服务平台和润东公司独有的特色金融盈利模式，通过管理输出、产融结合和快速复制，迅速形成业务规模。

（9）年初目标细化，卖车任务落实到人，维修产值细化到班组，任务完成进度考核到天。

（10）细化市场，找准市场盲点，培育完善新的经济增长点。从市场、品种、人员抓起，主动放弃饱和的区域市场，放弃利润低周转速度慢的型号和产品，淘汰理念陈旧、作风浮夸、安于现状、不思进取的中层领导，让整个销售团队保持清醒头脑和旺盛的战斗力。

（11）走出去，请进来。虚心向同行学习，提高服务质量；诚心向行家求教，增加品牌认知度。

（八）农产品电子商务服务业企业（汇尔康食品公司）面临的困境、存在的问题与采取的应对措施

1. 面临的困境、存在的问题

（1）徐州本土产品包装过于传统，包装设计应体现出年轻化意蕴，符合年轻人口味，应能体现出产品的健康、安全、少卡路里特性。

（2）徐州食品很多食品标签在遵守规范上存在瑕疵，字体太小，国家规定要大于2.5号字体。

（3）有些不良的职业打假人恶意诈骗，变成了诈骗人。他们恶意诉讼，无底线、无道德敲诈，每人每年纯利润上百万元。这些人以电商产品质量打假为幌子为职业，故意专门寻找质量存在瑕疵的商品购买，购买后直接起诉，先上大平台投诉，在与经销商沟通，获得敲诈金后就会退诉；若沟通没有结果，拿不到敲诈金，就投诉到工商、价格、税务等部门。对电商平台销售产品质量问题的正常举报行为应该鼓励，但是对于自然人不以消费为目的恶意投诉，政府应该制止。这些恶意投诉扰乱了正常的市场秩序，使电商平台整日忙着这些破坏性的应诉，耗费大量经营费用。

（4）政府对产品质量的要求和标准改动过于频繁，批量生产的包装物很多时候未能使用完，新的要求和标准就出来了，鉴于原来包装物上的相关标

识很难改动，因此使原包装物再利用会遇到很多麻烦。

（5）对于银杏产业，邳州的银杏茶不能再在徐州馆卖了，因为银杏茶属于保健品，不能当食品卖，在外地销售投诉量较多，在互联网上整个产业就断了。

（6）沛县狗肉已不能在各平台上发布了，自建"狗肉网"商城也遇到了很多麻烦。

（7）生鲜食品的物流成本较高。

2. 采取的应对措施

电商平台的运营可以分为招商、商品质量管理、爆款打造、营销、售后、活动等环节。在电商运营的这些环节，徐州馆的运营团队是如此做的。

（1）扩大门类。徐州馆上线之初，上线的农产品门类有限，这导致了单客（一个用户）消费金额有限，进而导致单客成本（包括营销成本和物流成本）较高。不解决这一问题，也就无法解决盈利问题。为此，公司不断丰富农产品种类，从最初的黄桃、蜜三刀等有限的品类，扩展至豆奶粉、肉类、果蔬、茶叶等。扩大门类的效果就是单客成本不断降低，同时利润也在增加。

（2）配比客服。不少用户在电商采购都会使用阿里旺旺进行导购，如果用户两句以上询问没有人回应，用户可能就会离开。为此，需要根据一段时间的访问量来配置客服的人数。例如，在京东"618"活动期间，公司会将客服数量增加至10名以上，而平时则保持在3人左右。在满足用户导购的同时，也降低了运营成本。

（3）打造爆款。一个电商平台门类众多，能够吸引注意力的其实只有有限的几个产品，爆款的重要性其实就体现出来了。在罐头门类，公司着力打造"黄桃罐头"，在水果门类，根据季节打造不同的爆款，冬季打造苹果，春季主推草莓。如此，不仅单品销量大增，而且也为徐州馆带来了流量。

（4）无利生息。有的商品是赔钱的，有的商品是赚钱的，如果赚钱的能够弥补赔钱的，这样的生意就应该做。电商运营也是如此。在徐州馆，有一些商品以低价乃至平价销售，但是部分商品的定价可能高于平均价。这样既可以吸引更多的用户，也能带来正常的利润。这种做法，简单来说，就是"赔本赚吆喝"。

（5）品控管理。做食品和农产品电商，安全是不可触碰的红线，品控管理就显得非常重要。不严格农产品品控管理，不但会对用户造成损害，同时也会遭到京东惩罚，为平台带来巨大的运营风险。一方面，对入驻商家严格审核，保证商家拥有资质；另一方面，对于某些果蔬类农产品，公司采购了快速检测仪器，如便捷农残检测仪等，采取定期检查和抽查的方式，确保农产品的安全。

（6）节日打造。经过一线电商平台的市场培育，电子"节日效应"已经成型。为此，徐州馆每年也会打造一两个"节日"。节日的打造建立在"规模化备货"以及"充分营销"的基础上。例如，徐州馆在苹果收获季节推出的"大沙河苹果节"，在旅游旺季推出的"春节商旅大联动"，都在短时间内获得较高的销售量以及用户的关注度。

（7）活动对接。对于一些徐州本地的重大农业、商业、旅游活动，公司会提前收集信息，予以对接。例如，2016年的徐州商旅大联动，公司提前制作了网页、方案，不仅销售部分参加活动的农副产品，同时也为线下活动攒足了人气和带去了客源。

（8）善于推广。徐州馆上线之初，公司就组建了推广团队，充分利用各类平台进行推广，包括但是不限于社交平台、即时通信、贴吧、口碑等，不断扩大徐州馆的知名度和影响力。例如，徐州馆上线的消息，就被包括腾讯、网易等网络媒体和徐州日报、徐州电视台等进行了报道和宣传。

（9）储水养鱼。电商平台的建设和运营与"养孩子"是一个道理，需要长期的培育、引导，最终才能有所收益。公司在运营徐州馆的过程中，也在建立"池子"，例如，公司开设徐州馆的微信公众号，可以定期向订阅用户推荐新的农产品以及资讯，培养与用户感情，不断增加潜在用户群体数量。这可以为未来徐州馆的发展孵化"鱼苗"。

（10）互换资源。电子商务和农业领域的创业正在经历小高潮，不同的创业项目之间存在着资源互换、协同发展的机会。基于此，徐州馆的运营主管及团队参加了众多的创业论坛、创业平台、创业交流活动。参加这些活动，对电商发展思路、管理创新、知识更新，都有很大的帮助。

徐州馆目前运营已经进入了正轨，公司计划以徐州馆为起点，为徐州农业发展做更多事情，主要包括以下项目：

（1）建设泡沫保温箱项目。在运营徐州馆的过程中，发现农产品的物流是农业电商的一个症结，特别便捷和低成本的冷链物流尚未建立，为此，公司计划未来一年建设一个"泡沫保温箱"生产项目，该项目可提高农产品转运效率以及维持农产品品质，间接扩大徐州馆的销售额。

（2）农业种植园建设。在未来两年内，公司计划建设一个农业种植园，主要种植进口大樱桃、黄桃、多肉花卉等生产周期短、市场紧缺的农产品。种植园的农产品将通过徐州馆进行销售，进而打造完整的农产品电商产业链。

（3）打造徐州特产实体基地。公司正在投资建设徐州特产实体基地，建成之后，徐州馆的农户可以直接开设实体店，依托实体基地吸引到来的人流，销售各类农副产品。

（4）农户和商家电商培训计划。一方面为了提高入驻徐州馆商户生产产品的品质；另一方面也是为了实现商户与徐州馆的更好合作，未来两年，公司将对超过500家商户以及农户进行电商培训，扶持农民、农业合作社壮大，将其引导进入徐州馆，加速农业电商化的发展速度。

三、新常态下徐州商贸服务业发展要创新思路

徐州市把商贸服务业作为发展现代服务业的重要抓手，已经取得了显著成效，但是当前商贸服务业规模、质量和特色与区域性中心城市的商业属性要求还有较大差距。尤其是在新常态下，商贸服务业发展必须考虑新思路。

（一）新常态下徐州市商贸业发展简况

在经济下行压力增大等因素影响下，徐州市商贸服务业也面临较大压力，但总体状况表现较平稳，主体行业发展状况表现如下。

1. 零售业实体经济重要产出指标大多呈下滑态势

大型零售超市、百货商业、社区超市等零售业态相关企业重要产出指标大多呈现下滑态势，零售业实体经济成长生态改善难度加大。

2. 生产资料批发业重要产出指标大多下降，生活消费品批发业发展平稳、小幅增长

受制造业下行压力影响，煤炭、化工原料等生产资料批发业重要产出指标不同程度地出现下滑。由于居民生活水平逐步提高，粮食、蔬菜、水果、水产等生活消费品行业平稳小幅增长。

3. 住宿餐饮业增长呈现下降态势

在经济下行压力增大、政府与社会治理强化、旅游业拉力有限等因素影响下，住宿餐饮业增长速度也出现下降态势，产业成长面临压力也较大。

（二）徐州商贸服务业发展新思路

1. 商贸企业和政府各级主管部门都应改变传统以生产为导向的商贸服务供给思维，创新以需求为导向的商贸服务供给思维

商贸企业应以顾客需求为导向，供应品质优良产品和服务。商贸企业应以供给有效产品和服务为中心，避免一味追求扩张经营面积或增加经营空间商品密度。商贸企业应以客户体验为核心，尤其是大型百货企业和大型零售企业，应在经营场所留足顾客体验休息空间，解决好经营场所产品和服务密度与顾客购物消费舒适之间的矛盾，向顾客提供综合性商品和服务消费。商贸主管部门应考察掌握企业和消费者真实需求，在服务地区商贸企业供给有效商品和服务方面下功夫。

2. 在电子商务冲击下，实体商贸企业不会消失，但一定会改变原来的面目，因此，商贸企业和主管部门都要研究新商业背景下实体商业发展的形态和规律

要扩大实体商贸企业销售的维权便捷和实体体验优势，提升实体商贸企业的美誉度和吸引力。要推动实体商贸企业利用电子商务新载体，实现企业转型升级，推进传统商贸企业电子商务化发展。要坚持电子商务企业转型升级发展思路，实现"线上销售线下体验"O2O模式融合。鼓励实体商贸企业和电商企业跨界发展，优化商贸服务业产业生态，增强商贸业应对经济波动风险能力。商贸业发展会呈现出平台电商、垂直电商和融合线上线下共同发展的实体零售商"三足鼎立"的竞争格局。

3. 强化商贸服务业领域招商引资，实现多规模多业态招商，优化区域商贸服务业产业生态

持续面向发达国家和地区，引进大型商贸企业投资，做大徐州商贸服务

业规模。招商国际品牌连锁经营商贸企业在徐州布局网点，提升徐州消费国际化水平。追踪引进全球新兴商贸服务业业态，实现徐州商贸新业态引领效应。多业态招商引资，丰富商贸服务业业态，实现徐州商贸服务业业态多样化态势。商贸服务业多业态共生，商贸服务业企业大中小协调并存，商贸服务业产业生态才能优化改善。各种零售业态都有生存发展的空间，好的方法是在一个区域中开设各种业态的零售店。

4. 培育发展徐州本土商贸服务业，提高本土商贸服务企业内生成长能力

第一，政府要落实培育本土商贸服务业的扶持政策与资金，形成产业发展的外部动力支持；第二，本土商贸企业应实施质量化战略，提升产品和服务质量，赢得消费者信任；第三，本土商贸企业应实施品牌化战略，以品牌表现产品和服务质量，以品牌积累消费者信任，以品牌彰显扩大产品和服务名气，以品牌凝聚企业的成功与历史；第四，本土商贸企业应实施"走出去"战略，既要走向全国，又要走向国外，以此做大做强本土商贸企业。

5. 零售业真正转型回归商业本质，零售业态商业模式创新涉及从中介角色向价值创造者转变

回归商业本质目前在中国零售业中已经达成了高度共识，商业的本质就是始终坚持商业企业的自主经营的经营方式，依赖主导性质的销售毛利增长和对消费者供应商增值服务的盈利模式。受多种原因影响，我国传统零售业在从计划经济向市场经济转型过程中，企业自营能力弱化、盈利模式"食利化"现象严重，食利性泛滥，这种异化现象在世界零售业发展历史中是不多见的。从中国商业现状的本质上说，是属于"物业型的食利性质"，而非"供应链型的价值创造性质"。"物业型的食利性质"的零售企业是房东，依靠房租和"通道费"获利，这类实体零售商丧失了供应链整合能力，虽然不少零售商规模不小，但实际的经营能力太弱。"供应链型的价值创造性质"商业模式，零售企业是按照正常的商业发展规律，在坚持商业本质的前提下，不断地通过供应链的整合，将更多的利益给到消费者并带动上游产业的发展。

6. 商业核心优势正从"价格"变成"服务"，在提供服务方面实体商业更具特长，因此，在几年的调整后，实体商业重新稳定崛起的迹象已经开始显露

未来，商业争夺的是 20 世纪 80~90 年代的消费群，这群人生下来就不缺物质、不缺产品，他们需要的是一种"关怀"，这种关怀更需要面对面的交流与触觉才能体现。现在许多商业实体企业一直在拼价格、拼门面优势。未来那些同质化的产品将越来越没有竞争力，唯有那些能为用户提供独有体验的实体商业，将脱颖而出。在这个大趋势下，很多电商也被倒逼着从线上走到线下，开设实体企业为消费者提供一个体验的场所，弥补自己的短板。消费升级的本质在于：商业从一个交易的时代进入一个关系的时代，商家可以在实体经济上有所作为，从而营造出一种无与伦比的消费场景，但是电商是通过电脑和智能手机进行交易，所以很难向消费者提供独特体验，它们必须寻求突破。需求升级的本质在于：消费者需要从对产品的满意感转型为精神层面的满足感。以前是人随物动，现在是物随人心。届时，商家的文化、创新、体验及情怀，都将有用武之地。

第十四章

江苏省民进徐州市委调研、集体提案和参政议政信息

2015 年民进徐州市委"参政议政"调研

徐州市电子商务发展中面临的问题及促进发展思路研究
——江苏省徐州市电子商务发展调研

一、徐州市电子商务产业发展基本情况

近些年我国电子商务飞速发展，电子商务发展正处于"井喷"的局面。在全国电子商务快速发展的背景下，徐州市电子商务也呈现高速发展态势。徐州电子商务不仅有在中国电子商务发展进程中具有历史意义的"沙集模式"，更有电子商务发展的后起之秀。徐州市电子商务的发展呈现出"产业增长势头迅猛、农村电商蓬勃发展、城市电商如火如荼、示范带动作用明显"的局面。

（一）电商交易额增速较快，产业增长势头迅猛

2014 年全市电子商务交易额 495 亿元、增长 80%，其中网络零售规模 135 亿元、增长 45%，分别高于全国 60 个和 4 个百分点。其中，涌现了鼓楼区、睢宁县、新沂市等一批发展迅猛地区。2014 年，鼓楼区实现电商交易额 81 亿元，增长 686%；睢宁县实现电商交易额 43 亿元，增长 72%；新沂市实现电商交易额 42 亿元，增长 42.1%。2015 年上半年，全市电子商务交易及

网络零售规模预计突破 300 亿元和 90 亿元，分别增长 30% 和 33%，继续保持较快增长势头。

（二）电子商务在农村快速推广，农村电商蓬勃发展

经过不断引导和培育，全市初步形成了睢宁县板式家具，新沂市皮草及化妆品，丰县、沛县和贾汪区农副产品及铜山区玻璃制品等农村电商产业集聚区。农村电子商务的发展也创造创新了农村电子商务发展模式。

例如，"商户＋电商平台＋家庭作坊＋现代物流运输系统"的"沙集模式"。睢宁县板式家具从无到有、集聚发展，网销量占淘宝网全国销量的80%。"前店后厂、两头在外"的"沙集模式"催生全新产业，可复制性强，在全国产生了重大影响。

又如，"互联网＋工业融合"模式。铜山区马坡镇前八段村通过电商平台销售玻璃制品，产能及销售收入占全国同行业 8%。该村依托原有工业基础，走出了"互联网＋工业融合"发展之路，迅速引导企业实现转型升级。

再如，"互联网＋农业融合"模式。邳州市宿羊山镇大蒜、铁富港上银杏等农产品电子商务集聚区初具雏形。同时，结合各地本土平台、特色地方馆建设及农村电商"镇村通"试点推进工作，全市涉农地区初步搭建起了农村电商点、线、面结合的发展框架，呈现了蓬勃发展态势。

（三）园区集聚效应凸显，社区电商融入迅速，专业平台规模扩张，城市电子商务发展如火如荼

首先，园区集聚效应凸显。各类园区立足区域产业定位，充分发挥品牌引领和特色集聚作用，是电商规模发展的重要生力军。新沂市电子商务产业园致力打造业态创新和服务升级的电子商务生态链综合服务平台，集聚企业62 家，2014 年电商交易额达 15 亿元；鼓楼区淮海文化科技产业园与大学科技园、大学生创业园，形成"三园一体化"发展格局，共集聚 130 余家企业，2014 年实现电商服务收入 3.5 亿元，利税 1750 万元；泉山区徐州 2.5 产业园作为省级互联网产业园和市级科技企业孵化器，2014 年实现电商营业收入 9700 万元，带动千余人就业。

其次，社区电商融入迅速。鼓楼区"够快城市共同配送"和蒙牛"宽窄坊"等社区电商快速发展，其中"够快城市共同配送"通过"物流快递聚集区——城市配送分拣中心——城市便民社区服务中心末端服务网点"三级城

市配送网络体系，实现城市物流"最后一米"通达。

最后，专业平台规模扩张。云龙区中国网库徐州电商谷按照"龙头企业——重点项目——产业集群——产业基地"思路，先后签约 17 个单品网，其中，中国编织机械交易网、中国牛蒡交易网、中国太阳能路灯交易网等 15 个特色单品交易平台已上线运营。鼓楼区金驹"找钢网"，规模化增长，2014 年实现营业收入 49 亿元，同比增长 208%，2015 年上半年电商营业收入已超过 40 亿元，预计全年达 80 亿元。新沂市钟吾乐购，作为本地综合电商平台，可实现 24 小时不间断营业，日发单量突破 800 余单。徐州经济技术开发区银地二手车网销平台，自 2014 年上线以来，累计实现二手车交易量 9000 余台，交易额 5.4 亿元，日均浏览量近 2000 次。

（四）示范性市、县、镇、村、基地、企业不断涌现，各类示范主体示范带动作用明显，引领区域电子商务业快速发展

近年来，徐州市以创建国家电子商务示范城市为契机，培育了一批具有示范引领作用的县、镇、村以及示范基地（园区）和企业，形成了典型带动、相互补充的多层级示范体系，带动全市电商产业加快发展。

一是跻身国家级示范市。在市政府主要领导亲自推动、相关部门鼎力支持下，高标准完成《徐州市建设国家电子商务示范城市工作方案》编制工作，顺利通过国家八部委评选答辩，于 2014 年 3 月成功获评"国家电子商务示范城市"，参评成绩江苏第一、全国第五。

二是示范县、镇、村不断涌现。2015 年初，睢宁县、新沂市、丰县获评"国家级电子商务进农村综合示范县"。睢宁县入围阿里"中国电商百佳县"；沙集镇成为全省两个"中国淘宝镇"之一；沙集镇东风村、铜山前八段村等 10 个村入选"省电子商务示范村"，占全省总数的五分之一。

三是特色示范基地相继获评。徐州市以农村网商为特色的沙集电子商务产业园、以城区电商服务商为特色的淮海科技文化产业园、以工业企业转型为特色的邳州经济开发区电子商务园，三大园区相继获评"省级电子商务示范基地"。

四是示范企业持续引领。通过引导和培育，金驹物流、七色网络科技、黎明食品三家企业分别以大宗商品交易、电商服务、跨境贸易为特色，跨越发展，成功获评"省级电子商务示范企业"。各类示范主体不断涌现，构建起全市电子商务示范体系的基本框架，对各类业态的产业集聚、市场开拓、

模式创新发挥了重要的引领带动作用。

二、目前徐州市电子商务发展面临的重要问题

以我国电子商务发展态势为基础，结合徐州市电子商务发展状况，概括徐州市电子商务发展中存在的重要问题。

（一）徐州市电子商务发展起步晚，没有形成自己的产业特色和地区品牌

虽然徐州市早就出现睢宁县沙集镇的电子商务创业事迹，形成了享誉全国的"沙集模式"，而且地方政府对这一模式也很重视，但是对这一模式的挖掘、复制、拓展、创新力度仍不够。说起徐州的电子商务，现在全国有名气的只有睢宁沙集拼装家具电子商务和新沂墨河皮草电子商务，有名气的电商产业和电商县、电商镇、电商村都太少，没有形成电子商务产业特色和地区品牌。市县镇各级政府中仍有很多领导干部发展产业的思维仍然停留在多建几个工业开发区、多建几个工厂、多生产几款产品上，产业发展不是创产业特色、产业品牌、地区品牌，产业发展思维没能跟上互联网时代发展的要求。

（二）制造业和电子商务结合的积极性不高，找不到找不准结合点结合部位，使制造业发展空间拓展不足

虽然国家战略层面早就提出制造业信息化，但是在产业信息化进程中，一开始制造业生存环境较好，整体表现出缺少动力、不积极不主动。现在，制造业生存环境变差，对信息化积极了，但是又找不到与信息化的结合点和结合部位。制造业和电子商务的结合只是一个方面。当前国家顶层设计"互联网+"应当主要是针对制造业，为什么是"互联网"+"制造业"，而不是"制造业"+"互联网"？已经给了制造业那么长时间了，都没把"互联网""加"好，说明制造业整体"加""互联网"的能力不足，现在轮到"互联网""加""制造业"的时期了。制造业整体电子商务能力不足，制约了其创新和发展空间。徐州市的传统优势产业之一是制造业，因此，思量与电子商务的深度有效融合，创新商业模式，是制造业拓展生存空间的重要抓手。

（三）由于有些服务业盲目电子商务化、过度电子商务化，在服务业电商化过程中存在极大风险

电子商务最初出现在生活消费品和生产用品等工业产品的流通环节，这些工业化产品标准化程度较高，方便适合线上交易和线下交易。因此，电子商务在流通业中发展相对比较容易成功。标准化是产品开展电子商务的一个重要条件。但是，产品开展电子商务还需要另一个条件，那就是可贸易性。有些产品，尤其是服务产品，服务对象一般仅在某一特定地区，产品不方便储存和转移，这些服务产品的可贸易性差，就不便于开展电子商务。

此外，有些服务产品的需求刚性较弱，或者消费者的消费习惯很难改变，这些服务业也较难开展电子商务；有些服务产品消费者的体验性要求较强，需要线下实体体验，这些服务业也较难发展电子商务。近些年，在电子商务大潮冲击下，很多服务业都试图入潮，分享电子商务潮流红利，但却面临极大风险。这些产业主要包括健康、医疗、美业、婚嫁、房产、家居、出行、汽车、社区服务等。这些服务业电商化过程中应谨慎，风险较大。

（四）农业电子商务是电子商务服务业发展的兴趣点和热点领域，但是其发展却受到较多的障碍性因素制约

徐州市是农业大市，农业电子商务化发展是农业现代化的关键动力之一，但是目前农业电商化却面临着一些刚性的制约性因素约束。

首先，农产品较难标准化，这是农产品的自然属性，尤其是肉类和水果等生鲜产品。农产品标准化困难，就不便于在网络上交易，影响农产品在较大区域销售。

其次，农村基础设施较落后，不能适应农业电子商务化需求。虽然农村信息设施初具规模，但使用率相对较低。虽然农村交通运输设施明显改善，但质量仍待提升。例如，农村公路缺乏养护，使用年限较短，路面质量受到严重影响；农村公共交通工具缺乏，难以实现快捷到达，影响经济及社会效益发挥；农村运输工具不能满足现代农业发展需要；农业专用运输工具较为缺乏、箱式冷藏车数量较少，蔬菜保鲜储藏比例不足。

最后，电子商务进农村物流配送成本较高，影响农业电子商务发展。农村虽然人口众多，但由于人口分散，对于物流来说是个不小挑战。目前大部分快递只能到乡镇一级，还到不了农民的家门口。由于农村居住分散，即使

快递能到每一个乡村，物流成本将大大增加，影响其在农村地区的吸引力。由于农村劳动力成本逐年提高，运输成本不断增长，加之农民消费需求区域分散、小批次、多品种的特征，农村日用消费品的配送成本逐年递增。

（五）当下电子商务产业园正高歌猛进发展，在各地大力推进电子商务产业园建设过程中，也暴露出了一些问题

电子商务产业园作为产业的空间载体，在加速电子商务产业成长中发挥着重要作用。但从当前发展状况来看，主要存在以下三个方面问题：首先，认识方面存在误区，认为建设电子商务产业园就是"圈地搞开发"，像建设制造业工业园一样搞服务业园区。由于制造业一般会产生空气、噪声、水等环境污染，因此，制造业产业园一般规划在离城市中心较远的地区，因此制造业产业园大多为新征地建设园区。但是，服务业工业园建设则不同，大多服务业绿色环保，完全可以盘活利用城市中闲置厂房或者利用效率较低的楼宇建设服务业产业园。如果不加以科学引导和有效监管，就会演变成以"电子商务产业园"为幌子的圈地行动。

其次，以电子商务产业园为核心的电子商务生态体系尚未形成。建设电子商务产业园的首要目的是要集聚电子商务产业的相关资源，整合发挥各方优势，形成电子商务产业生态体系。从当前电子商务产业园发展状况来看，有不少地方并没有形成电子商务产业链上下游融会贯通的体系，未能实现产业有效聚集。

最后，与当地区域特色以及经济转型需求不够吻合。运营状况较好的电商产业园一个重要的特点是其与当地区域优势高度关联，并能切合当地产业结构和经济特点，最大限度地满足当地经济转型升级的需要。相反，一些尚处于摸索阶段的产业园，并未找准自己的特色和优势，与地方经济转型需要处于一种若即若离状态。

三、促进徐州电子商务发展的一些思路

综合徐州市电子商务面临的重要问题，提出相关思路如下。

（一）挖掘与开发地区具有特色的工业产品、农业产品和服务产品，形成地区电子商务特色产业和电子商务特色产品品牌

结合徐州市工程机械、煤炭、医药、建材等传统产业优势，鼓励发展专

业性电子商务平台，促进大宗产品平台交易。支持本土综合类电子商务平台，加快培育一批商品销售和消费服务类综合平台。支持发展以本地生活为主的文化旅游、网上订餐、生鲜农产品配送、社区电商等区域性服务平台，着力培育特色化电子商务平台。挖掘、复制、拓展、创新已有"淘宝村""淘宝镇""淘宝县"成功的发展模式与经验，培育更多的"淘宝村""淘宝镇"和"淘宝县"。例如，新沂市的水蜜桃电商在全国就小有名气。新沂水蜜桃电商不仅带动了新沂水蜜桃生产，而且带动了新沂市的冷链物流发展。推广丰县、新沂市、睢宁县三地电子商务进农村综合示范项目工作经验，提升县域电子商务产业发展整体水平。

（二）强化电子商务与传统商贸流通业融合，以 O2O 模式引导传统商贸流通业互联网化，繁荣现代商贸流通业

近些年，与电子商务业快速成长相影相随的是传统商贸流通业发展下滑，尤其是实体零售店关门频现。从城市发展规律来看，商贸流通业繁荣是城市发展繁荣的基础与表现。徐州市地处交通要冲，交通区位优势明显，自古以来就商贾云集，城市商贸流通业发达，城市面貌繁荣。传统实体商贸流通业下滑，会导致城市失去繁荣景象，城市会出现"空心化"。因此，传统商贸流通业转型发展是一个重要课题。近期阿里联盟苏宁云商算是为电子商务与实体流通业的关系释放了一个明确信号，电子商务与实体流通业逐步趋于融合，全渠道流通是共同选择。电子商务 O2O 模式发展迅速，作为线下商品与服务的直接提供方，传统流通业在这一模式中起着至关重要的作用。一方面是传统流通企业主动利用互联网开展商业活动；另一方面是由大型互联网企业主导，为拓展其业务范围、增强 O2O 模式实力而联结传统流通企业被动触网。传统零售业态中，百货业纷纷试水 O2O 模式。餐饮、休闲类的 O2O 模式发展，在团购基础上向精细化拓展，已进入相对成熟阶段。

（三）积极发展涉农电子商务，引导贫困农村产业扶贫开发，使农产品成为县域电子商务的关键抓手

随着电子商务渠道下沉，农村和农产品电子商务发展迅猛。电子商务成为拉动农村消费、引导农业生产、保障和促进农民增收的有效手段。与农村、农产品密切相关的生鲜电商发展迅速，形成了以淘宝、天猫、京东等为代表的平台类生鲜电商，以顺丰优选、我买网、本来生活等为代表的垂直生鲜电

商。在农产品电子商务交易信息中，蕴含着当地农业开发、农产品结构优化等重要的信息，也反映当地市场潜力、农业发展基础，可以为贫困农村地区产业发展提供市场信息引导。县域经济是我国经济一个基础单元，如果能够把它撬动起来，对于电子商务发展将会是一个很大推动力，很多县域政府都很重视电子商务发展。利用电商，可以压缩中间环节，使生产端的农民获得更高的收购价格，对农民增收意义重大。利用电商，能够把原来原始的没有品牌的农产品变成品牌化的、看起来非常漂亮、让人有下单欲望的互联网商品，这是一个质变。这个质变完成了价格的飞跃。农产品电子商务的一个本质，就是让好的农产品卖出好的价格。

（四）提升电子商务产业园建设水平，推进电商园区健康发展，促进区域经济转型和产业升级

充分发挥重点电商园区的产业集聚效应，带动功能性电商企业的引入和上下游产业链的延伸。首先，要完善基础设施，优化电子商务生态环境。一是为电子商务企业提供稳定、高速、灵活、低廉的互联网接入条件，满足互联网企业运行的基本接入需求；二是建设高标准的 IDC（互联网数据中心）机房和云计算中心，为电子商务运营企业提供大数据应用与管理方面的服务支持；三是高效可靠的金融服务支持，为电子商务运行企业提供方便快捷、安全可靠和覆盖面广泛的电子金融服务；四是高水平的物流服务支持，为电子商务运营企业提供低成本、高效率、广覆盖的物流服务支持。其次，要结合区域产业状况，使电商产业园成为区域经济转型升级的新引擎。从区域产业状况出发，发挥本地产业优势，积极利用电子商务产业园推动区域产业转型升级，并积极培育发展与电子商务服务业密切关联的相关产业。

（五）把握跨境电子商务正迎来的快速成长期，抓住跨境电商发展机会，推动企业利用电子商务拓展海外市场

与传统外贸长期遭遇寒冬的情形完全不同的是，我国跨境电商正迎来快速成长期。电子商务能够超越时空限制，有效打破国家或地区之间各种有形、无形的壁垒，刺激国家或地区对外贸易发展。随着全球经济一体化日渐深入和信息通信技术飞速发展，通过互联网方式进行跨境贸易日益受到外贸商家青睐，贸易额逐渐攀升。在全球电商快速发展和中国电商全球化的大趋势下，中国跨境电商交易规模将持续高速增长，电子商务在中国进出口贸易中的比

重将会越来越大。跨境电商在当前确实存在着较多较大机会，在某种意义上可以说是抢占国际市场的一个重要制高点。鼓励多种模式跨境电子商务发展，探索发展跨境电子商务企业对企业（B2B）进出口和个人从境外企业零售进口（B2C）等模式。鼓励电子商务企业"走出去"，推动建立境外支撑服务体系，拓展跨境电子商务应用体系。鼓励传统企业自建电商平台或利用第三方电商平台，借助电子商务，拓展海外市场。

民进徐州市委集体提案

关于探索新常态下徐州市商贸服务业
实体经济发展新路径的建议

　　徐州市把商贸服务业作为发展现代服务业的重要抓手，已经取得了显著成效，但是当前商贸服务业规模、质量和特色与徐州市自身定位和商业属性要求还有较大差距。尤其是在新常态下，商贸服务业实体经济发展必须探索新路径。

　　在经济下行压力增大等因素影响下，徐州市商贸服务业实体也面临较大压力，但总体状况表现较平稳，主体行业发展状况表现在：

　　（一）零售业实体经济重要产出指标大多呈下滑态势

　　大型零售超市、百货商业、社区超市等零售业态相关企业重要产出指标大多呈现下滑态势，零售业实体经济成长生态改善难度加大

　　（二）生产资料批发业重要产出指标大多下降，生活消费品批发业发展平稳、小幅增长

　　受制造业下行压力影响，煤炭、化工原料等生产资料批发业重要产出指标不同程度地出现下滑。由于居民生活水平逐步提高，粮食、蔬菜、水果、水产等生活消费品行业平稳小幅增长。

　　（三）住宿餐饮业增长呈现下降态势

　　在经济下行压力增大、政府与社会治理强化、旅游业拉力有限等因素影响下，住宿餐饮业增长速度也出现下降态势，产业成长面临压力较大。

　　因此，徐州市商贸服务业实体经济发展应探索新路径，建议从以下几个

方面着手：

（一）商贸企业和主管部门都应改变传统以生产为导向的商贸服务供给思维，创新以需求为导向的商贸服务供给思维

商贸企业应以顾客需求为导向，供应品质优良产品和服务。商贸企业应以供给有效产品和服务为中心，避免一味追求扩张经营面积或增加经营空间商品密度。商贸企业应以客户体验为核心，尤其是大型百货企业和大型零售企业，应在经营场所留足顾客体验休息空间，解决好经营场所产品和服务密度与顾客购物消费舒适之间的矛盾，向顾客提供综合性商品和服务。商贸主管部门应考察知晓企业和消费者真实需求，在服务徐州市商贸企业供给有效商品和服务方面下功夫。

（二）在电子商务冲击下，实体商贸企业不会消失，但一定会改变原来的面目，因此，商贸企业和主管部门都要研究新商业背景下实体经济发展的形态和规律

要扩大实体商贸企业销售的维权便捷和实体体验优势，提升实体商贸企业的美誉度和吸引力。要推动实体商贸企业利用电子商务新载体，实现企业转型升级，推进传统商贸企业电子商务化发展。要坚持电子商务企业转型升级发展思路，实现线上销售线下体验O2O模式融合。鼓励实体商贸企业和电商企业跨界发展，优化商贸服务业产业生态，增强商贸业应对经济波动风险能力。

（三）强化商贸服务业领域招商引资，实现多规模多业态招商，优化徐州市商贸服务业产业生态

持续面向发达国家和地区，引进大型商贸企业投资，做大商贸服务业规模。招商国际品牌连锁经营商贸企业布局网点，提升消费国际化水平。追踪引进全球新兴商贸服务业态，实现商贸新业态引领效应。多业态招商引资，丰富商贸服务业业态，实现商贸服务业业态多样化态势。商贸服务业多业态共生，商贸服务业企业大中小协调并存，商贸服务业产业生态才能优化改善。

（四）培育发展本土商贸服务业，提高本土商贸服务企业内生成长能力

第一，政府要落实培育本土商贸服务业的扶持政策与资金，形成产业发展的外力动力支持；第二，本土商贸企业应实施质量化战略，提升产品和服务质量，赢得消费者信任；第三，本土商贸企业应实施品牌化战略，以品牌表现产品和服务质量，以品牌积累消费者信任，以品牌彰显扩大产品和服务名气，以品牌凝聚企业的成功与历史；第四，本土商贸企业应实施"走出去"战略，既要走向全国，又要走向国外，以此做大做强本土商贸企业。

徐州市民进"参政议政"信息

大力发展"智慧流通业"，引领江苏制造业转型升级

近两年来，中国产业发展呈现出"冰火两重天"：一边是互联网贸易"火力"旺盛，另一边是制造业成长"精力"衰退。江苏省产业发展状况也不例外。站在产业融合发展的角度，如何让这两个"一火一冷"的产业"以火补冷"是摆在学术界和政府部门面前的重要课题。

一、我国流通业发展进入"智慧流通"时代

改革创新已经成为流通业发展的主旋律和业界的共识，应用新技术、发展新模式成为商业适应新环境、满足新需求的重要途径。最近，除了众多不断发展创新的"京东""淘宝"等网络零售商之外，有一批新兴商业企业逆势增长，发展速度、企业效益均呈现反商业周期的快速发展势头，与陷入困境的传统流通企业形成强烈反差。这些企业成长已经不仅仅是简单电子商务、网络购物的概念，其共同特征是在企业经营的各个环节全面应用信息化技术、智能化技术、自动化技术等手段，基于互联网经济思维，建立了与传统流通完全不同的全新商业逻辑和盈利模式，具有消费者驱动、大数据支撑、供应链快速响应、网络化协作的产业生态圈等特点。这与国际上商业发展的趋势也是一致的，美国和欧洲的一些商业企业在这方面也已经有了很多探索和成功经验。这些新的商业模式充分体现了流通的智慧化、智能化发展趋势，代表着信息化时代现代流通的发展方向。流通借助科技和金融的力量，拥有了过去想象不到的能量和空间。

二、"智慧流通"改变了流通与生产的传统关系，使流通真正成为经济活动的先导力量

在传统的经济模式下，流通是生产与消费之间的桥梁和纽带，通过商品

的集散、交易实现等功能，成为连接生产与消费的通道，它作为生产、流通、消费的一个环节，处在整个经济活动的下游或者末端，它是一个被动性的角色，成不了主宰者。在互联网经济时代，智慧流通的模式下，商贸服务企业最贴近市场和消费者，借助技术手段，综合分析市场需求和组织资源配置，主动引导生产、影响消费，成为经济活动的主导者和"大脑"。从整个经济运行来看，经济模式由原来的"M2C"，就是制造到消费，流通是中间的转换环节，变成了"C2M"，就是消费到制造。流通的先导性和基础性作用不再是口号，而是实实在在的一种现实。谁掌握了消费需求，谁就代表了市场的力量，就会成为经济的主导力量。在互联网经济下，流通对生产的组织功能，对消费的引导功能，发挥得淋漓尽致。

三、以"智慧流通业"大发展引领制造业转型升级的相关建议

（1）促进智慧流通发展，要充分尊重企业家的首创精神和自主选择，发挥企业的主动性和创造力。

（2）商业改革要解决市场化的问题，要应对互联网、信息化的挑战，要能够和国际规则接轨，这样的改革比较复杂，政府要完善制度，营造环境。

（3）尽管"电子商务"是"智慧流通业"的重要支撑和组成部分，但发展"智慧流通业"并不等同于发展"电子商务"，应有更广泛和深入的内容。

（4）不能把"电子商务"仅仅当作一种智慧化贸易形式，更应当关注"电子商务"的大数据功能与大数据价值。

（5）不能把发展"电子商务"仅仅当作居民创业增收的手段，更应当关注电子商务业相关产业的发展。

（6）应关注智慧流通业的核心产业发展，大力发展智慧零售业、智慧批发业、智慧物流快递业、智慧仓储业。

（7）应关注智慧流通业上下游产业融合能力，强化其对上游制造业发展的引领功能和对下游产业发展的服务功能。

第八部分

全书总结与政策启示

第十五章

全书总结与政策启示

一、全书总结

本书包括八部分，共计 15 章内容。

第一章是导论内容，主要从本书问题的提出、选题的价值和选题的意义、相关文献回顾、研究思路与研究方法、创新之处共 5 个方面对本书的研究成果进行提纲与挈领。

第二章是本书相关理论的演进与回顾，主要从流通产业创新发展理论探讨、产业关联效应内涵与产业关联特征量化、产业链网内涵及其构建探讨、产业上游度测算理论探讨共 4 个方面对本书的相关理论进行概括与探讨。

第三章属于实证分析内容，以江苏省交通运输及仓储业为例，研究了交通基础设施业产业关联特征的演变情况。

第四章也是实证分析章节，以东部经济较发达地区为例，研究了交通运输业产业系统特征的省际差异问题。

第五章也是实证分析章节，以批发和零售业为例，运用关键路径识别模型，分析了批发和零售业的约束路径产业构成与扩张路径产业构成，研究了中国批发和零售业产业链识别与产业链优化问题。

第六章也是实证分析章节，以我国批发和零售业为例，首先研究了批发和零售业的需求结构和供给结构，然后通过构建需求面产业群识别模型和供给面产业群识别模型，构建我国批发和零售业的产业链，研究了我国批发和零售业的产业链构成问题以及产业创新发展问题。

第七章也是实证分析章节，以我国住宿和餐饮业为例，首先研究了住宿和餐饮业的产业关联特征演变，然后运用关键路径识别模型，分析了住宿和餐饮业的约束路径产业构成与扩张路径产业构成，研究了中国住宿和餐饮业产业链识别及产业创新发展问题。

第八章也是实证分析章节，基于行业上游度测算视角，研究了中国流通产业的三个细分子产业（交通运输、仓储及邮政业、批发和零售业、住宿和餐饮业）在产业链上位置的动态变迁。

第九章也是实证分析章节，基于行业上游度测算视角，做了中国流通业的三个细分子产业（交通运输、仓储及邮政业、批发和零售业、住宿和餐饮业）在产业链上位置的地区比较。

第十章也是实证分析章节，基于行业上游度测算视角，做了中国流通业的三个细分子产业（交通运输、仓储及邮政业、批发和零售业、住宿和餐饮业）在产业链上位置的省际比较。

第十一章也是实证分析章节，基于随机前沿生产函数以北京、上海、江苏、浙江、山东、广东为例，研究了东部经济较发达省市流通业（包括流通业三个细分子产业）成长的因素决定，并且测度了流通业（包括流通业三个细分子产业）成长的效率。

第十二章是定性研究章节，研究了农民合作社农产品电子商务模式，对于促进农产品电子商务发展，创新农产品流通模式和农产品流通业态，壮大农村集体经济具有重要的理论价值和实践意义。

第十三章也是定性研究章节，是在 2016 年江苏省徐州市商贸流通产业发展调研基础上撰写的调研报告。报告研究了经济新常态下，在适应居民消费结构升级的背景下，地方流通产业创新积极发展的应对策略。

第十四章也是定性研究章节，是三篇地方流通业创新发展的规范研究论文（江苏省民进徐州市委调研、集体提案和参政议政信息）。一篇是民进徐州市委徐州市电子商务发展调研报告《徐州市电子商务发展中面临的问题及促进发展思路研究——江苏省徐州市电子商务发展调研》；一篇是徐州民进市委集体提案《关于探索新常态下徐州市商贸服务业实体经济发展新路径的建议——江苏省徐州市民进集体提案》；一篇是徐州民进市委参政议政信息《大力发展"智慧流通业"，引领江苏制造业转型升级——江苏省徐州市民进"参政议政"信息》。

第十五章是本书的第八部分，包含全书总结和政策启示两小部分。

二、政策启示

（一）强化交通集疏运体系，加强综合运输网络建设

要统筹考虑各种交通运输方式规划的有效衔接及功能匹配，加快铁路、公路、航空、水运、管道运输等多种运输方式的协调与配合，有效解决"最后一公里"问题，实现多元化运输衔接互通，提升运输服务一体化水平。为推进交通运输高质量发展，迫切需要解决的问题就是交通运输网络的综合建设。当前，我国铁路运输网和公路运输网覆盖不全面，基础设施建设仍然不系统，航空运输网空白点还太多。因此，需要合理规划，构建强大的运输网络，提高多维综合运输能力，保证集疏运体系高效、畅通。主要解决经济较发达地区运输网络的覆盖不全面问题与经济欠发达地区运输网络欠缺问题。我国交通运输设施建设欠账太多，交通运输业发展仍然很不完全不充分。交通运输网络的高效畅通将会极大地降低物流成本，促进地区贸易往来，从而带动我国各省区市高质量发展。

（二）扩大流通领域交换内容，推动流通平台经济发展

在全球商业竞争推动下，以传统运输、仓储、批发、零售等为基础的商业模式都快速向现代商业模式转型升级，催生了新兴服务业。最典型发展最快的是物流服务业。物流服务业集运输、仓储、批发为一体，通过电子信息交流平台，实现商品高效率配送的功能。超级市场、购物中心、连锁经营、电子商务、跨境电商等各种商业业态蓬勃发展，把商品流通发展提高到空前的高度和水平，带动了商流、人流、信息流和资金流"四流"涌动，也产生了对"四流"的消费需求。酒店、餐饮、金融、房地产、信息产业在流通业带动下蓬勃而生，形成了较为完整的服务业体系，从而使流通领域的交换内容从物质产品向非物质产品扩展。流通业实体经济要以提供高品质、高性能、低价格的产品为核心业务，在此基础上全面提升消费者体验服务。积极探索传统流通实体经济与文旅休闲、创意体验等融合发展，更好地服务消费升级。推动传统流通业发展平台经济，创新大数据、云计算、物联网、区块链等信

息技术应用，强化平台数据整合和配置资源能力，推动商品生产、流通和服务信息实时交互，实现上下游产业智能互联，充分发挥流通平台经济集聚资源、便利交易、提升效率的功能。批发商业也要去实体化，实体批发业也要向平台经济转型升级，以网络平台取代实体平台，以网上批发市场取代实体批发市场，增加网上批发市场商流功能，减少实体平台商流功能，增强实体平台物流功能。

（三）推动住宿和餐饮业智慧化，提高产业效率丰富消费者体验

由于互联网、移动互联网、物联网、大数据、云计算技术等信息技术的应用和支撑，传统电子商务、移动电子商务、物联网电子商务、跨境电子商务、线上线下融合（O2O）等新型电子商务模式和新型流通业业态不断产生和涌现，使生产商、零售商与消费者融为一体，大大降低了各主体的信息搜寻成本。在流通业智慧化后，网络流通成为流通业的重要业态。实体商家作为网络流通的特有节点，在产业价值链中便由单向发展转向流动式循环发展，拥有了更多市场机会和更广阔市场前景。即便在互联网智慧化时代，实体住宿（宾馆和酒店）业的传统独特优势也无法被智能要素所替代。例如，在住宿（宾馆和酒店）产业链中，顾客住前数据信息与顾客住后数据信息可利用爬虫技术通过不同搜索引擎和不同网站分别抓取，但是唯独顾客住中数据信息基本被锁定在 PMS 底层，由住宿业企业（宾馆和酒店）自行掌控，促使宾馆和酒店发展更为多样长久。实践证明，即使是最简单的餐饮业智慧化，也可以极大地提高餐饮业管理水平与管理效率。例如，餐厅可以建立一套餐饮服务与管理系统，由顾客使用 POS 机点菜，能够向后台厨房同步提交顾客点菜信息，能够帮助库存管理员随时补货，财务系统能够根据点菜系统和结账系统的数据信息，进行精确和精细统计与计算，这样便提高了餐厅的管理效率和服务水平。当然，住宿和餐饮业智慧化，使住宿和餐饮业与文化产业、旅游产业、体育产业、休闲产业、创意体验产业、大健康产业等融合发展，也可以丰富消费者消费体验，更好地服务消费升级。

参 考 文 献

[1] Aigner D. , Lovell C. , Schmidt P. "Formulation and estimation of stochastic frontier production function". Journal of Econometrics, 1977, 6 (1): 21 - 37.

[2] Antràs P. , Chor D. , Fally T. , Hillberry R. Measuring the Upstreamness of Production and Trade Flows [J]. American Economic Review, 2012, 102 (03): 412 - 416.

[3] Antràs P. , Chor D. Organizing the Global Value Chain [J]. Econometrica, 2013, 81 (06): 2127 - 2204.

[4] Backer K. D. , Miroudot S. Mapping Global Value Chains [R]. OECD Trade Policy Working Paper No. 159, 2013.

[5] Bathla. Inter-sectoral Growth Linkages in India: Implications for Policy and Liberalized Reforms [J/OL]. 2003, http: //ieg. nic. in/dis-seema - 77. pdf.

[6] Battese G. E. , Coelli T. J. "A Model for Technical Inefficiency Effects in a Stochastic Frontier Production Function for Panel Data". Empirical Economics, 1995, 20: 325 - 332.

[7] Battese G. E. , Corra, G. S. "Estimation of a Production Frontier Model: With Application to the Pastoral Zone of Eastern Australia". Australian Journal of Agricultural Economics, 1977, 21 (03): 169 - 179.

[8] Chor D. , Manova K. , Yu Z. The Global Production Line Position of Chinese Firms [R]. Working Paper, 2014 (06).

[9] Cohen S. , Zysman J. Manufacturing Matters: The Myth of the Post-Industrial Economy. New York: Basic Books. 1987.

[10] Czamanski S. Study of clustering of industries [M]. Halifax: Dalhousie University, 1974, 48.

[11] Eswaran, Kotwal. The Role of the Service Sector in the Process of Industrialization. Manuscript, University of British Columbia, 2001.

[12] Fally T. On the Fragmentation of Production in the US [R]. University of Colorado-Boulder Working Paper, 2012 (07).

[13] Fally T. Production Staging: Measurement and Facts [R]. University of Colorado-Boulder Working Paper, 2012 (08).

[14] Fally T., Hillberry R. A Coasian Model of International Production Chains [R]. University of California-Berkeley Working Paper, 2014.

[15] Geo W. J. Producer Services, Trade and the Social Division of Labor. Regional Studies, 1990, 24 (04).

[16] Hill E. W., Brennan J. F. A Methodology for Identifying the Drivers of Industrial Clusters: The Foundation of Regional Competive Advantage [J]. Economic Development Quarterly, 2000, 14 (01): 655 – 696.

[17] Luukkainen S. Industrial Clusters in the Finish Economy in Innovative Clusters: Drivers of National Innovation Systems [C]. OECD, Paris, 2001.

[18] Meeusen W., Van Den Broeck J. "Efficiency Estimation from Cobb-Douglas Production Functions with Composed Error". International Economic Review, 1977, 18 (02): 435 – 444.

[19] Miller R. E., Temurshoev U. Output Upstreamness and Input Downstreamness of Industries/countries in World Production [R]. University of Groningen Working Paper, Nov, 2013, 5.

[20] Park S. H., K. S. Chan. A Cross-country Input Output Analysis of Intersectoral Relationships between Manufacturing and Services and their Empoyment Implications. 1998 (02).

[21] Riddle D. Sevice-led Growth: the Role of the Service Sector in World Development. New York: Praeger, 1986.

[22] Romero I., Tejada P. A multi-level approach to the study of production chains in the tourism sector [J]. Tourism Management, 2010, 31: 1 – 10.

[23] Sánchez-Chóliz J., Duarte R. Production chains and linkage indicators [J]. Economic Systems Research, 2003, 15: 481 – 494.

[24] [德] 奥勒. 日本零售业的创新和动态 [M]. 知识产权出版社, 2010 (07).

[25] 巴克林. 流通渠道结构论 [M]. 科学出版社, 2012 (03).

[26] 保田芳昭, 加藤义忠. 日本现代流通论 [M]. 上海大学出版社, 2009 (09): 3 - 4.

[27] 曹静. 基于典型相关分析的流通产业与国民经济关联性研究 [J]. 商业经济与管理, 2010 (05): 13 - 17.

[28] 常剑. 北京郊区农产品流通体系实证研究 [D]. 中国农业科学院, 2009.

[29] 陈建波, 陆春平. 基于"联系效应"理论对宿迁市杨树产业发展的分析 [J]. 学海, 2004 (03): 150 - 154.

[30] 陈玲. 现代商贸业的产业先导作用及创新发展路径 [J]. 城市问题, 2010 (10): 71 - 75.

[31] 陈敏. 林产品电子商务——改变农村区域经济的金钥匙 [J]. 浙江林业, 2011 (03): 22 - 23.

[32] 陈嫩华. 临安经济发展的新蓝海——农村电子商务 [J]. 新农村, 2013 (07): 13 - 14.

[33] 陈晓华, 刘慧. 国际分散化生产工序上游度的测度与影响因素分析——来自35个经济体1997~2011年投入产出表的经验证据 [J]. 中南财经政法大学学报, 2016 (04): 122 - 131.

[34] 陈晓珊. 中日两国在全球价值链上分工地位的演进特征及差异比较 [J]. 当代财经, 2017 (07): 103 - 113.

[35] 陈秀莉, 图雅. 食物网与物种多样性和系统稳定性研究 [J]. 中国西部科技, 2007 (10): 56 - 57.

[36] 陈永清. 大众餐饮是当代餐饮业转型发展的必然选择 [J]. 江苏商论, 2013 (04): 21 - 23.

[37] 陈钊, 杨红丽. 解开FDI垂直溢出效应之谜——产业链的视角 [J]. 经济社会体制比较, 2015 (01): 33 - 45.

[38] 程艳菲. 发达国家批发业零售支援策略及其启示 [J]. 商业时代, 2007 (04): 11 - 12.

[39] 丁俊发. 流通业创新驱动发展十对策 [N]. 经济日报, 2013 - 8 - 2 (14).

[40] 董有德, 唐云龙. 中国产业价值链位置的定量测算——基于上游度和出口国内增加值的分析 [J]. 上海经济研究, 2017 (02): 42 - 48.

[41] 杜丹清.分工效率、产业链整合与流通产业规模化发展——基于制造业商业化倾向的研究 [J]. 经济问题, 2008 (02): 43-45.

[42] 杜娟.物联网视角下农产品流通渠道创新研究 [J]. 中国经贸导刊, 2012 (01): 27-28.

[43] 段新, 陈建华, 路敖青.从投入产出分析看美国交通运输业特性的变化 [J]. 交通运输系统工程与信息, 2012, 12 (01): 193-198.

[44] 段新, 隋丽娜, 吴丹丹.对美日英澳四国交通运输业的投入产出分析 [J]. 交通运输系统工程与信息, 2012, 12 (5): 185-190.

[45] 冯鑫永.流通产业发展与经济效率关系实证分析 [J]. 商业时代, 2013 (31): 15-16.

[46] 冯之坦.浅谈我国农村电子商务发展的关键要素 [J]. 品牌, 2015 (09): 15-16.

[47] 傅宗琛, 李卫东.铁路运输业与国民经济其他部门投入产出关系研究——基于2002年投入产出表资料的分析 [J]. 郑州航空工业管理学院学报, 2006 (12): 44-47.

[48] 高安刚, 张林, 覃波.基于行业上游度的广西产业分工地位研究 [J]. 广西社会科学, 2015 (12): 28-33.

[49] 弓志刚, 原梅生.休闲经济与流通业的发展 [J]. 财贸经济, 2004 (03): 72-74.

[50] 郭海红.广东省流通业产业关联与波及效应分析 [J]. 商业经济研究, 2017 (01): 205-208.

[51] 郭守亭, 俞彤晖.中国流通效率的测度与演进趋势 [J]. 北京工商大学学报 (社会科学版), 2013, 28 (06): 12-19.

[52] 何祚宇, 代谦.上游度的再测算与全球价值链 [J]. 中南财经政法大学学报, 2016 (01): 132-138.

[53] 洪涛.跨境电商: 得供应链者得天下 [N]. 现代物流报, 2015年1月2日第B03版.

[54] 洪涛.中国电子商务可持续发展政策建议 [N]. 国际商报, 2016年7月18日第A08版.

[55] 洪涛."无人商业"模式的应用和发展 [J]. 中国国情国力, 2017 (10): 43-45.

[56] 洪涛."新零售"与电商未来趋势 [J]. 商业经济研究, 2017

（08）：52 – 55.

［57］洪涛．"无人超市"是智能商店革命的创新［J］．上海商业（理论版），2017（11）：31 – 34.

［58］洪勇．跨境电子商务的发展现状、问题及对策［J］．农业信息化，2018（10）：22 – 26.

［59］洪涛，洪勇．加快我国智能流通发展的政策建议［J］．北京工商大学学报（社会科学版），2012（05）：29 – 33.

［60］胡晓鹏，李庆科．生产性服务业与制造业共生关系研究——对苏、浙、沪投入产出表的动态比较［J］．数量经济技术经济研究，2009（02）：33 – 46.

［61］胡永仕，王健．福建省流通产业关联及波及效应的实证研究［J］．技术经济，2011（09）：70 – 74.

［62］黄常峰，孙慧，何伦志．中国旅游产业链的识别研究［J］．旅游学刊，2011（01）：18 – 24.

［63］黄大明，赵松龄．食物网研究进展［J］．甘肃农业大学学报，1992（12）：277 – 286.

［64］黄国雄．加强流通理论创新推动流通产业快速发展［J］．中国流通经济，2010（04）：8 – 10.

［65］黄国雄，刘玉奇，王强．中国商贸流通业60年发展与瞻望［J］．财贸经济，2009（09）：26 – 32.

［66］纪宝成，李陈华．对中国流通产业安全的几点认识［J］．经济理论与经济管理，2012（01）：5 – 9.

［67］纪宝成，李陈华．我国流通产业安全：现实背景、概念辨析与政策思路［J］．财贸经济，2012（09）：5 – 13.

［68］鞠建东，余心玎．全球价值链上的中国角色——基于中国行业上游度和海关数据的研究［J］．南开经济研究，2014（03）：39 – 52.

［69］鞠建东，余心玎．全球价值链研究及国际贸易格局分析［J］．经济学报，2014（07）：126 – 149.

［70］孔翔，Porbert E. Marks，万广华．国有企业全要素生产率变化及其决定因素：1990 – 1994［J］．经济研究，1999（07）：40 – 48.

［71］雷箐青．住宿和餐饮业的影响因素探讨［J］．商业时代，2011（14）：24 – 25.

[72] 李陈华. 中国流通产业安全的概念争论、评价方法与指标体系 [J]. 湘潭大学学报（哲学社会科学版），2012（09）：18 – 23.

[73] 李东贤，李成强. 中国流通产业安全发展问题研究 [J]. 黑龙江社会科学，2010（01）：57 – 60.

[74] 李芬儒，桑银峰. 农村中小批发零售企业自由连锁发展研究 [J]. 中国流通经济，2008（05）：44 – 47.

[75] 李海平，刘伟玲. 农村电子商务存在的问题与模式创新 [J]. 陕西科技大学学报，2011（02）：189 – 191.

[76] 李骏阳. 电子商务对贸易发展影响的机制研究 [J]. 商业经济与管理，2014（11）：5 – 11.

[77] 李骏阳. 我国农村消费品流通业创新研究 [J]. 中国流通经济，2015（04）：1 – 6.

[78] 李骏阳. "新零售"概念不能代表未来零售业的发展方向 [J]. 上海商业，2017（02）：18 – 19.

[79] 李曼. 基于博弈论的我国流通产业安全问题探究 [J]. 商业经济研究，2015（28）：9 – 11.

[80] 李茂. 产业关联网络演变与影响机制研究——基于北京市 12 个年度投入产出表的分析 [J]. 产经评论，2016（11）：50 – 66.

[81] 李庆文. 城镇居民收入水平对零售业与批发业影响的实证研究——基于协整和向量自回归模型 [J]. 上海立信会计学院学报，2010（04）：78 – 85.

[82] 李先国. 我国住宿餐饮业发展现状、问题与对策 [J]. 商业时代，2008（15）：95 – 96.

[83] 李晓慧. 我国流通业与制造业的产业关联分析 [J]. 北京工商大学学报（社会科学版），2015（05）：39 – 47.

[84] 李旭，秦耀辰，张丽君，路超君. 住宿业碳排放研究进展 [J]. 地理科学进展，2013（03）：408 – 415.

[85] 李杨超，祝合良. 基于投入产出表的流通业产业关联与波及效应分析 [J]. 统计与决策，2016（06）：86 – 90.

[86] 李智勇，孙小英. ARIMA 模型在批发和零售贸易餐饮业预测中的应用 [J]. 北京市财贸管理干部学院学报，2006（09）：25 – 11.

[87] 梁璐. 城市餐饮业的空间格局及其影响因素分析 [J]. 西北大学

学报（自然科学版），2007（12）：925－930.

［88］林小兰.FDI对我国批发、零售和贸易餐饮业投资挤入挤出作用分析［J］.市场周刊·理论研究，2007（10）：119－121.

［89］林英泽，石桥.降低成本 提高效率 加快流通产业发展——第六届中国北京流通现代化论坛述要［J］.中国流通经济，2012，26（12）：36－40.

［90］林桢，胡晨.生态系统的食物网原理对循环经济的借鉴意义分析——以中循环为例［J］.科技创业月刊，2009（02）：144－145.

［91］刘富贵.产业链基本理论研究［D］.吉林大学博士学位论文，2006.

［92］刘富贵，赵英才.产业链的分类研究［J］.学术交流，2006（08）：102－106.

［93］刘国光.加快流通产业向先导产业的转化［J］.价格理论与实践，2004（06）：23.

［94］刘洪铎.北京市分工地位的测度研究——基于行业上游度的视角［J］.现代产业经济，2013（11）：45－52.

［95］刘洪铎.基于行业上游度视角的河北省分工地位的测度研究［J］.唐山学报，2013（11）：97－100.

［96］刘洪铎，曹瑜强.中美两国在全球价值链上的分工地位比较研究［J］.上海经济研究，2016（12）：11－19.

［97］刘洪铎，陈和.广东省在全球生产链上分工地位的演进及其省际比较研究［J］.南方经济，2016（05）：115－138.

［98］刘静.我国农产品电子商务发展现状及其对策研究［D］.华中师范大学，2014.

［99］刘军君.农民合作社电商模式——我国农村电子商务发展的可行路径［J］.北京农业，2013（18）：235.

［100］刘军君.农民合作社与网络——农村电子商务运营模式探析［J］.吉林省经济管理干部学院学报，2014（01）：35－38.

［101］刘南，周庆明.交通基础设施建设投资对国民经济拉动作用的定量分析［J］.公路交通科技，2006（05）：150－154.

［102］刘天祥.中国流通业的产业关联效应及国别比较［J］.商学研究，2017（10）：12－18.

［103］"流通创新理论与对策研究"课题组. 业态变迁学说及其促进我国流通创新的政策建议［J］. 财贸经济, 2003 (01): 70－75.

［104］刘威. 中部六省餐饮住宿业研究［J］. 商业经济, 2009 (11): 104－106.

［105］刘文纲, 符学柳. 电商企业与实体零售企业主导的O2O商业模式创新路径比较分析［J］. 经济研究参考, 2018 (39): 63－75.

［106］刘祥和, 曹瑜强. "金砖四国"分工地位的测度研究——基于行业上游度的视角［J］. 国际经贸探索, 2014 (06): 92－100.

［107］刘小玄, 郑京海. 国有企业效率的决定因素: 1985～1994［J］. 经济研究, 1998 (01): 39－48.

［108］刘星原. 我国批发和零售环节的地位、作用和演变趋势［J］. 财贸经济, 2004 (10): 66－70.

［109］刘志彪. 推动服务业进入现代发展轨道［N］. 人民日报, 2014－7－13 (05).

［110］刘致良. 产业地理集聚视角下的地区餐饮业发展战略［J］. 北京工商大学学报 (社会科学版), 2008 (01): 46－50.

［111］刘致良. 资本深化、全要素生产率与中国住宿餐饮业增长［J］. 旅游学刊, 2009 (06): 71－76.

［112］楼文高, 冯国珍, 杨雪梅. 长三角地区批发零售企业经营绩效的超效率DEA研究［J］. 广东商学院学报, 2010 (06): 53－58.

［113］楼文高, 沈莲莲, 冯国珍. 中国批发和零售业投入产出效率研究［J］. 广东商学院学报, 2012 (04): 49－59.

［114］路红艳. 基于跨界融合视角的流通业创新发展模式［J］. 中国流通经济, 2017 (04): 3－9.

［115］马风涛. 中国制造业全球价值链长度和上游度的测算及其影响因素分析——基于世界投入产出表的研究［J］. 世界经济研究, 2015 (08): 3－10.

［116］马风涛, 李俊. 制造业产品国内增加值、全球价值链长度与上游度——基于不同贸易方式的视角［J］. 国际贸易问题, 2017 (06): 129－139.

［117］孟树标. 食物链、食物网与生态平衡［J］. 绿化与生活, 1999 (03): 28.

［118］诺斯．制度、制度变迁与经济成就［M］．台湾：（台湾）时报文化出版企业有限公司，1994．

［119］裴长洪，彭磊．中国流通领域改革开放回顾［J］．中国社会科学，2008（06）：86 – 98．

［120］裴长洪．跨境电商标志普惠贸易时代到来［N］．联合时报，2016年7月8日第004版．

［121］钱明珠．创新驱动视角下产业链整合与现代流通业升级路径探析［J］．商业经济研究，2017（11）：170 – 173．

［122］任博华，贾悦虹．我国农产品流通中政府职能创新——基于中美比较研究［J］．商业时代，2010（33）：36 – 40．

［123］芮明杰，刘明宇，陈扬．我国流通产业发展的问题、原因与战略思路［J］．财经论丛，2013（11）：89 – 94．

［124］申珅．基于博弈论的流通产业安全问题探讨［J］．中国流通经济，2015（01）：11 – 16．

［125］盛朝迅．制造业升级亟待流通创新［J］．宏观经济管理，2012（12）：31 – 38．

［126］盛朝迅，徐从才．大型零售商主导产业链：动因、机制与路径［J］．广东商学院学报，2012（01）：4 – 10．

［127］盛朝迅．大型零售商主导产业链：中国产业转型升级新方向［J］．经济管理出版社，2014（04）．

［128］石明明，张小军．流通产业在国民经济发展中的角色转换：基于灰色关联分析［J］．财贸经济，2009（02）：115 – 120．

［129］石焱，陈双双，陈圣林．论电子商务技术在林产品交易中的应用［J］．中国林业企业，2011（03）：52 – 54．

［130］石忆邵，朱卫锋．商贸流通业竞争力评价初探——以南通市为例［J］．财经研究，2004（05）：114 – 120．

［131］［日］石原武政．商业组织的内部构成［M］．科学出版社，2012（02）．

［132］司增绰．区域商贸流通发展与公路交通水平计量分析［J］．商业研究，2011（08）：62 – 67．

［133］司增绰．基础设施供给竞争与地区经济集聚研究［M］．经济科学出版社，2012（06）．

[134] 司增绰. 中国流通产业的产业关联效应与发展路径研究——以批发和零售业为例 [J]. 山东财政学院学报，2013（05）：28－36。

[135] 司增绰. 我国商贸流通业产业链识别与优化研究 [J]. 江海学刊，2014（05）：85－91.

[136] 司增绰. 需求供给结构、产业链构成与传统流通业创新——以我国批发和零售业为例 [J]. 经济管理，2015（02）：20－30.

[137] 司增绰. 交通运输业产业系统特征的省际差异研究 [J]. 产业组织评论，2016（12）：34－53.

[138] 司增绰，孟田. 交通基础设施业产业关联效应的时间序列研究——以江苏省交通运输及仓储业为例 [J]. 商业经济研究，2015（20）：131－135.

[139] 司增绰，苗建军. 商贸流通业的产业特性和产业地位：苏、浙、鲁、粤的比较——基于投入产出模型的实证研究 [J]. 产业经济评论，2011（09）：129－158.

[140] 司增绰，苗建军. 科学研究事业的产业关联效应研究——以江苏省数据为例 [J]. 财经研究，2011，37（10）：113－123.

[141] 司增绰，苗建军. 综合技术服务业的产业特性实证分析——基于投入产出表的江苏例证 [J]. 上海经济研究，2013（06）：39－49.

[142] 司增绰，王雪峰. 商贸流通业成长的产业关联演变与关键路径识别——以我国住宿和餐饮业为例的研究 [J]. 商业经济与管理，2015（02）：18－26.

[143] 宋则. "十三五"时期寻求商贸流通业创新发展新突破 [J]. 中国流通经济，2016（01）：10－16.

[144] 宋则，常东亮，丁宁. 流通业影响力与制造业结构调整 [J]. 中国工业经济，2010（8）：5－14.

[145] 宋则，王雪峰. 商贸流通业增进消费的政策研究 [J]. 财贸经济，2010（11）：77－81.

[146] 苏杭，李化营. 行业上游度与中国制造业国际竞争力 [J]. 财经问题研究，2016（08）：31－37.

[147] 苏庆义，高凌云. 全球价值链分工位置及其演进规律 [J]. 统计研究，2015（12）：38－45.

[148] 孙敬水，章迪平. 中国流通业所有制结构变迁绩效实证分析 [J]. 经济学家，2010（02）：100－102.

[149] 孙明贵. 业态管理学原理 [M]. 北京大学出版社, 2004.

[150] 谭秀杰, 周茂荣. 21 世纪 "海上丝绸之路" 贸易潜力及其影响因素——基于随机前沿引力模型的实证研究 [J]. 国际贸易问题, 2015 (02): 3 - 12.

[151] 涂小云. 浅谈农村电子商务发展存在的问题及建议 [J]. 农民致富之友, 2015 (18): 16 - 17.

[152] 王帮俊, 杨东涛. 基于系统动力学视角的煤炭产业链自组织演化过程与仿真 [J]. 武汉理工大学学报 (社会科学版), 2011 (10): 680 - 687.

[153] 王春宇, 仲深. 流通业对城市经济发展促进作用的实证分析——基于 2001 - 2006 年省会城市面板数据 [J]. 财贸经济, 2009 (01): 109 - 113.

[154] 王德章, 宋德军. 流通业促进城市经济成长的实证分析 [J]. 财贸经济, 2007 (10): 98 - 102.

[155] 王鸿雁. 农产品交易的新路径——北京市平谷区践行农村电子商务助推农民增收 [J]. 农产品加工 (创新版), 2011 (11): 34 - 35.

[156] 王华. 区域餐饮业竞争力的驱动因素及模式 [J]. 经济地理, 2009 (03): 441 - 445.

[157] 王华. 中国省级区域餐饮业竞争力的结构方程模型 [J]. 旅游科学, 2009 (06): 23 - 27.

[158] 王建府. 我国流通业零售业态创新的演化博弈论分析 [J]. 商业经济, 2010 (12): 11 - 13.

[159] 王剑雨, 谢敏. 民用航空业与国民经济其他部门的关联分析——基于 2002 年全国投入产出表 [J]. 北京航空航天大学 (社会科学版), 2009 (09): 17 - 22.

[160] 王金亮. 基于上游度测算的我国产业全球地位分析 [J]. 国际贸易问题, 2014 (03): 25 - 33.

[161] 王良举, 王永培. 我国农村流通产业技术效率及其影响因素——基于随机前沿模型的分析 [J]. 北京工商大学学报 (社会科学版), 2011, 26 (03): 60 - 64.

[162] 王俊. 流通业对制造业效率的影响 [J]. 经济学家, 2011 (01): 70 - 77.

[163] 王圣果. 信息化与中国的餐饮业 [J]. 商业研究, 2006 (04): 69 – 71.

[164] 王圣果. 餐饮业核心竞争力分析 [J]. 商业经济与管理, 2008 (08): 75 – 80.

[165] 王世进, 周敏, 司增绰. 流通产业促进我国居民消费影响的实证研究——基于面板数据 SUR 模型的分析 [J]. 商业经济与管理, 2013 (10): 22 – 31.

[166] 汪向东. 衡量我国农村电子商务成败的根本标准 [J]. 中国信息界, 2011 (03): 5 – 7.

[167] 汪向东. 农民"卖难"与农村电子商务 [J]. 中国信息界, 2012 (05): 8 – 11.

[168] 王晓东, 谢莉娟. 论流通产业结构调整与就业增长——基于中部地区流通业对就业吸纳的贡献分析 [J]. 财贸经济, 2010 (02): 98 – 103.

[169] 汪旭晖. 关于中国流通服务业自主创新问题的战略思考 [J]. 中国流通经济, 2010 (08): 13 – 16.

[170] 王延中. 基础设施与制造业发展关系研究 [M]. 中国社会科学出版社, 2002 (10).

[171] 王永进, 刘灿雷. 国有企业上游垄断阻碍了中国的经济增长 [J]. 管理世界, 2016 (06): 10 – 21.

[172] 王永进, 刘灿雷, 施炳展. 出口下游化程度、竞争力与经济增长 [J]. 世界经济, 2015 (10): 125 – 147.

[173] 王志刚, 龚六堂, 陈玉宇. 地区间生产效率与全要素生产率增长率分解 (1978 – 2003) [J]. 中国社会科学, 2006 (02): 55 – 66, 206.

[174] 魏广奇, 黄志刚. 交通基础设施建设投资与经济增长的实证分析 [J]. 山西科技, 2007 (03): 15 – 16.

[175] 魏迎霞. 从流通经济学传统研究方法困境看中间组织理论的创新贡献 [J]. 商业经济研究, 2015 (23): 25 – 26.

[176] 翁士增. 高铁时代商贸流通业商业模式创新的路径与对策研究 [J]. 中国市场, 2012 (23): 10 – 13.

[177] 吴海涛, 杨应德. 兰州都市区零售业和批发业集聚水平的实证研究 [J]. 工业技术经济, 2011 (08): 79 – 84.

[178] 吴宏伟, 万江涛. 关于我国发展农产品电子商务的思考 [J]. 中

国市场，2008（32）：72-73.

[179] 巫景飞，林暐. 本土制造业从商贸流通业的 FDI 中获益了吗？——来自中国 2002-2006 年省际面板数据的证据 [J]. 财贸经济，2009（12）：117-121.

[180] 吴利华，张宗扬，顾金亮. 中国文化产业的特性及产业链研究——基于投入产出模型视角 [J]. 软科学，2011（12）：29-32.

[181] 向中华，刘高峰，曾胜. 基于灰色——模糊理论的森林木质地板生态产业链优化评价研究 [J]. 四川师范大学学报（自然科学版），2012（07）：573-576.

[182] 肖大梅. "互联网+"提升我国流通业发展的创新路径 [J]. 商业经济研究，2016（14）：51-53.

[183] 谢莉娟，张昊. 当前批发体系的结构变化与创新构想 [J]. 北京工商大学学报（社会科学版），2012（01）：39-45.

[184] 解鹏程. 技术创新、信息化水平与商贸流通业发展 [J]. 商业经济研究，2017（14）：5-8.

[185] 熊利娟，李睿丰，王力. 略论电子商务在农村的发展与影响 [J]. 天中学刊，2015（05）：55-58.

[186] 徐楚. 中国商贸流通业产业安全研究 [D]. 华南理工大学硕士学位论文，2018（04）：29-31.

[187] 徐迅，周国忠. 低碳城市建设中的餐饮业转型 [J]. 社会科学家，2011（04）：71-75.

[188] 薛建强. 中国农产品流通模式比较与选择研究 [D]. 东北财经大学，2014.

[189] 闫佳. 我国流通产业与制造行业联动效率提升思考 [J]. 商业经济研究，2015（25）：106-108.

[190] 晏维龙. 一部研究中国流通产业安全的力作——评李陈华专著《外资商业竞争与中国流通产业安全研究》[J]. 淮海工学院学报（人文社会科学版），2017（11）：102-103.

[191] 严焰，徐超. 海洋高技术产业海陆交汇产业链构建及评价 [J]. 科技进步与对策，2012（12）：62-64.

[192] 杨海丽. 农村流通业经营模式创新研究 [J]. 统计与决策，2010（19）：149-151.

［193］杨仁清．推进重庆市商贸流通业线上线下互动创新发展［J］．重庆行政（公共论坛），2018（12）：65－67．

［194］杨智勇．基于省域视角的内蒙古住宿业竞争力综合评价［J］．内蒙古财经学院学报，2010（05）：93－98．

［195］杨智勇．中国餐饮业竞争力的省域差异分析［J］．未来与发展，2010（12）：38－41．

［196］姚海琴．中国农村劳动力转移研究——以住宿餐饮业增长为切入点［J］．浙江学刊，2012（01）：154－158．

［197］姚洋．非国有经济成分对我国工业企业技术效率的影响［J］．经济研究，1998（12）：29－35．

［198］雍天荣．农业产业链的析取、构建模式及升级路径分析［J］．人民论坛，2012（26）：66－67．

［199］余泳泽，武鹏．我国物流产业效率及其影响因素的实证研究——基于中国省际数据的随机前沿生产函数分析［J］．产业经济研究，2010（01）：65－71．

［200］乐冬．基于统筹城乡信息平台的农产品电子商务模式研究——以生鲜蔬菜为例［D］．中国农业科学院，2012．

［201］张丹．我国餐饮业推动循环经济的策略探讨［J］．改革与战略，2006（05）：35－36．

［202］张弘．技术创新与我国流通产业的发展［J］．中国流通经济，2009（09）：16－19．

［203］张宏，刘林清．流通创新对产业效率提升的影响［J］．北京工商大学学报（社会科学版），2010（04）：31－34．

［204］张进铭，肖德勇．餐饮业发展动因的实证分析［J］．经济评论，2009（05）：87－92．

［205］张丽娜．我国流通业产业安全评价及预警模型研究［D］．兰州商学院硕士学位论文，2014（06）：19－21．

［206］张连刚，李兴蓉．流通产业定位研究进展及趋势［J］．商业经济与管理，2010（03）：11－16．

［207］张满林，王超．农产品流通组织创新：动因与方向［J］．商业研究，2011（04）：178－182．

［208］张美书，王锐兰，陈昌琪．江苏省餐饮业波及效应初探——基于

投入产出模型的实证研究 [J]. 江苏商论, 2006 (08): 13 - 15.

[209] 张亚明, 刘海鸥, 朱秀秀. 电子信息制造业产业链演化与创新研究——基于耗散理论与协同学视角 [J]. 中国科技论坛, 2009 (12): 38 - 42.

[210] 张岩. 日本流通体制变革研究 [M]. 经济管理出版社, 2007.

[211] 张言彩. 交通基础设施建设对社会经济的影响 [J]. 交通科技与经济, 2006 (06): 106 - 107.

[212] 张哲. 基于食物网理论的交通运输业发展力研究 [J]. 公路交通科技, 2011 (06): 153 - 158.

[213] 赵霞. 我国流通服务业与制造业互动的产业关联分析与动态比较 [J]. 商业经济与管理, 2012 (11): 5 - 14.

[214] 赵晓雷, 严剑峰, 张祥建. 中国航天产业向后关联效应及向前关联效应研究——以上海数据为例 [J]. 财经研究, 2009 (01): 74 - 85.

[215] 郑江淮. 流通经济学研究的一部力作——评李陈华的〈外资商业竞争与中国流通产业安全研究〉一书 [J]. 南京审计大学学报, 2017 (06): 109.

[216] 中国互联网络信息中心 (CNNIC). 第36次《中国互联网发展统计报告》[DB/OL].

[217] 钟伟萍, 方莹. 基于市场、企业、投资与劳动供给的流通产业运行效率评价 [J]. 商业经济研究, 2015 (02): 10 - 12.

[218] 周华, 李飞飞, 赵轩, 李品芳. 非等间距产业上游度及贸易上游度测算方法的设计与应用 [J]. 数量经济技术经济研究, 2016 (06): 128 - 143.

[219] 周坤, 司增绰. 东部经济较发达省市流通业成长的因素决定与效率测度 [J]. 商业经济研究, 2017 (15): 154 - 158.

[220] 周晓娜. 对外开放中的流通产业安全问题新议 [J]. 商业时代, 2013 (06): 20 - 22.

[221] 朱发仓, 苏为华. 我国流通业利用外资的实证分析 [J]. 统计研究, 2007 (08): 44 - 47.

[222] 祝合良, 王明雁. 基于投入产出表的流通业产业关联与波及效应的演化分析 [J]. 中国流通经济, 2018 (01): 75 - 84.

[223] 祝树金, 张鹏辉. 中国制造业出口国内技术含量及其影响因素 [J]. 统计研究, 2013 (06): 58 - 66.

后　记

从去年就开始着手 2013 年国家社科基金成果的出版工作，一直到近两天才收到出版社提供的书的封面图样图片及书正文的 PDF 文档。原来打算等拿到书的纸质稿后再统一修改书中的一些地方，但由于新冠疫情引起了麻烦，春节之后疫情在各地此起彼伏，快递都难以寄成，出版社最终决定还是网上处理。

其实，我是从 2012 年开始认真地申报国家社科基金项目的。2011 年 11 月份，立项 2011 年度江苏省社会科学基金青年项目《江苏交通基础设施与产业发展研究》（编号为：11EYC024），2015 年 12 月结题，证书号是 2242。2012 年春，立项 2012 年度教育部人文社会科学研究青年基金项目《科学研究事业的产业关联效应研究——以东部经济发达地区为例》（编号为：12YJC790160），2017 年 10 月结题。2013 年申报课题时，课题申报书上选择的成果形式是专著，2019 年 8 月份课题顺利结项，鉴定成绩为良好，课题结项证书的编号是 20192643。一直打算给专著写一个后记，但直到专著送出版社了后记也没有动笔。现在到了书稿修改完善程序，写后记的事不能再拖了，于是今日动笔写，也打算尽量今日完成，因为最近有些紧要的事要赶着做。

2013 年 6 月份，我申报的国家社科基金课题《关联特征演化、产业链网构建与流通业创新发展》顺利立项为理论经济学一般项目，编号是13BJL078。在秋天里，学校组织了课题开题报告会，我们经济学科邀请了浙江大学的史晋川教授和山东大学的黄少安教授作为指导专家。现在仍清楚地记得，在开题报告会上，史晋川老师对课题研究提出了一些很有价值的建议。他说："希望课题研究不仅仅是完成了一个课题报告或专著，而是要取得一些标志性的学术成果，并且学术能力和水平明显提高。"

我一直觉得史晋川老师说的极是，并且这些年我也一直这样做。围绕这一国家社科基金题目，我先后写了一系列论文，分别发表在《江海学刊》《经济管理》《管理评论》《北京工商大学学报（社会科学版）》《商业经济与管理》《财贸研究》等重要刊物上。2019年3月份，课题成果专著《关联特征演化、产业链网构建与流通业创新发展》完成，经查重后打印出纸质版，上交结题材料。教育部社科基金的成果和其他学术成果也发表在《中国软科学》《经济与管理研究》《江西财经大学学报》《地理科学》《上海经济研究》《武汉体育学院学报》《经济学家》《学习与探索》《亚太经济》等重要刊物上。近期还将有学术成果发表在《科研管理》杂志上。还有一些科研成果发表在其他公开出版的刊物上。

在这期间，我也有幸成为国家社科基金通讯评审专家，并且于2019年开始通讯评审国家社科基金项目。感觉每年的国家社科基金评审都是一次学习的机会，评审过程其实是一个学习过程。2019年6月份申报，2019年9月份又立项江苏省社科基金自筹经费项目《乡村振兴背景下江苏农业产业链网识别与优化研究》（编号：19EYD010）。2020年4月份，申报国家社科基金一般项目《农业产业链网识别、乡村产业深度融合与农村集体经济发展研究》没能成功。2021年3月份，申报2021年国家社科基金一般项目《发挥产业支撑农村集体经济成长的基础性作用研究》，9月初国家社科基金规划办公室公示了评审结果，9月底项目顺利立项，项目编号是21BJY178。巧合地是2013年和2021年两个国家社科基金项目编号的最后两位数字都是"78"。有时事情就是这么巧。

近些年，智库工作与参政议政工作也取得了一些标志性的成果。由我执笔的调研报告《关于加快江苏省体育健身休闲业发展的建议》被民进江苏省委作为集体提案提交2018年省政协十二届一次会议，同时被评为2017年度参政议政成果二等奖。由我执笔的民进江苏省委调研咨询报告《关于稳住农业生产保障农产品供给起好"压舱石"作用的建议》2020年获得时任江苏省省委副书记批示和副省长批示；被民进江苏省委采用，同时被评为2020－2021年度参政议政成果一等奖；被评为2021年度江苏智库研究与决策咨询优秀成果一等奖。

2023年4月21日
于徐州市铜山新区汉府雅园家中